本书为国家社科基金项目（项目号：13CJY111）

# 财税政策
# 与居民收入差距：
# 实证检验及应对策略

何　辉◎著

中国财经出版传媒集团

经济科学出版社
Economic Science Press

图书在版编目（CIP）数据

财税政策与居民收入差距：实证检验及应对策略/
何辉著. —北京：经济科学出版社，2019.9
ISBN 978 - 7 - 5218 - 0937 - 4

Ⅰ.①财…　Ⅱ.①何…　Ⅲ.①居民收入-收入差距-
研究-中国 ②财政政策-研究-中国 ③税收政策-研究-
中国　Ⅳ.①F126.2 ②F812.0 ③F812.422

中国版本图书馆 CIP 数据核字（2019）第 200927 号

责任编辑：顾瑞兰
责任校对：王肖楠
责任印制：邱　天

**财税政策与居民收入差距：实证检验及应对策略**

何辉　著

经济科学出版社出版、发行　新华书店经销
社址：北京市海淀区阜成路甲 28 号　邮编：100142
总编部电话：010-88191217　发行部电话：010-88191522
网址：www. esp. com. cn
电子邮件：esp@ esp. com. cn
天猫网店：经济科学出版社旗舰店
网址：http://jjkxcbs. tmall. com
固安华明印业有限公司印装
710×1000　16 开　20.5 印张　350 000 字数
2019 年 9 月第 1 版　2019 年 9 月第 1 次印刷
ISBN 978 - 7 - 5218 - 0937 - 4　定价：88.00 元
（图书出现印装问题，本社负责调换。电话：010 - 88191510）
（版权所有　侵权必究　打击盗版　举报热线：010 - 88191661
QQ：2242791300　营销中心电话：010 - 88191537
电子邮箱：dbts@ esp. com. cn）

　　"增进民生福祉是发展的根本目的"，正如党的十九大报告提出的，缩小居民收入差距，实现收入公平分配，实现共同富裕是新时期实现中国梦的重要行动。财税政策是政府调控经济发展的重要工具，在提高经济效率、促进社会公平方面发挥着举足轻重的作用。随着社会公平的不断提升，我国在脱贫、就业、教育、医疗等方面不断攻坚克难。近年来，为促进经济健康稳定增长、缩小贫富差距、提高人们福祉等，我国采取了减税降费、扩大民生财政支出等措施。在实践中，税收与财政支出有何收入分配效应？基于此，本书从全国整体视角及城乡居民视角分别研究财政支出和税收的收入分配效应，以期为我国政府提供优化财税政策的参考依据。

　　本书内容共分为9章，由理论分析、现状分析、实证分析及问题与建议四个部分构成。第1章导论。第2章从理论上分析财税政策对居民收入分配影响的作用机制。第3～5章分别介绍居民收入的现状、居民收入差距的现状和面临的困境以及财政支出和税收收入的现状。第6～7章分别实证检验财政支出和税收政策对居民收入差距的影响。第8～9章从缩小居民收入差距层面提出财税政策的不足之处，并提出缩小居民收入差距的财税政策建议。

　　第1章，导论。首先，本章介绍了研究背景和研究意义，包括理论意义和实际意义。其次，从财政支出对收入分配的影响以及税收对收入分配的影响两个方面，对国内外学者的研究进行综述，并指出已有文献的不足。再次，介绍了本书的研究思路和研究方法。最后，提出本书可能的创新与不足之处。

　　第2章，财政支出与税收影响收入差距的理论分析。首先，依据相关文献，梳理了影响收入差距的因素，为实证检验财税政策的调节收入分配差距效应奠定了基础。其次，从理论上剖析了财政支出和税收影响居民收入差距的作用机理，并揭示其传导机制，为实证分析提供理论依据。

第3章，我国居民收入现状。从全国与省际两个不同的视角，分别对城镇居民与农村居民的收入现状进行详细分析。在全国视角下，重点分析城乡居民的总收入现状、收入来源现状与不同收入群体的收入现状。在省际视角下，重点分析各省城乡居民人均可支配收入以及东部地区、中部地区和西部地区城乡居民人均可支配收入。

第4章，我国居民收入差距的现状及面临的困境。首先，根据第2章理论分析中的收入分配差距界定，在学术前辈研究的基础上分别从全国居民、城镇居民、农村居民三个不同视角对居民收入差距进行测算。其次，分别从上述三个视角，并结合第3章我国居民收入的现状，对我国居民收入差距的现状进行分析，揭示目前我国居民收入差距面临的困境。

第5章，我国财政支出与税收收入的现状分析。通过横向和纵向对比的方式，将不同类型的财政支出数据进行比较；同时，将不同税制、不同税类和不同税种的税收收入数据进行比较，总结我国财政支出和税收收入的特点以及发展规律，为政策建议提供现实依据。此外，从全国和各省份两个视角对我国财政支出和税收收入的数据现状进行分析，为本书分视角实证研究提供了数据支撑。

第6章，财政支出影响居民收入差距的实证分析。从财政支出角度揭示财政支出影响居民收入差距的规律。首先，从全国整体视角、城镇居民视角、农村居民视角，构建财政支出的收入分配效应实证检验模型。其次，在实证检验模型基础上，利用第4章测算的收入差距数据和中国经验数据，分别就非民生财政支出、民生财政支出、民生财政支出结构对缩小居民收入差距的影响进行实证检验，揭示财政支出对收入分配差距影响的规律。

第7章，税收影响居民收入差距的实证分析。从全国居民、城镇居民、农村居民三个视角，就宏观税负、税制结构、税类结构、主要税种对收入分配的影响进行实证检验。根据不同视角，构建相应的实证模型，利用有关经验数据，实证检验税收的收入分配效应，从而揭示我国税收对收入分配差距的影响规律。

第8章，财税政策缩小居民收入差距的不足之处。在第6~7章实证检验的基础上，分别剖析财政支出及税收政策在促进缩小居民收入差距方面的不足之处。首先，财政支出存在民生财政支出规模有待提高、民生财政支出内部结构有待进一步调整等问题。其次，就税收而言，主要存在税制结构不合理、各税种需进一步优化等问题。

第9章，缩小居民收入差距的财税应对策略。基于第8章财政支出及税收政策的不足之处，依据第6~7章财税政策调节收入分配差距效应的实证检验结果，结合目前我国财政支出及税收政策改革的方向，提出进一步优化我国财税政策的建议。

何辉

2019 年 4 月

# 目　录
## contents

# 第 1 章

# 导　论

本章以研究背景和研究意义为逻辑起点，通过梳理前人的研究成果，为本书研究奠定了基础，尽所能及发现其不足，进而在本书的研究中予以完善；为更好地进行研究，避免模糊不清，对相关概念进行界定，并就研究思路和研究方法予以说明。

## 1.1　研究背景与研究意义

### 1.1.1　研究背景

改革开放以来，我国经济发展取得新的成就。2018 年，我国国内生产总值突破 90 万亿元，相比 2017 年增长 6.6%，居民人均可支配收入增长 6.5%。[①] 虽然经济高速发展，人均可支配收入增加，但我国居民收入分配差距却不降反增。2017 年，我国的基尼系数为 0.467，相比 2016 年增长了 0.02。[②] 收入差距的扩大让我们更加反思经济发展与收入分配的关系。正如党的十九大报告中所提出，"坚持在发展中保障和改善民生，增进民生福祉是发展的根本目的"。经济发展固然重要，民生福祉更应关注。在这种格局下，如何缩小居民收入差距值得我们深思。

近年来，为了提高居民可支配收入、缩小居民收入差距，我国政府分别从脱贫、就业、教育、医疗等方面做出了努力。脱贫方面，2013 年 11 月，习近平

---

① 数据来源于《中国统计年鉴（2019）》。
② 数据来源于《中国统计年鉴（2018）》。

总书记提出"精准扶贫"，多年来，我国贫困人口不断减少，2018 年，农村贫困人口减少 1386 万，脱贫攻坚战取得一定成果，但居民收入差距依旧在扩大。就业方面，2018 年，城镇就业人员新增 1361 万人，在保障城镇居民就业率的同时，农村居民就业也趋于稳定。[①] 教育方面，我国秉持"综合国力竞争说到底是人才竞争"的思想，一直高度关注教育水平的提高，不断改善农村办学条件，大力支持人才培养。医疗方面，政府调整医疗报销比例，降低大病医疗起付标准，保障居民基本医疗，不断优化就医条件。从多方面来看，国家一直注重民生福祉的增进，但如何提高居民可支配收入、进一步缩小居民收入差距应引起一定的关注。

党的十八大以来，政府高度重视供给侧结构性改革，通过不断减税降费、扩大财政支出来提高居民可支配收入、缩小居民收入差距。2018 年，伴随着积极财政政策的实施，从增值税税率调整到个人所得税改革，减税效果进一步凸显。虽然减税能减轻居民负担，但仅靠减税并不能解决收入差距问题，其根本原因在于税制结构不合理。我国直接税与间接税的比重严重失调，使得"双主体"税制结构名不副实，间接税税负的累退性要明显大于直接税税负的累进性，导致我国整体税负具有累退性，从而难以调节居民收入差距。如何进一步完善税制，充分发挥税收的调节作用，在促进经济增长的同时缩小收入差距，值得我们关注。除了税制结构的完善，财政支出对收入差距的影响也不容忽视。发挥财政支出的收入分配效应是政府宏观调控的一部分，合理的财政支出有利于增进人民福祉，保障民生事业的发展，缩小贫富差距，促进社会公平。但政府在减税降费的同时，如何优化财政支出结构、协调税收和财政支出的配比、保证居民负担不增、民生福祉不减，是我们当前面临的又一迫切问题。

基于此，本书通过实证研究我国财税政策的收入分配效应。从财政支出和税收影响收入差距的作用机制入手，通过分别测算财政支出和税收对居民收入差距的影响，对我国现行的财税政策进行评价，并提出政策建议，为完善和发展我国的财税政策提供方向。

## 1.1.2　研究意义

### 1.1.2.1　理论意义

从理论层面看，减税、免税等税收政策和财政支出都是缩小居民收入差

---

距的重要政策工具，而税收又是财政收入的重要来源，政府缩小居民收入差距需在财政支出政策与税收政策之间权衡与选择。究竟是通过财政支出还是税收或者二者组合来缩小居民收入差距是当今公共财政面临的挑战之一。本书利用财政支出和税收的关系，从全国整体视角、城镇居民视角、农村居民视角，围绕财政支出和税收实证分析其收入分配效应，探索城乡二元结构下我国财税政策对收入差距影响的内在机理和规律。这是对我国公共财政在缩小收入差距领域研究的有益理论探索，对缩小我国收入差距、解决民生问题具有重要的理论指导意义。

#### 1.1.2.2 实际意义

第一，促进我国收入分配政策体系建设。公共财政是缩小居民收入差距的重要基础（贾康、王敏，2009），发达国家充分利用公共财政缩小收入差距，而我国现实公共财政缺少缩小居民收入差距的相关政策，比如税收政策调节居民收入差距力度较弱等，通过对我国财税政策收入分配效应全面评估，为政府制定缩小居民收入差距的政策提供参考依据。

第二，有利于实现财税政策的收入分配公平化。收入分配的不足是当前重要的民生问题之一。本书第 7 章和第 8 章分别从不同角度，论证财政支出和税收的收入分配效应，揭示我国财税政策收入分配效应的规律，对促进财税政策的收入分配公平化具有重要指导意义和参考价值。

第三，本书从不同角度实证检验财政支出和税收的收入分配效应，为后续研究奠定良好的基础。财政支出和税收都是政府宏观调控的政策工具。随着经济社会的发展，人们对提高生活质量、提高幸福感指数、提高生活便利度、提高经济社会发展满意度等有了更高的要求，如何发挥财税政策缩小居民收入差距的作用，是一项系统性的重大研究课题。随着经济社会的发展，财税政策应顺应其变化，更好地促进民生收入的改善，财税政策的研究空间不是局限在一个既定时间领域，而是需要顺应变化进行优化调整。因此，本书的研究为后续系统性研究奠定良好的基础。

## 1.2 文献综述

国内外学界就如何缩小居民收入差距形成了一定研究成果，但收入差距内涵、衡量等问题一直存在争论。

### 1.2.1 财政支出对收入分配的影响

由于国别差异、体制差异，国内外学界就财政支出对收入分配影响的观点具有差异性。因此，本节分国外文献综述和国内文献综述。

#### 1.2.1.1 国外文献综述

关于财政支出对收入分配的影响，国外学者主要从财政支出影响居民可支配收入，从而影响居民收入差距的方面进行了研究。

国外学者存在许多不同的观点。观点一：为了保持低收入人群的基本生活，政府将失业救济金直接支付给失业的个人，通过转移支付的方式提高居民的可支配收入水平，进而缩小收入差距（Fitzroy & Nolan，2016）。观点二：政府设置的失业救济金可能会导致劳动者的劳动积极性降低，低收入群体因享受失业救济金而降低劳动的积极性，从而减少居民的可支配收入，使收入差距扩大（Van Baalen B. & Mueller T.，2014）。观点三：政府给予劳动者工资补贴激励劳动者更加积极的劳动（Schofield & Shrestha，2019），尤其对于收入低而且年龄较大的劳动者来说，政府通过财政补贴的方式可以有效增加劳动力的供给，最终增加其可支配收入，带来收入差距的减小（Freire，2018）。观点四：政府对劳动者的工资给予过多补贴，将会对劳动供给产生消极影响，因为部分劳动者会更倾向选择闲暇来替代劳动，会使劳动供给减少，导致劳动者的可支配收入减少，从而提高收入差距（Hener Timo，2016）。观点五：在不同国家，财政支出影响居民可支配收入的效果并不完全相同，但从理论上看，财政支出对于改善收入差距是十分有效的（Lustig N.，2014）。

#### 1.2.1.2 国内文献综述

（1）财政支出对收入分配的影响。

国内学界普遍认为，财政支出政策能够实现对社会收入再分配的调节。其机制主要是通过社会保障支出、转移支付、提供公共服务等方式影响经济发展，进而实现对居民收入的调节（宋丽萍、王建聪，2018）。总的来说，对于财政支出的收入分配效应，国内学界形成以下三种观点。

观点一：财政支出可以缩小不同收入阶层的收入差距（武亚琳，2018），政府对于人力资本的投资有利于提高低收入群体的自身能力和收入。同样，政府支出偏向于教育、医疗卫生和社会保障等民生领域，也会加强收入再分配的调节效果（万海远，2019）。财政社会保障支出能够缩小城乡居民收入差距，但其作用相对有限（聂芬，2016）。也有学者指出，财政支出对城乡收入差距的影响呈现出先扩大后缩小的趋势（廖信林，2012），其拐点位于城镇化率与城镇收入占总收入比重相等的时候。

观点二：中国的财政支出实际上扩大了收入差距（胡文骏，2017；汪昊、娄峰，2017；张岽、王青、乔东艳，2010），财政支出分权同样会拉大居民社会收入差距（孙正，2014），其中，农业等民生部门财政支出的这一效应较为明显。不仅如此，城镇居民的财政支出结构也可能会扩大城乡居民收入差距，当前，地方政府主导的城市化发展模式导致了城乡居民收入差距的扩大（何富彩、李怀，2016）。因此，财政支出的受益不一定是公平分配的，在一定程度上对收入差距可能发生"逆向调节"（赵为民、蒋长流，2018）。此外，城乡收入分配不公平也是权力与尊严的不平等，政府对分配过程的过多干预可能会带来负面影响（孙文基、李建强，2011）。

观点三：财政支出的各个项目对城乡收入差距的影响是各不相同的（余菊、刘新，2014）。城镇化率、社会保障支出具有社会收入分配正效应。教育支出、医疗卫生支出、科技支出和交通运输支出对城乡居民收入的影响比较显著，但一般公共服务支出对城乡居民收入的影响不显著（廉超，2017）。从城乡角度来看，农村居民的收入弹性小于城镇居民，因此，财政支出对农村居民收入差距的缓解作用相对较弱（付晓枫、李峰，2014）。提高保障性财政支出比重和地方政府财政支出规模有利于缩小城乡收入差距，投资性财政支出的增加会扩大城乡居民收入差距（董黎明、满清龙，2017）。民生财政支出的分权会缩小城乡收入差距，而民生财政内各项支出的分权对城乡收入差距的影响并不一致：医疗卫生、社会保障的分权可以缩小城乡收入差距，教育的分权反而会扩大城乡收入差距（陈工、何鹏飞，2016）。

（2）增强财政支出的收入分配效应的对策。

财政各项支出对收入分配的影响各有不同，有学者认为，要缩小居民收入差距，不仅要从财政支出结构上做出调整（廉超，2017），也要完善相应支出政策（蔡建明，2006）。具体来说，主要形成以下几种观点。

首先，在财政支出结构上。有学者建议，政府的财政支出要从促进经济增长倾向调整到公共财政的民生方向（莫亚琳、张志超，2011）。当前，城市化进程缓慢、水平较低，这不利于吸纳农村过剩劳动力，也不利于农村产业结构的升级（廖信林，2012）。应着力解决高收入者的不合理收入，消除政策性歧视，完善社会保障和公共服务体系，使收入分配趋向于公平化（万海远，2019）。同时，应减少地方政府对经济活动的参与，扭转财政支出方面的城市偏向政策（雷根强、蔡翔，2012）。从初次分配方面调整收入分配，提升居民消费的能力和缩小收入差距，培育广大的中等收入阶层（孟范昆、刘东皇，2011）。

其次，在具体财政支出政策上。有的学者提出，应进一步加大教育、医疗、社会保障、住房等方面的民生消费性支出（洪源、肖海翔，2009），继续加大"三农"支出（宋丽萍、王建聪，2018），持续推进养老保险、医疗保险和社会救助制度的发展，充分发挥我国社会保障的收入再分配作用（王延中、龙玉其、江翠萍、徐强，2016）；也要增加义务教育支出，尤其是对于落后地区、农村等教育薄弱地区，提高基础教育的投入力度（孔甜，2015）。同时，应结合支出绩效预算的逐步发展，努力提高转移支付支出的绩效水平，为民众提供更多实惠（贾康、刘微，2010），并健全社会保障体系，完善转移支付制度（闫坤、程瑜，2010）。

### 1.2.2 税收对收入分配的影响

#### 1.2.2.1 国外文献综述

国外就税收对收入差距的影响主要从两个方面进行研究，如表 1-1 所示。

表 1-1　　国外税收收入分配效应的研究主要内容和代表性文献

| 主要内容 | 代表性文献 |
| --- | --- |
| 税收引起商品价格变化或收入变化，进而影响居民的可支配收入，影响居民收入差距。其作用机制为：税收→可支配收入→收入差距 | 拉希里和穆勒，1998；基恩，1987；马托斯和波利蒂，2014；提兹，2005；卡洛斯和伊娃，2016；霍因斯和帕特尔，2018；科隆比诺和斯特罗姆等，2000；姆旺巴，2017 |
| 税收通过调节收入分配，影响收入差距。其作用机制为：税收→收入分配→收入差距 | 科钦和乌尔班等，2013；卡米纳达，2019；阿拉尔和韦斯卡等，2017；德菲纳，2002；布洛赫和皮苏等，2012；乌尔班，2016；施密特和韦斯特霍夫等，2018 |

（1）税收引起商品价格变化或收入变化，进而影响居民的可支配收入，影响收入差距，其作用机制为：税收→可支配收入→收入差距。

税收对收入差距的影响，国外学者在观点上存在分歧。观点一：征税会减少居民的可支配收入，造成收入差距扩大（Lahiri & Møller，1998）。观点二：税收减免等优惠政策会提高居民可支配收入，进而缩小收入差距（Keen，1987；Mattos E. & Politi R.，2014；Buettner T. & Erbe K.，2014；Shan P. & Liutang G.，2015）。

从不同税类来看，主要体现在以下几个方面：第一，间接税的收入分配作用。商品税会提高商品价格，减少居民收入，扩大居民收入差距（Tiezzi S.，2005）。第二，直接税的收入分配作用。资本利得税税率的提高，会减少居民的可支配收入，导致收入差距扩大（Carlos Dfaz Caro & Eva Crespo Cebada，2016）。企业所得税税负上升，会使居民可支配收入减少（Funke M. & Strulik H.，2006），但其抵免政策的增加会相应提高居民收入，减少贫困人口，缩小居民收入差距（Choi Kwang & Lee Sung-kyu，2011；Hoynes H. W. & Patel A. J.，2018）。个人所得税实行固定税率征收，会使穷人的可支配收入有所下降，对富人影响不大（Aaberge R.，Colombino U. & Strom S.，2000）；但也有学者持不同意见，认为固定税率比累进税率带来更好的缩小收入差距的作用（Vasilev A.，2015）。对德国已婚家庭从综合征收所得税向个人征税转变的收入分配效应进行测算，发现税率的下降使得收入增加（Decoster A. & Haan P.，2014），收入差距缩小（Ochmann R.，2016）。

（2）税收通过调节收入分配，影响居民收入差距，其作用机制为：税收→收入分配→收入差距。

税收能够调节居民收入分配，影响居民收入差距。克罗地亚的税收收入分配制度使民收入公平分配（Cok M.，Urban I. & Verbic M.，2013；Caminada Ketal，2019），而墨西哥税收制度的不完善导致居民收入不平等，使居民收入差距扩大（Llamas L.，Araar A. & Huesca L.，2017）。就不同税种而言，学界较多地考察直接税对收入分配的影响，但对间接税的研究较少。直接税能减少收入不公平，对缩小收入差距起着积极作用（Defina Thanawala，2002）。比较各个国家的税制可以发现，企业所得税能有效调节收入分配，抑制收入不公平现象（Piketty & Saez，2007）。个人所得税比其他税种的再分配效果更好，减少收入不平等，缩小居民收入差距（Joumard I.，Pisu M. & Bloch D.，2012；Urban I.，2016）。征收资本利得税会导致居民收入分配差距过大（Adam A.，Kammas P. & Lapatinas A.，2014），但免征资本利得税会违反横向和纵向公平，阻碍收入公平分配，扩大居民收入差距（Wulff Gobetti S. & Orair R. O.，2017）。

税收通过不同的作用机制影响居民可支配收入，进而影响居民收入差距。通过综合考虑、协调各地区的税收政策，才能实现缩小收入差距的目标（Schmitt N.，Tuinstra J. & Westerhoff F.，2018）。

### 1.2.2.2　国内文献综述

（1）税收对收入分配的影响。

国内学者关于税收对收入分配的影响研究众多。总的来说，税收影响居民的最终收入通常有两条途径：一是改变相对收入份额，从而影响要素收入；二是通过改变相对价格进而影响消费支出（李英伟，2018）。但是，税收影响收入分配的效应如何，学界形成了不同的观点。观点一：征税会使城乡收入差距扩大（温桂荣，2017），因为税收对城乡收入差距的正向冲击效应大于负向冲击效应。观点二：税收的收入再分配效应，可以合理地调节收入再分配，使收入分配趋于公平（杨森平、周敏，2001）。观点三：直接税和间接税对城乡居民收入差距影响不同，分别起着正向调节和逆向调节的作用（陈建东、孙克雅、马骁，2015）。

具体考察不同税系对收入分配的影响，主要有以下几种观点。

第一，间接税的收入分配效应方面：部分学者认为，间接税比重不合理（李英伟，2018），这加剧了不同阶层居民收入的两极分化（刘建民、毛军，2016），其税负具有的累退性，对于居民收入分配具有逆向调节作用（计金标、庞淑芬，2017；王德祥、赵婷，2016；岳希明、张斌、徐静，2014），不仅不能缩小居民收入差距，还有可能扩大收入差距（周春艳，2017；何代欣，2016），这种逆向调节的负效应，不利于社会公平（尹音频、闫胜利，2017）。对此，也有专家提出不同意见，增值税具有累退性，但消费税总体呈现累进性，有利于调节收入再分配（童锦治、苏国灿、刘欣陶，2017）。

第二，直接税的收入分配效应方面：部分学者指出，个人所得税对改变收入分配的格局具有直接的作用（马永斌、闫佳，2017），其税负具有累进性，可以缩小社会收入差距（胡芳，2019）。也有学者提出反对观点，他们认为，个人所得税的收入效应微弱（李兰云、张亮、曹志鹏，2018；李士梅、李安，2017；孙玉栋、庞伟，2017），因为它降低了平均有效税率（徐建炜、马光荣、李实 2013），其占比过低的税制结构，制约了其有效调节收入分配差距的作用（马万里，2017；王金兰，2015；俞杰，2019），并且当财政供养人口占比超过 16% 时，个税将对收入差距产生明显的逆向调节作用（胡文骏，2017）。

对于房产税等财产税的收入分配效应研究，国内学者的观点较为统一：房产税为主的财产税整体上尚不能有效调节收入分配，只能作为辅助手段（李娇、向为民，2013），但也不能以此否定财产税所具备的调节收入分配的功能（王春林、刘昶、陆逸超，2018）。具体来讲，房产税对收入再分配具有正效应（何辉、樊丽卓，2016），其税制设计与住房供应体系形成良性耦合（黄潇，2014），有利于促进社会公平（张海煜，2015），但我国社会保障税、遗产税、赠与税等税种还没有建立完善，处于缺失状态，导致收入分配效应低下（周春艳，2017），如果建立合理的累进税率结构，便能够缩小社会收入差距（詹鹏、李实，2015）。

（2）增强税收的收入分配效应的对策。

税收在调节收入分配差距方面仍有许多不足，国内学者也是纷纷提出建议，合理规划初次分配和再分配的不同调节机制（黄迎，2018），进一步发挥税收的收入分配效应。针对这一问题，学界主要在以下几个方面展开研究。

第一，税制结构方面：有学者建议，调整直接税与间接税的比重（刘建民、毛军，2016），强化间接税调节居民收入分配功能，优化流转税制、加快推进资源税改革、进一步完善直接税和其他配套改革相结合（王春林、刘昶、陆逸超，2018）。此外，生产税和收入税参与收入分配的程度不同，征收也应该采取一些差异化措施（潘文轩，2018）。不断提高所得税、财产税的占比，结合财产税，适时开征遗产说、社会保障税等相关税种，发挥直接税的收入分配调节作用（周春艳，2017）。相反，也有学者提出应增加所得税的比重，重视所得税的征收，避免过分注重流转税。

第二，征收政策方面：有学者指出，税收制度的设计应反映在收入分配各个环节中，税种的选择应体现在征收范围和力度上（马永斌、闫佳，2017），根据家庭的结构适当调整征税规则，不仅会提高再分配效应，而且有利于降低整个家庭的税收负担（闫晶晶、易宇、王伟尧，2018）。应完善个人收入监测体系，这样会在一定程度上提升资本要素收入分配的效应（揭莹、肖梅峻、李亚斌，2017）。将更多的所得类型纳入征税范围，并采用差别化扣除项目（何代欣，2016）。另外，加快社会保险费改税进程，为改善低收入群体生活提供资金保障，也会提高税收的收入分配效应（唐文倩，2016）。

### 1.2.3 文献评析

国内外学者对财税政策的收入分配效应研究形成了一定的成果，为本书的研究奠定了良好的基础，具有重要的参考价值。国外学界主要采用定性分析与实证分析相结合的方法。与国外相比，我国学界实证研究财税政策收入分配效应的相对较少，而且观点存在分歧；对财税政策的收入分配效应缺乏系统的研究，或仅从财政支出的角度，或仅从税收角度，割裂了财政支出与税收的关系，导致其结论具有片面性；在城乡二元结构的背景下，缺乏就财政支出和税收收入分配效应的城乡差异性分析；缺乏对各类财政支出收入分配效应的比较以及缺乏税收收入分配效应的比较。综上所述，就我国财税政策的收入分配效应研究而言，还存在以下不足之处。

第一，缺乏较为系统性的实证检验，导致观点上分歧，有待进一步实证检验。导致财税政策收入分配效应观点不一致主要有两种原因：一是由于国别差异、体制差异，财税政策的收入分配效应因国别以及国家制度的不同而不同，导致不同国家的学者得出的结论不同；二是我国学界在研究财税政策收入分配效应时，较多采用定性分析，尤其对福利性支出采用定性分析，缺乏相应实证检验，从而导致国内学者有关财税政策收入分配效应的观点存在分歧。我国经济社会发展模式有别于西方国家，尤其在城乡二元结构下，财税政策有何收入分配效应应注重实证检验。在研究财税政策收入分配效应时，定性分析是必要的，但定性分析需要定量分析来论证，从而更好地探索财税政策内在的机理与规律。因此，关于财税政策的收入分配效应研究，应在已有的文献基础上，进一步实证检验，以便为优化政策提供可靠依据。

第二，尽管部分学者采用实证分析方法，研究某个财政支出的收入分配效应或某个税种的收入分配效应，但大多采用全国时间序列数据分析，缺乏面板数据的实证检验。由于时间序列仅从时间维度，缺乏截面维度的考量，可能会使实证结果准确性受到影响。

第三，现有的财税政策收入分配效应研究主要立足于全国视角，忽略了城乡二元结构的差异性，缺乏就财税政策收入分配效应在城乡之间差异性的分析。我国城镇地区的经济发展和农村地区具有较大的差异性，财税政策对城镇居民的收入差距影响与农村是否具有差别？值得进行实证检验。通过探索财税政策对城镇居民与农村居民收入差距影响的差异性，有利于进一步提出政策建议，缩小我国居民收入差距。

第四，目前，国内对税制结构与收入分配关系的研究相对较少，研究收入分配影响因素的相对较多。不同的分类方法，税制结构包含内容不同，在现行的税制模式下，不同类的税制结构对收入分配有何影响？对这一问题研究，有利于为我国在优化税制结构方面提供参考依据。

第五，目前，财政支出的收入分配效应研究主要集中在福利性支出上，缺乏从财政支出整体到结构的分析，对财政支出结构的收入分配效应缺乏比较分析。

# 1.3 相关概念界定

本书研究财税政策对收入差距的影响，这里的财税政策主要从财政支出和税收两个方面考虑。

## 1.3.1 财政支出方面的概念界定

### 1.3.1.1 民生财政支出

民生财政支出的界定在学术界并未形成统一的定论。例如，贾康（2010）认为，民生财政支出包括教育支出、医疗支出、社会保障支出、环保支出、科技支出、农林水支出以及安全支出等。储德银、闫伟（2010）认为，民生财政支出包括社会保障支出、教育支出、医疗卫生支出、环保支出等。赵海利（2012）研究的民生财政支出主要是教育支出、卫生支出。宋冬林等（2016）认为，与民生关系最为紧密的支出是社会保障支出、教育支出、医疗卫生支出。

根据学术前辈对民生财政支出的界定，本书的民生财政支出包括：社会保障支出、教育支出、医疗卫生支出、科技支出以及农林水支出。

### 1.3.1.2  非民生财政支出

非民生财政支出是指财政支出中除去民生财政支出之外的财政支出，即除去社会保障支出、教育支出、医疗卫生支出、科技支出以及农林水支出之外的财政支出。

### 1.3.1.3  民生财政支出结构

根据上面民生财政支出的界定，民生财政支出结构应该为社会保障支出、教育支出、医疗卫生支出、科技支出以及农林水支出各自占民生财政支出总量的比重。这种界定方法，在考察各项民生财政支出的收入分配效应时，反映的是随民生财政支出总量变化时各项财政支出的收入分配效应。但本书欲考察随经济发展变化各项民生财政支出的收入分配效应，而且本书专门设置一节内容就民生财政支出总量的收入分配效应进行了实证检验。

因此，为更好地反映各项民生财政支出随着经济的发展所体现出的收入分配效应，本书的民生财政支出结构是指社会保障支出、教育支出、医疗卫生支出、科技支出以及农林水支出各自占 GDP 的比重。

## 1.3.2  税收方面的概念界定

### 1.3.2.1  宏观税负

宏观税负有三种口径衡量：小口径宏观税负、中口径宏观税负和大口径宏观税负。本书在分析宏观税负的收入分配效应时，采用小口径宏观税负，即税收/GDP。

### 1.3.2.2  税制结构

不同分类方法，税制结构包含内容不同。本书按照税负转嫁难易程度，用直接税与间接税衡量税制结构，以便考察直接承担税收与间接承担税收的收入分配效应。直接税包括企业所得税、个人所得税、房产税、契税、外商投资企业和外国企业所得税；间接税包括增值税、消费税、营业税、资源税和城市维护建设税。

### 1.3.2.3 税类结构

本书税类结构是按照课税对象不同分类的，即流转税、所得税、行为财产税以及资源税。流转税包括增值税、消费税、营业税（已停征）；所得税包括企业所得税和个人所得税；行为财产税包括房产税、契税、车船税、印花税；资源税包括资源税、土地增值税、城镇土地使用税、耕地占用税。

### 1.3.2.4 主要税种

主要税种是基于税收收入占总税收收入大小而界定的。目前，增值税、消费税、企业所得税、个人所得税是我国四大税种。2018 年，增值税和消费税占总税收收入的 56.93%（其中，国内增值税占总税收收入的 39.34%，国内消费税占总税收收入的 6.8%，进口环节增值税和消费税占总税收收入的 10.79%），企业所得税占总税收收入的 22.58%，个人所得税占总税收收入的 8.87%。[①] 全面推行营业税改征增值税之前，营业税是地方政府的主体税种，考虑到本书研究的样本跨度，在研究主要税种的收入分配效应时也把营业税纳入研究范围。

因此，本书研究主要税种的收入分配效应时，主要税种包括增值税、消费税、企业所得税、个人所得税以及营业税（虽已退出征税历史舞台，但本书欲对征收营业税时期产生的收入分配效应进行检验，所以营业税被归入本书主要税种中）。

## 1.4 研究思路与研究方法

本书从全国整体居民与城乡居民维度、不同税类维度以及不同类财政支出维度，在理论分析的基础上，采用实证分析方法，剖析税收与财政支出对收入差距的影响。

### 1.4.1 研究思路

本书根据理论分析，利用经验数据测算出衡量收入差距的数据，实证检

---

① 数据来源于中华人民共和国财政部网站：http://gks.mof.gov.cn/zhengfuxinxi/tongjishuju/201901/t2019 0123_ 3131221. html.

验税收与财政支出的收入分配效应。全书的逻辑主线如图1-1所示。

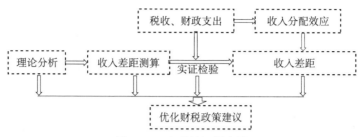

**图1-1 全书的逻辑主线**

本书从三个不同的维度实证检验税收与财政支出的收入分配效应，分别是不同居民维度、不同类税收维度以及不同类财政支出维度，沿着这三个维度形成三个逻辑子主线。其中，不同居民维度体现在不同类税收及不同类财政支出维度中，从而形成三个逻辑子主线。

首先，从不同居民的维度实证检验税收与财政支出的收入分配效应。由于我国城乡二元化结构，本书试图检验税收与财政支出的收入分配效应是否具有城乡差异性。于是，本书先从全国整体居民的角度检验财税政策的收入分配效应，对财税政策的收入分配效应有个初步的判断，考虑到全国整体居民视角下，时间序列数据在回归分析中不足，采用省级面板数据分别考察财税政策对城镇居民、农村居民的收入分配效应，以期更准确地判断财税政策的收入分配效应，同时检验税收与财政支出在城镇居民和农村居民之间的收入分配效应差异性。因此，不同居民维度下的逻辑子主线如图1-2所示。

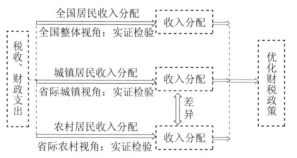

**图1-2 不同居民视角下的收入分配效应实证检验逻辑子主线**

其次，从不同类税收维度实证检验税收的收入分配效应。首先检验宏观税负对收入分配的影响，再从税制结构检验其收入分配效应，进一步从税类结构检验其收入分配效应，在税类结构的基础上，选择主要税种更进一步实证检验其收入分配效应。其逻辑思路：先整体再具体到主要税种。逻辑子主线如图1-3所示。

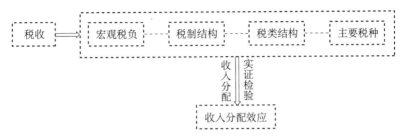

**图1-3 不同税收收入分配效应的逻辑子主线**

最后，从不同类财政支出维度实证检验财政支出的收入分配效应。考虑到有些财政支出直接涉及民生领域，所以将财政支出分为民生财政支出和非民生财政支出，根据民生财政支出的收入分配效应情况，进一步检验民生财政支出结构中每类财政支出的收入分配效应，从而形成不同类财政支出的收入分配效应。逻辑子主线如图1-4所示。

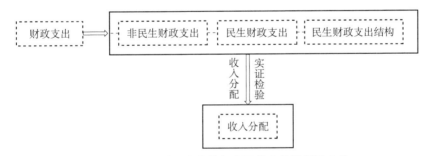

**图1-4 不同财政支出收入分配效应的逻辑子主线**

### 1.4.2 研究方法

#### 1.4.2.1 规范分析与逻辑推理分析法

采用规范分析法，对与本书有关的文献进行归纳梳理并分析已有文献的不足；在文献分析的基础上，结合理论，梳理了影响收入分配差距的因素。采用逻辑推理法分析税收、财政支出对收入差距影响的途径，剖析税收、财政支出对收入差距影响的内在机理。

### 1.4.2.2　数理分析与实证计量分析法

数理分析与实证计量分析法是本书的核心方法，采用数理分析法，在构建衡量收入差距模型的基础上，运用有关经验数据，测算了居民收入差距数据，并对其进行量化分析。运用 GMM 估计法和静态面板数据计量分析法，实证检验税收、财政支出对收入差距的影响。

### 1.4.2.3　比较分析法与归纳分析法

在计量分析结果的基础上，采用比较分析法，对比分析不同类税收调节收入差距的效应，并对比分析税收对城镇居民与农村居民调节收入差距的差异性；对比分析不同类财政支出调节收入差距的效应，并对比分析财政支出对城镇居民与农村居民调节收入差距效应的差异性。采用归纳分析法，判断税收、财政支出调节收入差距效应的机制与规律；比较分析法与归纳分析法相结合，依据我国现实情况，提出完善我国税收政策与财政支出的政策建议。

# 1.5　可能创新之处

## 1.5.1　理论上可能存在的创新

从民生财政支出和非民生财政支出两个角度就财政支出的收入分配效应的作用机理进行了剖析，并形成了作用机理图。目前，学界就民生财政支出的收入分配效应有些研究，但较少剖析民生财政支出的收入分配效应作用机理，尤其对非民生财政支出的作用机理研究得更少。本书在学术前辈研究的基础上，进一步探究了民生财政支出和非民生财政支出对收入分配影响的作用机理。

从间接税和直接税两个层面分析了税收收入分配效应的作用机理。由于直接税与间接税的传导作用机制不同，其影响收入分配的机理不同。有部分学者研究某个税种的收入分配效应，但缺乏就税收的收入分配效应作用机理分析。本书在学术前辈研究的基础上，剖析了直接税与间接税对收入分配影响的作用机理。

## 1.5.2 实证分析上可能存在的创新

第一，多视角下实证检验税收与财政支出的收入分配效应。目前，学界较多就某项财政支出或某个税种的收入分配效应研究，缺乏全面性和系统性的研究。本书在学术前辈研究的基础上，从不同角度实证检验税收与财政支出的收入分配效应，研究更系统、更全面，能够更好地反映我国税收与财政支出对收入分配的影响。多视角体现在以下几方面：其一，根据城乡二元结构，分别实证检验税收与财政支出对城镇居民和农村居民收入分配的影响，并对比分析城镇和农村居民收入分配效应的差异性（如研究思路图1-2）。其二，就税收的收入分配效应而言，先从总体宏观税负为逻辑起点，再从税制结构到具体主要税种，实证检验税收的收入分配效应（如研究思路图1-3）。其三，就财政支出的收入分配效应而言，先从非民生财政支出到民生财政支出，再到民生财政支出结构，实证检验财政支出的收入分配效应（如研究思路图1-4）。

第二，利用基尼系数函数，在各省有关数据的基础上，测算了城镇居民的基尼系数、农村居民基尼系数以及各省的基尼系数，有助于对比分析城乡居民收入差距的差异性，也为进一步采用面板数据实证分析奠定良好的基础。

第三，利用面板数据实证检验税收与财政支出的收入分配效应，增强实证结果的有效性。尽管部分学者采用实证分析方法研究某项财政支出的收入分配效应或某个税种的收入分配效应，但大多采用全国时间序列数据分析，缺乏面板数据的实证检验。由于时间序列仅从时间维度，缺乏截面维度的考量，可能导致实证结果准确性受到影响。

第四，实证检验了税制结构的收入分配效应，并论证税制结构对收入分配影响的非线性。例如，税制结构与收入分配呈倒U型关系。

第五，本书不仅论证不同财政支出的收入分配效应，而且在实证分析中，对比分析了民生财政支出结构的收入分配效应差异性，同时，也对比分析了财政支出收入分配在城乡之间的差异性。较为系统地实证检验了非民生财政支出、民生财政支出以及民生财政支出结构对收入分配的影响。

### 1.5.3 政策建议上可能存在的创新

提出"逐步提高民生财政支出总量，尤其提高农村民生财政支出总量；适度提高非民生财政支出，过度提高非民生财政支出不但不会缩小居民收入差距，反而会扩大收入分配的差距"的观点。从实证结果来看，非民生财政支出在合理的范围内，有助于促进经济增长，增加居民收入，但非民生财政支出提高到一定程度，会导致收入分配差距过大。就民生财政支出而言，民生财政支出有利于缩小收入分配差距，所以应加大民生财政支出的投入，提升人们生活质量。

# 第 2 章

# 财政支出与税收影响收入差距的理论分析

早在 17 世纪，以威廉·配第为代表的古典经济学家就开始研究收入分配问题，在 4 个世纪的时间里，收入分配理论不断得到补充与发展，并形成了多个流派。收入分配理论一直是经济学中的重要研究对象，它制约着社会进步的效率与公平，与居民生活、社会生产有直接关系。财政支出与税收都是社会收入分配领域的重要概念，与收入差距都有着密切的联系，但其作用机理各不相同。本章立足收入差距的影响因素，结合财政支出与税收影响收入分配的相关理论，重点分析财政支出和税收对收入分配影响的作用机制。

## 2.1 收入差距的影响因素

本节首先介绍了收入差距的相关概念，然后重点剖析了影响收入差距的诸多因素。

### 2.1.1 收入差距的相关概念

#### 2.1.1.1 收入、收入分类

在经济学上，收入是用来衡量一个人或一个国家经济状况的重要指标，通常是指一定时期内，个人、家庭、企业、国家等主体在日常活动中所形成的以货币衡量的经济利益总流入。

根据测算主体不同，收入可分为多种类别，如个人收入、家庭收入、企业收入、国民收入等。居民收入和个人收入本质一样，但居民收入更强调地

域性。本书中涉及的"城镇居民收入"和"农村居民收入"分别是指居住在城市空间区域和农村空间区域的个人收入。我国居民收入的统计度量指标是可支配收入，可支配收入通常包括消费和储蓄两部分，实际计算上是居民全部收入中扣除纳税及非税负担支出后剩余的收入。

### 2.1.1.2 收入差距、收入差距分类

收入差距是指人们在一定时期内所获得的收入量的差别，通常用来衡量居民整体收入水平的高低差异。在经济学上收入差距有不同的表现形式，如地域间收入差距，包括城乡居民收入差距，东、中、西部居民收入差距等；此外，还有不同收入阶层之间的收入差距、行业收入差距等。城乡收入差距表现了城镇居民和农村居民在可支配收入水平上的差异程度，不同收入阶层之间的收入差距表现了按收入水平划分的不同收入群体之间可支配收入的高低水平。

收入差距有多种衡量指标，总的来说，分为绝对收入差距测度指标和相对收入差距测度指标。在我国的统计资料中，反映居民绝对收入情况的指标有居民家庭可支配收入、居民家庭纯收入、居民家庭总收入等。考虑到各年度价格水平等额外因素的影响，学界对于收入差距的衡量更多的还是选用相对收入差距指标，如基于洛伦兹曲线的基尼系数、泰尔指数以及城乡收入比等。本书选用基尼系数作为衡量指标。

## 2.1.2 收入差距的影响因素

我国的收入差距有地区间的差距，也有不同阶层间的差距。影响居民收入差距的因素有很多，除了个体自身因素外，政府政策、经济因素，甚至历史、地理等差异都会对收入差距产生影响，并且这些因素对收入差距的作用机制各不相同。

### 2.1.2.1 经济发展水平

经济发展水平是制约收入分配水平的首要因素。党的十九大报告明确指出，我国社会主要矛盾是人民日益增长的美好生活需要和不平衡不充分发展之间的矛盾。随着国内生产总值（GDP）的不断增长，社会收入差距较大的问题也越来越得到重视，因为经济发展水平和社会收入差距问题通常是相伴

而生的。

对于经济发展水平和收入差距的关系，库兹涅茨在 20 世纪给了明确答案。他指出，经济增长和居民收入公平度存在线性关系，倒 U 型假说就明显表达出了这一点，即经济发展水平和居民收入不公平程度呈倒 U 型。根据这个假说，经济增长过程中，居民收入差距先拉大，再缩小。这说明在经济增长的起步期，存在一定的收入差距是可以接受的，等经济社会发展到一定高度，过了"拐点"，居民收入差距就会越来越小。由此可知，收入差距是随着经济增长过程不断变化的，经济发展水平决定了居民收入分配水平。

经济发展水平对收入分配的决定性影响归根到底是生产对分配的影响，经济增长为居民收入分配提供了物质基础，收入分配的公平性也是由经济增长的规模来保障的。

### 2.1.2.2　国家发展战略

国家发展战略体现了国家的政策导向，对某行业的扶持可能会提高该行业劳动者的收入，从而影响收入差距；对某地区的政策扶持会为该地区吸引更多的资源，促进该地区的经济增长，进而提高居民的整体收入水平，影响社会收入分配。例如，我国改革开放初期，经济重心在农村，政策偏向于农村地区，使那段时间农村得到了快速发展，农民收入快速提高，甚至增长速度一度超越城镇，这无疑改变了城乡收入差距。但后期国家把经济重心转移向了城镇，随着市场经济体制的确立，城市地区经济发展肩负起了推动国家经济社会前进的重任，城镇地区经济水平、居民收入及生活水平快速飞跃，迅速拉大了与农村的差距，使得城乡收入差距发生改变。

### 2.1.2.3　城镇化进程

城镇化是现代化的必由之路，伴随着工业化进程，更多的农村居民进入城市谋求生计，使城乡居民结构发生变化，影响着城乡收入差距。首先，城市地区生活水平高，生产率也相对较高，并且在医疗、教育、社会保障等方面具有农村不可比拟的优势，城镇居民收入水平自然偏高。收入差距驱使越来越多农民背井离乡，到城市地区去发展，留在农村的往往都是劳动能力低或无劳动能力的居民，他们的收入水平低，与城镇居民收入差距越来越大。

其次，城市的辐射能力也会影响城乡之间劳动力转移。如果城市的发展水平有限，承载力很小，无法吸纳众多农村劳动力的转移，使劳动力转移受阻，或迁移人口无法享受到和城市居民一样的福利，其收入水平无明显改善，这种情况下也很难缓解城乡居民的收入差异。

### 2.1.2.4　财政支出

国家财政支出分为转移性支出和购买性支出，这些支出对居民收入分配都有着直接或间接的影响。财政支出是政府为了实现其政策目的，对经济社会运行中的各领域进行调控的重要手段，具有调节居民收入分配的重要功能。在财政支出体系中，不同支出项目对收入差距的影响是各不相同的，其中，民生支出是与居民收入和生活水平直接相关的支出，在调节我国居民收入分配方面可以发挥关键作用。

社会保障与就业支出是保障低收入居民基本生活需要和稳定就业水平的重要民生支出项目，有利于增加低收入居民的可支配收入，缩小城乡收入差距。社会保障和就业保障都是基本公共服务的重要组成部分，有利于维护社会公平。社会保障一般包含社会保险、社会救助、社会福利和社会优抚。社会保险是给予劳动者的一定补贴，可增加受益人的可支配收入。社会救助面向贫困群体，是国家用以保障其基本生活需求的资金或物质补助。社会福利和优抚安置支出也是通过给予居民补贴的形式，缩小贫富收入差距。总的来说，社会保障与就业支出首先影响居民的可支配收入，进而影响居民收入差距。除此之外，社会保障支出也使居民有更多可能性投入自身提升与发展，参与教育或技能培训，间接地提高了低收入者的收入水平。不仅如此，社会保障体系对居民收入的影响还反映在不同代际之间，形成不同代际间的收入分配效应。

教育支出也是影响居民收入分配的关键因素，由于人力资源的特殊性，教育支出的收入分配效应也有特殊性。教育投入对社会收入差距的影响表现在它给贫困居民更多的机会接受文化教育和技能培训，增加其能力从而为获取更多的收入提供保证。从这个角度讲，政府的教育支出更多地倾向于农村等低收入地区，将产生更大的正向效应，缩小城乡收入差距。

医疗卫生支出保障的是居民的健康水平，健康又是决定居民收入的首要因素，只有在劳动者健康的状况下，才能把更多的精力和体力投入劳动，保证劳动生产率，从而提高自己的收入水平。政府把医疗卫生支出更多地投入农村等贫困地区，可以有效保障低收入者的身体健康，间接提高其可支配收入，进而缩小与高收入群体之间的收入差距。

科技支出是提高一个地区的经济发展水平的重要动力，因此，这类支出可以改变一个地区的收入水平。国家制定不同的扶持政策，运用科技支出，可以影响低收入地区的经济增长水平，进而缩小地区间收入差距。当前，我国的经济重心在城镇地区，政府的科技投入也是偏向于这一地区，因此，在现实中，政府科技支出缩小居民收入差距的作用并不明显。

农林水支出是直接面向农村，服务于农民的支出项目，也是影响城乡居民收入差距的重要因素。农林水支出投入农村的基础设施建设，如农田水利设施和气象服务，首先为农业生产提供了更多的便利，维护了农业所谓第一产业的基础性地位，其次农业的发展会带动农民收入提高，获得更多的可支配收入，这对于促进社会分配公平、缩小地区间收入差距具有一定作用。

### 2.1.2.5　税收因素

税收是国家财政收入的主要来源，其"取之于民，用之于民"的特点体现了税收与居民收入的密切联系，利用这个桥梁，把国家收入和居民个人收入联系起来，使税收具有了调节收入分配的能力。税收政策作为关乎国计民生的重要政策，是国家用以缩小社会收入差距的一大利器。

税收对居民收入差距的影响通常有以下几种形式：第一，税收是把一部分居民收入转移到国家手中，无疑会直接或间接地减少居民可支配收入，利用不同税制结构和征收政策的设计，使不同收入阶层的税负各有差异，让高收入者承担比低收入者更高的税额，这样就可以达到调节收入差距的作用。第二，由于税收的存在，价格机制也会发生作用，商品税的征收会减少商家利润，则商品或服务供给方会通过提高价格来弥补因征税损失的收入，价格的升高会导致需求的降低，即居民消费结构发生变化，从而产生税收的收入分配效应。第三，政府为了鼓励和支持某行业或某地区的发展，会制定一系列税收优惠措施，通过减少企业负担，促进行业的进步和地区经济增长，经济发展又会提升居民整体收入水平，从而实现对收入差距的调节。

税收的本质要求是量能纳税，其影响收入差距的效果是由相关税收政策决定的。通过税制设计，对高收入者征收更多的税款，是国际上用以缩小收入差距的普遍做法，把从高收入阶层收得的税款通过转移支付用到低收入者身上，不仅符合税收公平原则，也是社会收入再分配的重要形式之一。国家要想缩小城乡收入差距，可以制定针对农村和农民的税收优惠政策，提高城镇地区居民的税负；国家要想扶持某一地区，不仅可以增加政府投入，也可以制定针对该地区的优惠政策，减少当地发展的税收负担，使这一地区快速成长起来。总的来说，税收和收入分配密不可分，不仅税收会影响收入分配，收入分配水平又会反过来影响税收收入情况。

### 2.1.2.6　其他因素

除前面所述因素之外，还有多种因素会影响社会收入差距，如城乡二元经济结构、产业结构、户籍制度等。在城乡二元体制下，传统部门和现代部门发展水平呈分离态势，这也是我国收入分配不公的一大根源；户籍制度使得在城市里的农村人员无法享受同等的福利，也不利于收入差距的缩小。

综上所述，影响居民收入分配的因素多种多样，各个因素的作用机理又各不相同，在分析过程中应区别对待。本书立足于财政支出和税收的收入分配效应，重点研究了财政支出和税收对收入差距的影响及作用途径。

## 2.2　财政支出影响收入差距的作用机制分析

本节首先介绍财政支出影响收入差距的理论基础，然后具体剖析财政支出影响收入差距的作用机理。

### 2.2.1　财政支出影响收入差距的理论基础

#### 2.2.1.1　福利经济学中的"收入均等"理论

福利经济学家从保障社会福利最大化的角度出发，认为政府决策应该在保证实现社会福利的同时，实现有限资源的最优配置，即资源分配的"均等化"。旧福利经济学家们普遍认为，国民收入总量与福利呈正相关，国民收入总量越大则社会福利水平也越高，而国民收入的增加必须解决不同收入阶层不平等的收入分配问题。因此，他们提出将利益在富人和穷人之间进行二次分配。

福利经济学家们建议要提高社会福利水平，不仅需要增加国民收入总量，也需提高国民收入在分配上的均等化程度。《福利经济学》的作者庇古提出，福利会随着国民收入分配的均等性提高而扩大，即实现社会福利最大化必须努力缩小居民收入分配差距，他的分配公正观认为，富人遭受经济福利的减少量，比穷人的经济福利增加要小得多，所以他提出政府应该对低收入者提供货币补贴、提供养老金，对高收入者增收所得税等政策以缩小贫富收入差距。

根据边际效用递减规律，福利经济学派提出居民的收入和货币的边际效用成反比，这便成为其收入转移理念的理论基础。即把富人的一部分收入转移给穷人，会缩小社会收入差距，实现"收入均等"。总的来说，福利经济学派的收入转移和收入均等化理念也为经济社会进程中的政府转移支付机制、财政政策的宏观调控功能等提供了理论基础。

### 2.2.1.2　凯恩斯收入分配理论——"看得见的手"

美国 1929 ~ 1933 年的经济大萧条催生了凯恩斯主义，《就业、利息和货币通论》的发表挑战了传统经济学理论的权威。凯恩斯认为，在资本主义市场中，"看不见的手"并不能完全发挥作用，私人利益转变为社会公益必须在政府的有力介入下进行。他认为不可完全依赖市场机制的自由竞争，并建议应当利用国家的政策手段对经济施加调控干预。凯恩斯在书中提出有效需求理论，主张国家对经济生活进行积极干预以消除大规模失业。

在收入分配方面，凯恩斯认为大萧条的一个重要原因是有效需求不足，必须运用政府的财政政策进行干预，这才是解决经济萧条和人们失业的最有效方法。因此，他建议政府增加购买性支出和转移性支出规模，从而对居民的收入进行二次分配，并通过充分就业的方式从根本上缩小贫富差距。为此，他提出扩大直接财政公共支出规模，设定最低工资标准等一系列有助于提高低收入者收入的方法。在调节社会贫富差距上，政府财政支出这只"看得见的手"应该发挥更大作用，凯恩斯指出，增加政府的购买性支出可以有效促进居民就业，保障其基本生活水平，刺激有效需求，从而调节收入分配。

之后，西方国家在经济发展过程中出现了"滞胀"，收入差距不断拉大。后期经济学家在凯恩斯主义的基础上，总结得出新的结论：只靠政府的宏观调控、增加财政支出来缩小社会收入差距的作用有限，应该以市场机制调节为主，辅之以政府调控，并结合经济发展的实际情况来制定适当的政策，才能有效控制居民收入分配差距。

### 2.2.1.3　财政转移支付理论

转移支付是指政府无偿把资金转移给下属单位或私人部门，以增加其收入和购买力的一种支出方式，这实际上是社会收入再分配的一种形式。财政转移支付有两种类型：第一种是从上至下的纵向转移，从上级政府到下级政府的支出转移，用以平衡不同层级政府之间的财力水平，如中央政府通过预算把资金无偿拨付给省级政府；第二种是横向转移，即资金在同级政府之间的流动，像各市级单位资金的无偿流动就属于此种类型。我们通常研究的是纵向转移支付，这对协调居民收入分配具有重要意义。

财政转移支付对居民收入差距的影响有直接性的和间接性的。根据经济学理论，政府通过其国家权力将企业和居民在初次分配中取得收入的一部分集中起来形成财政收入，然后通过转移支付将这部分资金无偿转移给低收入阶层，同时，运用税收手段使高收入阶层付出更多，间接减少其可支配收入。这样，不仅减少了高收入者的收入，又增加了低收入者的收入，实现了财政支出的收入分配效应，缩小了社会贫富差距。这是在社会收入再分配领域发挥的作用，通过财政资金在不同群体间的转移实现了"征高补低"，发挥了财政支出直接影响收入差距的作用。

税收是财政支出间接影响收入差距的重要工具，政府通过向企业和居民征税，所得税收收入构成了中央财政收入的一部分，使中央政府有能力大力发展公共事业和基础设施建设。政府通过补贴等形式把资金转移到经济发展相对落后的地区，推动其经济发展。贫困地区经济发展水平提高的同时会通过扩大就业、提高工资等方式间接影响其居民收入，从而在缩小地区间发展不平衡的同时，也间接缩小了居民收入差距。

综上所述，财政转移支付能够实现公共经济学的三大功能：公平、效率和稳定，无论采用何种形式实现的资金转移，其本质都是政府运用财政手段实现社会收入再分配，在此过程中，不同收入群体间的收入差异也在不断变化。

### 2.2.2 财政支出影响收入差距的作用机理分析

按经济性质分类，财政支出可分为转移性支出和购买性支出。转移性支出分为三部分：社会保障支出、财政补贴和税式支出。它是将收入从高收入群体转移到低收入群体，不直接与私人部门发生经济交换，可以调节收入分配，解决市场制度下收入分配不均的现象。购买性支出是政府为执行各项职能而购买各种商品和劳务的支出，主要包括行政管理支出、经济建设支出以及文化、教育、科学、医疗卫生支出。在购买性支出中，政府直接参与社会资源的配置，推动社会消费结构调整和经济发展水平的提高，从而影响收入分配格局。本部分对财政支出的收入分配效应机理分析中，从转移性支出和购买性支出两方面展开论述。

### 2.2.2.1　转移性支出的收入分配效应传导机制

政府转移性支出可以直接影响居民收入分配，主要是通过引起居民可支配收入的变化以及消费结构的变化，进而影响居民收入差距（见图 2 - 1）。首先，转移性支出中社会保障支出在收入机制的作用下，会影响居民的可支配收入，如最低工资标准的制定、养老保险、失业保险制度等实际上增加了贫困群体的可支配收入，这类支出在再分配领域改变了不同收入群体间的收入水平，从而影响居民收入分配。其次，财政补贴支出中政策性补贴支出会调节市场运行，一方面通过稳定商品价格，对直接受益者来说也间接提高了其可支配收入，另一方面也引起了居民的消费水平和消费结构的变化，从而产生收入分配效应。最后，政府转移性支出会直接影响经济发展，提高经济发展水平，这在贫困地区的表现尤为明显，地区经济发展水平的提高会带动收入分配水平的提高，从而产生收入分配效应。

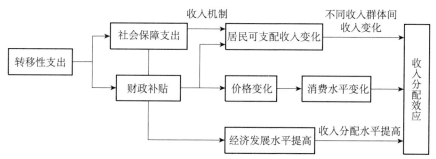

**图 2 - 1　转移性支出的收入分配效应传导机制**

（1）社会保障支出的收入分配效应机理分析。

我国社会保障支出包括社会保险、社会福利、社会救助、优抚安置，这些支出在调节居民收入分配中都发挥着重要作用。

首先，社会保险的覆盖面最大，由政府、单位和个人各承担一部分，社会保险面向所有劳动者，政府的这类支出有利于居民收入的增加，无论工伤还是就医，其受益者都会获得一定收入补贴，这无疑会增加居民的可支配收入，从而起到调节收入分配的作用。

其次，对于社会救助来讲，其受益对象通常是由于收入低而难以维持基本生活需要，生活在贫困线以下的特殊群体，政府运用转移支付，给予这类社会成员直接的资金补助，满足其基本生活需要。补助的资金来源通常是国家税收等收入，而富人群体往往要承担更多的税额，所以社会救助体现了财政支出的"削高调低"功能，实现了资金在高收入阶层和低收入阶层之间的转移。

再次，社会福利支出意在提高社会成员的生活条件，其是比社会保险和社会救助更高层次的支出，体现在不仅重视满足居民的最低生活需求，更意在其健康状况、文化程度、精神文明等领域的提升。社会福利支出常见的是给予居民一些现金补贴，这会直接引起居民的可支配收入的变化。

最后，优抚安置支出通常是给予特定社会成员的现金补贴，会直接增加该群体居民的收入，从而有利于缩小社会收入差距。

除了直接引起居民可支配收入变化，社会保障支出也间接影响不同社会成员的收入水平。例如，社会保障支出在补偿居民收入的同时，人们有了更多的精力和财力投入教育和职业培养，这有利于提高其自身技能，从而有机会获得更高收入的工作，间接增加了居民的收入。此外，完善的社会保障体系能促进机会均等和规则公平，这对于低收入群体改善自己收入状况有着至关重要的作用，在同等能力下，使他们不至于在高收入群体优越的教育水平和社会地位的阴影下处于劣势。

此外，社会保障体系对收入分配的影响还可能反映在不同代际之间。最主要的表现是养老保险，这种保障项目是当前缴费，未来收益，而现在劳动者缴纳的养老保险是用在了现阶段的老年人，也就是自己的上一代劳动者身上。由于其退休后不具备收入能力，因此，现在劳动者缴纳的养老保险实际是为他们的基本生活提供了收入补偿，这有利于缩小代际间的收入差距。

（2）财政补贴的收入分配效应机理分析。

财政补贴支出最主要的部分是政策性补贴支出，实质是运用政府财力来弥补市场机制的不足，通过稳定物价，提高了居民生活水平，并推动经济发展，同时，经济发展水平的提高伴随着居民收入水平提高，增加了其可支配收入，从而实现了对收入分配的调节。

政策性补贴主要有两种形式：现金补贴和实物补贴。现金补贴是把现金直接发放给受益群体，如对农村居民的补贴，增加他们的可支配收入，用以缩小城乡居民收入差距；实物补贴多为对农民的补贴，主要是给予农民生活必需品，以减轻其生活压力，这种补贴间接调整了商品或劳务的价格，使价格稳定在一定水平，促进贫困地区的经济发展，从而带动贫困地区居民的收入提高。

### 2.2.2.2　购买性支出的收入分配效应传导机制

财政购买性支出指的是政府通过参与市场交换购买社会商品和劳务的政策性支出。购买性支出主要包括经济建设支出、行政管理支出以及科技支出、教育支出、医疗卫生支出。这是一种有偿的支出政策，其对社会的生产和就业有直接的影响，但对居民收入的影响是间接的，主要通过促进经济增长，影响居民收入以及收入分配结构，进而影响社会收入差距。购买性支出可以间接影响居民收入分配，例如，政府把资金投入经济建设会促进经济发展，进而提高居民收入水平，进而影响收入分配。经济建设支出促进经济增长对收入差距的影响是不确定的，有可能拉大社会收入差距，也可能使社会收入趋于公平化。科教文卫支出是促进社会公平的重要政策手段，它们从起点公平出发，最终目标是实现结果公平，但其调节收入差距的效果也是不确定的。

购买性支出的收入分配效应传导机制以经济增长为中介，政府支出通过价格机制和供求机制的作用促进经济增长，经济发展水平的提高不仅会增加社会成员收入，也会改变居民收入分配的结构，从而产生收入分配效应（见图 2 - 2）。

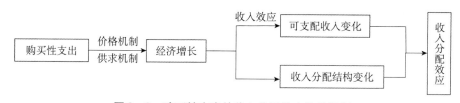

**图 2 - 2　购买性支出的收入分配效应传导机制**

（1）教育支出的收入分配效应机理分析。

教育主要是从提高受教育者的知识素养和技能水平来影响收入分配，它解决的是由于教育不平等而导致的起点不公，从而致使社会差距拉大的社会现象。教育不公现象在农村地区表现尤为明显，农村地区收入水平低，农民投入教育的支出也更少，知识水平和劳动技能无法获得有效提高，难以获得高工资水平的工作机会，这反过来又会导致其收入降低。面对这种恶性循环，政府教育支出便发挥了不可或缺的作用。教育支出实际上是一种人力资本投入，作为一种特殊的资本，人力资本的收益率往往比普通的物质资本更高，通过提高社会成员的劳动技能水平，作用于整个社会，不仅能提高劳动者的收入，也推动了整个社会的发展。

政府教育支出对社会收入差距的作用主要表现在两个方面：首先，教育通过提升居民的文化水平和技能水平来影响收入分配，技能水平又直接影响其劳动能力，从而影响居民收入水平。政府教育投入为教育水平落后地区提供了更多资源，则居民获得了更多的和更高层次的受教育机会，促使其劳动能力的提升，这样就有机会获得工资水平更高的工作，从而获得更高的收入，进而缩小贫富地区间的收入差距。其次，居民教育水平的提高有利于促进地区经济水平的提高，教育支出不仅弥补了由于地位、起点不平等引起的社会不平等对待，也会产生由于经济发展水平的提高使落后地区投入更多的教育资金这样一种良性循环。不仅如此，个人受教育程度的提高能有效增强其资源配置能力和资源使用效率。伴随着更多知识和信息的获得，居民的视野也会变得开阔，经验的积累和学识的丰富有利于他们捕捉更多机会以合理配置自身的资源，从而获得更多的收入。

（2）医疗卫生支出的收入分配效应机理分析。

医疗卫生包括医疗服务和公共卫生两个方面，医疗服务是指为居民提供常见疾病的药品和医疗服务以保障其健康，公共卫生是指为居民提供健康卫生的公共环境。健康是每个公民享有的基本人权，政府有义务为社会成员提供医疗卫生服务、促进公共卫生服务公平。医疗卫生支出主要通过影响居民的身体健康状况，形成不同地区的居民身体素质差异，从而影响收入差距。

政府医疗卫生支出有利于减轻居民医疗负担，间接增加了其可支配收入，影响收入差距。具体来讲，首先，一定程度上医疗状况决定了居民身体健康状况，居民身体健康就会有更多精力和体力投入劳动，从而获得更多收入。其次，医疗卫生支出可以保障落后地区居民的身体健康，使其有更多时间投入劳动，劳动生产率也会提高，从而获得更多的收入。此外，贫困地区居民的收入提高后，他们就会有更多的资金投入教育、培训，提升自身能力，从而获得更大收益，医疗卫生支出就是以此来调节收入分配的。

（3）科技支出的收入分配效应机理分析。

科技创新是第一生产力，是一个国家不断向前发展的不竭动力，因此世界各国都极其重视科技发展，每年都会在科技创新领域投入更多的资金用以研发新技术、新产品。科技支出的收入分配效应较为简单，也是通过促进经济增长来实现的。具体来讲，科技发展水平决定了社会生产率水平，社会生产率的提高又会促进经济增长，进而增加社会成员的收入水平，最终影响居民收入差距。

（4）农林水支出的收入分配效应机理分析。

农林水支出是国家财政用于农业农村方面的支出，一般包括农业生产补助支出，农业补贴和农村事业发展支出。由于我国城乡收入差距比较大，对农村地区的补助是理所应当的，农业作为我国第一大产业，是国家稳定和经济发展的基础，同时也是农民收入的最主要来源，农业的发展很大程度上决定了农村居民的收入水平和城乡收入差距。通过财政扶持，对农村农业生产给予补助，改善农业生产设施和农业生产环境，能有效增加农民的收入，进而缩小城乡收入差距。

农林水支出中对农村基础设施的投入可以保障农业生产，如农田水利设施的建设、气象服务的投入等都直接服务于农业生产，促进了农业生产效率的提高，不仅可以改善农业生产环境，也有利于农民提高自己的收益。此外，农业补贴是政府给予农村居民的直接性补助，可以增加农民收入，提高农业生产积极性，减轻其生活负担，进而促进农业产出的增加，对农村地区的经济发展和农民的收入水平提高都有极其重要的意义。

总的来说，农林水支出对调节城乡居民收入分配不公有很重要的意义。通过财政对农业的投入，不仅有助于改善当前我国农村居民整体收入水平较低的现状，也可以在缩小城乡收入差距上发挥更大作用。

## 2.3　税收影响收入差距的作用机制分析

本节首先介绍税收影响收入差距的理论基础，然后具体剖析税收影响收入差距的作用机理。

### 2.3.1　税收影响收入差距的理论基础

#### 2.3.1.1　税收公平原则

税收公平原则是税收制度设计的最基本的准则。这里的公平是指相对公平，具有同等收入水平的人应缴纳等量的税款，这体现了公平原则；具有不同纳税能力的人应缴纳数额不同的税款，这也体现一种公平。

早在 17 世纪，威廉·配第就提出税收的三条准则：公平、简便和节约，他理解的公平是课税应一视同仁，不可有所偏袒。亚当·斯密在前人的理论基础上提出税收四原则：平等、确实、便利、节约，他强调量能课税，同样把公平放在第一位。近代的瓦格纳、马斯格雷夫等经济学家也都对税收公平原则作出具体阐述。

怎样通过税收实现公平分配，经济学界普遍认同把纳税人的支付能力作为税收负担分配的依据，一般以收入、消费水平、财富拥有量等为依据，纳税能力高的缴纳更多的税额，纳税能力小的少承担一些，这种方法可以很好地发挥税收调节收入分配的作用。另外，公平与效率是一对矛盾统一体，效率讲究税收减少对经济运行的干扰，这有可能拉大居民收入差距，违背公平原则；而公平强调要加大对居民收入分配的调节力度，缩小收入差距。处理好这一对关系是每个国家在经济社会发展过程中必须面对的问题。

### 2.3.1.2 税收收入效应与替代效应

税收可以发挥调节收入分配的作用，从本质上说，是由于税收具有收入效应和替代效应。

税收的收入效应是指由于政府征税使个人的可支配收入减少，实际是指一部分资源由私人转移到政府手中的过程。在这种情况下，居民由于收入的减少，会投入更多的劳动，来弥补这部分由税收引起的收入损失，从这个角度讲，税收会间接促进社会财富的增加，推动社会进步。另外，税收不仅会降低个人的收入水平，同时也改变了私人之间相对收入状况，这是由税收的累进性引起的。不同收入水平的纳税人承担的税负是不同的，税收的收入效应在相对高收入群体间的表现更为明显，因为他们往往会承担比低收入者更多的税额，这使得税收调整居民收入分配成为可能。

税收的替代效应是指税收引起的人们对两种可相互替代的经济行为之间选择的改变，以减少或避免损失。一般来讲，征税会影响商品的相对价格，人们往往就会选择其他类似商品来替代，所以税收的替代效应会对消费者经济活动产生影响。例如，对所得征税，劳动和闲暇的相对价格发生变化，劳动的边际收益减少，闲暇的成本降低会使人们选择更多闲暇代替劳动；又如，对某种商品征税，会提高其相对价格，人们对它的消费会相应减少，从而导致其供给减少，间接改变了供给和消费方向。此外，税收替代效应会妨碍人们在经济活动中的自由选择，从而导致了经济效率的损失。

正是由于税收具有收入效应和替代效应，税收成为政府调控经济、实施宏观政策的重要工具。收入效应改变了纳税人的相对收入，这会影响消费者的消费决策；替代效应改变了商品或服务的相对价格，这也会影响纳税人的经济行为。税收对微观主体经济行为的改变，通过乘数效应的作用在宏观领域得以放大，必然会影响到整个社会的收入分配格局。

### 2.3.1.3 税负转嫁

税收不仅会改变纳税人占有或支配的社会产品总量，也会改变纳税人之间的税收分配关系。税收的法定纳税人并不一定是最终的税额承担者，纳税人可以通过一定的方法把应缴纳的税额转移给别人，这就是税负转嫁。税负转嫁理论也是影响国民收入分配的重要理论。

税负转嫁问题的实质是社会收入再分配问题。在转嫁过程中，收入在法定纳税人和实际负税人之间发生了转移，一部分人的实际收入增加了，另一部分人的实际收入减少了。在这个过程中，税额可能是全部转移，也可能是部分转移，而最后承担税款者称为税负归宿。实现税负转嫁的方式有很多（见图 2-3），常见的有以下几种：一是前转，指纳税人通过提高商品或要素价格的方式，把其应纳税额转移给商品或要素的购买者承担。二是后转，指商品或要素购买者通过压低进价的方式，把其应纳税额转移给商品或要素的提供者。三是混转，指法定纳税人通过不止一种方法实现税负转嫁，例如一部分向前转，另一部分向后转，把税负分散给多人。四是税收资本化，是一种特殊的税负后转形式，指要素购买方把所购买的要素未来应缴纳税额，在进价中预先扣除，从而转移给出售方的一种方式。

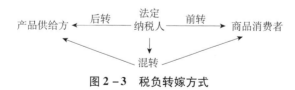

图 2-3 税负转嫁方式

税负转嫁的实现并非是件容易的事，受多种因素的制约。首先，税负转嫁的方法大多是通过改变价格来实现的，所以成功转嫁的第一要素是商品或要素价格可以自由变动。在此情况下，税负转嫁的效果也还要受多种因素的影响，例如征税范围、供求弹性等。一般来讲，征税范围宽的商品更容易实现税负转嫁，因为课税范围越广，消费者可选择的替代该商品的同类产品越少，当同类商品都在征税范围之列，为了转嫁税负，这类商品的价格都会升高，消费者难寻价格不变的同类产品予以替代，自然只能承担税负转嫁带来的损失，所以征税范围较宽的商品更易转嫁。另外，供求弹性也是影响税负转嫁程度的重要因素。通常情况下，供给弹性越大、需求弹性越小的商品越容易实现转嫁，供给弹性小、需求弹性大的商品不容易转嫁税负。这是因为供给弹性大、需求弹性小的商品，其供给方利用价格变动来转移税负的空间更大，他们可以通过调整供给量，使价格维持在他们想要的水平上，从而可以轻易地把税负转嫁给消费者；而供给弹性小、需求弹性大的商品，其供给方不容易通过调整供给量来控制价格水平，税负转嫁较难实现。

### 2.3.2 税收影响收入差距的作用机理分析

政府调节收入分配最常用的工具是财政支出和税收，而税收又是财政支出的重要来源，所以税收工具在居民收入分配和再分配中都扮演着很重要的角色。税收调节收入分配是通过改变纳税人的可支配收入，进而影响其消费选择来实现的。通常来说，纳税人的总收入扣除各项税收后的剩余部分即为实际收入，在此过程中要经过多重课税环节。收入取得环节里，总收入扣除所得税后剩下部分为纳税人的可支配收入；在消费期间，增值税、消费税等流转税的存在也使纳税人承担了一定税额，再一次减少了可支配收入；同时，在缴纳财产税性质的税款之后剩下的才是纳税人的实际收入。其流程如图 2-4 所示。

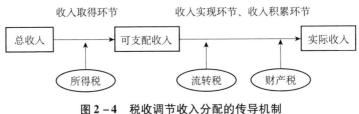

**图 2-4 税收调节收入分配的传导机制**

此外，在社会分配的不同阶段，税收承担的调节作用各不相同。在初次分配阶段，政府多运用间接税来实现调控功能，通过征收消费税，提高奢侈品税率，增加了高收入群体的税负，增值税为一系列必需品设立优惠税率，间接提高了低收入群体的购买力，从而发挥缩小社会收入差距的作用。再分配阶段，所得税将发挥重要作用，通过累进税制平衡高收入者和低收入者的收入水平，缩小贫富差距，这是对初次分配的重要补充。

税收的收入效应和替代效应是政府发挥税收调节收入分配作用的理论基础，税负转嫁实际上实现了税负在纳税人和负税人之间的流动和传递。这也决定了税收作为宏观调控的工具，对收入分配具有两种不同的作用机制。

第一种是收入价格机制，也是最常见、最基本的传导机制。税收最基本的作用是筹集财政收入，税收是财政收入的最重要来源，税收收入的固定性决定了社会资源由个人转移到国家手中的必然性。而价格又是联系纳税人和负税人的桥梁，且价格具有波动性，所以此机制是税收调节功能应用最广泛的机制。

通过征收直接税，居民的实际可支配收入减少，同时，征收间接税在税负转嫁的作用下会提升商品价格，这都会降低纳税人的实际购买力，从而影响居民的消费行为，实现税收的收入分配效应。

第二种是税收负担机制，即通过有针对性的税制设计，体现量能课税的原则，对不同纳税人区别对待，使收入效应和替代效应在不同纳税人身上的体现产生差异，富人承担更多税款，穷人少缴一些，致使居民收入分配结构的变化，从而缩小收入差距。比如直接税类型的税款，往往难以转嫁，累进税率等制度设计能够有效缩小贫富收入差距，其调节收入分配的作用也更强。

不同税种之间由于累进程度不同，收入占比不同，其调节收入分配的机制也各有差异。本节主要立足直接税和间接税展开分析，其他税种由于占比较小，影响收入分配的效应也较小，暂不做分析。

### 2.3.2.1　直接税的收入分配效应传导机制

随着我国经济的快速发展，收入差距大的问题也日益凸显，不仅需要市场本身的调节机制在初次分配中发挥作用，还需要政府运用调控手段在再分配阶段加以控制。我国的直接税主要包括所得税和财产税，因其直接对纳税人的收入和财产征税，且难以转嫁，所以会直接减少纳税人的实际可支配收入，影响其消费行为。具体来说，征收直接税，在收入效应的作用下，会使纳税人可支配收入减少，同时也会改变居民收入分配的结构，间接影响了纳税人的消费倾向，从而致使社会收入差距的改变（见图 2 - 5）。

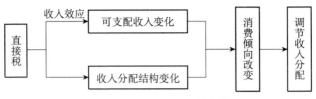

**图 2-5　直接税的收入分配效应传导机制**

税率是影响收入分配效应发挥效果的重要因素，我国的税率结构包括比例税率、定额税率和累进税率。在比例税率下，纳税人的税收负担和其收入水平之比保持不变；累进税率下，纳税人的收入水平越高，其税收负担越重，所以累进税制是符合税收量能课税的原则的，国际间运用也较多；与累进制相对应的是累退制，在累退制下，纳税人收入越多，承担的税额越少，比例税制就带有一定累退性，这种税制不利于缓解社会收入差距，有可能恶化社会关系，更严重的会影响社会稳定。

（1）个人所得税的收入分配效应机理分析。

$$应纳税额 =（应纳税所得额 - 各项费用扣除）\times 适用税率 \qquad (2-1)$$

从式（2-1）中可以看出，个人所得税实现收入分配效应，主要利用费用扣除和适用税率。费用扣除项目越多、数额越大，则其计税依据就相对越小，而计税依据又直接决定了在计算应纳税额时的所属税率级次，所以费用扣除标准和税率的设定是决定个人所得税的收入分配效应发挥效果好坏的关键。

费用扣除是指一些合理的税前扣除项目，我国 2018 年最新修订的《个人所得税法》中涉及的费用扣除包括免征额、专项扣除和专项附加扣除等。

免征额或称生计费，用来维持居民最低生活水平，只对高于免征额的部分收入征税。设置免征额对于缓解社会收入差距大的问题具有重要意义，首先它把大部分低收入者排除在纳税人行列之外，这样避免使其可支配收入进一步缩减，保障他们一定的生活水平；其次免征额可以使比例税率也具有累进性，当低收入者的免征额占全部收入的比重高于高收入者，比例税率也会产生累进效应，从而扩大其改善收入差距的作用。通常来说，免征额越高，累进性越大，低收入者相对高收入者所纳税额越少，收入分配效应越明显，更有利于缩小居民收入差距。但理论上讲，免征额也应该有个限度，当免征额高于收入时相当于无须缴税，其收入分配效应也就无从谈起，所以合理的免征额可以对缩小群体间收入差距发挥重要作用。

与免征额相比，专项附加扣除更能体现纳税人个体差异。它兼顾了纳税人重要生活支出差异，一定程度上减轻了纳税人在赡养抚养、继续教育、大病医疗、住房等方面民生支出的费用负担，提高了个人所得税在调节收入分配方面的力度，有利于维护纳税人之间的税负均衡，从而缩小居民收入差距。

累进税率每一级次缴纳的税款都与级距呈正相关，即把课税对象按收入分为若干等级，不同档次对应不同税率，档次越高，税率也越高。累进税率是个人所得税对居民收入分配具有正向调节作用的重要原因，通过在税制设计上调整税率级次级距，使高收入群体承担更重的税负，更多地减少其可支配收入，使贫富差距相对缩减。新《个人所得税法》调整了七级超额累进税率和五级超额累进税率的级距，降低了经营所得和劳务所得的税负，使税率级次更加趋于合理，税负随着税基的增加而增加，凸显税收差别原则，有利于缩小社会收入差距。

总的来说，个人所得税是我国调节收入分配、缩小社会收入差距的最重要工具，通过"削高补低"的方式实现税负的横向公平和纵向公平。把富人阶层的部分收入转移到国家手中，然后通过财政转移支付为穷人阶层提供更多基本生活补助和民生保障，这便是个人所得税调节居民收入分配结构的最基本原理。

（2）行为财产税的收入分配效应机理分析。

个人所得税可以显著调节社会收入差距，但对财富存量差距的调节却效果一般，而对因继承、受赠等方式所获得的财产更是难以调控。行为财产税以财富存量作为计税依据，可有效弥补个人所得税无法对资产存量课税的缺陷，具有较强的调节贫富差距的功能。我国目前财产税体系中最典型的有房产税、城镇土地使用税、车船税等。

作为行为财产税中最重要的税种之一，房产税可以通过其社会功能发挥收入分配效应。房产税是向房屋所有者征收的，以房屋的计税余值或租金收益为计税依据的一种税，它具有税源稳定的特点，且税负也不易转嫁，其开征不仅能带来较为稳定的税收收入，同时也有利于缩小收入差距。首先，房产具有财富积聚效应，高收入者通过房地产投资获得更多财富，这加剧了社会财富向少部分人集中，富者越富、贫者越贫的社会现象，房产税的功效之一便是发挥调节作用，缩小这种收入差距。其次，房产税是对财产存量进行课税，在调节收入分配方面具有流转税和所得税不可比拟的优势，流转税的税负归宿不明确，所得税只对财富流量课税，它们调整收入差距的范围和功效相对有限，而房产税正好可以弥补这个缺陷，发挥调节社会财富的功能。

城镇土地使用税是对在城市、县城、建制镇、工矿区范围内拥有土地使用权的单位或个人征收的一种税。其开征不仅优化了土地资源，提高土地资源使用效率，同时，对于土地的级差收入进行有效调节，推行差别幅度税额，凸显税收差别原则，土地使用量越大则需承担税额就越高，这改变了土地使用者的收入分配结构，从而影响其收入差距。

在我国财产税体系中，暂未对遗产、赠与等财富征税，但在国际上，遗产税和赠与税已经是普遍开征的税种。它们在维护社会公平正义上具有其他税种无可比拟的优势，在实现税负公平方面具有十分积极的作用。具体来看：

遗产税解决的是财产由于代际传递造成的起点不公问题，它调节社会公平是通过两个方面来实现的：一方面，遗产税在制度设计时通常设置很高的免征额，这样可以把低财富群体排除在纳税人行列之外，遗产税的征收对他们并无太大影响，而高财富群体拥有的大体量遗产往往要面对累进税制的高边际税率，即接受的遗产越多其税负就越重，这样遗产税便发挥了缩小贫富差距的作用；另一方面，由于其征税对象有特殊性，遗产税可以有效减轻收入差距的代际传递，保证了起点公平。从支出上看，征收的遗产税主要用于贫困群体的基本生活保障，因此，遗产税可以调节社会收入差距，缓解社会不公。

赠与税类似于遗产税，也是调节社会财富再分配的重要手段。根据接受赠与的财产额大小，适用差别的累进税率，同样可以抑制收入两极分化，缓解贫富差距。从国际上看，开征赠与税通常是为了防止生前赠与，而逃避遗产税的行为，这是对遗产税的一个重要补充。

### 2.3.2.2 间接税的收入分配效应传导机制

直接税是在收入取得环节实现的对收入分配的调节，间接税是在消费支出环节发挥作用。间接税主要是流转税，包括增值税、消费税等。间接税具有很强的隐蔽性，其税负易转嫁，导致纳税人与负税人不一致。纳税人通过提高商品价格将税负转嫁给消费者，使消费者成为最终税收承担者。税负转嫁致使商品价格提高，导致消费者的实际收入下降，则其购买力也相应下降，在收入效应与替代效应机制下，影响消费者的消费水平和消费结构，进而改变居民收入分配结构。同时，由于征收间接税，会导致商品价格变化和居民消费水平变化，影响经济发展水平，进而影响居民收入差距的水平。虽然整体上间接税对收入分配是有负效应的，但还是可以通过一定作用机制对收入分配过程产生影响。间接税收入分配效应的传导机制过程如图2-6所示。

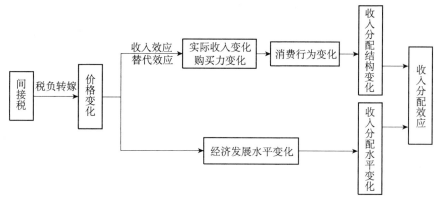

**图2-6　间接税的收入分配效应传导机制**

间接税的课征对象一般是商品或服务，其价内税的性质决定了纳税人可以通过提高价格的方式很容易地把税负转移给负税人承担，因此，间接税的纳税人和负税人通常不一致。由于其隐蔽性，居民在购买商品时，不知不觉成为税额的承担者，而承担税额的比例由该商品的供求弹性决定。供给弹性越大，卖家越容易转嫁税负。政府可以设置不同税种、不同征收范围、不同征收环节并使用不同的税率来保证消费者承担不同程度的税负。这样随着居民的收入水平变动，其购买力也在变化，从而实现对市场经济的调控，调节各收入阶层之间的收入差距。

（1）增值税的收入分配效应机理分析。

增值税是对生产、销售商品或提供劳务过程中实现的增值额进行征收，增值额在各环节各有差异，在税负转嫁的作用下，增值税税负实际上是由商品生产者、销售商和消费者分摊，其各自所承担的比例由该商品的供求弹性决定。增值税采用比例税率课征，对不同类型商品或服务其税率各有差异，但在实际情况下这种税率有一定累退性。

增值税实行普遍课征，城镇居民的绝大部分消费品都在增值税征收范围之内，低收入者的生活必须性消费占收入的比重大于高收入者的基本开销占其收入的比重，在对生活基本用品征收增值税的过程中，实际上低收入者承担的实际税负会高于高收入群体；从另一个角度讲，生活必需品的需求弹性较低，其税额更容易转嫁给需求方，因此增值税在很大比例上是由需求方承担的，造成了低收入群体实际税负更重的情况。这在一定程度上降低了低收入者的劳动积极性，不利于提高低收入群体的收入水平，难以缩小居民收入差距。

另外，增值税是我国现阶段第一大税种，占全部税收收入的比重最大，其对经济发展的重要性不言而喻。增值税的规模首先影响财政收入的规模，财政收入是财政支出的来源，而财政支出的规模大小又是宏观政策的显著表现，可以说，增值税稳定的收入对市场经济运行有着重要的意义，它间接影响着经济发展水平。经济发展水平决定了国民收入分配水平，因此，增值税在政府运用宏观政策调控收入分配时具有其他税种无可比拟的优势。

（2）消费税的收入分配效应机理分析。

消费税是对特殊消费品征收的一种税，是增值税的重要补充，它通过不同课税范围的选择、税率的差异性和税负转嫁来调节收入分配。消费税税率具有灵活性，对低收入者的消费品设置低税率或排除在课税范围之外，对高收入者的消费品设置高税率，利用税率的差异性发挥其调节收入分配差距的作用。

消费税在收入的每一环节发挥作用的机制各不相同。首先，在初次分配环节，如生产环节征收消费税，其承担者是厂商，他们为了维持原有收益就会提高商品价格将税负后转，或者通过降低员工工资的方式来降低生产成本，从而把税负前转。提高价格间接降低了居民的可支配收入，降低员工工资则是直接产生了收入效应，这便是消费税在初次分配环节的收入分配效应。

在消费环节，对消费品征收消费税会直接降低居民的实际收入水平，尤其是对高档消费品和奢侈品的课税，会明显提高高收入者的税负，从而更多地减少其可支配收入，而低收入阶层对这类消费品的消费较少，承担的税负自然较轻，这间接缩小了居民的收入差距。

收入再分配环节，消费税对收入分配的调节也是通过税收的转移支付机制实现的，政府把对高收入群体征收的消费税用于基础设施建设或对低收入者的基本生活保障，相当于收入在高收入阶层和低收入阶层之间的转移，实现了调节收入差距的作用。

# 第 3 章

# 我国居民收入现状

随着经济的不断发展，我国居民的收入水平呈现持续增长态势，既提高了劳动者的积极性，又促进了社会稳定，从而有利于保障经济的平稳运行。本章从整体与省际两个不同的视角对我国居民收入现状进行详细的分析。

## 3.1 整体视角：居民收入现状

党的十八大以来，党中央和国务院坚持以人民为中心的发展思想，认真贯彻落实全面建成小康社会的战略目标和方针策略，从人民群众最关心的医疗、教育、社会保障等问题入手，加大民生改善力度，着力攻克民生难题，在提高城乡居民收入水平的同时，不断优化收入来源结构。并且精准扶贫、精准脱贫政策的落实，成为推动贫困群体收入快速增长的关键动力，城乡居民的生活水平朝着全面建成小康社会更加快速地迈进。

整体视角下的居民收入现状，包括城镇居民收入现状与农村居民收入现状两部分，进一步细分为总收入现状、收入来源现状与不同收入群体收入现状三个方面。其中，总收入包括人均可支配收入（农村为人均纯收入）与人均全部年收入；收入来源包括工资性收入、经营净收入、财产性收入与转移性收入现状。在对不同收入群体收入现状的分析中，对农村居民收入进行五等分组划分①，2013 年前，对城镇居民进行七等分组②，2013 年后，对城镇居

---

① 五等分组是指依据人口的占比将不同收入群体划分为低收入户、中低收入户、中等收入户、中高收入户与高收入户五类。

② 七等分组是指依据人口的占比将不同收入群体划分为最低收入户、低收入户、中低收入户、中等收入户、中高收入户、高收入户与最高收入户七类。

民进行五等分组划分。本节着重以低收入户、中等收入户与高收入户这三类不同收入群体作为分析对象，从绝对额与相对额两个角度对整体视角下我国居民收入现状进行详细的分析。

### 3.1.1 城镇居民收入现状

#### 3.1.1.1 总收入现状

城镇居民总收入现状包括人均可支配收入现状与人均全部年收入现状两个部分，其绝对值与年增长率如表 3 - 1 所示。

表 3 - 1 1990～2017 年城镇居民人均可支配收入与人均全部年收入绝对值及年增长率

| 年份 | 人均可支配收入（元） | 年增长率（%） | 人均全部年收入（元） | 年增长率（%） | GDP 年增长率（%） |
|---|---|---|---|---|---|
| 1990 | 1510.16 | — | 1516.21 | — | 3.90 |
| 1991 | 1700.60 | 12.61 | 1713.10 | 12.99 | 9.30 |
| 1992 | 2026.60 | 19.17 | 2031.53 | 18.59 | 14.20 |
| 1993 | 2577.40 | 27.18 | 2583.16 | 27.15 | 13.90 |
| 1994 | 3496.20 | 35.65 | 3502.31 | 35.58 | 13.10 |
| 1995 | 4282.95 | 22.50 | 4288.09 | 22.44 | 10.90 |
| 1996 | 4838.90 | 12.98 | 4844.78 | 12.98 | 9.90 |
| 1997 | 5160.30 | 6.64 | 5188.54 | 7.10 | 9.30 |
| 1998 | 5425.10 | 5.13 | 5458.34 | 5.20 | 7.80 |
| 1999 | 5854.00 | 7.91 | 5888.71 | 7.88 | 7.60 |
| 2000 | 6279.98 | 7.28 | 6295.91 | 6.91 | 8.40 |
| 2001 | 6859.58 | 9.23 | 6868.88 | 9.10 | 8.30 |
| 2002 | 7702.80 | 12.29 | 8177.40 | 19.05 | 9.10 |
| 2003 | 8472.20 | 9.99 | 9061.22 | 10.81 | 10.00 |
| 2004 | 9421.61 | 11.21 | 10128.51 | 11.78 | 10.10 |
| 2005 | 10493.03 | 11.37 | 11320.77 | 11.77 | 11.30 |
| 2006 | 11759.45 | 12.07 | 12719.19 | 12.35 | 12.70 |
| 2007 | 13785.81 | 17.23 | 14908.61 | 17.21 | 14.20 |
| 2008 | 15780.76 | 14.47 | 17067.78 | 14.48 | 9.60 |
| 2009 | 17174.65 | 8.83 | 18858.09 | 10.49 | 9.20 |
| 2010 | 19109.44 | 11.27 | 21033.42 | 11.54 | 10.40 |

续表

| 年份 | 人均可支配收入（元） | 年增长率（%） | 人均全部年收入（元） | 年增长率（%） | GDP 年增长率（%） |
|---|---|---|---|---|---|
| 2011 | 21809.78 | 14.13 | 23979.20 | 14.01 | 9.30 |
| 2012 | 24564.72 | 12.63 | 26958.99 | 12.43 | 7.70 |
| 2013 | 26467.00 | 7.74 | 26467.00 | -1.82 | 7.80 |
| 2014 | 28843.90 | 8.98 | 28843.80 | 8.98 | 7.30 |
| 2015 | 31194.80 | 8.15 | 31194.80 | 8.15 | 6.90 |
| 2016 | 33616.20 | 7.76 | 33616.50 | 7.76 | 6.70 |
| 2017 | 36396.20 | 8.27 | 36396.10 | 8.27 | 6.90 |
| 平均值 | 13093.00 | 12.69 | 13603.96 | 12.71 | 9.49 |

资料来源：历年《中国统计年鉴》，部分数据由计算得出。

（1）人均可支配收入现状。

第一，从绝对额来看，城镇居民的人均可支配收入持续增长并保持快速增长的状态。1990 年，城镇居民人均可支配收入为 1510.16 元，2017 年增加到 36396.20 元，增长了 24 倍。20 世纪 90 年代初期，受计划经济的影响，虽然人均可支配收入处于上升状态，但增长幅度不大，平均增长幅度不及 260元。自从 1992 年党中央提出建立社会主义市场经济体制之后，人均可支配收入有了大幅度的上升，于 2005 年首次突破 10000 元，虽然受 2008 年全球金融危机的影响，人均可支配收入增长幅度在短时间内出现下滑，但金融危机过后，特别是党的十八大以来，人均可支配收入快速上升且增长幅度进一步扩大，平均增长幅度超过 2300 元，并于 2015 年超过 30000 元，并继续保持高速增长态势。

第二，从相对额来看，城镇居民人均可支配收入年增长率初期波动较大，后期增长率趋于平稳。1991～1998 年，人均可支配收入年增长率经历了骤升与骤降的过程，从 1991 年的计划经济体制到 1992 年提出发展社会主义市场经济，人均可支配收入年增长率大幅度上升，1994 年，年增长率达到最大值，为 35.65%。随后，由于受到 1997～1998 年亚洲金融危机的影响，人均可支配收入年增长率大幅下降，在 1998 年降至最小值，仅为 5.13%。亚洲金融危机过后，个人所得税的改革成为推动人均可支配收入年增长率再次上升的因素，如 2006 年 1 月 1 日起，个人所得税免征额由 800 元上调至 1600 元；2008年 3 月 1 日起，免征额由 1600 元上调至 2000 元；2011 年免征额又再一次上调至 3500 元，人均可支配收入年增长率又重新回到 10% 水平之上。党的十八大以来，我国经济发展进入新常态，人均可支配收入年增长率保持 9% 的水平，高于相同条件下 GDP 的平均年增长率。

（2）人均全部年收入现状。

第一，从绝对额来看，城镇居民人均全部年收入持续高速增长。1990 年，城镇居民人均全部年收入为 1516.21 元，2017 年增长至 36396.10 元，增长了 24 倍。党中央坚持把不断提高人民生活水平作为发展的根本出发点和落脚点，在经济发展的基础上逐步提高居民的收入水平，建立增收的长效机制。城镇居民人均全部年收入于 2004 年超过 10000 元，2010 年进一步升高超过 20000元，2015 年达到 30000 元以上，保持着持续增长的势头。1990 ~ 2017 年，城镇居民人均全部年收入的平均值为 13603.96 元，超过了 10000 元。

第二，从相对额来看，城镇居民人均全部年收入年增长率呈现"前期峰状，中期平稳，后期小幅度波动"的状态。1991 ~ 1994 年，伴随着市场经济体制的建立，人均全部年收入年增长率由 12.99% 上升到 35.58%。1994 ~ 1998 年，由于受到亚洲金融危机的影响，中国经济发展速度放缓，年增长率又骤降到 5.20%，波动幅度呈现较大峰状。2002 ~ 2012 年，城镇居民人均全部年收入年增长率一直维持在 10% 以上并保持平稳。但在 2013 年出现了负增长率，这与我国宏观调控力度不足有很大联系，从 2014 年起，年增长率趋于平稳，围绕 8% 上下小幅度波动，人均全部年收入 1991 ~ 2017 年的平均年增长率为 12.71%，高于 GDP 的平均年增长率。

### 3.1.1.2 收入来源现状

收入来源现状包括工资性收入、经营净收入、财产性收入以及转移性收入现状四个部分，其绝对值与年增长率如表 3 - 2 所示，不同来源收入所占比重如表 3 - 3 所示。

表 3 - 2　　　1990 ~ 2017 年城镇居民不同来源收入绝对值及年增长率

| 年份 | 工资性收入（元） | 年增长率（%） | 经营净收入（元） | 年增长率（%） | 财产性收入（元） | 年增长率（%） | 转移性收入（元） | 年增长率（%） | GDP 年增长率（%） |
|---|---|---|---|---|---|---|---|---|---|
| 1990 | 1149.70 | — | 22.50 | — | 15.60 | — | 328.41 | — | 3.90 |
| 1995 | 3385.30 | — | 77.53 | — | 90.43 | 31.36 | 734.83 | 21.24 | 10.90 |
| 2000 | 4480.50 | — | 246.24 | — | 128.38 | - 0.21 | 1440.78 | 14.61 | 8.40 |
| 2001 | 4829.86 | 7.80 | 274.05 | 11.29 | 134.62 | 4.86 | 1630.36 | 13.16 | 8.30 |
| 2002 | 5739.96 | 18.84 | 332.16 | 21.20 | 102.12 | - 24.14 | 2003.16 | 22.87 | 9.10 |

续表

| 年份 | 工资性收入（元） | 年增长率（%） | 经营净收入（元） | 年增长率（%） | 财产性收入（元） | 年增长率（%） | 转移性收入（元） | 年增长率（%） | GDP年增长率（%） |
|---|---|---|---|---|---|---|---|---|---|
| 2003 | 6410.22 | 11.68 | 403.82 | 21.57 | 134.98 | 32.18 | 2112.20 | 5.44 | 10.00 |
| 2004 | 7152.76 | 11.58 | 493.87 | 22.30 | 161.15 | 19.39 | 2320.73 | 9.87 | 10.10 |
| 2005 | 7797.54 | 9.01 | 679.62 | 37.61 | 192.91 | 19.71 | 2650.70 | 14.22 | 11.30 |
| 2006 | 8766.96 | 12.43 | 809.56 | 19.12 | 244.01 | 26.49 | 2898.66 | 9.35 | 12.70 |
| 2007 | 10234.76 | 16.74 | 940.72 | 16.20 | 348.53 | 42.83 | 3384.60 | 16.76 | 14.20 |
| 2008 | 11298.96 | 10.40 | 1453.57 | 54.52 | 387.02 | 11.04 | 3928.23 | 16.06 | 9.60 |
| 2009 | 12382.11 | 9.59 | 1528.68 | 5.17 | 431.84 | 11.58 | 4515.45 | 14.95 | 9.20 |
| 2010 | 13707.68 | 10.71 | 1713.51 | 12.09 | 520.33 | 20.49 | 5091.90 | 12.77 | 10.40 |
| 2011 | 15411.91 | 12.43 | 2209.74 | 28.96 | 648.97 | 24.72 | 5708.58 | 12.11 | 9.30 |
| 2012 | 17335.62 | 12.48 | 2548.29 | 15.32 | 706.96 | 8.94 | 6368.12 | 11.55 | 7.70 |
| 2013 | 16617.40 | -4.14 | 2975.30 | 16.76 | 2551.50 | 260.91 | 4322.80 | -32.12 | 7.80 |
| 2014 | 17936.80 | 7.94 | 3279.00 | 10.21 | 2812.10 | 10.21 | 4815.90 | 11.41 | 7.30 |
| 2015 | 19337.10 | 7.81 | 3476.10 | 6.01 | 3041.90 | 8.17 | 5339.70 | 10.88 | 6.90 |
| 2016 | 20665.00 | 6.87 | 3770.40 | 8.47 | 3271.30 | 7.54 | 5909.80 | 10.68 | 6.70 |
| 2017 | 22200.90 | 7.43 | 4064.70 | 7.81 | 3606.90 | 10.26 | 6523.60 | 10.39 | 6.90 |

资料来源：历年《中国统计年鉴》，部分数据由计算得出。

表3-3 1990～2017年城镇居民不同来源收入占人均可支配收入的比重　　单位：%

| 年份 | 工资性收入比重 | 经营净收入比重 | 财产性收入比重 | 转移性收入比重 |
|---|---|---|---|---|
| 1990 | 76.13 | 1.49 | 1.03 | 21.75 |
| 1995 | 79.04 | 1.81 | 2.11 | 17.16 |
| 2000 | 71.35 | 3.92 | 2.04 | 22.94 |
| 2001 | 70.41 | 4.00 | 1.96 | 23.77 |
| 2002 | 74.52 | 4.31 | 1.33 | 26.01 |
| 2003 | 75.66 | 4.77 | 1.59 | 24.93 |
| 2004 | 75.92 | 5.24 | 1.71 | 24.63 |
| 2005 | 74.31 | 6.48 | 1.84 | 25.26 |
| 2006 | 74.55 | 6.88 | 2.08 | 24.65 |
| 2007 | 74.24 | 6.82 | 2.53 | 24.55 |
| 2008 | 71.60 | 9.21 | 2.45 | 24.89 |

续表

| 年份 | 工资性收入比重 | 经营净收入比重 | 财产性收入比重 | 转移性收入比重 |
|------|--------|--------|--------|--------|
| 2009 | 72.10 | 8.90 | 2.51 | 26.29 |
| 2010 | 71.73 | 8.97 | 2.72 | 26.65 |
| 2011 | 70.67 | 10.13 | 2.98 | 26.17 |
| 2012 | 70.57 | 10.37 | 2.88 | 25.92 |
| 2013 | 62.79 | 11.24 | 9.64 | 16.33 |
| 2014 | 62.19 | 11.37 | 9.75 | 16.70 |
| 2015 | 61.99 | 11.14 | 9.75 | 17.12 |
| 2016 | 61.47 | 11.22 | 9.73 | 17.58 |
| 2017 | 61.00 | 11.17 | 9.91 | 17.92 |

资料来源：历年《中国统计年鉴》，部分数据由计算得出。

（1）工资性收入。

工资性收入是指就业人员通过各种途径得到的全部劳动报酬，包括所从事的主要职业的工资以及从事第二职业、其他兼职和零星劳动得到的其他收入。

第一，从绝对额来看，城镇居民工资性收入持续上升并保持稳定增长的状态，是人均可支配收入最主要的来源。1990年，城镇居民工资性收入为1149.70元，2017年增长到22200.90元，增长了19倍，且增长幅度不断扩大，2000~2006年，工资性收入逐年增加额在1000元以内，2006年之后，其逐年增加额超过1000元。我国一直积极改进和完善城镇居民增收的长效机制，通过提高最低工资标准、促进多种形式就业、完善最低生活保障制度等方式增加城镇居民的工资性收入。城镇居民工资性收入于2007年超过10000元，于2016年超过20000元，远大于其他三种收入来源之和，是人均可支配收入最主要的来源。

第二，从相对额来看，城镇居民工资性收入年增长率下降幅度较小，所占比重下降幅度较大。工资性收入虽然在2013年出现了负增长，但是年增长率整体下降幅度不大，最大下降幅度仅为7.16%，2014~2017年，工资性收入年增长率稳定在7%~8%之间，略高于同期GDP的年增长率。工资性收入所占比重呈现下降趋势，最大值为79.04%，最小值为61.00%，减少了18.04%，尽管如此，工资性收入所占比重依然是四种收入来源中最大部分，维持在60%以上。

（2）经营净收入。

经营净收入是指家庭成员从事生产经营活动得到的净收入，是全部生产经营收入中扣除生产成本和税金后得到的收入。

第一，从绝对额来看，城镇居民经营净收入高速增长并保持稳定增长的状态。总体来看，1990 年，经营净收入为 22.5 元，2017 年为 4064.70 元，增长了 180 倍。2008 年以前，经营净收入逐年增加额在 200 元以内，2008 年之后，逐年增加额超过 300 元并保持稳定。党的十八大以来，在"大众创业，万众创新"的指引下，各级政府出台了一系列鼓励创新创业的政策，激发了个人和企业创新创业的热情，促进了数字经济、现代物流等产业的蓬勃发展，为城镇居民经营净收入的增长增添动力。城镇居民经营净收入于 2014 年突破 3000 元，于 2017 年超越 4000 元，是城镇居民人均可支配收入的第三大来源。

第二，从相对额来看，城镇居民经营净收入年增长率呈现"三峰状"，所占比重持续上升。2001～2005 年为"第一峰"，年增长率由 11.29% 增加到 37.61%，增长幅度为 26.32%；2006～2008 年为"第二峰"，年增长率从 19.12% 增加到 54.52%，增长幅度为 35.4%；2009～2011 年为"第三峰"，年增长率由 5.17% 增加到 28.96%，增长幅度为 23.79%，在 2012 年之后，经营净收入年增长率趋于平稳状态。1990～2017 年，城镇居民经营净收入所占比重由 1% 增加到 11%，上涨了 10%，尽管如此，经营净收入所占比重在四种收入来源中仍然位列第三，略低于转移性收入所占比重。

（3）财产性收入。

财产性收入是指通过资本、技术和管理等要素参与社会生产活动产生的收入，包括出让财产使用权获得的利息、租金以及财产运营获得的红利收入、增值收益等。

第一，从绝对额来看，城镇居民财产性收入呈现"前中期缓慢，后期飞跃"式增长的趋势。1990 年，财产性收入为 15.60 元，2017 年为 3606.90 元，增长了 231 倍，是四种收入来源中增长倍数最大的。在 2013 年之前，财产性收入增长比较缓慢，每年增加额在 150 元以内，然而仅 2013 年增加额就超过了 1200 元，呈现飞跃式上升，2013 年之后，逐年增加额保持 400 元左右。这说明党的十八大以来，我国出台的多渠道增加财产性收入政策取得了显著成效。一方面，随着城市化进程的不断推进，房屋租赁市场异常活跃，房租价格继续上涨；另一方面，随着金融改革的不断创新，证券投资、理财产品等居民理财渠道不断增多，投资收益稳步提升，股息红利、利息收入有所增加，为城镇居民财产性收入的持续增长增添新动力。

第二，从相对额来看，城镇居民财产性收入年增长率呈现"双峰状"，所占比重逐渐上升。2002～2003 年为第一峰，财产性收入年增长率由 -24.14% 上升到 32.18%，增长幅度为 56.32%；2012～2013 年为第二峰，年增长率由 8.94% 上升到 260.91%，增长幅度为 251.97%，从 2014 年开始，城镇居民财产性收入年增长率保持平稳。1990～2017 年，虽然财产性收入所占比重由 1.03% 增加到 9.91%，增长了约 9%，但是在四种收入来源中占比依然最小。

（4）转移性收入。

转移性收入是指国家、单位、社会团体对居民家庭的各种转移支付及居民家庭间的收入转移。

第一，从绝对额来看，城镇居民转移性收入持续上升并保持快速增长的状态。1990 年，城镇居民转移性收入为 328.41 元，2017 年增长到 6523.60 元，增长了 20 倍，城镇居民各项保障水平的提高是转移性收入快速增长的主要原因，如连续提高离退休人员基本养老金水平与居民医疗保险补助标准。2006 年之前，转移性收入逐年增加额在 300 元以内，2006 年之后，逐年增加额接近 500 元，个别年份甚至超过了 600 元。转移性收入是人均可支配收入的第二大来源，仅次于工资性收入。

第二，从相对额来看，城镇居民转移性收入年增长率经历了"前中期波动，后期平稳"的状态，所占比重下降幅度较小。2003～2005 年，年增长率由 5.44% 上涨到 14.22%，2013 年，年增长率下降到 -32.12%，之后又再次上升到 10% 并趋于平稳。转移性收入所占比重最大值为 26.65%，最小值为 16.33%，降低了 10.32%，尽管如此，转移性收入仍然是人均可支配收入的第二大来源。

### 3.1.1.3　不同收入群体收入现状

2013 年之前，《中国统计年鉴》将城镇不同收入群体划分为七等分组，2013 年之后，又将其划分为五等分组，其绝对值及年增长率如表 3-4 所示，所占比重如表 3-5 所示。

表 3－4　　1990～2017 年城镇不同收入群体人均可支配收入绝对值及年增长率

| 年份 | 最低收入户<br>（元） | 年增长率<br>（%） | 低收入户<br>（元） | 年增长率<br>（%） | 中低收入户<br>（元） | 年增长率<br>（%） | 中等收入户<br>（元） | 年增长率<br>（%） |
|------|------|------|------|------|------|------|------|------|
| 1990 | 761.16 | — | 968.64 | — | 1144.44 | — | 1351.68 | — |
| 1991 | 1006.54 | 32.24 | 1239.65 | 27.98 | 1439.05 | 25.74 | 1671.43 | 23.66 |
| 1992 | 1127.00 | 11.97 | 1409.00 | 13.66 | 1665.00 | 15.70 | 1977.00 | 18.28 |
| 1993 | 1359.87 | 20.66 | 1718.63 | 21.98 | 2041.67 | 22.62 | 2453.88 | 24.12 |
| 1994 | 1734.57 | 27.55 | 2238.37 | 30.24 | 2721.15 | 33.28 | 3303.66 | 34.63 |
| 1995 | 2169.75 | 25.09 | 2774.94 | 23.97 | 3359.84 | 23.47 | 4068.66 | 23.16 |
| 1996 | 2444.87 | 12.68 | 3145.32 | 13.35 | 3775.63 | 12.38 | 4575.64 | 12.46 |
| 1997 | 2430.24 | －0.60 | 3223.37 | 2.48 | 3966.23 | 5.05 | 4894.66 | 6.97 |
| 1998 | 2476.75 | 1.91 | 3303.17 | 2.48 | 4107.26 | 3.56 | 5118.99 | 4.58 |
| 1999 | 2617.80 | 5.69 | 3492.27 | 5.72 | 4363.78 | 6.25 | 5512.12 | 7.68 |
| 2000 | 2653.02 | 1.35 | 3633.51 | 4.04 | 4623.54 | 5.95 | 5897.92 | 7.00 |
| 2001 | 2802.83 | 5.65 | 3856.49 | 6.14 | 4946.60 | 6.99 | 6366.24 | 7.94 |
| 2002 | 2408.60 | －14.07 | 3649.16 | －5.38 | 4931.96 | －0.30 | 6656.81 | 4.56 |
| 2003 | 2590.17 | 7.54 | 3970.03 | 8.79 | 5377.25 | 9.03 | 7278.75 | 9.34 |
| 2004 | 2862.39 | 10.51 | 4429.05 | 11.56 | 6024.10 | 12.03 | 8166.54 | 12.20 |
| 2005 | 3134.88 | 9.52 | 4885.32 | 10.30 | 6710.58 | 11.40 | 9190.05 | 12.53 |
| 2006 | 3568.73 | 13.84 | 5540.71 | 13.42 | 7554.16 | 12.57 | 10269.70 | 11.75 |
| 2007 | 4210.06 | 17.97 | 6504.60 | 17.40 | 8900.51 | 17.82 | 12042.32 | 17.26 |
| 2008 | 4753.59 | 12.91 | 7363.28 | 13.20 | 10195.56 | 14.55 | 13984.23 | 16.13 |
| 2009 | 5253.23 | 10.51 | 8162.07 | 10.85 | 11243.55 | 10.28 | 15399.92 | 10.12 |
| 2010 | 5948.11 | 13.23 | 9285.25 | 13.76 | 12702.08 | 12.97 | 17224.01 | 11.84 |
| 2011 | 6876.09 | 15.60 | 10672.02 | 14.94 | 14498.26 | 14.14 | 19544.94 | 13.47 |
| 2012 | 8215.09 | 19.47 | 12488.62 | 17.02 | 16761.80 | 15.61 | 22419.10 | 14.71 |
| 2013 | — | — | 9895.90 | －20.76 | 17626.10 | 5.16 | 24172.90 | 7.82 |
| 2014 | | | 11219.30 | 13.37 | 19650.50 | 11.49 | 26650.60 | 10.25 |
| 2015 | | | 12230.90 | 9.02 | 21446.20 | 9.14 | 29105.20 | 9.21 |
| 2016 | — | — | 13004.10 | 6.32 | 23054.90 | 7.50 | 31521.80 | 8.30 |
| 2017 | | | 13723.10 | 5.53 | 24550.10 | 6.49 | 33781.30 | 7.17 |
| 平均值 | 3191.54 | 11.87 | 6000.96 | 10.79 | 8906.48 | 12.25 | 11950.00 | 12.86 |

续表

| 年份 | 中高收入户（元） | 年增长率（%） | 高收入户（元） | 年增长率（%） | 最高收入户（元） | 年增长率（%） | GDP年增长率（%） |
|---|---|---|---|---|---|---|---|
| 1990 | 1598.28 | — | 1889.52 | — | 2447.92 | — | 3.90 |
| 1991 | 1951.29 | 22.09 | 2283.08 | 20.83 | 2956.81 | 20.79 | 9.30 |
| 1992 | 2330.00 | 19.41 | 2767.00 | 21.20 | 3663.00 | 23.88 | 14.20 |
| 1993 | 2985.88 | 28.15 | 3626.66 | 31.07 | 4905.77 | 33.93 | 13.90 |
| 1994 | 4079.07 | 36.61 | 5007.24 | 38.07 | 6837.81 | 39.38 | 13.10 |
| 1995 | 4954.54 | 21.46 | 6031.61 | 20.46 | 8221.94 | 20.24 | 10.90 |
| 1996 | 5595.38 | 12.93 | 6819.92 | 13.07 | 9235.51 | 12.33 | 9.90 |
| 1997 | 6045.30 | 8.04 | 7460.70 | 9.40 | 10250.93 | 10.99 | 9.30 |
| 1998 | 6370.59 | 5.38 | 7877.69 | 5.59 | 10962.16 | 6.94 | 7.80 |
| 1999 | 6907.96 | 8.44 | 8631.94 | 9.57 | 12083.79 | 10.23 | 7.60 |
| 2000 | 7487.37 | 8.39 | 9434.21 | 9.29 | 13311.02 | 10.16 | 8.40 |
| 2001 | 8164.22 | 9.04 | 10374.92 | 9.97 | 15114.85 | 13.55 | 8.30 |
| 2002 | 8869.51 | 8.64 | 11772.82 | 13.47 | 18995.85 | 25.68 | 9.10 |
| 2003 | 9763.37 | 10.08 | 13123.08 | 11.47 | 21837.22 | 14.96 | 10.00 |
| 2004 | 11050.89 | 13.19 | 14970.91 | 14.08 | 25377.17 | 16.21 | 10.10 |
| 2005 | 12603.37 | 14.05 | 17202.93 | 14.91 | 28773.11 | 13.38 | 11.30 |
| 2006 | 14049.17 | 11.47 | 19068.95 | 10.85 | 31967.34 | 11.10 | 12.70 |
| 2007 | 16385.80 | 16.63 | 22233.56 | 16.60 | 36784.51 | 15.07 | 14.20 |
| 2008 | 19254.08 | 17.50 | 26250.10 | 18.07 | 43613.75 | 18.57 | 9.60 |
| 2009 | 21017.95 | 9.16 | 28386.47 | 8.14 | 46826.05 | 7.37 | 9.20 |
| 2010 | 23188.90 | 10.33 | 31044.04 | 9.36 | 51431.57 | 9.84 | 10.40 |
| 2011 | 26419.99 | 13.93 | 35579.24 | 14.61 | 58841.87 | 14.41 | 9.30 |
| 2012 | 29813.74 | 12.85 | 39605.22 | 11.32 | 63824.15 | 8.47 | 7.70 |
| 2013 | 32613.80 | 9.39 | 57762.10 | 45.84 | — | — | 7.80 |
| 2014 | 35631.20 | 9.25 | 61615.00 | 6.67 | — | — | 7.30 |
| 2015 | 38572.40 | 8.25 | 65082.20 | 5.63 | — | — | 6.90 |
| 2016 | 41805.60 | 8.38 | 70347.80 | 8.09 | — | — | 6.70 |
| 2017 | 45163.40 | 8.03 | 77097.20 | 9.59 | — | — | 6.90 |
| 平均值 | 15881.18 | 13.37 | 23690.93 | 15.08 | 22968.00 | 16.25 | 9.49 |

资料来源：历年《中国统计年鉴》，部分数据由计算得出。

表 3 - 5　　　1990～2017 年城镇不同收入群体人均可支配收入所占比重　　单位:%

| 年份 | 最低收入户比重 | 低收入户比重 | 中低收入户比重 | 中等收入户比重 | 中高收入户比重 | 高收入户比重 | 最高收入户比重 |
|---|---|---|---|---|---|---|---|
| 1990 | 7.49 | 9.53 | 11.26 | 13.30 | 15.73 | 18.59 | 24.09 |
| 1991 | 8.02 | 9.88 | 11.47 | 13.32 | 15.55 | 18.19 | 23.56 |
| 1992 | 7.54 | 9.43 | 11.15 | 13.23 | 15.60 | 18.52 | 24.52 |
| 1993 | 7.12 | 9.00 | 10.69 | 12.85 | 15.64 | 19.00 | 25.69 |
| 1994 | 6.69 | 8.64 | 10.50 | 12.74 | 15.74 | 19.32 | 26.38 |
| 1995 | 6.87 | 8.79 | 10.64 | 12.88 | 15.69 | 19.10 | 26.03 |
| 1996 | 6.87 | 8.84 | 10.61 | 12.86 | 15.72 | 19.16 | 25.95 |
| 1997 | 6.35 | 8.42 | 10.36 | 12.79 | 15.80 | 19.49 | 26.78 |
| 1998 | 6.16 | 8.21 | 10.21 | 12.73 | 15.84 | 19.59 | 27.26 |
| 1999 | 6.00 | 8.01 | 10.01 | 12.64 | 15.84 | 19.79 | 27.71 |
| 2000 | 5.64 | 7.72 | 9.83 | 12.54 | 15.92 | 20.06 | 28.30 |
| 2001 | 5.43 | 7.47 | 9.58 | 12.33 | 15.81 | 20.10 | 29.28 |
| 2002 | 4.20 | 6.37 | 8.61 | 11.62 | 15.48 | 20.55 | 33.16 |
| 2003 | 4.05 | 6.21 | 8.41 | 11.38 | 15.27 | 20.52 | 34.15 |
| 2004 | 3.93 | 6.08 | 8.27 | 11.21 | 15.16 | 20.54 | 34.82 |
| 2005 | 3.80 | 5.92 | 8.13 | 11.14 | 15.28 | 20.85 | 34.88 |
| 2006 | 3.88 | 6.02 | 8.21 | 11.16 | 15.27 | 20.72 | 34.74 |
| 2007 | 3.93 | 6.08 | 8.31 | 11.25 | 15.31 | 20.77 | 34.36 |
| 2008 | 3.79 | 5.87 | 8.13 | 11.15 | 15.35 | 20.93 | 34.78 |
| 2009 | 3.85 | 5.99 | 8.25 | 11.30 | 15.42 | 20.83 | 34.36 |
| 2010 | 3.94 | 6.16 | 8.42 | 11.42 | 15.37 | 20.58 | 34.10 |
| 2011 | 3.99 | 6.19 | 8.41 | 11.33 | 15.32 | 20.63 | 34.12 |
| 2012 | 4.25 | 6.47 | 8.68 | 11.61 | 15.44 | 20.51 | 33.05 |
| 2013 | — | 6.97 | 12.41 | 17.01 | 22.96 | 40.66 | — |
| 2014 | — | 7.25 | 12.70 | 17.22 | 23.02 | 39.81 | — |
| 2015 | — | 7.35 | 12.89 | 17.49 | 23.18 | 39.10 | — |
| 2016 | — | 7.24 | 12.83 | 17.54 | 23.26 | 39.14 | — |
| 2017 | — | 7.06 | 12.63 | 17.38 | 23.24 | 39.68 | — |

资料来源:历年《中国统计年鉴》,部分数据由计算得出。

(1) 低收入户。

第一,从绝对额来看,城镇低收入户人均可支配收入持续增长且保持稳定增长状态。总体来看，1990 年，城镇低收入户居民人均可支配收入为 968.64 元，2017 年增长到 13723.10 元，增长了 14 倍。一方面，就业是最大的民生，自从社会主义市场经济体制建立以来，我国出台了许多扶持贫困群体的就业政策，在大力发展生产力的同时，加大贫困群体就业与再就业扶持力度，完善劳动力市场。另一方面，通过税收制度改革，调整收入分配政策，注重二次分配，提高最低生活保障线，促进城镇低收入户人均可支配收入持续增长。

第二，从相对额来看，城镇低收入户人均可支配收入年增长率波动幅度较大，所占比重呈下降趋势。总体来看，1991～2017 年，平均年增长率仅为 10.79%，低于其他收入群体年增长率。在 2006 年以前，低收入户可支配收入年增长率普遍低于中等收入户与高收入户的可支配收入年增长率，而且由于高收入户人均可支配收入基数较大，导致低收入户与高收入户之间的收入差距有所扩大。而在 2006 年之后，低收入户人均可支配收入年增长率开始超过中等收入户与高收入户，尽管如此，由于低收入户人均可支配收入基数较小，其所占比重呈现下降趋势，由 9.53% 下降到 7.06%，比中等收入户低 10%，比高收入户低 30%。随着社会主义市场经济体制的不断推进，外商投资企业数量迅速增加，资本、技术、管理等要素也开始介入分配，低收入户普遍年龄偏高、文化素质低、竞争力弱、就业率低，使得低收入户收入增速依然较低。

（2）中等收入户。

第一，从绝对额来看，城镇中等收入户人均可支配收入快速增长并保持稳定增长的状态。总体来看，1990 年，人均可支配收入为 1351.68 元，2017 年增长到 33781.30 元，增长了 25 倍，27 年内绝对额增加了 32429.62 元，平均年增加约 1200 元，呈现出稳定增长的态势。"提低、扩中、调高"一直是我国收入分配改革的基本思路，目前，我国通过鼓励自主创新、自主创业、重视发展科技、教育等措施来扩大中等收入者比重，努力实现"橄榄型"收入分配格局，让更多的人享受改革发展的成果，推进中等收入户人均可支配收入持续增长。

第二，从相对额来看，城镇中等收入户人均可支配收入年增长率呈现"前期较高，中期下降，后期平稳"的趋势，所占比重先降后升。1991～1996 年，人均可支配收入年增长率较高，平均年增长超过 20%，1997 年开始骤降到 10% 以下，直到 2004 年，人均可支配收入年增长率才回升到 10% 以上，之后围绕 10% 上下小幅度波动，趋于平稳，并高于同期 GDP 年增长率。中等收入户收入所占比重 1990～2012 年一直处于下降状态，最小值为 11.14%，2013 年之后，中等收入户收入所占比重开始上升，并维持在 17% 以上。党的十八大以来，我国致力于完善社会保障制度、社会分配制度，鼓励万众创新、自主创业，创造条件多渠道增加居民的财产性收入，把社会财富这个"大蛋糕"通过合理的收入分配制度分好，在保障人均可支配收入持续增长的同时扩大中等收入群体的比重。

（3）高收入户。

第一，从绝对额来看，城镇高收入户人均可支配收入持续增长，并呈现"前期增幅小，后期增幅大"的增长状态。总体来看，1990 年，高收入户人均可支配收入为 1889.52 元，2017 年增长到 77097.20 元，增长了 41 倍，27 年内绝对额增加了 75207.68 元，平均每年增加 2785 元。1990～2001 年，高收入户人均可支配收入逐年增加额在 1000 元以内，增长幅度较小，从 2002 年开始，其增长幅度开始扩大，平均增长幅度超过 4000 元，最大年增长幅度达到 18156.88 元。由于高收入户占有资本、技术等生产要素，随着社会主义市场经济的不断完善以及经济全球化的不断发展，其人均可支配收入增长幅度有进一步扩大的趋势。

第二，从相对额来看，城镇高收入户人均可支配收入年增长率呈现"波浪型"状态，所占比重逐步上升。总体来看，高收入户人均可支配收入所占比重不断上升，1990 年所占比重为 18.59%，比同期低收入户高 9%，比同期中等收入户高 5%，2017 年增长到 39.68%，增长了 21%，大约是同期低收入户的 5 倍、中等收入户的 3 倍。1991～1994 年，可支配收入年增长率经历了第一个"波浪"，由 20.83% 上升到 38.07%，随后受到 1997 年亚洲金融危机的影响，年增长率骤降到 9.40%，而低收入户年增长率保持不变，说明金融危机对高收入者的影响较大，对低收入者的影响较小。1999～2008 年为第二个"波浪"，人均可支配收入年增长率先由 9.57% 上升到 18.07%，但是 2009 年全球金融危机再一次给高收入者造成巨大影响，年增长率下降到 8.14%，从 2010 年至今，特别是党的十八大以来，其人均可支配收入年增长率保持平稳。

### 3.1.2　农村居民收入现状

#### 3.1.2.1　总收入现状

农村居民总收入现状包括农村居民人均纯收入和农村居民人均全部年收

入现状，本节将从以上两个部分对农村居民收入现状进行分析，其绝对值与
年增长率如表 3 - 6 所示。

表 3 - 6　　1990 ~ 2017 年农村居民人均纯收入与人均全部年收入绝对值及年增长率

| 年份 | 人均纯收入（元） | 年增长率（%） | 人均全部年收入（元） | 年增长率（%） | GDP 年增长率（%） |
|---|---|---|---|---|---|
| 1990 | 686.31 | — | 990.38 | — | 3.90 |
| 1991 | 708.55 | 3.24 | 1046.10 | 5.63 | 9.30 |
| 1992 | 783.99 | 10.65 | 1155.38 | 10.45 | 14.20 |
| 1993 | 921.62 | 17.56 | 1333.82 | 15.44 | 13.90 |
| 1994 | 1220.98 | 32.48 | 1789.38 | 34.15 | 13.10 |
| 1995 | 1577.74 | 29.22 | 2337.67 | 30.64 | 10.90 |
| 1996 | 1926.07 | 22.08 | 2806.73 | 20.07 | 9.90 |
| 1997 | 2090.13 | 8.52 | 2999.20 | 6.86 | 9.30 |
| 1998 | 2161.98 | 3.44 | 2995.48 | - 0.12 | 7.80 |
| 1999 | 2210.34 | 2.24 | 2987.44 | - 0.27 | 7.60 |
| 2000 | 2253.42 | 1.95 | 3146.21 | 5.31 | 8.40 |
| 2001 | 2366.40 | 5.01 | 3306.92 | 5.11 | 8.30 |
| 2002 | 2475.60 | 4.61 | 3448.62 | 4.28 | 9.10 |
| 2003 | 2622.24 | 5.92 | 3582.42 | 3.88 | 10.00 |
| 2004 | 2936.40 | 11.98 | 4039.60 | 12.76 | 10.10 |
| 2005 | 3254.93 | 10.85 | 4631.21 | 14.65 | 11.30 |
| 2006 | 3587.04 | 10.20 | 5025.08 | 8.50 | 12.70 |
| 2007 | 4140.36 | 15.43 | 5791.12 | 15.24 | 14.20 |
| 2008 | 4760.62 | 14.98 | 6700.69 | 15.71 | 9.60 |
| 2009 | 5153.17 | 8.25 | 7115.57 | 6.19 | 9.20 |
| 2010 | 5919.01 | 14.86 | 8119.51 | 14.11 | 10.40 |
| 2011 | 6972.29 | 17.79 | 9833.14 | 21.11 | 9.30 |
| 2012 | 7916.58 | 13.54 | 10990.67 | 11.77 | 7.70 |
| 2013 | 9429.60 | 19.11 | — | — | 7.80 |
| 2014 | 10488.90 | 11.23 | — | — | 7.30 |
| 2015 | 11421.70 | 8.89 | — | — | 6.90 |
| 2016 | 12363.40 | 8.24 | — | — | 6.70 |
| 2017 | 13432.40 | 8.65 | — | — | 6.90 |
| 平均值 | 4492.21 | 11.89 | 4181.41 | 11.89 | 9.49 |

资料来源：历年《中国统计年鉴》，部分数据由计算得出。

（1）人均纯收入现状。

第一，从绝对额来看，农村居民人均纯收入持续上升且增长幅度呈现上升趋势。1990 年，农村人均纯收入为 686.31 元，2017 年增长到 13432.40 元，增长了 19 倍，1990～2006 年，农村人均纯收入增长幅度在 400 元以内，2007 年之后，其增长幅度普遍超过 500 元，最大增长幅度超过 1500 元，平均增长幅度接近 930 元。"三农"问题是农业和农村经济工作的中心，也是制约国民经济发展的原因之一，目前，农村大多数劳动力仍然从事农业活动，虽然从总量上看农村人均纯收入不断上升，但是与城镇居民人均可支配收入相比还有很大差距，为了加大对农业的支持保护力度，我国采取了许多措施，如增加农业农村投入、增加农业补贴、提升农村金融服务能力、加快农业科技创新步伐与农村基础设施建设等。

第二，从相对额来看，农村居民人均纯收入年增长率呈现"前期峰状，中后期小幅度波动"的状态。1991～1994 年，农村人均纯收入年增长率由 3.24% 上升到 32.48%，1997～2000 年，农村经济增速放缓，农村居民人均纯收入增速受到影响，到 2000 年，农村居民年人均纯收入年增长率下降到 1.95%。随后，从 2001 年开始，年增长率呈现小幅度波动状态，平均波动幅度约为 3%，平均年增长率为 11.89%，高于 GDP 年增长率的平均值，但略小于城镇居民人均可支配收入年增长率的平均值，随着党的十九大"乡村振兴"战略的提出，农村人均纯收入年增长率将会进一步提升。

（2）人均全部年收入现状。

第一，从绝对额来看，农村居民人均全部年收入现状与人均纯收入现状类似，也呈现出前期增幅小、后期增幅大的持续增长趋势。农村居民全部年收入主要包括家庭农业、非农业经营收入以及外出务工收入三个部分，1990 年，农村人均全部年收入为 990.38 元，2012 年为 10990.67 元，增长了 11 倍，1990～2004 年，农村人均全部年收入平均增长幅度为 218 元，2005～2012 年，平均增长幅度接近 870 元，最大增长幅度超过 1700 元。

第二，从相对额来看，农村人均全部年收入年增长率呈现出"两头大，中间小"的状态。总体来看，1991～2012 年，农村人均全部年收入平均增长率为 11.89%，高于 GDP 年增长率平均值。1991～1994 年，年增长率由 5.63% 增长到 34.15%，1999 年骤降到 -0.27%，2011 年到达第二次上升的峰值 21.11%，之后又逐渐下降。

### 3.1.2.2 收入来源现状

改革开放 40 年来，农村居民收入来源呈现多元化，由单一的集体经营收入转变为工资性收入、经营净收入、财产性收入、转移性收入并驾齐驱，不同收入来源绝对值与年增长率如表 3 - 7 所示，不同收入来源所占比重如表 3 - 8 所示。

表 3 - 7      1990 ~ 2017 年农村居民不同来源收入绝对值及年增长率

| 年份 | 工资性收入（元） | 年增长率（%） | 经营净收入（元） | 年增长率（%） | 财产性收入（元） | 年增长率（%） | 转移性收入（元） | 年增长率（%） |
|---|---|---|---|---|---|---|---|---|
| 1990 | 138.80 | — | 518.55 | — | 28.96 | — | — | — |
| 1995 | 353.70 | 34.50 | 1125.79 | 27.66 | 40.98 | — | 57.27 | |
| 1999 | 630.26 | 9.88 | 1448.36 | -1.20 | 31.55 | — | 100.17 | |
| 2000 | 702.30 | 11.43 | 1427.27 | -1.46 | 45.04 | 42.76 | 78.81 | -21.32 |
| 2001 | 771.90 | 9.91 | 1459.63 | 2.27 | 46.97 | 4.29 | 87.90 | 11.53 |
| 2002 | 918.38 | 18.98 | 1541.28 | 5.59 | 65.75 | 39.98 | 96.83 | 10.16 |
| 2003 | 540.93 | -41.10 | 1276.60 | -17.17 | 41.85 | -36.35 | 76.64 | -20.85 |
| 2004 | 998.46 | 84.58 | 1745.79 | 36.75 | 76.61 | 83.06 | 115.54 | 50.76 |
| 2005 | 1174.53 | 17.63 | 1844.53 | 5.66 | 88.45 | 15.45 | 147.42 | 27.59 |
| 2006 | 1374.80 | 17.05 | 1930.96 | 4.69 | 100.50 | 13.62 | 180.78 | 22.63 |
| 2007 | 1596.22 | 16.11 | 2193.67 | 13.61 | 128.22 | 27.58 | 222.25 | 22.94 |
| 2008 | 1853.73 | 16.13 | 2435.56 | 11.03 | 148.08 | 15.49 | 323.24 | 45.44 |
| 2009 | 2061.25 | 11.19 | 2526.78 | 3.75 | 167.20 | 12.91 | 397.95 | 23.11 |
| 2010 | 2431.05 | 17.94 | 2822.80 | 11.72 | 202.25 | 20.96 | 452.92 | 13.81 |
| 2011 | 2963.43 | 21.90 | 3221.98 | 14.14 | 228.57 | 13.01 | 563.32 | 24.38 |
| 2012 | 3447.46 | 16.33 | 3533.37 | 9.66 | 249.05 | 8.96 | 686.70 | 21.90 |
| 2013 | 3652.50 | 5.95 | 3934.90 | 11.36 | 194.70 | -21.82 | 1647.50 | 139.92 |
| 2014 | 4152.20 | 13.68 | 4237.40 | 7.69 | 222.10 | 14.07 | 1877.20 | 13.94 |
| 2015 | 4600.30 | 10.79 | 4503.60 | 6.28 | 251.50 | 13.24 | 2066.20 | 10.07 |
| 2016 | 5021.80 | 9.16 | 4741.30 | 5.28 | 272.10 | 8.19 | 2328.20 | 12.67 |
| 2017 | 5498.40 | 9.49 | 5027.80 | 6.04 | 303.00 | 11.36 | 2603.20 | 11.81 |

资料来源：历年《中国统计年鉴》，部分数据由计算得出。

表 3 – 8　　　　　1995~2017 年农村居民不同来源收入占人均纯收入的比重　　　　单位:%

| 年份 | 工资性收入比重 | 经营净收入比重 | 财产性收入比重 | 转移性收入比重 |
|---|---|---|---|---|
| 1995 | 22.42 | 71.35 | 2.60 | 3.63 |
| 2000 | 31.17 | 63.34 | 2.00 | 3.50 |
| 2001 | 32.62 | 61.68 | 1.98 | 3.71 |
| 2002 | 37.10 | 62.26 | 2.66 | 3.91 |
| 2003 | 20.63 | 48.68 | 1.60 | 2.92 |
| 2004 | 34.00 | 59.45 | 2.61 | 3.93 |
| 2005 | 36.08 | 56.67 | 2.72 | 4.53 |
| 2006 | 38.33 | 53.83 | 2.80 | 5.04 |
| 2007 | 38.55 | 52.98 | 3.10 | 5.37 |
| 2008 | 38.94 | 51.16 | 3.11 | 6.79 |
| 2009 | 40.00 | 49.03 | 3.24 | 7.72 |
| 2010 | 41.07 | 47.69 | 3.42 | 7.65 |
| 2011 | 42.50 | 46.21 | 3.28 | 8.08 |
| 2012 | 43.55 | 44.63 | 3.15 | 8.67 |
| 2013 | 38.73 | 41.73 | 2.06 | 17.47 |
| 2014 | 39.59 | 40.40 | 2.12 | 17.90 |
| 2015 | 40.28 | 39.43 | 2.20 | 18.09 |
| 2016 | 40.62 | 38.35 | 2.20 | 18.83 |
| 2017 | 40.93 | 37.43 | 2.26 | 19.38 |

资料来源:历年《中国统计年鉴》,部分数据由计算得出。

（1）工资性收入。

第一,从绝对额来看,农村居民工资性收入持续增长且保持着快速增长的态势。1990 年,工资性收入为 138.80 元,2017 年增长到 5498.40 元,增长了近 40 倍,农村居民工资性收入逐年增加额也呈现逐年上升趋势,最大增长幅度超过 500 元。工资性收入的增长对改善农村居民的生活状况和提升农村居民的生活水平起到了关键的推动作用,随着农村土地经营制度改革的不断深化以及现代农业的快速发展,许多劳动力者进入城市或乡镇企业工作,工资性收入逐渐成为农村居民收入的主要来源。

第二,从相对额来看,农村居民工资性收入年增长率整体平稳,局部波动幅度大,所占比重逐渐上升,成为农村居民第一大收入来源。工资性收入波动较大的年份是 2002~2004 年,从 2005 年开始,农村居民工资性收入年增长率趋于平稳，年增长率围绕 15% 上下小幅度波动，并且其所占比重于 2015 年首次超过经营型收入所占比重，成为农村居民人均纯收入的第一大来源。

（2）经营净收入。

第一，从绝对额来看，农村居民经营净收入持续增长但增长缓慢，是人均纯收入的重要来源。1990 年，经营净收入 518.55 元，2017 年增长到 5027.80 元，增长不超过 10 倍。家庭联产承包责任制实行后，农户成为独立的经营单位，1990～2014 年，经营净收入一直是人均纯收入的最主要来源，但在 2015 年被工资性收入反超，位列第二。

第二，从相对额来看，农村居民经营净收入年增长率较低，所占比重下降幅度较大。经营净收入平均年增长率为 8%，低于其他三种收入来源平均年增长率，农村居民家庭经营净收入增速放缓有以下几个原因：一是农业生产资料涨幅大于农产品价格涨幅，农业生产收益降低；二是农业平均产出低下，第一产业平均每个劳动力的产出远低于第二产业和第三产业；三是非农业就业趋势增强，许多青年劳动力选择外出打工，导致经营净收入增速放缓。经营净收入所占比重持续下降，由 71.35% 下降到 37.43%，降低了 34%，降为人均纯收入第二大来源。

（3）财产性收入。

第一，从绝对额来看，农村居民财产性收入绝对值及逐年增加额均为四种收入来源中最低的。由于财产性收入涉及资本、技术、管理等农村稀缺的生产要素，所以直到 2017 年，农村居民财产性收入仅超过 300 元，远不及其他三种收入来源，其逐年增加额最大值也未超过 50 元，因此，多渠道增加居民的财产性收入，需要深化农村产权制度改革。

第二，从相对额来看，农村居民财产性收入年增长率波动幅度较大，平均年增长率在四种收入来源中位列第三位，所占比重最小。由于财产性收入基数较小，所占比重不超过 4%，所以农村居民财产性收入年增长率容易受绝对额变化的影响，年增长率最大值出现在 2004 年，为 83.06%，最小值出现在 2003 年，为 -36.35%。

（4）转移性收入。

第一，从绝对额来看，农村居民转移性收入前期处于波动状态，中后期稳定增长。农村居民转移性收入大部分来自国家补贴，1995～2003 年，转移性收入处于波动状态，2004 年开始稳定增长，特别是党的十八大以来，为了适应全面建成小康社会新形势，加快农民脱贫致富的步伐，农村居民转移性收入大幅度上升，不断缩小与工资性收入、经营净收入的差距。

第二，从相对额来看，农村居民转移性收入年增长率整体水平较高，个别年份有较大波动，所占比重逐渐上升。2000～2017年，转移性收入平均年增长率为23%，是所有收入来源中最高的，其所占比重由3.63%上升到19.38%，上升了15%。转移性收入的上升提高了农民的生活水平。

### 3.1.2.3 不同收入群体收入现状

《中国统计年鉴》将农村不同收入群体分为五组，即低收入户、中低收入户、中等收入户、中高收入户与高收入户，其人均纯收入绝对值及年增长率如表3－9所示，所占比重如表3－10所示。

表3－9 2002～2017年农村不同收入群体人均纯收入绝对值及年增长率

| 年份 | 低收入户（元） | 年增长率（%） | 中低收入户（元） | 年增长率（%） | 中等收入户（元） | 年增长率（%） | 中高收入户（元） | 年增长率（%） | 高收入户（元） | 年增长率（%） | GDP增长率（%） |
|---|---|---|---|---|---|---|---|---|---|---|---|
| 2002 | 857.1 | — | 1547.5 | — | 2164.1 | — | 3030.5 | — | 5895.6 | — | 9.10 |
| 2003 | 865.9 | 1.02 | 1606.5 | 3.81 | 2273.1 | 5.04 | 3206.8 | 5.82 | 6346.9 | 7.65 | 10.00 |
| 2004 | 1006.9 | 16.28 | 1842.0 | 14.66 | 2578.5 | 13.43 | 3607.7 | 12.50 | 6930.7 | 9.20 | 10.10 |
| 2005 | 1067.2 | 5.99 | 2018.3 | 9.57 | 2851.0 | 10.57 | 4003.3 | 10.97 | 7747.4 | 11.78 | 11.30 |
| 2006 | 1182.5 | 10.80 | 2222.0 | 10.09 | 3148.5 | 10.44 | 4446.6 | 11.07 | 8474.8 | 9.39 | 12.70 |
| 2007 | 1346.9 | 13.91 | 2581.8 | 16.19 | 3658.8 | 16.21 | 5129.8 | 15.36 | 9790.7 | 15.53 | 14.20 |
| 2008 | 1499.8 | 11.35 | 2935.0 | 13.68 | 4203.1 | 14.88 | 5928.6 | 15.57 | 11290.2 | 15.32 | 9.60 |
| 2009 | 1549.3 | 3.30 | 3110.1 | 5.97 | 4502.1 | 7.11 | 6467.6 | 9.09 | 12319.1 | 9.11 | 9.20 |
| 2010 | 1869.8 | 20.69 | 3621.2 | 16.43 | 5221.7 | 15.98 | 7440.6 | 15.04 | 14049.7 | 14.05 | 10.40 |
| 2011 | 2000.5 | 6.99 | 4255.8 | 17.52 | 6207.7 | 18.88 | 8893.6 | 19.53 | 16783.1 | 19.46 | 9.30 |
| 2012 | 2316.2 | 15.78 | 4807.5 | 12.96 | 7041.0 | 13.42 | 10142.1 | 14.04 | 19008.9 | 13.26 | 7.70 |
| 2013 | 2877.9 | 24.25 | 5965.6 | 24.09 | 8438.3 | 19.84 | 11816.0 | 16.50 | 21323.7 | 12.18 | 7.80 |
| 2014 | 2768.1 | -3.82 | 6604.4 | 10.71 | 9503.9 | 12.63 | 13449.2 | 13.82 | 23947.4 | 12.30 | 7.30 |
| 2015 | 3085.6 | 11.47 | 7220.9 | 9.33 | 10310.6 | 8.49 | 14537.3 | 8.09 | 26013.9 | 8.63 | 6.90 |
| 2016 | 3006.5 | -2.56 | 7287.7 | 0.93 | 11159.1 | 8.23 | 15727.4 | 8.19 | 28448.0 | 9.36 | 6.70 |
| 2017 | 3301.9 | 9.83 | 8348.6 | 14.56 | 11978.0 | 7.34 | 16943.6 | 7.73 | 31299.3 | 10.02 | 6.90 |
| 平均值 | 1912.6 | 9.69 | 4123.4 | 12.03 | 5952.5 | 12.17 | 8423.2 | 12.22 | 15604.3 | 11.82 | 9.33 |

资料来源：历年《中国统计年鉴》，部分数据由计算得出。

表3-10　　　　　2002～2017年农村不同收入群体人均纯收入所占比重　　　　单位:%

| 年份 | 低收入户比重 | 中低收入户比重 | 中等收入户比重 | 中高收入户比重 | 高收入户比重 |
|---|---|---|---|---|---|
| 2002 | 6.35 | 11.47 | 16.04 | 22.46 | 43.69 |
| 2003 | 6.06 | 11.24 | 15.90 | 22.43 | 44.39 |
| 2004 | 6.31 | 11.54 | 16.15 | 22.60 | 43.41 |
| 2005 | 6.03 | 11.41 | 16.12 | 22.63 | 43.80 |
| 2006 | 6.07 | 11.41 | 16.17 | 22.83 | 43.52 |
| 2007 | 5.98 | 11.47 | 16.26 | 22.79 | 43.50 |
| 2008 | 5.80 | 11.35 | 16.26 | 22.93 | 43.66 |
| 2009 | 5.54 | 11.13 | 16.11 | 23.14 | 44.08 |
| 2010 | 5.81 | 11.25 | 16.21 | 23.11 | 43.63 |
| 2011 | 5.25 | 11.16 | 16.28 | 23.32 | 44.00 |
| 2012 | 5.35 | 11.10 | 16.26 | 23.41 | 43.88 |
| 2013 | 5.71 | 11.83 | 16.74 | 23.43 | 42.29 |
| 2014 | 4.92 | 11.74 | 16.89 | 23.90 | 42.56 |
| 2015 | 5.04 | 11.80 | 16.86 | 23.77 | 42.53 |
| 2016 | 4.58 | 11.10 | 17.00 | 23.96 | 43.35 |
| 2017 | 4.59 | 11.62 | 16.67 | 23.57 | 43.55 |

资料来源：历年《中国统计年鉴》，部分数据由计算得出。

（1）低收入户。

第一，从绝对额来看，农村低收入户人均纯收入持续增长且保持稳定增长的态势。2002年，低收入户人均纯收入为857.13元，2017年增长到3301.90元，15年内增长接近4倍。为了增加低收入农民的收入，政府从体制创新和制度创新两方面入手，通过打破城乡割裂的局面、增加农田水利基础设施建设、加大对农村教育的投入、鼓励科技人员下乡等方式推动广大农民收入持续增长。

第二，从相对额来看，农村低收入户人均纯收入年增长率波动幅度较大，所占比重略微下降。2002～2017年，低收入户人均纯收入年增长率一直处于波动状态，最大波动幅度出现在2014年，由24.25%下降到-3.82%，波动幅度超过28%，2002～2017年，平均年增长率为9.69%，高于GDP年增长率的平均值。截止到2017年，全国农村贫困人口为3046万人，比2016年末减少1289万人，脱贫攻坚战取得显著成果，人均纯收入所占比重略微下降，由 6.35% 下降到 4.59%。

（2）中等收入户。

第一，从绝对额来看，农村中等收入户人均纯收入快速增长并呈现稳定增长的状态。2002 年，中等收入户人均纯收入为 2164.11 元，2017 年增长到 11978 元，增长了 5.5 倍，平均人均纯收入接近 6000 元，平均每年增加额超过 650 元，保持继续增长的态势。不断扩大中等收入群体比重、形成橄榄型社会是我国收入分配改革的主要目标，对于全面建成小康社会、基本实现共同富裕具有重要意义。

第二，从相对额来看，农村中等收入户人均纯收入年增长率与所占比重均处于平稳状态。人均纯收入平均年增长率为 12.17%，是上述三种收入群体中最高的，说明政府加强对农村中等收入群体政策扶持，保障稳定就业，不断提高技能。2002~2017 年，年增长率一直围绕着 12% 上下小幅度波动，最大波动幅度仅为 7.8%，其所占比重几乎没有发生变化，一直维持在 16%，整体非常平稳。

（3）高收入户。

第一，从绝对额来看，农村高收入户人均纯收入快速增长且增长幅度不断扩大。2002 年，高收入户人均纯收入为 5895.63 元，2017 年增长到 31299.30 元，增长 5.3 倍。2002~2010 年，人均纯收入增长幅度在 2000 元以内，从 2011 年起，增长幅度超过 2000 元，最大增长幅度超过 2800 元，在"乡村振兴"战略的指引下，农民依靠国家政策扶持，通过发展农产品贸易、运用新技术提高劳动生产率、利用乡村环境优势发展生态经济等措施不断提高人均纯收入。

第二，从相对额来看，农村高收入户人均纯收入年增长率波动幅度较小，所占比重大且比较平稳。人均纯收入平均年增长率为 11.82%，高于 GDP 平均年增长率 2.5%，2002~2017 年，年增长率围绕平均值小幅度波动，最大波动幅度为 7.8%，农村居民高收入户人均纯收入所占比重超过 40%，是低收入户的 10 倍左右，并一直稳定在 43% 上下。

## 3.2　区域视角：居民收入现状

以地理位置为依据，我国各省可以集中划分为东部、中部与西部三大区域，三大区域人均可支配收入现状包括东部、中部以及西部地区人均可支配收入现状三个部分。本节立足城镇和农村两个方面，分别从绝对额与相对额两个角度对区域视角下居民收入现状进行详细分析。

### 3.2.1  三大区域城镇居民人均可支配收入现状

2003～2017 年，我国东部、中部与西部三大区域的人均可支配收入绝对值、年增长率如表 3－11 所示，所占比重如表 3－12 所示。

表 3－11　　　　2003～2017 年东部、中部、西部地区城镇居民人均

可支配收入绝对值及年增长率

| 年份 | 东部（元） | 年增长率（%） | 中部（元） | 年增长率（%） | 西部（元） | 年增长率（%） | GDP 增长率（%） |
|---|---|---|---|---|---|---|---|
| 2003 | 9901.00 | — | 7063.00 | — | 7205.00 | — | 10.00 |
| 2004 | 11034.00 | 11.44 | 7851.00 | 11.16 | 8031.00 | 11.46 | 10.10 |
| 2005 | 13374.88 | 21.22 | 8808.52 | 12.20 | 8783.17 | 9.37 | 11.30 |
| 2006 | 14967.38 | 11.91 | 9902.28 | 12.42 | 9728.45 | 10.76 | 12.70 |
| 2007 | 16974.22 | 13.41 | 11634.37 | 17.49 | 11309.45 | 16.25 | 14.20 |
| 2008 | 19203.46 | 13.13 | 13225.88 | 13.68 | 12971.18 | 14.69 | 9.60 |
| 2009 | 20953.21 | 9.11 | 14367.11 | 8.63 | 14213.47 | 9.58 | 9.20 |
| 2010 | 23272.83 | 11.07 | 15962.02 | 11.10 | 15806.49 | 11.21 | 10.40 |
| 2011 | 26406.04 | 13.46 | 18323.16 | 14.79 | 18159.40 | 14.89 | 9.30 |
| 2012 | 29621.57 | 12.18 | 20697.24 | 12.96 | 20600.18 | 13.44 | 7.70 |
| 2013 | 31152.40 | 5.17 | 22664.70 | 9.51 | 22362.80 | 8.56 | 7.80 |
| 2014 | 33905.40 | 8.84 | 24733.30 | 9.13 | 24390.60 | 9.07 | 7.30 |
| 2015 | 36691.30 | 8.22 | 26809.60 | 8.39 | 26473.10 | 8.54 | 6.90 |
| 2016 | 39651.00 | 8.07 | 28879.30 | 7.72 | 28609.70 | 8.07 | 6.70 |
| 2017 | 42989.80 | 8.42 | 31293.80 | 8.36 | 30986.90 | 8.31 | 6.90 |
| 平均值 | 24673.23 | 11.12 | 17481.02 | 11.25 | 17308.73 | 11.01 | 9.34 |

资料来源：历年《中国统计年鉴》，部分数据由计算得出。

表 3 – 12　　　　2003～2017 年东部、中部、西部地区城镇居民人均

可支配收入所占比重　　　　　　　单位:%

| 年份 | 东部 | 中部 | 西部 |
|------|------|------|------|
| 2003 | 40.97 | 29.22 | 29.81 |
| 2004 | 40.99 | 29.17 | 29.84 |
| 2005 | 43.19 | 28.45 | 28.36 |
| 2006 | 43.26 | 28.62 | 28.12 |
| 2007 | 42.52 | 29.15 | 28.33 |
| 2008 | 42.30 | 29.13 | 28.57 |
| 2009 | 42.30 | 29.00 | 28.69 |
| 2010 | 42.28 | 29.00 | 28.72 |
| 2011 | 41.99 | 29.14 | 28.88 |
| 2012 | 41.77 | 29.18 | 29.05 |
| 2013 | 40.89 | 29.75 | 29.36 |
| 2014 | 40.84 | 29.79 | 29.38 |
| 2015 | 40.78 | 29.80 | 29.42 |
| 2016 | 40.82 | 29.73 | 29.45 |
| 2017 | 40.84 | 29.73 | 29.44 |
| 平均值 | 41.72 | 29.26 | 29.03 |

资料来源:历年《中国统计年鉴》,部分数据由计算得出。

第一,从绝对额来看,三大区域人均可支配收入持续增长,且呈现"前期增幅小,后期增幅大"的趋势。2003 年,东部地区人均可支配收入为 9901 元,2017 年增长到 42989.80 元,增长了 4.34 倍;相同时间段,中部地区增长了 4.43 倍,西部地区增长了 4.3 倍,东部地区是经济发展程度最高的区域,2004 年,人均可支配收入就已经突破了 10000 元,2009 年突破 20000 元。

相比之下,中部地区与西部地区直到 2007 年才超过 10000 元,2012 年首次突破 20000 元,2003～2017 年,中部地区与西部地区人均可支配收入平均值分别为 17481.02 元、17308.73 元,而东部地区已经达到 24673.23 元,超过中部与西部地区 7000 多元。从增长幅度来看,东部、中部、西部地区人均可支配收入增长幅度随时间的推移而不断扩大,这是三大区域的共同特征。2003～2009 年,东部地区人均可支配收入逐年增加额在 2500 元以内,平均增

长幅度为 1842 元。2010 ~ 2017 年，逐年增加额接近 3000 元，平均增长幅度为 2754 元。中部地区与西部地区 2003 ~ 2009 年人均可支配收入逐年增加额在 2000 元以内，平均增长幅度约为 1200 元。2010 ~ 2017 年，逐年增加额超过 2000 元，平均增长幅度达到 2100 元。

纵向来看，三大区域的增长幅度确实呈现阶梯式上升，但是通过横向比较，东部、西部地区还是存在很大差异，东部地区地理位置优越，位于沿海地区，交通设施发达，是资本、技术、人才的集中地，所以地区经济发达，人均可支配收入遥遥领先，而西部地区贫困程度深，扶贫成本高，脱贫难度大，是脱贫攻坚的短板。为了适应全面建成小康社会新形势，贯彻落实"精准扶贫、精准脱贫"的基本方略，党中央把西部地区贫困人口如期脱贫作为主要目标，组织东部地区支援西部经济的发展，将帮扶资金和项目重点向西部地区贫困群众倾斜，保障人均可支配收入的持续增长。

第二，从相对额来看，三大区域人均可支配收入年增长率前期差距大，后期基本持平，所占比重基本保持不变。总体来看，2004 ~ 2017 年，人均可支配收入平均年增长率最大的是中部地区（11.25%），其次是东部地区（11.12%），最后是西部地区（11.01%），三者相差不大，均高于 GDP 平均年增长率。

2005 ~ 2007 年，东部、中部、西部地区的人均可支配收入年增长率存在较大差异，2005 年，东部地区人均可支配收入年增长率为 21.22%，而中部地区年增长率仅为 12.20%，略高于当年 GDP 年增长率，西部地区更小，只有 9.37%，低于当年 GDP 的年增长率。2006 年，中部、西部地区人均可支配收入年增长率均以微弱的幅度上升，而东部地区年增长率却发生了骤降，由 21.22% 下降到 11.91%，降幅接近 10%，低于中部地区人均可支配收入年增长率，而且三大区域人均可支配收入年增长率均低于当年 GDP 的年增长率，直到 2007 年才开始回升，增长幅度最大的是西部地区，由 10.76% 增长到 16.25%，增加了 5.5%，其次是中部地区，由 12.42% 增长到 17.49%，增加了 5%，增长幅度最小的是东部地区，由 11.91% 增长到 13.41%，仅增加 2.5%，低于当年 GDP 的年增长率。

从 2008 年起，纵向来看，虽然三大区域人均可支配收入年增长率处于波动状态，但是横向视角下，东部、中部、西部地区人均可支配收入年增长率基本持平，均高于当年 GDP 的年增长率。三大区域城镇居民人均可支配收入所占比重基本保持不变，比值约为 4∶3∶3，2003～2017 年，东部地区城镇居民人均可支配收入所占比重一直是最大的，中部地区在 2003 年与 2004 年所占比重小于西部地区，2005 年之后超过西部地区所占比重，位列第二，但是与西部地区所占比重之差不到 1%，从平均水平来看，2003～2017 年，东部地区人均可支配收入所占比重为 41.72%，中部地区为 29.26%，西部地区为 29.03%，东部地区依然占有绝对的比重。

### 3.2.2　三大区域农村居民人均纯收入现状

将各省份农村也集中划分为东部、中部与西部三大区域，其人均纯收入绝对值及年增长率如表 3-13 所示，所占比重如表 3-14 所示。

表 3-13　2003～2017 年东部、中部、西部地区农村居民人均纯收入绝对值及年增长率

| 年份 | 东部（元） | 年增长率（%） | 中部（元） | 年增长率（%） | 西部（元） | 年增长率（%） | GDP 增长率（%） |
|---|---|---|---|---|---|---|---|
| 2003 | 3875.00 | — | 2382.00 | — | 1966.00 | — | 10.00 |
| 2004 | 4277.00 | 10.37 | 2731.00 | 14.65 | 2192.00 | 11.50 | 10.10 |
| 2005 | 4720.28 | 10.36 | 2956.60 | 8.26 | 2378.91 | 8.53 | 11.30 |
| 2006 | 5188.23 | 9.91 | 3283.16 | 11.05 | 2588.37 | 8.80 | 12.70 |
| 2007 | 5854.98 | 12.85 | 3844.37 | 17.09 | 3028.38 | 17.00 | 14.20 |
| 2008 | 6598.24 | 12.69 | 4453.38 | 15.84 | 3517.75 | 16.16 | 9.60 |
| 2009 | 7155.53 | 8.45 | 4792.75 | 7.62 | 3816.47 | 8.49 | 9.20 |
| 2010 | 8142.81 | 13.80 | 5509.62 | 14.96 | 4417.94 | 15.76 | 10.40 |
| 2011 | 9585.04 | 17.71 | 6529.93 | 18.52 | 5246.75 | 18.76 | 9.30 |
| 2012 | 10817.48 | 12.86 | 7435.24 | 13.86 | 6026.61 | 14.86 | 7.70 |
| 2013 | 11856.80 | 9.61 | 8983.20 | 20.82 | 7436.60 | 23.40 | 7.80 |
| 2014 | 13144.60 | 10.86 | 10011.10 | 11.44 | 8295.00 | 11.54 | 7.30 |
| 2015 | 14297.40 | 8.77 | 10919.00 | 9.07 | 9093.40 | 9.63 | 6.90 |
| 2016 | 15498.30 | 8.40 | 11794.30 | 8.02 | 9918.40 | 9.07 | 6.70 |
| 2017 | 16822.10 | 8.54 | 12805.80 | 8.58 | 10828.60 | 9.18 | 6.90 |
| 平均值 | 9188.92 | 11.09 | 6562.10 | 12.84 | 5383.41 | 13.05 | 9.34 |

资料来源：历年《中国统计年鉴》，部分数据由计算得出。

表 3 - 14　2003 ~ 2017 年东部、中部、西部地区农村居民人均纯收入所占比重　单位:%

| 年份 | 东部 | 中部 | 西部 |
|------|------|------|------|
| 2003 | 47. 12 | 28. 97 | 23. 91 |
| 2004 | 46. 49 | 29. 68 | 23. 83 |
| 2005 | 46. 94 | 29. 40 | 23. 66 |
| 2006 | 46. 91 | 29. 69 | 23. 40 |
| 2007 | 46. 00 | 30. 20 | 23. 79 |
| 2008 | 45. 29 | 30. 57 | 24. 14 |
| 2009 | 45. 39 | 30. 40 | 24. 21 |
| 2010 | 45. 06 | 30. 49 | 24. 45 |
| 2011 | 44. 87 | 30. 57 | 24. 56 |
| 2012 | 44. 55 | 30. 62 | 24. 82 |
| 2013 | 41. 93 | 31. 77 | 26. 30 |
| 2014 | 41. 79 | 31. 83 | 26. 37 |
| 2015 | 41. 67 | 31. 82 | 26. 50 |
| 2016 | 41. 65 | 31. 70 | 26. 65 |
| 2017 | 41. 58 | 31. 65 | 26. 77 |
| 平均值 | 44. 48 | 30. 62 | 24. 89 |

资料来源：历年《中国统计年鉴》，部分数据由计算得出。

第一，从绝对值来看，三大区域农村居民人均纯收入持续增长并保持着快速增长的态势。2003 年，东部地区农村居民人均纯收入为 3875.00 元，2017 年增长到 16822.10 元，增加了 4.3 倍；相同时间内，中部地区增加了 5.4 倍，西部地区增加了 5.5 倍，东部地区是三大区域中经济最发达的区域，其农村居民人均纯收入于 2012 年首次突破 10000 元，相比之下，中部地区于 2014 年首次突破 10000 元，西部地区直到 2017 年才超过 10000 元，与城镇居民人均可支配收入存在很大差距。2003 ~ 2017 年，三大区域人均纯收入增长幅度整体呈现上升趋势。2003 ~ 2010 年，东部地区人均纯收入逐年增加额在 1000 元以内，平均年增加额为 610 元；中部地区人均纯收入逐年增加额低于 800 元，平均年增加额为 446.8 元；西部地区人均纯收入逐年增加额在 700 元以下，平均年增加额接近 350 元。

2010 ~ 2017 年，三大区域人均纯收入增长幅度有了大幅度提升，东部地区逐年增加额超过 1000 元，最大增长幅度是 1323.80 元，平均增长幅度为 1239.90 元；中部地区逐年增加额超过 800 元，最大增长幅度为 1547.96 元，平均增长幅度为 1042.31 元；西部地区逐年增加额超过 700 元，最大增长幅度为 1409.99 元，平均增长幅度为 915.81 元，与 2003 ~ 2010 年这一阶段相比，增长幅度有了很大提升。

第二，从相对额来看，东部地区和中部地区农村居民人均纯收入年增长率整体保持平稳，局部小幅度波动，而西部地区整体波动幅度较大，三大区域人均可支配收入所占比重基本保持不变。2004～2017年，东部地区人均纯收入平均年增长率为11.09%，其各年增长率围绕着平均值11.09%上下小幅度波动，最大波动幅度仅为6.62%。中部地区人均纯收入平均年增长率为12.84%，其各年增长率围绕着平均值12.84%上下小幅度波动，最大波动幅度接近8%。西部地区农村居民人均纯收入平均年增长率为13.05%，在三大区域中位列第一，其各年增长率与平均值相比波动幅度较大，最大波动幅度超过10%，三大区域平均年增长率均大于相同时间内GDP的平均年增长率。与城镇居民人均可支配收入相比，农村居民人均纯收入水平较低，特别是西部地区的农村居民，其人均纯收入所占比重平均值不到25%，比中部地区所占比重小6%，而中西部城镇居民所占比重基本持平，因此，中西部农村居民之间的差距远大于中西部城镇居民之间的差距。西部农村地区是脱贫攻坚的短板，为此，我国通过东部地区对口支援西部经济发展，拓宽西部人口就业渠道等措施促进西部农村地区摆脱贫困，发展经济。从2008年开始，西部地区农村居民人均纯收入年增长率一直稳居第一。

# 3.3　省际视角：居民收入现状

省际视角下居民收入现状包括城镇居民收入现状与农村居民收入现状。其中，于城镇而言，各省（区市）人均可支配收入现状分析涉及北京、河北、山西、内蒙古、辽宁、上海、江苏、浙江、安徽、福建、江西、河南、湖北、广东、广西、海南、重庆、四川、贵州、陕西、甘肃、宁夏、新疆共23个省份；于农村而言，各省人均纯收入现状分析涵盖北京、上海、江苏、浙江、福建、江西、河南、广东、重庆、四川、甘肃共11个省份。本节将从绝对额与相对额两个角度对省际视角下居民收入现状进行详细分析。

## 3.3.1　各省城镇居民收入现状

从绝对值与年增长率两个方面对各省份城镇居民人均可支配收入现状进行分析，各省份城镇居民人均可支配收入绝对值及年增长率如表3-15所示。

表 3 - 15　　　1994 ~ 2017 年各省份城镇居民人均可支配收入绝对值及年增长率

| 年份 | 全国（元） | 年增长率（%） | 北京（元） | 年增长率（%） | 河北（元） | 年增长率（%） | 山西（元） | 年增长率（%） | 内蒙古（元） | 年增长率（%） |
|---|---|---|---|---|---|---|---|---|---|---|
| 1994 | 3496.24 | 35.65 | 5084.70 | 43.36 | 3177.29 | 36.11 | 2565.67 | 31.07 | 2498.29 | 31.96 |
| 1995 | 4282.95 | 22.50 | 6236.00 | 22.64 | 3921.35 | 23.42 | 3305.98 | 28.85 | 2863.03 | 14.60 |
| 1996 | 4838.90 | 12.98 | 7332.01 | 17.58 | 4442.81 | 13.30 | 3702.69 | 12.00 | 3431.81 | 19.87 |
| 1997 | 5160.32 | 6.64 | 7813.16 | 6.56 | 4958.67 | 11.61 | 3989.92 | 7.76 | 3944.67 | 14.94 |
| 1998 | 5425.05 | 5.13 | 8471.98 | 8.43 | 5084.64 | 2.54 | 4098.73 | 2.73 | 4353.02 | 10.35 |
| 1999 | 5854.02 | 7.91 | 9182.76 | 8.39 | 5365.03 | 5.51 | 4342.61 | 5.95 | 4770.53 | 9.59 |
| 2000 | 6279.98 | 7.28 | 10349.69 | 12.71 | 5661.16 | 5.52 | 4724.11 | 8.79 | 5129.05 | 7.52 |
| 2001 | 6859.58 | 9.23 | 11577.78 | 11.87 | 5984.82 | 5.72 | 5391.05 | 14.12 | 5535.89 | 7.93 |
| 2002 | 7702.80 | 12.29 | 12463.92 | 7.65 | 6679.68 | 11.61 | 6234.36 | 15.64 | 6051.00 | 9.30 |
| 2003 | 8472.20 | 9.99 | 13882.62 | 11.38 | 7239.06 | 8.37 | 7005.03 | 12.36 | 7012.90 | 15.90 |
| 2004 | 9421.61 | 11.21 | 15637.84 | 12.64 | 7951.31 | 9.84 | 7902.86 | 12.82 | 8122.99 | 15.83 |
| 2005 | 10493.03 | 11.37 | 17652.95 | 12.89 | 9107.09 | 14.54 | 8913.91 | 12.79 | 9136.79 | 12.48 |
| 2006 | 11759.45 | 12.07 | 19977.52 | 13.17 | 10304.56 | 13.15 | 10027.70 | 12.49 | 10357.99 | 13.37 |
| 2007 | 13785.81 | 17.23 | 21988.71 | 10.07 | 11690.47 | 13.45 | 11564.95 | 15.33 | 12377.84 | 19.50 |
| 2008 | 15780.76 | 14.47 | 24724.89 | 12.44 | 13441.09 | 14.97 | 13119.05 | 13.44 | 14432.55 | 16.60 |
| 2009 | 17174.65 | 8.83 | 26738.48 | 8.14 | 14718.25 | 9.50 | 13996.55 | 6.69 | 15849.19 | 9.82 |
| 2010 | 19109.44 | 11.27 | 29072.93 | 8.73 | 16263.43 | 10.50 | 15647.66 | 11.80 | 17698.15 | 11.67 |
| 2011 | 21809.78 | 14.13 | 32903.03 | 13.17 | 18292.23 | 12.47 | 18123.87 | 15.82 | 20407.57 | 15.31 |
| 2012 | 24564.72 | 12.63 | 36468.75 | 10.84 | 20543.44 | 12.31 | 20411.71 | 12.62 | 23150.26 | 13.44 |
| 2013 | 26467.00 | 7.74 | 44563.90 | 22.20 | 22226.70 | 8.19 | 22258.20 | 9.05 | 26003.60 | 12.33 |
| 2014 | 28843.90 | 8.98 | 48531.80 | 8.90 | 24141.30 | 8.61 | 24069.40 | 8.14 | 28349.60 | 9.02 |
| 2015 | 31194.80 | 8.15 | 52859.20 | 8.92 | 26152.20 | 8.33 | 25827.70 | 7.31 | 30594.10 | 7.92 |
| 2016 | 33616.20 | 7.76 | 57275.30 | 8.35 | 28249.40 | 8.02 | 27352.30 | 5.90 | 32974.90 | 7.78 |
| 2017 | 36396.20 | 8.27 | 62406.30 | 8.96 | 30547.80 | 8.14 | 29131.80 | 6.51 | 35670.00 | 8.17 |
| 均值 | 14949.56 | 12.69 | 24299.84 | 14.37 | 12755.99 | 12.29 | 12237.83 | 12.40 | 13779.82 | 13.68 |

| 年份 | 辽宁（元） | 年增长率（%） | 上海（元） | 年增长率（%） | 江苏（元） | 年增长率（%） | 浙江（元） | 年增长率（%） | 安徽（元） | 年增长率（%） |
|---|---|---|---|---|---|---|---|---|---|---|
| 1994 | 3062.89 | 32.35 | 5889.13 | 37.04 | 3778.87 | 36.24 | 5066.32 | 39.72 | 3047.66 | 35.58 |
| 1995 | 3706.51 | 21.01 | 7191.77 | 22.12 | 4634.42 | 22.64 | 6221.36 | 22.80 | 3795.38 | 24.53 |
| 1996 | 4207.23 | 13.51 | 8178.48 | 13.72 | 5185.79 | 11.90 | 6955.79 | 11.80 | 4512.77 | 18.90 |
| 1997 | 4518.10 | 7.39 | 8438.89 | 3.18 | 5765.20 | 11.17 | 7358.72 | 5.79 | 4599.27 | 1.92 |
| 1998 | 4617.24 | 2.19 | 8773.10 | 3.96 | 6017.85 | 4.38 | 7836.76 | 6.50 | 4770.47 | 3.72 |
| 1999 | 4898.61 | 6.09 | 10931.64 | 24.60 | 6538.20 | 8.65 | 8427.95 | 7.54 | 5064.60 | 6.17 |
| 2000 | 5357.79 | 9.37 | 11718.01 | 7.19 | 6800.23 | 4.01 | 9279.16 | 10.10 | 5293.55 | 4.52 |
| 2001 | 5797.01 | 8.20 | 12883.46 | 9.95 | 7375.10 | 8.45 | 10464.67 | 12.78 | 5668.80 | 7.09 |
| 2002 | 6524.52 | 12.55 | 13249.80 | 2.84 | 8177.64 | 10.88 | 11715.60 | 11.95 | 6032.40 | 6.41 |
| 2003 | 7240.58 | 10.97 | 14867.49 | 12.21 | 9262.46 | 13.27 | 13179.53 | 12.50 | 6778.03 | 12.36 |
| 2004 | 8007.56 | 10.59 | 16682.82 | 12.21 | 10481.93 | 13.17 | 14546.38 | 10.37 | 7511.43 | 10.82 |
| 2005 | 9107.55 | 13.74 | 18645.03 | 11.76 | 12318.57 | 17.52 | 16293.77 | 12.01 | 8470.68 | 12.77 |
| 2006 | 10369.61 | 13.86 | 20667.91 | 10.85 | 14084.26 | 14.33 | 18265.10 | 12.10 | 9771.05 | 15.35 |
| 2007 | 12300.39 | 18.62 | 23622.73 | 14.30 | 16378.01 | 16.29 | 20573.82 | 12.64 | 11473.58 | 17.42 |
| 2008 | 14392.69 | 17.01 | 26674.90 | 12.92 | 18679.52 | 14.05 | 22726.66 | 10.46 | 12990.35 | 13.22 |
| 2009 | 15761.38 | 9.51 | 28837.78 | 8.11 | 20551.72 | 10.02 | 24610.81 | 8.29 | 14085.74 | 8.43 |
| 2010 | 17712.58 | 12.38 | 31838.08 | 10.40 | 22944.26 | 11.64 | 27359.02 | 11.17 | 15788.17 | 12.09 |
| 2011 | 20466.84 | 15.55 | 36230.48 | 13.80 | 26340.73 | 14.80 | 30970.68 | 13.20 | 18606.13 | 17.85 |
| 2012 | 23222.67 | 13.46 | 40188.34 | 10.92 | 29676.97 | 12.67 | 34550.30 | 11.56 | 21024.21 | 13.00 |
| 2013 | 26697.00 | 14.96 | 44878.30 | 11.67 | 31585.50 | 6.43 | 37079.70 | 7.32 | 22789.30 | 8.40 |
| 2014 | 29081.70 | 8.93 | 48841.40 | 8.83 | 34346.30 | 8.74 | 40392.70 | 8.93 | 24838.50 | 8.99 |
| 2015 | 31125.70 | 7.03 | 52961.90 | 8.44 | 37173.50 | 8.23 | 43714.50 | 8.22 | 26935.80 | 8.44 |
| 2016 | 32876.10 | 5.62 | 57691.70 | 8.93 | 40151.60 | 8.01 | 47237.20 | 8.06 | 29156.00 | 8.24 |
| 2017 | 34993.40 | 6.44 | 62595.70 | 8.50 | 43621.80 | 8.64 | 51260.70 | 8.52 | 31640.30 | 8.52 |
| 均值 | 14001.90 | 12.38 | 25519.95 | 13.56 | 17577.93 | 13.62 | 21503.63 | 13.18 | 12693.51 | 12.61 |

续表

| 年份 | 福建（元） | 年增长率（%） | 江西（元） | 年增长率（%） | 河南（元） | 年增长率（%） | 湖北（元） | 年增长率（%） | 广东（元） | 年增长率（%） |
|---|---|---|---|---|---|---|---|---|---|---|
| 1994 | 3672.55 | 29.35 | 2773.07 | 44.52 | 2618.55 | 33.41 | 3356.07 | 36.97 | 6367.02 | 37.45 |
| 1995 | 4506.99 | 22.72 | 3376.51 | 21.76 | 3299.46 | 26.00 | 4028.63 | 20.04 | 7438.70 | 16.83 |
| 1996 | 5172.93 | 14.78 | 3780.20 | 11.96 | 3755.44 | 13.82 | 4364.04 | 8.33 | 8157.81 | 9.67 |
| 1997 | 6143.64 | 18.77 | 4071.32 | 7.70 | 4093.62 | 9.01 | 4673.15 | 7.08 | 8561.71 | 4.95 |
| 1998 | 6485.63 | 5.57 | 4251.42 | 4.42 | 4219.42 | 3.07 | 4826.36 | 3.28 | 8839.68 | 3.25 |
| 1999 | 6859.81 | 5.77 | 4720.58 | 11.04 | 4532.36 | 7.42 | 5212.82 | 8.01 | 9125.92 | 3.24 |
| 2000 | 7432.26 | 8.34 | 5103.58 | 8.11 | 4766.26 | 5.16 | 5524.54 | 5.98 | 9761.57 | 6.97 |
| 2001 | 8313.08 | 11.85 | 5506.02 | 7.89 | 5267.42 | 10.51 | 5855.98 | 6.00 | 10415.19 | 6.70 |
| 2002 | 9189.36 | 10.54 | 6335.64 | 15.07 | 6245.40 | 18.57 | 6788.52 | 15.92 | 11137.20 | 6.93 |
| 2003 | 9999.54 | 8.82 | 6901.42 | 8.93 | 6926.12 | 10.90 | 7321.98 | 7.86 | 12380.43 | 11.16 |
| 2004 | 11175.37 | 11.76 | 7559.64 | 9.54 | 7704.90 | 11.24 | 8022.75 | 9.57 | 13627.65 | 10.07 |
| 2005 | 12321.31 | 10.25 | 8619.66 | 14.02 | 8667.97 | 12.50 | 8785.94 | 9.51 | 14769.94 | 8.38 |
| 2006 | 13753.28 | 11.62 | 9551.12 | 10.81 | 9810.26 | 13.18 | 9802.65 | 11.57 | 16015.58 | 8.43 |
| 2007 | 15506.05 | 12.74 | 11451.69 | 19.90 | 11477.05 | 16.99 | 11485.80 | 17.17 | 17699.30 | 10.51 |
| 2008 | 17961.45 | 15.84 | 12866.44 | 12.35 | 13231.11 | 15.28 | 13152.86 | 14.51 | 19732.86 | 11.49 |
| 2009 | 19576.83 | 8.99 | 14021.54 | 8.98 | 14371.56 | 8.62 | 14367.48 | 9.23 | 21574.72 | 9.33 |
| 2010 | 21781.31 | 11.26 | 15481.12 | 10.41 | 15930.26 | 10.85 | 16058.37 | 11.77 | 23897.80 | 10.77 |
| 2011 | 24907.40 | 14.35 | 17494.87 | 13.01 | 18194.80 | 14.22 | 18373.87 | 14.42 | 26897.48 | 12.55 |
| 2012 | 28055.24 | 12.64 | 19860.36 | 13.52 | 20442.62 | 12.35 | 20839.59 | 13.42 | 30226.71 | 12.38 |
| 2013 | 28173.90 | 0.42 | 22119.70 | 11.38 | 21740.70 | 6.35 | 22667.90 | 8.77 | 29537.30 | −2.28 |
| 2014 | 30722.40 | 9.05 | 24309.20 | 9.90 | 23672.10 | 8.88 | 24852.30 | 9.64 | 32148.10 | 8.84 |
| 2015 | 33275.30 | 8.31 | 26500.10 | 9.01 | 25575.60 | 8.04 | 27051.50 | 8.85 | 34757.20 | 8.12 |
| 2016 | 36014.30 | 8.23 | 28673.30 | 8.20 | 27232.90 | 6.48 | 29385.80 | 8.63 | 37684.30 | 8.42 |
| 2017 | 39001.40 | 8.29 | 31198.10 | 8.81 | 29557.90 | 8.54 | 31889.40 | 8.52 | 40975.10 | 8.73 |
| 均值 | 16666.72 | 12.82 | 12355.28 | 13.10 | 12222.24 | 12.55 | 12862.01 | 12.41 | 18822.05 | 11.55 |

续表

| 年份 | 广西（元） | 年增长率（%） | 海南（元） | 年增长率（%） | 重庆（元） | 年增长率（%） | 四川（元） | 年增长率（%） | 贵州（元） | 年增长率（%） |
|---|---|---|---|---|---|---|---|---|---|---|
| 1994 | 3981.09 | 37.50 | 3920.15 | 27.62 | 3634.33 | 30.70 | 3310.72 | 36.77 | 3220.49 | 39.25 |
| 1995 | 4791.87 | 20.37 | 4770.41 | 21.69 | 4375.43 | 20.39 | 4002.92 | 20.91 | 3931.46 | 22.08 |
| 1996 | 5033.33 | 5.04 | 4926.43 | 3.27 | 5022.96 | 14.80 | 4482.70 | 11.99 | 4221.24 | 7.37 |
| 1997 | 5110.29 | 1.53 | 4849.93 | −1.55 | 5322.66 | 5.97 | 4763.26 | 6.26 | 4441.91 | 5.23 |
| 1998 | 5412.24 | 5.91 | 4852.87 | 0.06 | 5466.57 | 2.70 | 5127.08 | 7.64 | 4565.39 | 2.78 |
| 1999 | 5619.54 | 3.83 | 5338.31 | 10.00 | 5895.97 | 7.86 | 5477.89 | 6.84 | 4934.02 | 8.07 |
| 2000 | 5834.43 | 3.82 | 5358.32 | 0.37 | 6275.98 | 6.45 | 5894.27 | 7.60 | 5122.21 | 3.81 |
| 2001 | 6665.73 | 14.25 | 5838.84 | 8.97 | 6721.09 | 7.09 | 6360.47 | 7.91 | 5451.91 | 6.44 |
| 2002 | 7315.32 | 9.75 | 6822.72 | 16.85 | 7238.04 | 7.69 | 6610.80 | 3.94 | 5944.08 | 9.03 |
| 2003 | 7785.04 | 6.42 | 7259.25 | 6.40 | 8093.67 | 11.82 | 7041.87 | 6.52 | 6569.23 | 10.52 |
| 2004 | 8689.99 | 11.62 | 7735.78 | 6.56 | 9220.96 | 13.93 | 7709.87 | 9.49 | 7322.05 | 11.46 |
| 2005 | 9286.70 | 6.87 | 8123.94 | 5.02 | 10243.46 | 11.09 | 8385.96 | 8.77 | 8151.13 | 11.32 |
| 2006 | 9898.75 | 6.59 | 9395.13 | 15.65 | 11569.74 | 12.95 | 9350.11 | 11.50 | 9116.61 | 11.84 |
| 2007 | 12200.44 | 23.25 | 10996.87 | 17.05 | 12590.78 | 8.83 | 11098.28 | 18.70 | 10678.40 | 17.13 |
| 2008 | 14146.04 | 15.95 | 12607.84 | 14.65 | 14367.55 | 14.11 | 12633.38 | 13.83 | 11758.76 | 10.12 |
| 2009 | 15451.48 | 9.23 | 13750.85 | 9.07 | 15748.67 | 9.61 | 13839.40 | 9.55 | 12862.53 | 9.39 |
| 2010 | 17063.89 | 10.44 | 15581.05 | 13.31 | 17532.43 | 11.33 | 15461.16 | 11.72 | 14142.74 | 9.95 |
| 2011 | 18854.06 | 10.49 | 18368.95 | 17.89 | 20249.70 | 15.50 | 17899.12 | 15.77 | 16495.01 | 16.63 |
| 2012 | 21242.80 | 12.67 | 20917.71 | 13.88 | 22968.14 | 13.42 | 20306.99 | 13.45 | 18700.51 | 13.37 |
| 2013 | 22689.40 | 6.81 | 22411.40 | 7.14 | 23058.20 | 0.39 | 22227.50 | 9.46 | 20564.90 | 9.97 |
| 2014 | 24669.00 | 8.72 | 24486.50 | 9.26 | 25147.20 | 9.06 | 24234.40 | 9.03 | 22548.20 | 9.64 |
| 2015 | 26415.90 | 7.08 | 26356.40 | 7.64 | 27238.80 | 8.32 | 26205.30 | 8.13 | 24579.60 | 9.01 |
| 2016 | 28324.40 | 7.22 | 28453.50 | 7.96 | 29610.00 | 8.71 | 28335.30 | 8.13 | 26742.60 | 8.80 |
| 2017 | 30502.10 | 7.69 | 30817.40 | 8.31 | 32193.20 | 8.72 | 30726.90 | 8.44 | 29079.80 | 8.74 |
| 均值 | 13207.66 | 12.29 | 12664.19 | 11.73 | 13741.06 | 11.70 | 12561.90 | 12.04 | 11714.37 | 12.14 |

续表

| 年份 | 陕西（元） | 年增长率（%） | 甘肃（元） | 年增长率（%） | 宁夏（元） | 年增长率（%） | 新疆（元） | 年增长率（%） | GDP 年增长率（%） |
|---|---|---|---|---|---|---|---|---|---|
| 1994 | 2684.02 | 27.71 | 2658.13 | 32.74 | 2985.86 | 37.56 | 3170.27 | 30.84 | 13.10 |
| 1995 | 3309.68 | 23.31 | 3152.52 | 18.60 | 3382.81 | 13.29 | 4163.44 | 31.33 | 10.90 |
| 1996 | 3809.64 | 15.11 | 3353.94 | 6.39 | 3612.12 | 6.78 | 4649.86 | 11.68 | 9.90 |
| 1997 | 4001.30 | 5.03 | 3592.43 | 7.11 | 3836.54 | 6.21 | 4844.72 | 4.19 | 9.30 |
| 1998 | 4220.24 | 5.47 | 4009.61 | 11.61 | 4112.41 | 7.19 | 5000.79 | 3.22 | 7.80 |
| 1999 | 4654.06 | 10.28 | 4475.23 | 11.61 | 4472.91 | 8.77 | 5319.76 | 6.38 | 7.60 |
| 2000 | 5124.24 | 10.10 | 4916.25 | 9.85 | 4912.40 | 9.83 | 5644.86 | 6.11 | 8.40 |
| 2001 | 5483.73 | 7.02 | 5382.91 | 9.49 | 5544.17 | 12.86 | 6395.04 | 13.29 | 8.30 |
| 2002 | 6330.84 | 15.45 | 6151.44 | 14.28 | 6067.44 | 9.44 | 6899.64 | 7.89 | 9.10 |
| 2003 | 6806.35 | 7.51 | 6657.24 | 8.22 | 6530.48 | 7.63 | 7173.54 | 3.97 | 10.00 |
| 2004 | 7492.47 | 10.08 | 7376.74 | 10.81 | 7217.87 | 10.53 | 7503.42 | 4.60 | 10.10 |
| 2005 | 8272.02 | 10.40 | 8086.82 | 9.63 | 8093.64 | 12.13 | 7990.15 | 6.49 | 11.30 |
| 2006 | 9267.70 | 12.04 | 8920.59 | 10.31 | 9177.26 | 13.39 | 8871.27 | 11.03 | 12.70 |
| 2007 | 10763.34 | 16.14 | 10012.34 | 12.24 | 10859.33 | 18.33 | 10313.44 | 16.26 | 14.20 |
| 2008 | 12857.89 | 19.46 | 10969.41 | 9.56 | 12931.53 | 19.08 | 11432.10 | 10.85 | 9.60 |
| 2009 | 14128.76 | 9.88 | 11929.78 | 8.75 | 14024.70 | 8.45 | 12257.52 | 7.22 | 9.20 |
| 2010 | 15695.21 | 11.09 | 13188.55 | 10.55 | 15344.49 | 9.41 | 13643.77 | 11.31 | 10.40 |
| 2011 | 18245.23 | 16.25 | 14988.68 | 13.65 | 17578.92 | 14.56 | 15513.62 | 13.70 | 9.30 |
| 2012 | 20733.88 | 13.64 | 17156.89 | 14.47 | 19831.41 | 12.81 | 17920.68 | 15.52 | 7.70 |
| 2013 | 22345.90 | 7.77 | 19873.40 | 15.83 | 21475.70 | 8.29 | 21091.50 | 17.69 | 7.80 |
| 2014 | 24365.80 | 9.04 | 21803.90 | 9.71 | 23284.60 | 8.42 | 23214.00 | 10.06 | 7.30 |
| 2015 | 26420.20 | 8.43 | 23767.10 | 9.00 | 25186.00 | 8.17 | 26274.70 | 13.18 | 6.90 |
| 2016 | 28440.10 | 7.65 | 25693.50 | 8.11 | 27153.00 | 7.81 | 28463.40 | 8.33 | 6.70 |
| 2017 | 30810.30 | 8.33 | 27763.40 | 8.06 | 29472.30 | 8.54 | 30774.80 | 8.12 | 6.90 |
| 均值 | 12344.29 | 12.36 | 11078.37 | 12.48 | 11962.00 | 12.04 | 12021.93 | 12.64 | 9.70 |

资料来源：历年《中国统计年鉴》，部分数据由计算得出。

　　第一，从绝对额来看，各省份城镇居民人均可支配收入持续增长且增长幅度不断扩大，但各省份之间增长幅度相差甚远。1994～2017 年，各省份人均可支配收入快速增长，以北京为例，1994 年，北京城镇居民人均可支配收入为 5084.70 元，2017 年增长到 62406.30 元，13 年内增长了 12.27 倍，超过全国城镇居民人均可支配收入增长倍数。

　　1994～2017 年，城镇居民人均可支配收入增长倍数最高的省份是内蒙古自治区，人均可支配收入从 2498.29 元增长到 35670.00 元，增长了 14.28 倍。内蒙古自治区是我国的重要粮仓，畜牧业发达，矿藏及煤炭资源丰富，经济增长潜力巨大。除此以外，山西、辽宁、上海、江苏、浙江、安徽、福建、江西、河南、陕西、甘肃共 11 个省份城镇人均可支配收入增长超过了 10 倍，剩余省份人均可支配收入增长倍数均小于 10。1994～2017 年，城镇居民人均可支配收入增长倍数最低的是广东，其 1994 年城镇人均可支配收入为 6367.02 元，2017 年增长到 40975.10 元，13 年内仅增长 6.44 倍。

　　1994～2017 年，全国城镇居民人均可支配收入平均值为 14949.56 元，接近 15000 元。在 23 个省份中，只有北京、上海、江苏、浙江、福建、广东共 6 个省份的人均可支配收入平均值在全国平均水平之上，尤其是上海和北京，位列第一名和第二名，平均值已经超过 20000 元，超出全国平均水平约 4000 元，而剩下的 17 个省份城镇居民人均可支配收入平均值在全国平均水平之下，尤其是甘肃省，其平均城镇居民人均可支配收入仅为 11078.37 元，低于全国平均水平近 3900 元，不及上海和北京的 1/2。甘肃地处内陆，生态环境恶化，就业率低，产业结构单一，不利于经济的发展与人民生活水平的提高。在 23 个省份中，城镇居民人均可支配收入最先达到 10000 元、20000 元的均是上海，北京、广东、浙江、福建、江苏和重庆紧随其后，剩余的大部分省份中，城镇居民人均可支配收入在 2006 年或 2007 年首次突破 10000 元，在 2011 年或 2012 年首次超过 20000 元，以甘肃、宁夏和新疆为代表的落后地区，直到 2014 年才达到 20000 元。

　　虽然城镇居民人均可支配收入增长幅度均呈现不断扩大的趋势，但是各省份之间却相差甚远。以上海、北京和广东为代表的发达地区，1994～2004 年，人均可支配收入平均增长幅度已经超过 1000 元；2005～2017 年，平均增长幅度接近 3600 元。而相同时间段，以甘肃、宁夏、新疆为代表的经济落后地区的人均可支配收入增长幅度还不到发达地区的 1/2，1994～2004 年，其城镇居民人均可支配收入增长幅度不到 500 元，低于全国平均增长幅度，2005～2017 年，增长幅度在 1600 元左右；虽然相比于前十年的平均增长幅度有很大提升，但是与北上广等经济发达地区相比，差距仍然很大。剩余的省份之中，1994～2004 年以及 2005～2015 年，城镇居民人均可支配收入平均增长幅度最大的都是内蒙古，平均增长幅度分别为 562.47 元、2119 元；而1994～2004 年，平均增长幅度最小的省份是海南，只有 381.56 元；2005～2015 年，平均增长幅度最小的省份是山西，仅为 1633 元。由此可以看出，虽然从纵向来看，各省城镇人均可支配收入增长幅度不断扩大，但是通过横向比较，各省份之间还是存在很大的差距。

第二，从相对额来看，各省份城镇居民人均可支配收入年增长率呈现"前中期波动幅度大，后期趋于平稳"的态势。1994～2017 年，全国城镇居民人均可支配收入年增长率为 12.69%。在 23 个省份中，只有北京、上海、江苏、福建、浙江、内蒙古、江西 7 个省份的平均年增长率超过了全国水平。其中，北京的平均年增长率最高（14.37%），其后依次是内蒙古（13.68%）、江苏（13.62%）、上海（13.56%）、浙江（13.18%）、江西（13.10%）与福建（12.82%）。剩余的 16 个省份中，人均可支配收入平均年增长率为12.23%，低于全国平均水平 0.46%，其中，有 13 个省份人均可支配收入平均年增长率在 12% 之上，由高到低依次是新疆（12.64%）、安徽（12.61%）、河南（12.55%）、甘肃（12.48%）、湖北（12.41%）、山西（12.40%）、辽宁（12.38%）、陕西（12.36%）、河北和广西（12.29%）、贵州（12.14%）、四川和宁夏（12.04%），剩余 3 个省份平均年增长率在12% 以下，由高到低依次是湖南（11.73%）、重庆（11.70%）与广东（11.55%）。23 个省份的人均可支配收入平均年增长率均大于 GDP 年增长率。

以经济发展程度和人均可支配收入年增长率为标准，可以将这 23 个省份分成四大类：第一类，高经济发展程度与高平均年增长率，如北京、上海；第二类，高经济发展程度与低平均年增长率，以广东最为明显，虽然广东与北京的经济发展程度相差毫厘，但是城镇人均可支配收入平均年增长率却大相径庭,北京在23个省份中位列第一,而广东却位列最后;第三类,低经济发展程度与高平均年增长率,这类省份较多,如内蒙古、江西、新疆、甘肃、安徽等,虽然在全国范围内经济发展水平不高,但是人均可支配收入平均年增长率接近甚至超过全国平均水平;第四类,低经济发展程度与低平均年增长率,以贵州、四川和宁夏为代表,贵州、四川以及宁夏经济发展水平落后,其人均可支配收入年增长率也是全国倒数,仅高于湖南、重庆与广东。

　　1994～2017年,城镇居民人均可支配收入平均年增长率先后经历了两次波动,之后才趋于平稳,第一次波动出现在1994～2002年,平均年增长率变动趋势呈现U型。受亚洲金融危机的影响,大部分省份平均年增长率1994～1998年处于骤降状态,平均下降幅度为30.21%,远超GDP平均增长率下降幅度。其中,下降幅度最大的是江西,从44.52%下降到4.42%,下降幅度超过40%;下降幅度最小的是甘肃,由32.74%下降到11.61%,下降幅度为21.13%。从1999年起,平均年增长率处于缓慢上升的状态,但是到了2008年,金融危机的再次冲击迫使各省份城镇居民人均可支配收入年增长率又开始下降,平均下降幅度超过5%,下降幅度最大的省份是宁夏,降幅超过10%,而下降幅度最小的是贵州,降幅仅为0.73%。金融危机过后,人均可支配收入年增长率逐步回升,党的十八大以来,一直维持在10%左右,趋于平稳。

### 3.3.2　各省农村居民人均纯收入现状

　　对各省份农村居民人均纯收入现状的分析依然从绝对值及年增长率两个方面入手,如表3-16所示。

　　第一,从绝对值来看,各省农村居民人均纯收入持续增长,且增长幅度呈现阶段性上升,但各省之间还是存在一定的差距。1994～2017年,各省人均纯收入持续增长,增长倍数最高的是河南,人均纯收入从909.81元增长到12719.20元,增长了13.98倍。其余10个省份人均纯收入增长倍数由高到低排列依次是四川(12.92倍)、重庆(12.41倍)、浙江(11.22倍)、甘肃(11.16倍)、江西(10.87倍)、江苏(10.46倍)、福建(10.35倍)、北京(10.10倍)、上海(8.10倍)和广东(7.23倍)。

表 3－16　　1994～2017 年各省农村居民人均纯收入绝对值及年增长率

| 年份 | 全国（元） | 年增长率（%） | 北京（元） | 年增长率（%） | 上海（元） | 年增长率（%） | 江苏（元） | 年增长率（%） | 浙江（元） | 年增长率（%） |
|---|---|---|---|---|---|---|---|---|---|---|
| 1994 | 1220.98 | 32.48 | 2400.69 | 27.52 | 3436.61 | 26.02 | 1831.53 | 44.57 | 2224.64 | 27.42 |
| 1995 | 1577.74 | 29.22 | 3223.65 | 34.28 | 4245.61 | 23.54 | 2456.86 | 34.14 | 2966.19 | 33.33 |
| 1996 | 1926.07 | 22.08 | 3561.94 | 10.49 | 4846.13 | 14.14 | 3029.32 | 23.30 | 3462.99 | 16.75 |
| 1997 | 1577.74 | -18.09 | 3223.65 | -9.50 | 4245.61 | -12.39 | 2456.86 | -18.90 | 2966.19 | -14.35 |
| 1998 | 2161.98 | 37.03 | 3952.32 | 22.60 | 5406.87 | 27.35 | 3376.78 | 37.44 | 3814.56 | 28.60 |
| 1999 | 2210.34 | 2.24 | 4226.59 | 6.94 | 5409.11 | 0.04 | 3495.20 | 3.51 | 3948.39 | 3.51 |
| 2000 | 2253.42 | 1.95 | 4604.55 | 8.94 | 5596.37 | 3.46 | 3595.09 | 2.86 | 4253.67 | 7.73 |
| 2001 | 2366.40 | 5.01 | 5025.50 | 9.14 | 5870.87 | 4.90 | 3784.71 | 5.27 | 4582.34 | 7.73 |
| 2002 | 2475.63 | 4.62 | 5398.48 | 7.42 | 6223.55 | 6.01 | 3979.79 | 5.15 | 4940.36 | 7.81 |
| 2003 | 2622.24 | 5.92 | 5601.55 | 3.76 | 6653.92 | 6.92 | 4239.26 | 6.52 | 5389.04 | 9.08 |
| 2004 | 2936.40 | 11.98 | 6170.33 | 10.15 | 7066.33 | 6.20 | 4753.85 | 12.14 | 5944.06 | 10.30 |
| 2005 | 3254.93 | 10.85 | 7346.26 | 19.06 | 8247.77 | 16.72 | 5276.29 | 10.99 | 6659.95 | 12.04 |
| 2006 | 3587.04 | 10.20 | 8275.47 | 12.65 | 9138.65 | 10.80 | 5813.23 | 10.18 | 7334.81 | 10.13 |
| 2007 | 4140.36 | 15.43 | 9439.63 | 14.07 | 10144.62 | 11.01 | 6561.01 | 12.86 | 8265.15 | 12.68 |
| 2008 | 4760.62 | 14.98 | 10661.92 | 12.95 | 11440.26 | 12.77 | 7356.47 | 12.12 | 9257.93 | 12.01 |
| 2009 | 5153.17 | 8.25 | 11668.59 | 9.44 | 12482.94 | 9.11 | 8003.54 | 8.80 | 10007.31 | 8.09 |
| 2010 | 5919.01 | 14.86 | 13262.29 | 13.66 | 13977.96 | 11.98 | 9118.24 | 13.93 | 11302.55 | 12.94 |
| 2011 | 6977.29 | 17.88 | 14735.68 | 11.11 | 16053.79 | 14.85 | 10804.95 | 18.50 | 13070.69 | 15.64 |
| 2012 | 7916.58 | 13.46 | 16475.74 | 11.81 | 17803.68 | 10.90 | 12201.95 | 12.93 | 14551.92 | 11.33 |
| 2013 | 9429.60 | 19.11 | 17101.20 | 3.80 | 19208.30 | 7.89 | 13521.30 | 10.81 | 17493.90 | 20.22 |
| 2014 | 10488.90 | 11.23 | 18867.30 | 10.33 | 21191.60 | 10.33 | 14958.40 | 10.63 | 19373.30 | 10.74 |
| 2015 | 11421.70 | 8.89 | 20568.70 | 9.02 | 23205.20 | 9.50 | 16256.70 | 8.68 | 21125.00 | 9.04 |
| 2016 | 12363.40 | 8.24 | 22309.50 | 8.46 | 25520.40 | 9.98 | 17605.60 | 8.30 | 22866.10 | 8.24 |
| 2017 | 13432.40 | 8.65 | 24240.50 | 8.66 | 27825.00 | 9.03 | 19158.00 | 8.82 | 24955.80 | 9.14 |
| 均值 | 5090.58 | 12.15 | 10097.58 | 11.73 | 11468.38 | 10.73 | 7651.46 | 12.38 | 9614.87 | 12.63 |

续表

| 年份 | 福建（元） | 年增长率（%） | 江西（元） | 年增长率（%） | 河南（元） | 年增长率（%） | 广东（元） | 年增长率（%） | 重庆（元） | 年增长率（%） |
|------|-----------|--------------|-----------|--------------|-----------|--------------|-----------|--------------|-----------|--------------|
| 1994 | 1577.74 | 30.34 | 1218.19 | 40.05 | 909.81 | 30.75 | 2181.52 | 30.26 | 1018.24 | 36.11 |
| 1995 | 2048.59 | 29.84 | 1537.36 | 26.20 | 1231.97 | 35.41 | 2699.24 | 23.73 | 1270.41 | 24.77 |
| 1996 | 2492.49 | 21.67 | 1869.63 | 21.61 | 1579.19 | 28.18 | 3183.46 | 17.94 | 1479.05 | 16.42 |
| 1997 | 2048.59 | -17.81 | 1537.36 | -17.77 | 1231.97 | -21.99 | 2699.24 | -15.21 | 1692.36 | 14.42 |
| 1998 | 2946.37 | 43.82 | 2048.00 | 33.22 | 1864.05 | 51.31 | 3527.14 | 30.67 | 1720.46 | 1.66 |
| 1999 | 3091.39 | 4.92 | 2129.45 | 3.98 | 1948.36 | 4.52 | 3628.95 | 2.89 | 1736.63 | 0.94 |
| 2000 | 3230.49 | 4.50 | 2135.30 | 0.27 | 1985.82 | 1.92 | 3654.48 | 0.70 | 1892.44 | 8.97 |
| 2001 | 3380.72 | 4.65 | 2231.60 | 4.51 | 2097.86 | 5.64 | 3769.79 | 3.16 | 1971.18 | 4.16 |
| 2002 | 3538.83 | 4.68 | 2306.45 | 3.35 | 2215.74 | 5.62 | 3911.90 | 3.77 | 2097.58 | 6.41 |
| 2003 | 3733.89 | 5.51 | 2457.53 | 6.55 | 2235.68 | 0.90 | 4054.58 | 3.65 | 2214.55 | 5.58 |
| 2004 | 4089.38 | 9.52 | 2786.78 | 13.40 | 2553.15 | 14.20 | 4365.87 | 7.68 | 2510.41 | 13.36 |
| 2005 | 4450.36 | 8.83 | 3128.89 | 12.28 | 2870.58 | 12.43 | 4690.49 | 7.44 | 2809.32 | 11.91 |
| 2006 | 4834.75 | 8.64 | 3459.53 | 10.57 | 3261.03 | 13.60 | 5079.78 | 8.30 | 2873.83 | 2.30 |
| 2007 | 5467.08 | 13.08 | 4044.70 | 16.91 | 3851.60 | 18.11 | 5624.04 | 10.71 | 3509.29 | 22.11 |
| 2008 | 6196.07 | 13.33 | 4697.19 | 16.13 | 4454.24 | 15.65 | 6399.79 | 13.79 | 4126.21 | 17.58 |
| 2009 | 6680.18 | 7.81 | 5075.01 | 8.04 | 4806.95 | 7.92 | 6906.93 | 7.92 | 4478.35 | 8.53 |
| 2010 | 7426.86 | 11.18 | 5788.56 | 14.06 | 5523.73 | 14.91 | 7890.25 | 14.24 | 5276.66 | 17.83 |
| 2011 | 8778.55 | 18.20 | 6891.63 | 19.06 | 6604.03 | 19.56 | 9371.73 | 18.78 | 6480.41 | 22.81 |
| 2012 | 9967.17 | 13.54 | 7829.43 | 13.61 | 7524.94 | 13.94 | 10542.84 | 12.50 | 7383.27 | 13.93 |
| 2013 | 11404.80 | 14.42 | 9088.80 | 16.09 | 8969.10 | 19.19 | 11067.80 | 4.98 | 8492.50 | 15.02 |
| 2014 | 12650.20 | 10.92 | 10116.60 | 11.31 | 9966.10 | 11.12 | 12245.60 | 10.64 | 9489.80 | 11.74 |
| 2015 | 13792.70 | 9.03 | 11139.10 | 10.11 | 10852.90 | 8.90 | 13360.40 | 9.10 | 10504.70 | 10.69 |
| 2016 | 14999.20 | 8.75 | 12137.70 | 8.96 | 11696.70 | 7.77 | 14512.20 | 8.62 | 11548.80 | 9.94 |
| 2017 | 16334.80 | 8.90 | 13241.80 | 9.10 | 12719.20 | 8.74 | 15779.70 | 8.73 | 12637.90 | 9.43 |
| 均值 | 6465.05 | 12.53 | 4954.02 | 12.19 | 4706.45 | 13.26 | 6714.49 | 11.00 | 4550.60 | 12.30 |

续表

| 年份 | 四川<br>（元） | 年增长率<br>（%） | 甘肃<br>（元） | 年增长率<br>（%） | GDP 年增长率<br>（%） |
|---|---|---|---|---|---|
| 1994 | 946.33 | 35.52 | 723.73 | 31.39 | 13.10 |
| 1995 | 1158.29 | 22.40 | 880.34 | 21.64 | 10.90 |
| 1996 | 1453.42 | 25.48 | 1100.59 | 25.02 | 9.90 |
| 1997 | 1158.29 | -20.31 | 880.34 | -20.01 | 9.30 |
| 1998 | 1789.17 | 54.47 | 1393.05 | 58.24 | 7.80 |
| 1999 | 1843.47 | 3.03 | 1357.28 | -2.57 | 7.60 |
| 2000 | 1903.60 | 3.26 | 1428.68 | 5.26 | 8.40 |
| 2001 | 1986.99 | 4.38 | 1508.61 | 5.59 | 8.30 |
| 2002 | 2107.64 | 6.07 | 1590.30 | 5.42 | 9.10 |
| 2003 | 2229.86 | 5.80 | 1673.05 | 5.20 | 10.00 |
| 2004 | 2518.93 | 12.96 | 1852.22 | 10.71 | 10.10 |
| 2005 | 2802.78 | 11.27 | 1979.88 | 6.89 | 11.30 |
| 2006 | 3002.38 | 7.12 | 2134.05 | 7.79 | 12.70 |
| 2007 | 3546.69 | 18.13 | 2328.92 | 9.13 | 14.20 |
| 2008 | 4121.21 | 16.20 | 2723.79 | 16.96 | 9.60 |
| 2009 | 4462.05 | 8.27 | 2980.10 | 9.41 | 9.20 |
| 2010 | 5086.89 | 14.00 | 3424.65 | 14.92 | 10.40 |
| 2011 | 6128.55 | 20.48 | 3909.37 | 14.15 | 9.30 |
| 2012 | 7001.43 | 14.24 | 4506.66 | 15.28 | 7.70 |
| 2013 | 8380.70 | 19.70 | 5588.80 | 24.01 | 7.80 |
| 2014 | 9347.70 | 11.54 | 6276.60 | 12.31 | 7.30 |
| 2015 | 10247.40 | 9.62 | 6936.20 | 10.51 | 6.90 |
| 2016 | 11203.10 | 9.33 | 7456.90 | 7.51 | 6.70 |
| 2017 | 12226.90 | 9.14 | 8076.10 | 8.30 | 6.90 |
| 均值 | 4443.91 | 12.80 | 3029.59 | 12.18 | 9.70 |

资料来源：历年《中国统计年鉴》，部分数据由计算得出。

1994～2017 年，全国农村居民人均纯收入平均值为 5090.58 元。在上述 11 个省份中，只有 6 个省份的农村居民人均纯收入平均值在全国水平之上，从高到低排列依次是上海（11468.38 元）、北京（10097.58 元）、浙江（9614.87 元）、江苏（7651.46）元、广东（6714.49 元）、福建（6465.05 元），而江西、河南、重庆、四川与甘肃的平均水平在全国水平之下，分别为 4954.02 元、4706.45 元、4550.60 元、4443.91 元、3029.59 元。在这 11 个省份中，只有北京和上海的农村居民人均纯收入平均值在 10000 元以上，而江西、河南、重庆、四川与甘肃的平均水平还不到 5000 元，不足北京和上海的 1/2。农村居民人均纯收入最先突破 10000 元的是上海，2007 年人均纯收入就已经达到 10144.62 元，紧随其后的是北京（2008 年）、浙江（2009 年）、江苏（2011 年）、广东（2012 年）、福建（2013 年）、江西（2014 年）、河南和重庆以及四川（2015 年），甘肃直到 2017 年农村居民人均纯收入还未超过 10000 元。最先突破 20000 元的也是上海，北京和浙江农村居民人均纯收入一年后也突破 20000 元，剩余的 8 个省份农村居民人均纯收入直到 2017 年还未达到 20000 元。虽然各省份农村居民人均纯收入持续增长，且增长幅度不断扩大，但各省份之间增长幅度还是有很大差距。1994～2004 年，北京、上海和浙江农村居民人均纯收入平均增长幅度已经超过 350 元，江苏、福建和广东平均增长幅度在 200～300 元之间，而经济发展较为落后的地区，如江西、河南、重庆、四川和甘肃，平均增长幅度在 200 元以下。2004～2017 年，各省份农村居民人均纯收入平均增长幅度有了很大提升，北京、上海、江苏和浙江的人均纯收入平均增长幅度均超过了 1000 元，上海平均增长幅度最大，为 1596.82 元，浙江超过北京，位列第二，达到 1462.44 元，福建、江西、河南、广东、重庆、四川，其平均增长幅度都超过了 500 元，只有甘肃平均增长幅度在 500 元以下，不及上海的 1/3。

第二，从相对额来看，各省份农村居民人均纯收入年增长率呈现"前期大幅度波动，中期低水平平稳，后期小幅度波动"的态势。1994～2017 年，全国农村居民人均纯收入平均年增长率为 12.15%。在上述 11 个省份中，有 8 个省份超过了全国平均水平，从高到低排列依次是河南（13.26%）、四川（12.80%）、浙江（12.63%）、福建（12.53%）、江苏（12.38%）、重庆（12.30%）、江西（12.19%）和甘肃（12.18%），只有北京、上海和广东的农村居民人均纯收入平均年增长率在全国水平之下。

可以根据人均纯收入与平均年增长率将上述 11 个省份分成三种类型：第

一类，高人均纯收入与高平均年增长率，以浙江为代表；第二类，高人均纯收入与低平均年增长率，如北京和上海；第三类，低人均纯收入与高平均年增长率，这在经济落后地区体现得最为明显，如河南、四川、甘肃，其农村居民人均纯收入平均值在全国水平之下，但是平均年增长率却高于全国平均水平。

1994～1999 年，各省份农村居民人均纯收入年增长率经历了"骤降—骤升—再骤降"的大幅度波动过程。1994～1997 年为第一次骤降过程，全国农村居民人均纯收入年增长率下降了 50.57%，各省份年增长率下降幅度由高到低依次是江苏（63.47%）、江西（57.82%）、四川（55.83%）、河南（52.74%）、甘肃（51.70%）、福建（48.15%）、广东（45.47%）、浙江（41.76%）、上海（38.41%）、北京（37.02%）、重庆（21.69%），远高于 GDP 年增长率的下降幅度。1997～1998 年为骤升过程（重庆除外），全国年增长率上升幅度为 55.12%，在上述 11 个省份中，上升幅度最大的是甘肃，为 78.25%，上升幅度最小的是北京，为 32.10%，1998～1999 年为第二次骤降过程，全国年增长率下降幅度为 34.79%，各省份中下降幅度最大的是甘肃，降幅为 60.81%，下降幅度最小的是重庆，降幅仅为 0.72%，

1999～2003 年，虽然各省份农村居民人均纯收入年增长率趋于平稳，但水平较低，全国平均年增长率仅为 3.95%，在 11 个省份中，平均年增长率最大的是北京，为 7.24%，不到 8%，最小的是广东，为 2.83%，不及 3%，只有北京、浙江、重庆、福建、江苏、四川和上海平均年增长率在全国水平之上，而甘肃、江西、河南和广东平均年增长率在全国水平之下，11 个省份的平均年增长率均低于相同时间段下 GDP 的平均年增长率。

2004～2017 年，各省份农村居民人均纯收入年增长率小幅度波动，且各省份之间相差不大，各省份农村人均纯收入年增长率围绕平均值上下小幅度波动，平均年增长率由高到低依次是重庆（13.37%）、河南（13.29%）、四川（13.00%）、江西（12.83%）、甘肃（11.99%）、浙江（11.61%）、江苏（11.41%）、福建（11.15%）、北京（11.08%）、上海（10.79%）、广东（10.25%），最大差距也仅有 3.12%，因此，各省份农村居民人均纯收入平均年增长率之间的差距也存在着阶段性特征。

# 第 4 章

# 我国居民收入差距的现状及面临的困境

根据第 2 章理论分析中的收入差距界定，在学术前辈研究的基础上测算收入分配指标数据，从而更好地实证检验财税政策的收入分配效应。根据本书的研究思路，分别从全国居民、城镇居民以及农村居民视角，测算我国居民收入差距的现状，并根据现状分析我国居民收入差距面临的困境。

## 4.1  居民收入差距的衡量及测算模型

### 4.1.1  居民收入差距的衡量

收入差距是指人们在一定时期内所获得收入量的差别，通常用来衡量居民整体收入水平的高低差异。收入差距的存在并非总是不好的，合理的收入差距对国民经济发展有一定的正向影响，即允许一部分人先拥有比其他人更多的财富，这有利于调动人们的工作积极性，对经济社会的持续发展有重要作用。但过大的收入差距会打击低收入者的劳动积极性，可能会威胁社会的和谐稳定。

本书所述的居民收入差距是指人均可支配收入的差异程度。收入差距有绝对收入差距和相对收入差距之分，绝对收入差距是指以货币单位计量的最高收入与最低收入的绝对差额，相对收入差距是指最高收入者和最低收入者的收入各自占社会总收入的比重。绝对收入差距可以测度不同阶层或不同地域之间居民的富裕程度，相对收入差距反映了社会收入分配的公平程度。

在市场经济条件下，居民收入受多种因素影响，比如劳动者素质、家庭富裕水平、受教育程度、机遇、环境等，不同行业、不同地区的收入水平也是各不相同的，因此收入差距的出现不可避免。在经济学上收入差距有不同的表现形式，如地域间收入差距，包括城乡居民收入差距，东、中、西部居民收入差距等；此外，还有不同收入阶层之间的收入差距、行业收入差距等。城乡收入差距表现了城镇居民和农村居民在可支配收入水平上的差异程度，不同收入阶层之间的收入差距表现了按收入水平划分的不同收入群体之间可支配收入的高低水平。

收入差距有多种衡量指标，总的来说，分为绝对收入差距测度指标和相对收入差距测度指标。在我国的统计资料中，反映居民绝对收入情况的指标有居民家庭可支配收入、居民家庭纯收入、居民家庭总收入等。考虑到各年度价格水平等额外因素的影响，学界对于收入差距的衡量更多的还是选用相对收入差距指标，如基于洛伦兹曲线的基尼系数、泰尔指数以及城乡收入比等。本书选用基尼系数作为衡量指标。

### 4.1.2　居民收入差距的测算模型

采用基尼系数衡量收入差距，而洛伦兹曲线决定基尼系数的大小，基尼系数需通过洛伦兹曲线计算而来，因而从洛伦兹曲线着手，构建基尼系数模型，通过基尼系数来反映收入差距大小。

假设全社会人均收入是 $\overline{Y}$ ；收入分配的密度函数是 $f(Y)$ ；累计人口比率是 $P$ ，且 $0 < P < 1$ ，每个 $P$ 与 $Y$ 呈唯一对应关系，$F(Y)$ 是关于 $Y$ 的人口分布函数，$P$ 与 $F(Y)$ 关系为：

$$P = F(Y) \qquad (4-1)$$

洛伦兹曲线为 $L(P)$ ，且满足 $L(0) = 0$ 和 $L(1) = 1$ ，则洛伦兹曲线函数表达式为：

$$L(P) = \int_0^{F^{-1}(P)} \frac{Yf(Y)}{\overline{Y}} \mathrm{d}Y \qquad (4-2)$$

根据洛伦兹曲线与基尼系数的函数关系，可以得到衡量收入差距的基尼系数函数：

$$G = 1 - 2\int_0^1 \int_0^{F^{-1}(P)} \frac{Yf(Y)}{\overline{Y}} \mathrm{d}Y \mathrm{d}P \qquad (4-3)$$

式（4-3）中，G越小，说明收入差距越小，收入分配的公平度越高；反之，G越大，说明收入差距越大，收入分配的公平度越低。基尼系数最大为1，最小等于0，基尼系数越接近0，表明收入分配差距就越小。

## 4.2 整体视角：居民收入差距的现状

全国居民收入差距呈现"两上两下"的双峰形状。在图4-1中，从1990~2017年全国居民收入差距总体趋势来看，全国居民收入呈现出"两上两下"的趋势：1990~1996年收入差距不断上升；1997~1999年收入差距缩小；2000~2008年，收入差距再次攀升；2009~2017年，收入差距有所减小。总体呈现出"两上两下"的双峰形状。

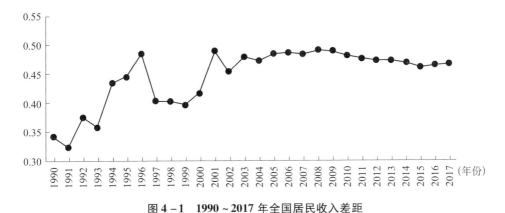

**图4-1 1990~2017年全国居民收入差距**

资料来源：《中国居民收入分配年度报告》。

对全国居民收入差距进行具体分析。1990~2017年，收入差距的最小值出现在1991年，为0.324，最大值出现在2008年，为0.491。在20世纪90年代初期，收入差距相对合理。至90年代中期，虽然改革开放10多年，但是依然受到计划经济的影响，社会主义市场经济体系没有建立，居民收入普遍较低，收入差距较小。随着改革开放的进一步深入，社会主义市场经济体系开始建立，随后居民收入开始增加，收入差距开始扩大。到1996年达到0.485的高点，为"双峰"中的第一峰。

随后，由于1997年亚洲金融风暴，对于高收入阶层影响较大，再加上税收制度特别是个人所得税制度的不断完善，从而使得居民收入差距有所缩小，进入下降阶段，1999 年收入差距下降到 0.397，达到近 20 年来收入差距的最低点。

紧接着，从 2000 年开始，收入差距再次拉大。除在 2002 年收入差距下降为 0.454 外，直到 2008 年，各年收入差距均在 0.47 以上，我国居民收入差距处于高位。进入 21 世纪，一直到 2008 年，中国经济进入高速发展的时期，2000~2008 年，中国 GDP 年均增长率达到 10.46%，2007 年，经济增速一度达到 14.23% 的历史性高点。伴随着经济的高速增长，高收入人群收入增长快，而低收入人群收入增长缓慢，使得居民收入差距再次扩大，2008 年收入差距达到 0.491。

2008 年，全球性金融危机爆发，全球经济受到打击，中国经济增速放缓，同时，高收入人群收入受到很大影响。随后，2009~2015 年，居民收入差距实现"七连降"，表明推进收入分配改革的一系列措施发挥作用，经济增速放缓并未造成居民收入减少，收入分配格局持续得到改善。2009~2015 年，政府推出多项改革措施，比如个人所得税免征额从 2000 元提高到 3500 元，出台央企负责人限薪和养老金并轨等政策，多渠道增加居民财产性收入，规范隐性收入，多数地区上调最低工资标准等，均为缩小收入差距起到了重要作用。

在"十三五"规划期间，2016 年、2017 年，收入差距分别为 0.465、0.467，与高、低收入组收入比相互对应。2016 年、2017 年，高、低收入组收入比分别为 10.72、10.90，收入差距相较于 2015 年有所回升但仍然比 2014 年下降 0.002，收入差距总体在不断缩小。

# 4.3  城镇居民视角：居民收入差距的现状

## 4.3.1  全国城镇居民收入差距的现状

城镇居民收入差距呈现总体上升趋势。图 4-2 给出了城镇居民收入差距走势，我国城镇居民收入差距呈现出在波动中不断上升的趋势。城镇居民收入差距在 1991 年出现最小值，为 0.1648，收入差距的最大值出现在 2009 年，为 0.3213。总体来看，收入差距相对合理。

对各年的情况进行分析。1990~1994 年，城镇居民收入差距不断上升，

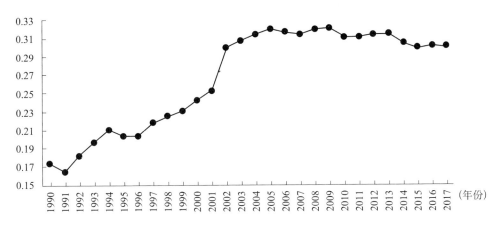

**图 4 – 2　1990～2017 年城镇居民收入差距**

资料来源:《中国统计年鉴（2018）》。

在 1994 年收入差距超过 0.2。随着社会主义市场经济体系建立，促进经济增长的同时，城镇居民人均可支配收入同样也在不断增加，使得城镇居民高、低组人均可支配收入差距有所扩大，但是收入差距较为平均。1995～2002 年，城镇居民收入差距依旧不断上升，1995 年城镇居民收入差距为 0.2035，然而到 2002 年收入差距再次"突破"，超过 0.3，进入 0.3～0.4 的区间，收入差距为 0.3001。在此时间段内，城镇居民收入差距进一步扩大，随着改革开放的不断深入，社会主义市场经济体制的不断完善，再加上经济的快速增长，城镇居民收入差距不断扩大。1995 年，城镇居民人均可支配收入分为七等份，最低收入组为 2169.8 元，最高收入组为 8221.9 元，最高、最低收入组收入比为 3.79：1，人均可支配收入差距绝对额为 6052.1 元。2002 年，同样对城镇居民人均可支配收入分为七等份，最低收入组为 2408.6 元，最高收入组为 18995.9 元，最高、最低收入组收入比为 7.89：1，人均可支配收入差距绝对额为 16587.3 元，扩大 1.74 倍，最高、最低收入组收入比扩大 4.1。

2003～2017 年，除 2015 年城镇居民收入差距是 0.2997，小于 0.3 以外，其余均在 0.3～0.4 之间波动，在 2009 年收入差距达到最大值，为 0.3213。在此期间，中国经济高速发展，在 2007 年经济增速一度达到 14.23% 的高点，2009 年经济增速依然较高，为 9.4%，导致城镇居民人均可支配收入不断增加的同时，收入差距也在不断增大。2013～2017 年，城镇居民收入差距有所下降。2009 年，城镇居民人均可支配收入分为七等份，最低收入组为 5253.2 元，最高收入组为 46826.1 元，最高、最低收入组收入比为 8.91：1，人均可支配收入差距绝对额为 41572.9 元。2017 年，城镇居民人均可支配收入分为五等份，低收入组为 13723.1 元，高收入组为 77097.2 元，高、低收入组收入比为 5.62∶1，人均可支配收入差距绝对额为 63374.1 元。收入差距虽然有所下降，但是城镇居民人均可支配收入差距绝对额依然在不断扩大。

### 4.3.2 省际城镇居民收入差距的现状

第一，东部地区省份收入差距情况。东部各省份收入差距不断扩大，但低于 0.4 国际警戒线。图 4-3 中将 1994~2017 年东部地区各省份城镇居民收入差距进行描绘。从整体情况来看，河北省城镇居民收入差距波动最小，辽宁省城镇居民收入差距波动最大。城镇居民收入差距最小值出现在辽宁省，1997 年，辽宁省收入差距为 0.1606；城镇居民收入差距最大值出现在广东省，2002 年，广东省收入差距为 0.3626。

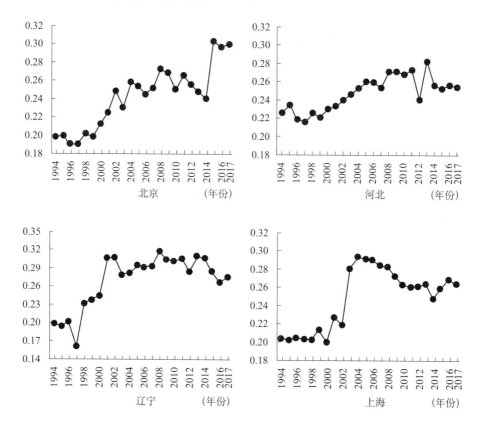

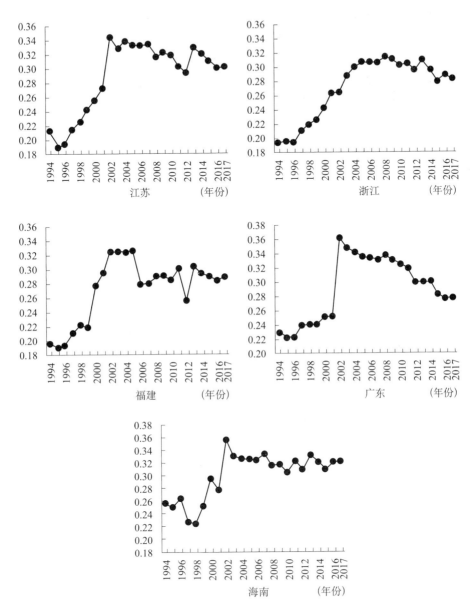

图 4 - 3　1994~2017 年东部地区各省份城镇居民收入差距

资料来源：各省份统计年鉴。

　　具体来看东部地区各省份的情况。北京市在 1994 年城镇居民收入差距仅为 0.1981，随后收入差距开始升高，1998 年收入差距超过 0.2，收入差距比较平均，在 2015 年收入差距增长迅速，达到 0.3035，2017 年收入差距有所回落。河北省城镇居民收入差距波动幅度不大，1997年收入差距达到最小值，为0.2165，2013年收入差距达到最大值为0.2821，收入差距波动不大，整体在0.2~0.3之间波动，城镇居民收入差距较小。辽宁省为城镇居民收入差距波动幅度最大的省份，其收入差距在1997年达到最小值，为0.1606，随后一路升高，在2008年达到最大值，为0.3189，收入差距最大值与最小值相差0.1582，城镇居民收入差距波动较大。总体来看，上海市、江苏省、浙江省、福建省城镇居民收入差距不断扩大。广东省1994年城镇居民收入差距为0.23，2002年收入差距扩大到0.3626，城镇居民收入差距扩大，是东部地区各省份中收入差距的最大值，随后广东省收入差距在波动中下降，2017年收入差距缩小至0.2776，城镇居民收入差距有所缩小。

第二，中部地区收入差距情况。中部地区各省份收入差距不断增大，但收入差距所在区间依然合理。图4-4中将1994~2017年中部地区各省份城镇居民收入差距进行描绘。总体来看，中部地区中河南省城镇居民收入差距波动最小，山西省城镇居民收入差距波动最大。城镇居民收入差距最大值与最小值均出现在山西省，最小值出现在1994年，其收入差距为0.1705，最大值出现在2002年，其收入差距为0.3318。

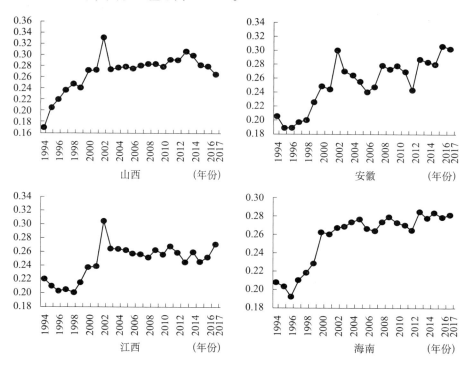

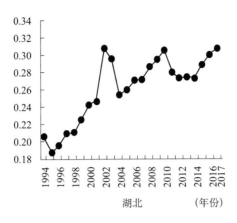

**图 4 - 4　1994～2017 年中部地区各省份城镇居民收入差距**

资料来源：各省份统计年鉴。

　　具体来看中部地区各省份的情况。山西省城镇居民收入差距波动最大，1994 年山西省收入差距为 0.1705，随后收入差距不断升高，2002 年收入差距达到最大值，为 0.3318，随后收入差距在波动中不断下降，2017 年收入差距为 0.265。安徽省收入差距波动并不大，1995～2002 年，城镇居民收入差距不断增大，2002 年超过 0.3，收入差距为 0.3007，随后安徽省收入差距先下降又回升，2006 年收入差距达到最小值为 0.2407，2017 年收入差距为 0.3028，再次超过 0.3，收入差距扩大。河南省的城镇居民收入差距波动较小，1996 年河南省收入差距最小值为 0.1921，2015 年其收入差距达到最大值为 0.2835，最大值与最小值相差 0.0924，河南省城镇居民收入差距波动最小。湖北省的收入差距趋势与全国居民收入差距相似，呈现先下降后上升、再下降又上升的“双峰”状，2017 年湖北省的收入差距为 0.3076，超过 0.3，湖北省城镇居民收入差距不断扩大。

　　第三，西部地区省份收入差距情况。西部地区省份收入差距，在波动中上升。图 4 - 5 中将 1994～2017 年西部地区各省份城镇居民收入差距进行描绘。总体来看，西部地区中新疆城镇居民收入差距波动最小，甘肃省城镇居民收入差距波动最大。城镇居民收入差距最小值出现在甘肃省，1996 年甘肃省收入差距为 0.1352；城镇居民收入差距最大值出现在宁夏，2014 年宁夏收入差距为 0.3590。

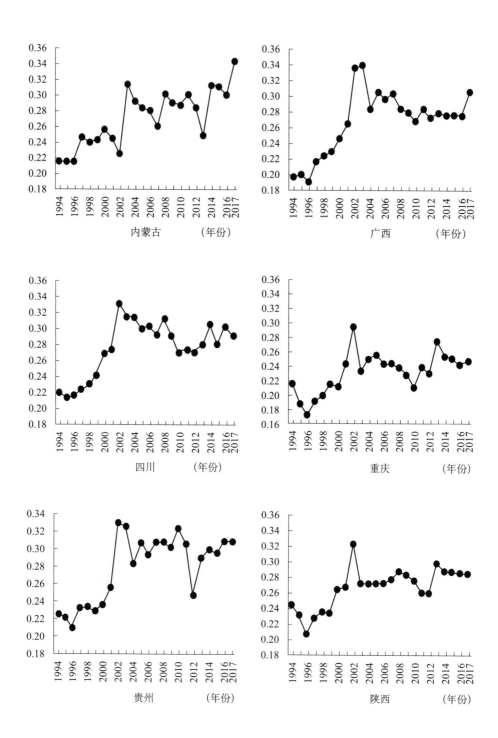

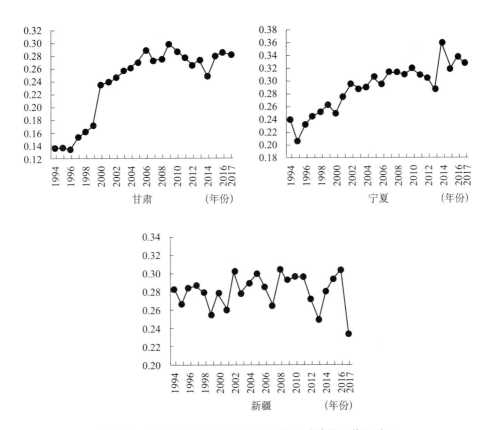

**图 4 - 5　1994 ~ 2017 年西部地区各省份城镇居民收入差距**

资料来源：各省份统计年鉴。

具体来看西部各个省份的情况。内蒙古城镇居民收入差距波动较大。1994 年内蒙古收入差距为 0.2152，2000 年收入差距上升到 0.2565，随后下降至 2002 年，之后再次上升，2003 年收入差距为 0.3142，2004 ~ 2007 年再次下降，2008 年收入差距实现回升，为 0.3010，2013 年收入差距下降到 0.2496，2017 年城镇居民收入差距为 0.343。1994 年广西城镇居民收入差距为 0.1972，随后一路上升，居民收入差距不断扩大，2003 年收入差距达到 0.3392 的高点，之后在波动中下降，至 2017 年广西收入差距为 0.3061，城镇居民收入差距较小。1994 年四川省收入差距仅为 0.2188，城镇居民收入差距较小，随后开始扩大，到 2004 年收入差距达到 0.3134，2005 ~ 2017 年，收入差距在波动中有所下降，至 2017 年四川省城镇居民收入差距为 0.2912。1994 ~ 2017 年，重庆市城镇居民收入差距在 0.2 ~ 0.3 之间波动，城镇居民收入差距较小。陕西省也仅在 2002 年收入差距突破 0.3，达到 0.3238，其余年份均在 0.3 以下，陕西省城镇居民收入差距较小。甘肃省的收入差距变动较大，增长较为迅速，1994 年收入差距仅为 0.1365，2017 年收入差距扩大到 0.2821，虽然没有超过收入差距 0.3 的分界线，但是收入差距扩大速度较快，城镇居民收入差距不断扩大。新疆城镇居民收入差距波动范围较小，城镇居民收入差距波动范围控制得较好，2017 年新疆收入差距为 0.2334，城镇居民收入差距有所缩小。

## 4.4　农村居民视角：居民收入差距的现状

### 4.4.1　全国农村居民收入差距的现状

农村居民收入差距在波动中上升。图 4-6 描绘了农村居民收入差距。我国农村居民收入差距呈现在波动中不断上升的趋势。农村居民收入差距在 1991 年出现最小值，为 0.3072，收入差距的最大值出现在 2011 年，为 0.3653。总体来看，农村居民收入差距没有超过 0.4 的国际警戒线，处于 0.3~0.4 相对合理区间中。1990~2017 年，农村居民收入差距变动范围与城镇居民收入差距相比较，其变动范围并不大，即农村居民收入差距波动并不大，收入差距在合理区间中运行。

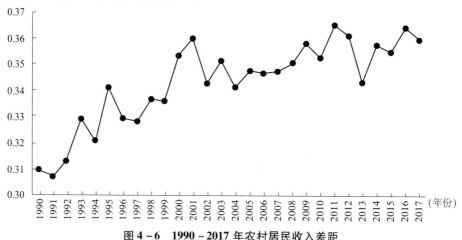

图 4-6　1990~2017 年农村居民收入差距

资料来源：《中国统计年鉴（2018）》。

对农村居民收入差距各年的情况进行分析。农村居民收入差距在 1990 ~ 2017 年，出现多个峰值。1991 年农村居民收入差距为最小值，然后到 1993 年收入差距不断上升，1993 年达到其中一个峰值，收入差距为 0.3292，农村居民收入差距有所扩大。1994 年收入差距出现下滑，1995 年收入差距再次出现峰值，为 0.3415，农村居民收入差距进一步扩大。一直持续到 1999 年，农村居民收入差距小于 1995 年收入差距水平，即 1995 ~ 1999 年，农村居民收入差距不断缩小。2000 年，农村居民收入差距再次扩大。

进入 21 世纪，在 2001 年，农村居民收入差距又一次出现峰值，2001 年收入差距为 0.3603。一直持续到 2010 年，农村居民收入差距一直小于 2001 年的收入差距水平，农村收入差距在 2001 ~ 2010 年呈现波动中缩小状态。2011 年农村居民收入差距达到最大值，为 0.3653。2012 ~ 2017 年中，只有 2013 年农村居民收入差距有所下降，其他年份收入差距都处于高位，超过往期的收入差距水平。2011 年，农村居民人均纯收入分为五等份，低收入组为 2000.51 元，高收入组为 16783.06 元，高、低收入组收入比为 8.39:1，人均可支配收入差距绝对额为 14782.55 元。2017 年，农村居民人均纯收入分为五等份，低收入组为 3301.9 元，高收入组为 31299.3 元，高、低收入组收入比为 9.48:1，人均可支配收入差距绝对额为 27997.4 元。虽然农村居民收入差距小于 2011 年水平，但是高、低收入组收入比在不断扩大，人均可支配收入差距的绝对额也在不断扩大，农村居民收入差距呈现出扩大趋势。

### 4.4.2 省际农村居民收入差距的现状

第一，东部地区省份收入差距情况。东部地区收入差距波动较小，最近几年出现回升态势。图 4 - 7 中将 1994 ~ 2017 年东部地区各省份农村居民收入差距进行描绘。从整体来看，江苏省城镇居民收入差距波动最小，福建省城镇居民收入差距波动最大。城镇居民收入差距最小值出现在上海市，2014 年上海市收入差距为 0.2153；城镇居民收入差距最大值出现在浙江省，2005 年浙江省收入差距为 0.3523。

具体来看东部地区各省份的情况。北京市农村居民收入差距呈现先上升再下降的情况，1994 年北京市收入差距为 0.2838，随后开始上升，2003 年收入差距一度达到 0.3273，农村居民收入差距不断扩大，之后收入差距不断缩

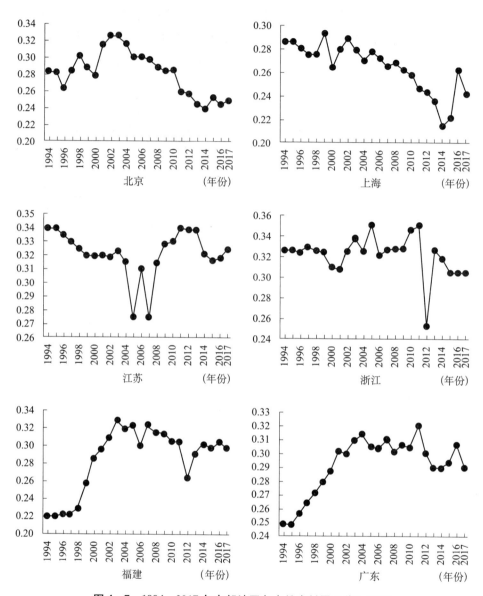

**图 4 - 7　1994 ~ 2017 年东部地区各省份农村居民收入差距**

资料来源：各省份统计年鉴。

小，至 2017 年收入差距缩小至 0.2499，北京市农村居民收入差距较小。上海市农村居民收入差距不断缩小，1994 年上海市农村居民收入差距为 0.2871，2014 年收入差距达到最小值为 0.2153，2015 ~ 2017 年，收入差距有所回升，2017 年收入差距为 0.2427。江苏省的农村居民收入差距呈现 W 型，2006 ~

2008 年变动比较频繁，2006 年收入差距为 0.3105，2007 年收入差距有所下降，为 0.2753，2008 年收入差距再次回升，为 0.3154，其后农村居民收入差距在 0.31～0.35 之间波动，农村居民收入差距较大。福建省农村居民收入差距波动较为明显，1994 年收入差距为 0.2206，2003 年收入差距扩大至 0.3297，2017 年收入差距为 0.2981，收入差距波动较大。广东省农村居民收入差距也呈现出增长的情况，收入差距不断扩大，2017 年广东省收入差距为 0.2907。

　　第二，中部地区省份收入差距情况。图 4 - 8 中将 1994～2017 年中部地区各省份农村居民收入差距进行描绘。江西省与河南省农村居民收入差距均呈现上升趋势。江西省在 1997 年收入差距达到最低点，为 0.2175，之后在波动中持续升高，2008 年江西省收入差距突破 0.3，2017 年江西省农村居民收入差距为 0.3341，农村居民收入差距不断扩大。河南省的收入差距也在不断扩大，1994 年收入差距为 0.2511，2003 年收入差距扩大至 0.3223，2017 年收入差距为 0.3123，农村居民收入差距依然较大。

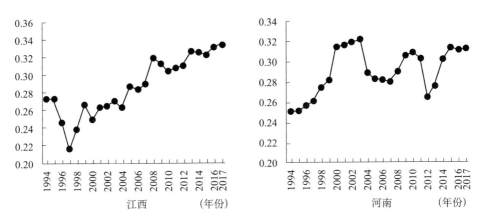

**图 4 - 8　1994～2017 年中部地区各省份农村居民收入差距**

资料来源：各省份统计年鉴。

　　第三，西部地区省份收入差距情况。西部地区省份收入差距总体平稳，波动范围不大。图 4 - 9 中将 1994～2017 年西部地区各省份农村居民收入差距进行描绘。从整体来看，重庆市农村居民收入差距波动最小，四川省农村居民收入差距波动最大。农村居民收入差距最小值出现在四川省，2008 年四川省收入差距为 0.2387；农村居民收入差距最大值出现在甘肃省，2001 年甘肃省收入差距为 0.3640。

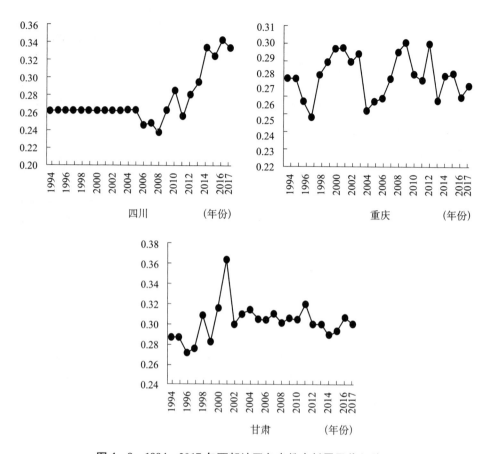

**图 4-9　1994~2017 年西部地区各省份农村居民收入差距**

资料来源：各省份统计年鉴。

具体来看西部地区各省份的情况。四川省 1994~2001 年的农村居民收入差距在 0.263 上下小幅度波动，随后收入差距不断升高，2017 年达到 0.3349，农村居民收入差距较大。重庆市农村居民收入差距波动较大，2009 年其收入差距达到最大值为 0.2999，未超过 0.3，2017 年收入差距下降到 0.2646，农村居民收入差距较小。甘肃省收入差距波动较大，1994 年收入差距为 0.2722，随后不断扩大，2001 年达到最大值为 0.3640，超过 0.3，农村居民收入差距较大，随后不断下降，2017 年收入差距为 0.3004，农村居民收入差距依然较大。

# 4.5　我国缩小居民收入差距面临的困境

## 4.5.1　我国居民收入差距有进一步扩大趋势

第一，全国居民人均收入差距过大，近两年有所回升。2009～2015 年，居民收入差距实现"七连降"，表明推进收入分配改革的一系列措施发挥作用，经济增速放缓并未造成居民收入减少，居民收入分配格局持续得到改善。然而，2016 年、2017 年，全国居民人均可支配收入的基尼系数分别为 0.465、0.467，相较于 2015 年基尼系数水平有所回升，基尼系数再次出现回升的迹象。并且全国居民人均可支配收入的基尼系数依旧大于 0.4，全国居民收入差距较大，需要进一步缩小居民收入差距。

第二，农村居民中低收入人群与高收入人群差距过大。城镇居民人均可支配收入高、低收入组收入比在 2016 年为 5.41∶1，2017 年为 5.62∶1，即城镇居民高收入组是低收入组的 5 倍多，然而农村情况更加严重。农村居民人均纯收入高、低收入组收入比在 2016 年为 9.46∶1，2017 年扩大至 9.48∶1，也就是说，农村居民高收入组是低收入组的 9 倍多，相比于城镇居民高收入组是低收入组的 5 倍多，两者有着巨大的差距。农村居民人均纯收入差距比城镇居民人均可支配收入差距更大，需要进一步提高农村居民纯收入，特别是中低收入的农村居民。

第三，西部地区农村居民纯收入与东部地区农村居民收入差距大。城镇居民东西部地区人均可支配收入之比在 2016 年为 1.386∶1，2017 年为 1.387∶1，东部地区的城镇居民人均可支配收入为西部地区的 1.3 倍。但是，农村居民东西部地区人均纯收入之比在 2016 年和 2017 年分别为 1.563∶1、1.553∶1，东部地区的农村居民人均纯收入为西部地区与农村居民的 1.5 倍左右，两者同样有着较大的差距，西部地区农村居民人均纯收入差距比城镇居民人均可支配收入差距更大。需要着力解决好西部地区农村居民人均纯收入差距问题。

第四，西部省份中，甘肃省城镇和农村居民人均可支配收入较少，基尼系数较大。在省级视角中，对收入分配差距问题进行了进一步的细化分析。一是从收入排名分析，2007～2017 年，除 2017 年外，其余年份城镇居民收入最低省份均为甘肃省；农村居民收入最低省份 10 年间均为甘肃省。二是从基尼系数分析。从甘肃省城镇居民与农村居民基尼系数来看，城镇居民基尼系数不断扩大，且波动幅度较大，农村居民基尼系数在 2001 年达到最大值为 0.3640，随后有所下降，但是依旧大于 0.3。所以从收入排名和基尼系数两方面来看，甘肃省的人均可支配收入较低，且居民收入差距较大，需要重点解决甘肃省收入分配差距过大的问题。

总体来讲，我国目前收入差距较大矛盾的突出点在农村居民收入问题，更进一步讲，是西部地区的农村居民收入问题，而西部地区诸省份中，最先需要解决的是甘肃省农村居民收入问题。解决收入差距问题，需要由点及面，优先解决西部农村地区收入问题，再扩大至整个西部地区，最后解决全国收入差距问题。

### 4.5.2 城乡二元经济结构导致城乡居民收入差距较大

改革开放 40 多年来，虽然我国经济迅速发展，但是城市和农村经济发展不协调的情况也愈加突出，传统农业向现代工业转换的过程中，城乡收入差距不断拉大。1990 年农村人均纯收入为 686.31 元，2017 年增长到 13432.40 元，增长了近 19 倍；而城镇居民人均可支配收入在这 28 年里由 1510.16 元增长到 2017 年的 36396.20 元，增长了近 23 倍。体现了随着我国经济的迅速发展，城镇居民的收入增长速度高于农村居民，居民收入差距有扩大的趋势。

城乡二元经济结构是城乡居民收入差距扩大的主要原因。对农村而言，农业发展是制约当地经济发展最重要的因素，小农经济在我国历史上存在了 2000 多年，无论农业生产方式如何改进，农业部门始终是我国最基础和最传统的部门，因此农业部门聚集了大量劳动力。另外，农业具有特殊性，受自然条件影响较大的同时受农业生产技术水平的制约，在种种限制下，农村地区的经济发展缓慢，农民普遍收入较低。对城镇而言，工业的发展使地区经济增长水平迅速升高，而工业部门的发展往往离不开农业部门的支持。新中国成立初期，我国为了加速经济发展，实行社会主义工业化，集中优势力量优先发展城市经济，在城市地区发展重工业。在这一时期，我国城乡二元经济结构初现端倪。伴随着我国工业化进程和改革开放的全面推行，城镇地区在其资源优势和先进的产业发展模式推动下，经济迅速增长，城镇居民收入水平大幅提高。而聚集着大量劳动者的农村地区，发展模式单一，经济增长缓慢，农民增收艰难，城乡间居民收入差距不断扩大。

我国城乡二元经济结构是由多种因素共同作用的结果。首先，农业的特殊性决定了农民增收的困难性，农产品具有需求刚性，其市场需求是一定的，因此，农民增产不一定增收，并且农业具有封闭性，缺乏向外扩散的机制，这也造成了农业发展的艰难性。其次，产业结构的差异也是造成城乡差异的一大原因，工业部门多位于城镇地区，工业又是国民经济的支柱产业，在工业优先的政策下，必然造成地区发展差异和城乡居民收入差异。除此之外，户籍制度和福利分配制度也会加速城乡二元结构的形成，导致了城乡居民实际可支配收入的差异，且由于户籍的限制，劳动力无法根据市场需求自由转移，使低收入者增收比较困难。

城乡二元经济结构是通过多种方式影响居民收入差距的。其一，工业的生产率远高于农业，城乡产业结构的差异形成了城乡劳动生产率的差异，直接导致了居民收入差距的扩大。其二，在二元经济结构下，由于教育资源的不均等，形成了城镇和农村之间的人力资本差距，劳动力的素质又直接影响其收入水平，因此，这种人力资本差距使得城乡间居民收入差距较大。

党的十九大明确指出，我国当前社会发展的一大特点是发展不平衡不充分，而城乡二元经济便是这一特点最典型的体现，这种经济结构扩大了城乡收入差距，严重制约了我国经济高质量发展的要求和共同富裕目标的实现。

### 4.5.3 效率与公平难以兼顾使得缩小居民收入差距难度增大

改革开放之后，我国逐步建立起了中国特色社会主义的市场经济体系，摒弃了以前的计划经济，随后进行了多次收入分配制度改革，强调效率优先，积极鼓励人民群众发家致富，使我国的经济得到了快速发展。然而，随着经济的不断发展，其中的隐患也在不断增加，收入分配不合理就是其中之一。基尼系数的不断升高，过大的收入差距会使人们负面情绪累积，增加社会不和谐因素，同时也会抑制人民从事生产劳动的积极性，阻碍经济的可持续发展。

新中国成立初期，我国注重平均主义的实现，经济发展较落后。1978 年，以党的十一届三中全会的召开为标志，我国开始转变发展目标，将工作重心转移到经济建设上，开始注重经济效率的提升，由此我国走上了改革开放的道路。多年来，我国经济发展取得重大成就，GDP 总量从 1978 年 0.3645 万亿元增长到 2018 年的 90.03 万亿元；人均 GDP 从 1978 年的 385 元增长到 2018 年的 6.46 万元①，已达到中等以上收入国家水平。注重经济效率的提升，我国建成了世界上最大的高速公路网、高铁运营网和移动宽带网，并在"一带一路"的倡议下，与多国签署合作协议，将中国的经济发展成果与世界共享。但在追求效率、促进经济发展的同时，我国居民收入差距也在不断扩大。

随着经济的发展，我国在注重经济效率提升的同时，对社会公平的关注也逐步提高。1993 年，中央在确立社会主义市场经济体制的文件中提出"效率优先，兼顾公平"的分配原则，党的十八大报告提出"初次分配和再分配都要兼顾效率和公平，再分配更加注重公平"，党的十九大报告中指出"坚持在经济增长的同时实现居民收入同步增长、在劳动生产率提高的同时实现劳动报酬同步提高"，从不同时期的文件可以看出，国家对社会公平的关注越来越多。由于改革开放初期，中国促进经济快速发展，忽视了对公平的关注，使居民收入分配差距不断扩大，而随后国家开始注重社会公平，让收入分配差距扩大的速度有所减缓。2009~2015 年，基尼系数逐步下降，但均高于 0.4，可见收入分配差距逐渐缩小，但 2016 年和 2017 年的基尼系数都有所提升，收入公平问题再次引起社会关注。

党的十九大报告指出"新时代是逐步实现全体人民共同富裕的时代"，可见国家对缩小收入差距、体现社会公平、实现共同富裕的决心。但如何兼顾效率与公平，在促进经济增长的同时缩小居民收入差距是我们当前所面临的困境之一。一方面，效率与公平相互依存、相互促进。按照效率原则调节居民收入分配会促进生产力的发展和创造更多的社会财富，可以为公平分配和实现共同富裕目标奠定物质基础。另一方面，效率与公平又是矛盾的。效率的实现主要以市场机制为基础，公平的实现则要靠政府的调节。只追求效率会导致居民收入差距扩大，从而威胁社会公平；只强调公平会导致平均主义，从而抑制效率的提升和社会的发展。在国家经济快速发展的今天，效率与公平难以兼顾，使得缩小居民收入差距的难度不断增大。

### 4.5.4　社会保障制度不完善影响缩小居民收入差距的力度

社会保障制度是指以政府为主体，通过居民收入再分配，对生活存在困

---

① 资料来源：《中国统计年鉴》。

难或缺乏劳动能力的居民给予物质帮助的救助体系。从理论上来说，社会保障制度应该有利于缩小居民收入差距，但是，现实中我国的社会保障制度在制度设计及运行效果方面存在问题，导致无法有效缩小居民收入差距。目前，我国的社会保障制度发展不平衡，这种不平衡在社会保障支出结构、城乡之间、区域之间、行业之间等方面都有所体现。

从社会保障支出结构看，我国社会保障支出中社会保险占了较大比重，而更能发挥调节居民收入差距作用的社会福利和社会救济所占比例较小，导致对低收入群体的救助效果不足，使低收入群体得不到应有的社会保障，从而影响缩小居民收入差距的力度。此外，社会救济中的居民最低生活保障对缩小居民收入差距的作用也不明显，"低保对象"的认定标准存在偏差，有限的社会救济资金没有分配到最需要救济的人群。因此，目前的社会保障支出结构会导致与低收入人群相比，高收入人群从中受益程度更大，从而扩大居民的收入差距。

从城乡之间的社会保障制度差异来看，城镇与农村的社会保障制度以及保障水平存在差异，社会保障制度城乡分治且碎片化严重。我国这种二元分割的社会保障制度由来已久，这种社会保障制度已经不能适应现在的经济发展，不利于缩小居民收入差距。目前，我国社会保障制度更加倾向于城镇居民，具有明显的城镇偏向。城镇和农村地区的居民虽然同样都拥有获得社会保险的机会，但是，城镇居民中高收入阶层所占比重更大，社会保障的权益意识也相对较强，参与社会保障政策制定的话语权更大，其实际获得的社会保障资源也就更多。而农村居民往往是被动接受社会保障，由于其自身能力和素质的限制，他们缺乏参与社会保障政策制定的机会，难以维护自己社会保障的权益，导致城乡居民的社会保障待遇不平衡。农村社会保障制度的发展滞后于城镇，使得城镇居民获得的转移性收入高于农村居民，从而导致城乡居民收入差距进一步扩大。

从地域之间的社会保障制度差异来看，由于不同地区的经济发展程度不同，导致不同地区的社会保障水平也存在差异，各个省、市地区都形成了各自独立的社会保障制度和保障体系，对于调节居民收入差距的影响也都不相同。与中、西部地区相比，我国东部地区属于经济发达地区，政府的财政资金充裕，能够保证居民的基本生活水平，并且在此基础上加大社会保障支出，所以东部经济发达地区的社会保障制度相对完善。而西部经济发展落后地区的政府财政资金有限，再加上政绩考核等因素的影响，政府将有限的资源优先用于经济发展和城市建设，导致难以提供完善的社会保障设施和项目。经济发展水平高的地区拥有完善的社会保障制度和充分的社会保障资源，而经济落后地区却相差甚远，使得在一国之内，由于区位差异形成了社会保障制度的差异。社会保障制度越完善，居民获得的社会保障福利越多，从而会提高居民的收入水平，因此，社会保障制度的区位差异会导致不同地区间原本就存在的收入差距进一步扩大。说明我国社会保障制度发展的不平衡，与我国经济发展的区位不平衡存在密切联系。

从行业之间的社会保障制度差异来看，有社会保险与无社会保险的劳动者在待遇上存在差异，在有社会保险的劳动者中，公职人员与企业职工以及自由职业者的社会保障待遇存在差异。公务员或事业单位的公职人员往往能通过所在单位获得较高水平的社会保障待遇，而工作不固定的自由职业者则需要付出更多成本才能获得同等的社会保障待遇，企业职工在不同的行业就业会获得不同的社会保障待遇，如电力、通信、烟草和能源等垄断行业与一般性行业在医疗保险、养老保险等职工福利方面的待遇就存在差异。与低收入阶层相比，目前我国基本养老和医疗保险给中高收入阶层带来的福利要更大，反而扩大了居民收入差距。以基本养老保险为例，目前采取的是社会统筹与个人账户相结合的模式，即在个人账户中缴纳的社保费越高，退休时的退休工资就越高，此外，企业替员工缴纳的社保费就越高，因此，个人社会保障待遇水平与社保缴费的联系紧密。高低收入阶层之间本身就存在一定的收入差距，高收入阶层的工资越高，其享受的社会保障待遇就越高，导致居民收入差距进一步扩大。

### 4.5.5 中低收入阶层劳动者保障机制不健全不利于缩小收入差距

我国关于劳动者的保障机制大体分为社会保险、社会福利、社会救济等四个部分。社会保险是以"共助"的方式实现对劳动者养老、医疗、工伤、失业等方面的保障；社会福利和社会救济是以"特助"的方式实现对劳动者最低生存权的保障。目前，我国中低收入阶层劳动者的保障机制还存在不足：第一，在整体上，存在保障机制单一的问题，保障中低收入阶层的保障机制主要为社会保险，而社会福利和社会救济相对较少；第二，在社会保险保障机制中，劳动者的生育、失业、工伤方面保障较低；第三，对中低收入阶层的住房保障力度弱。

在我国，社会保险是社会保障体系的重要组成部分，其在整个社会保障体系中居于核心地位。相较于社会福利和社会救济的无偿性，社会保险是一种缴费性的社会保障，资金主要是用人单位和劳动者本人缴纳，政府财政给予补贴并承担最终的责任。但是劳动者只有履行了法定的缴费义务，并在符合法定条件的情况下，才能享受相应的社会保险待遇。但是在中低收入阶层中，主要为农村居民和城镇中低收入居民，农村居民收入主要为农畜生产经营收入，工资性收入较少，而社会保险是以工资性收入为基础的缴费保障制度，因此，通过社会保险的再分配方式来缩小中低收入阶层劳动者的收入差距效果不明显。此外，社会福利和社会救济主要为丧失劳动力的居民提供保障，而缺乏社会保险保障的中低收入阶层由于拥有劳动力也无法享受社会救济等保障。

在社会保险保障机制中，主要项目包括养老保险、医疗保险、失业保险、工伤保险、生育保险。目前，养老保险和医疗保险实现了城镇和农村全覆盖，中低收入阶层均能享受，城镇居民适用城镇基本养老保险和基本医疗保险，农村居民适用城乡居民社会养老保险和新型农村合作医疗保险。但是在失业保险、工伤保险和生育保险方面，由于获取收入方式的限制，部分中低收入阶层的劳动者不能享受。例如，非劳动合同工作者在获取劳动报酬收入时，公司无法为工作者购买社会保险，而此类劳动者大多为进城务工人员，收入微薄，在面临失业、工伤等状况时，抵抗风险的能力极弱，部分务工人员因失业、工伤致穷。此外，关于女性工作者的生育支出，对中低收入阶层的劳动者家庭而言也是一笔较大的支出，而以劳动报酬为主要收入的中低收入阶层却无法享受生育保险的保障。因此，当前社会保险覆盖面过窄，强制性地将工资收入的一部分作为社会保险金，在筹集方面达到了一定效果，但是在保障上，其覆盖面也仅限于缴纳社保费的群体，对于无法缴纳社保费的中低收入者未能保障，社会保险基金的再分配能力有限，难以缩小居民收入差距。

目前，我国的住房公积金制度仅适用于国家机关、国有企业、城镇集体企业、外商投资企业、城镇私营企业以及其他城镇企业、事业单位的职工，而对于以获取劳动报酬收入为主的中低收入阶层不适用。但是，住房支出对任意一个家庭而言均是一笔巨额支出，缺乏住房公积金的保障，中低收入阶层购买商品房尤为困难，通常是举全家之力购买一套房，不利于缩小收入差距。

### 4.5.6　地区间经济发展不平衡导致地区间居民收入差距大

虽然我国目前大力发展中、西部地区经济，但是我国西部地区与沿海发达地区相比还是较为落后，中、西部地区对投资的吸引力依然不如东部地区强劲，使得西部地区与东部地区的居民收入差距依然较大。改革开放 40 年来，东部地区经济的快速发展，居民收入的不断增加，与政策的倾斜有一定关系。目前，西部地区虽然有政策的扶持，但与东部地区相比依然缺乏竞争力，如我国一些优秀的人才和大型企业依然不太愿意往中、西部地区发展，东、西部地区收入差距依然较大。

根据三个经济地带划分标准，我国 31 个省、自治区、直辖市（不包括港澳台地区）可以划分为东部、中部、西部三大地区，其中，东部地区包括北京、天津、河北、辽宁、上海、江苏、浙江、福建、山东、广东、海南；中部地区包括山西、吉林、黑龙江、安徽、江西、河南、湖北、湖南；西部地区包括内蒙古、广西、重庆、四川、贵州、云南、西藏、陕西、甘肃、青海、宁夏、新疆。分别统计其地区生产总值及年增长情况如表 4－1 所示。

表 4－1    2000～2017 年东部、中部、西部地区生产总值绝对值及年增长率

| 年份 | 东部地区（亿元） | 年增长率（％） | 中部地区（亿元） | 年增长率（％） | 西部地区（亿元） | 年增长率（％） |
|---|---|---|---|---|---|---|
| 2000 | 55689.58 | — | 24865.17 | — | 16654.62 | — |
| 2001 | 61393.17 | 10.24 | 27124.65 | 9.09 | 18248.44 | 9.57 |
| 2002 | 68055.78 | 10.85 | 29290.51 | 7.98 | 20168.55 | 10.52 |
| 2003 | 79283.40 | 16.50 | 33301.08 | 13.69 | 22954.66 | 13.81 |
| 2004 | 99494.72 | 25.49 | 39488.97 | 18.58 | 28603.48 | 24.61 |
| 2005 | 117933.70 | 18.53 | 46362.07 | 17.41 | 33493.31 | 17.10 |
| 2006 | 137542.30 | 16.63 | 53446.17 | 15.28 | 39495.78 | 17.92 |
| 2007 | 163369.90 | 18.78 | 64390.61 | 20.48 | 47864.14 | 21.19 |
| 2008 | 191041.10 | 16.94 | 77922.09 | 21.01 | 58256.58 | 21.71 |
| 2009 | 211886.90 | 10.91 | 86443.31 | 10.94 | 66973.48 | 14.96 |
| 2010 | 250487.90 | 18.22 | 105145.60 | 21.64 | 81408.49 | 21.55 |
| 2011 | 293581.50 | 17.20 | 127624.70 | 21.38 | 100235.00 | 23.13 |
| 2012 | 320738.50 | 9.25 | 141908.60 | 11.19 | 113904.80 | 13.64 |
| 2013 | 349336.50 | 8.92 | 154670.00 | 8.99 | 126002.80 | 10.62 |
| 2014 | 378727.50 | 8.41 | 167522.20 | 8.31 | 138099.80 | 9.60 |
| 2015 | 401651.70 | 6.05 | 176097.30 | 5.12 | 145018.90 | 5.01 |
| 2016 | 432433.30 | 7.66 | 190808.50 | 8.35 | 156828.20 | 8.14 |
| 2017 | 471244.70 | 8.98 | 207333.80 | 8.66 | 168561.60 | 7.48 |
| 平均值 | 226882.90 | 13.50 | 97430.29 | 13.42 | 76820.69 | 14.74 |

资料来源：历年《中国统计年鉴》，部分数据由计算得出。

由表 4－1 可知，我国东部地区生产总值远超过中、西部地区。各地区生产总值多年来一直处于稳步增长的状态，尤其在 2003～2011 年，各地区生产总值年增长率均超过 10%，部分年份甚至超过 20%，经济增长速度较快。

2011 年以后，各地区生产总值年增长率开始下降，普遍低于 10%，根据国家
"十二五"规划，以科学发展观为主题、以加快转变经济发展方式为主线，放
缓对经济增长速度的追求，更加注重经济质量和效益的提升。从各地区生产
总值绝对值来看，东部地区较中、西部地区差异明显，而中部地区与西部地
区则相差不大。但从经济增长速度来看，2000～2017 年，西部地区生产总值平
均年增长率高于东、中部地区，这与我国实施"西部大开发"战略有关，大力
促进西部地区经济发展，使其地区生产总值年增长率相对较高。总体来看，东
部地区经济较发达，居民收入水平较高，而中、西部地区经济发展较落后，居
民收入水平较低，地区间经济发展不平衡导致地区间居民收入差距扩大。

　　具体考察东、西部地区经济发展水平，将东、西部地区中具有代表性的
省份生产总值进行对比，如表 4 - 2 所示。

表 4 - 2　2000～2017 年东部、西部地区部分省份生产总值绝对值及年增长率

| 年份 | 东部地区部分省份 | | | | | | | |
|---|---|---|---|---|---|---|---|---|
| | 山东（亿元） | 年增长率（%） | 江苏（亿元） | 年增长率（%） | 浙江（亿元） | 年增长率（%） | 广东（亿元） | 年增长率（%） |
| 2000 | 8542.44 | — | 8582.73 | — | 6036.34 | — | 9662.23 | — |
| 2001 | 9438.31 | 10.49 | 9511.91 | 10.83 | 6748.15 | 11.79 | 10647.71 | 10.20 |
| 2002 | 10552.06 | 11.80 | 10631.75 | 11.77 | 7796.00 | 15.53 | 11735.64 | 10.22 |
| 2003 | 12435.93 | 17.85 | 12460.83 | 17.20 | 9395.00 | 20.51 | 13625.87 | 16.11 |
| 2004 | 15021.84 | 20.79 | 15003.60 | 20.41 | 11648.70 | 23.99 | 18864.62 | 38.45 |
| 2005 | 18516.87 | 23.27 | 18305.66 | 22.01 | 13437.85 | 15.36 | 22366.54 | 18.56 |
| 2006 | 22077.36 | 19.23 | 21645.08 | 18.24 | 15742.51 | 17.15 | 26159.52 | 16.96 |
| 2007 | 25965.91 | 17.61 | 25741.15 | 18.92 | 18780.44 | 19.30 | 31084.40 | 18.83 |
| 2008 | 31072.06 | 19.66 | 30312.61 | 17.76 | 21486.92 | 14.41 | 35696.46 | 14.84 |
| 2009 | 33896.65 | 9.09 | 34457.30 | 13.67 | 22990.35 | 7.00 | 39482.56 | 10.61 |
| 2010 | 39169.92 | 15.56 | 41425.48 | 20.22 | 27722.31 | 20.58 | 46013.06 | 16.54 |
| 2011 | 45361.85 | 15.81 | 49110.27 | 18.55 | 32318.85 | 16.58 | 53210.28 | 15.64 |
| 2012 | 50013.24 | 10.25 | 54058.22 | 10.08 | 34665.91 | 7.26 | 57067.92 | 7.25 |
| 2013 | 54684.33 | 9.34 | 59161.75 | 9.44 | 37568.49 | 8.37 | 62163.97 | 8.93 |
| 2014 | 59426.59 | 8.67 | 65088.32 | 10.02 | 40173.03 | 6.93 | 67809.85 | 9.08 |
| 2015 | 63002.33 | 6.02 | 70116.38 | 7.72 | 42886.49 | 6.75 | 72812.55 | 7.38 |
| 2016 | 68024.49 | 7.97 | 77388.28 | 10.37 | 47251.36 | 10.18 | 80854.91 | 11.05 |
| 2017 | 72634.15 | 6.78 | 85869.76 | 10.96 | 51768.26 | 9.56 | 89705.23 | 10.95 |
| 平均值 | 35546.46 | 13.54 | 38270.62 | 14.60 | 24912.02 | 13.60 | 41609.07 | 14.21 |
| | 西部地区部分省份 | | | | | | | |
| 年份 | 广西（亿元） | 年增长率（%） | 贵州（亿元） | 年增长率（%） | 云南（亿元） | 年增长率（%） | 甘肃（亿元） | 年增长率（%） |
| 2000 | 2050.14 | — | 993.53 | — | 1955.09 | — | 983.36 | — |
| 2001 | 2231.19 | 8.83 | 1084.90 | 9.20 | 2074.71 | 6.12 | 1072.51 | 9.07 |

| 年份 | 西部地区部分省份 | | | | | | | |
|------|--------|--------|--------|--------|--------|--------|--------|--------|
| | 广西（亿元） | 年增长率（%） | 贵州（亿元） | 年增长率（%） | 云南（亿元） | 年增长率（%） | 甘肃（亿元） | 年增长率（%） |
| 2002 | 2455.36 | 10.05 | 1185.04 | 9.23 | 2232.32 | 7.60 | 1161.43 | 8.29 |
| 2003 | 2735.13 | 11.39 | 1356.11 | 14.44 | 2465.29 | 10.44 | 1304.60 | 12.33 |
| 2004 | 3433.50 | 25.53 | 1677.80 | 23.72 | 3081.91 | 25.01 | 1688.49 | 29.43 |
| 2005 | 4075.75 | 18.71 | 1979.06 | 17.96 | 3472.89 | 12.69 | 1933.98 | 14.54 |
| 2006 | 4828.51 | 18.47 | 2270.89 | 14.75 | 3981.31 | 14.64 | 2276.70 | 17.72 |
| 2007 | 5955.65 | 23.34 | 2741.90 | 20.74 | 4741.31 | 19.09 | 2702.40 | 18.70 |
| 2008 | 7171.58 | 20.42 | 3333.40 | 21.57 | 5700.10 | 20.22 | 3176.11 | 17.53 |
| 2009 | 7759.16 | 8.19 | 3912.68 | 17.38 | 6169.75 | 8.24 | 3387.56 | 6.66 |
| 2010 | 9569.85 | 23.34 | 4602.16 | 17.62 | 7224.18 | 17.09 | 4120.75 | 21.64 |
| 2011 | 11720.87 | 22.48 | 5701.84 | 23.89 | 8893.12 | 23.10 | 5020.37 | 21.83 |
| 2012 | 13035.10 | 11.21 | 6852.20 | 20.18 | 10309.47 | 15.93 | 5650.20 | 12.55 |
| 2013 | 14378.00 | 10.30 | 8006.79 | 16.85 | 11720.91 | 13.69 | 6268.01 | 10.93 |
| 2014 | 15672.89 | 9.01 | 9266.39 | 15.73 | 12814.59 | 9.33 | 6836.82 | 9.07 |
| 2015 | 16803.12 | 7.21 | 10502.56 | 13.34 | 13619.17 | 6.28 | 6790.32 | -0.68 |
| 2016 | 18317.64 | 9.01 | 11776.73 | 12.13 | 14788.42 | 8.59 | 7200.37 | 6.04 |
| 2017 | 18523.26 | 1.12 | 13540.83 | 14.98 | 16376.34 | 10.74 | 7459.90 | 3.60 |
| 平均值 | 8928.71 | 14.04 | 5043.60 | 16.69 | 7312.27 | 13.46 | 3835.22 | 12.90 |

资料来源：历年《中国统计年鉴》，部分数据由计算得出。

由表4－2可见，我国东、西部地区经济发展差异明显。表4－2中列举的山东、江苏、浙江、广东均属于东部沿海地区，平均年生产总值均超万亿元，其中，广东省经济规模最大，2017年省内生产总值近9万亿元，占国内生产总值将近10%。东部沿海地区由于地理位置优越，有利于大规模吸引国内外资本和产业转移，人才和外商投资不断流入，导致东部沿海地区经济发展较为迅速，居民收入水平相应较高。而西部地区中，广西、贵州、云南、甘肃平均年生产总值均不足1万亿元，其中，甘肃经济发展最为落后，平均年增长率低至12.90%。西部地区地处内陆，与东部沿海地区与中部地区经济联系不紧密，大中型企业相对较少，产业结构不够平衡，服务业发展缓慢，整体经济发展水平较为落后，居民收入水平较低。

由于地区间经济发展的不平衡，尤其是东、西部地区经济发展差距较大，导致地区间居民收入差距不断扩大。

### 4.5.7 缺乏有效的财税政策应对居民收入差距

我国目前缺乏有效的财税政策应对居民收入差距，该问题源于两个方面：

一方面，我国现行税收政策收入再分配调节功能较弱，税收政策不够完善；另一方面，我国现行财政政策不能完全实现增加低收入人群收入的目标。

当前，我国利用税收政策对收入再分配进行主要调节，利用财政政策进行辅助调节。但我国目前的税制结构存在较大问题：强调效率原则的流转税占比较大；直接调节居民收入差距的个人所得税占比较小；直接调节居民收入的行为财产税类税种较少，这些问题均不利于缩小我国居民收入差距。2017 年，我国流转税收入占总税收收入超 50%，而个人所得税收入占比不足总税收收入的 10%，房产税、契税等行为财产税类收入占比不足 8%。① 流转税主要包括增值税和消费税两大税种，具有较强的累退性，流转税占比较高会导致低收入人群承担的税负加重，居民收入差距扩大。个人所得税可直接调节居民可支配收入，个人所得税占比较小会降低个人所得税调节居民收入的作用，不利于税收政策进行收入再分配，缩小我国居民收入差距。行为财产税与个人所得税一样具有调节居民收入的作用，行为财产税类税种的缺失，不利于税收政策在再分配环节调节居民收入差距。

我国主要运用政府转移支付和扩大社保类支出等方式来缩小居民收入差距，但财政政策的实施并不完全直接作用于低收入人群。2017 年，全国一般公共预算支出中扶贫支出 3171 亿元，占 2017 年整体一般公共预算支出的3.34%，较 2016 年扶贫支出增长了 38.7%，扶贫转移支付呈逐年扩大趋势。② 根据中国农村贫困监测报告可知，我国扶贫资金主要用于产业发展、易地扶贫搬迁、基础设施建设、小额贷款贴息等，这些政策虽然可以协助农村贫困居民逐步脱困，但是对于缺少劳动力的贫困地区居民而言，此举只能达到间接脱贫的作用，还需持续对贫困地区和居民进行转移支付，完全调整贫困地区产业结构，根本改变农村贫困现状，扶贫财政支出当前并未直接起到调节居民收入差距的作用。此外，城镇居民同样存在大批贫困人口以及居民收入差距过大的问题，虽然城镇居民收入差距与农村居民相比较小，但依然需要引起重视。不同于农村贫困居民，城镇低收入人群主要面临的问题在于无保障性住房，保障性住房政策并未普及所有城镇低收入人群。由于城镇居住成本较高，城镇低收入人群需要将收入的大部分用于支付房租。作为社会保障制度的一个重要组成部分，当前仅有廉租房补贴政策增加了低收入人群的可支配收入，减少了低收入人群的住房困难问题；经济适用房和公共租赁房的

---

① ②　数据来源于财政部 2018 年财政收支情况统计数据计算。

财政补贴主要针对住房供给方，无法直接作用于低收入群体。且保障性住房相关财政政策在一线城市并不能完全普及，依旧存在低收入人群无保障性住房，需要排队摇号的现象。城镇低收入人群保障性住房的问题尚未完全解决，城镇低收入人群的生活并未得到保障，这一问题的遗留不利于城镇居民收入差距的缩小。

综上所述，我国依然缺乏应对居民收入差距的财税政策。当前的财政和税收政策设置的不合理和缺失不仅不利于调节居民收入分配，甚至可能会出现逆向调节现象，加剧居民收入分配不均，导致收入差距扩大的情况出现。

# 第 5 章

# 我国财政支出与税收收入的现状分析

我国影响居民收入差距的政策主要是由财政支出和税收收入两个方面形成的，本章将从我国税收收入和财政支出两个方面对现状进行分析，为实证结果提供现状数据支持。

## 5.1 财政支出的现状分析

根据本书对居民收入差距的研究，我国的财政支出可以分为民生财政支出和非民生财政支出两个部分。民生财政支出包括教育支出、医疗卫生支出、社会保障支出、农林水支出和科技支出五项支出。对于财政支出的现状分析主要包括全国财政支出现状分析和各省份财政支出现状分析两个方面。

### 5.1.1 全国财政支出现状分析

首先对 1990~2017 年全国各项财政支出的数据进行分析（见表 5-1），2006 年之后，财政统计年鉴的统计口径进行了调整，本书对社会保障支出、科技支出和农林水事务支出做出了汇总调整和定义，各项支出的修改公式如下：

$$2006 \text{ 年以前教育支出} = \text{教育支出} \qquad (5-1)$$

$$2006 \text{ 年以前医疗卫生支出} = \text{医疗卫生支出} \qquad (5-2)$$

$$2006 \text{ 年以前社会保障支出} = \text{抚恤和社会福利救济} + \text{社会保障补助支出}$$

$$(5-3)$$

$$2006 年以前科技支出 = 科技支出 + 科技三项费用 \qquad (5-4)$$
$$2006 年以前农林水支出 = 农业支出 + 林业支出 + 水利和气象支出$$
$$(5-5)$$

表 5-1　　　　1990～2017 年我国各项财政支出占总支出比例　　　单位:%

| 年份 | 教育 | 医疗卫生 | 社会保障 | 科技 | 农林水 |
|------|------|----------|----------|------|--------|
| 1990 | 15.00 | 3.24 | 1.78 | 4.51 | 9.98 |
| 1991 | 15.72 | 3.32 | 1.99 | 4.74 | 10.26 |
| 1992 | 16.61 | 4.47 | 1.78 | 5.06 | 10.05 |
| 1993 | 16.26 | 4.35 | 1.62 | 4.86 | 9.49 |
| 1994 | 17.59 | 4.44 | 1.64 | 4.63 | 9.20 |
| 1995 | 17.54 | 4.36 | 1.69 | 4.43 | 8.43 |
| 1996 | 17.84 | 4.40 | 1.61 | 4.39 | 8.82 |
| 1997 | 16.74 | 4.23 | 1.54 | 4.43 | 8.30 |
| 1998 | 15.99 | 3.84 | 1.59 | 4.06 | 10.69 |
| 1999 | 14.61 | 3.38 | 1.36 | 4.12 | 8.23 |
| 2000 | 13.72 | 3.08 | 1.34 | 3.62 | 7.75 |
| 2001 | 13.95 | 3.01 | 1.41 | 3.72 | 7.71 |
| 2002 | 14.08 | 2.88 | 1.69 | 3.70 | 7.17 |
| 2003 | 13.60 | 3.16 | 2.02 | 3.96 | 7.12 |
| 2004 | 13.52 | 3.00 | 1.98 | 3.85 | 8.21 |
| 2005 | 13.35 | 3.06 | 2.11 | 3.93 | 7.22 |
| 2006 | 11.83 | 3.27 | 2.25 | 4.18 | 7.85 |
| 2007 | 14.31 | 4.00 | 10.94 | 3.58 | 6.84 |
| 2008 | 14.39 | 4.40 | 10.87 | 3.40 | 7.26 |
| 2009 | 13.68 | 5.23 | 9.97 | 3.60 | 8.81 |
| 2010 | 13.96 | 5.35 | 10.16 | 3.62 | 9.05 |
| 2011 | 15.10 | 5.89 | 10.17 | 3.50 | 9.10 |
| 2012 | 16.87 | 5.75 | 9.99 | 3.54 | 9.51 |
| 2013 | 15.69 | 5.91 | 10.33 | 3.63 | 9.52 |
| 2014 | 15.18 | 6.70 | 10.52 | 3.50 | 9.34 |
| 2015 | 14.94 | 6.80 | 10.81 | 3.33 | 9.88 |
| 2016 | 14.95 | 7.01 | 11.50 | 3.50 | 9.90 |
| 2017 | 14.85 | 7.12 | 12.12 | 3.58 | 9.40 |

资料来源：根据历年《中国财政年鉴》和《中国统计年鉴》计算。

通过表 5-1 可以看出，各项财政支出占总财政支出的比例基本不变，维持一个相对固定的水平。教育支出约占总财政支出的 15%，医疗卫生支出约占总财政支出的 4.5%，社会保障支出约占总财政支出的 11%，科技支出约占总财政支出的 4%，农林水支出约占总财政支出的 9%。

1990～2017 年，各类财政支出变化趋势如图 5-1 所示。1990～2017 年，各项财政专项支出呈现上涨趋势，其中，增长幅度最大的为社会保障支出，从 1990 年的 55.04 亿元增长至 2017 年的 21591.5 亿元,增幅高达 392 倍。科技支出的增长速度略小于整体财政支出,1990~2017 年,科技支出从 139.12 亿元增长至 6564 亿元,增长 46 倍。

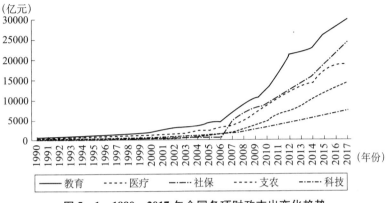

**图 5 - 1　1990~2017 年全国各项财政支出变化趋势**

资料来源:根据历年《中国财政年鉴》和《中国统计年鉴》计算。

将全国财政支出分为民生财政支出和非民生财政支出,民生财政支出包括教育支出、医疗卫生支出、社会保障支出、农林水支出和科技支出五项支出。1990~2017 年,我国的民生财政支出和非民生财政支出皆呈现平缓上涨趋势(见图 5 - 2)。非民生财政支出大于民生财政支出,但其增长速度小于民生财政支出。民生财政支出从 1990 年的 925.12 亿元增加至 2017 年的 88304.48 亿元,28 年间上涨了 95 倍,而同期非民生财政支出上涨幅度仅为 53 倍。

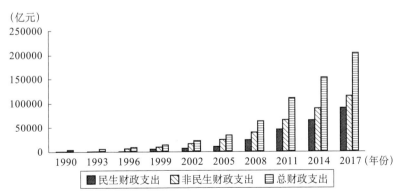

**图 5 - 2　1990~2017 年全国民生和非民生财政支出变化趋势**

资料来源:根据历年《中国财政年鉴》和《中国统计年鉴》计算。

## 5.1.2 各省份财政支出现状分析

将我国各省份按照东、中、西部划分为三个部分，本书进行研究的23个省份中，东部地区包括北京、河北、辽宁、上海、江苏、浙江、福建、广东和海南9个省（市）；中部地区包括山西、安徽、江西、河南和湖北5个省；西部地区包括四川、重庆、贵州、陕西、甘肃、宁夏、新疆、广西和内蒙古9个省（区、市），将各省份数据分为三个地区进行现状分析。

### 5.1.2.1 各省份教育支出现状分析

近十年间，我国样本省份东、中、西部教育支出分配并不平均，东部省份教育支出明显高于中部和西部省份教育支出。由图5-3可知，东部省份教育支出占总教育支出的比例在34.87%~38.69%之间波动，近十年年均教育支出占比为36.85%；中部省份教育支出占总教育支出比例最小，在16.63%~17.91%的区间波动；西部省份的教育支出占比略高于中部省份教育支出占比，在21.04%~23.36%的区间波动，但其教育支出比例增幅为三部分地区最高，近十年间增长7.69%。

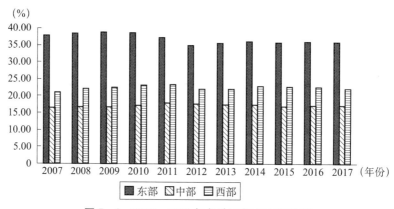

图5-3　2007~2017年各地区教育支出比例

资料来源：根据历年《中国财政年鉴》和《中国统计年鉴》计算。

（1）东部地区省份教育支出分析。

东部地区省份整体教育支出占比较大，各省份之间教育支出有明显差距（见图5-4）。在东部地区省份中，除海南省外，其余样本省份的教育支出占总教育支出比重均超过1.54%。广东省、江苏省和浙江省的教育支出比例为东部地区省份的前三名，教育支出占总教育支出比例最大的广东省占比约为海南省的 11 倍。东部地区省份中，辽宁省 2007～2017 年教育支出占比明显下降，河北省教育支出占比有一定程度的增长，其余省份占比变化不大。

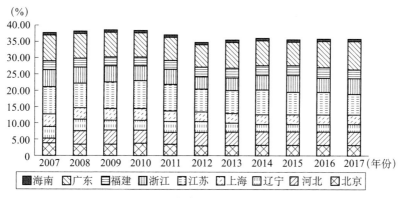

**图 5－4　2007～2017 年东部地区各省份教育支出占比**

资料来源：根据历年《中国财政年鉴》和《中国统计年鉴》计算。

（2）中部地区省份教育支出分析。

中部地区各样本省份教育支出比例较为平均，各省份教育支出基本呈上升趋势（见图 5－5）。2007～2017 年，中部地区教育支出呈现波动上涨的趋势，年均增长率约为 16.37%。中部地区省份中，河南省教育支出占比最多，年均教育支出比例为 5.05%，约为教育支出占比最少的山西省的两倍。除山西省和河南省外，其余中部地区省份 2016 年教育支出占比均大于 2007 年数值，湖北省增长倍数最大。

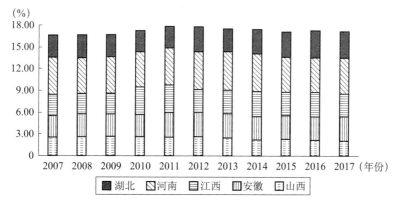

**图 5－5　2007～2017 年中部地区各省份教育支出占比**

资料来源：根据历年《中国财政年鉴》和《中国统计年鉴》计算。

（3）西部地区省份教育支出分析。

西部地区省份教育支出相对较少，各省份之间教育支出存在一定差距（见图5-6）。在西部地区省份中，除宁夏回族自治区外，其余样本省份2007~2017年的教育支出占总教育支出比例均超过15%。四川省的教育支出明显大于其余西部地区省份，2014年，其教育支出占总教育支出比例为宁夏回族自治区的10.21倍。除宁夏回族自治区和四川省外，西部各省份教育支出占总教育支出的年均占比在1.83%~2.99%之间波动，西部地区其余省份教育支出相差较小。

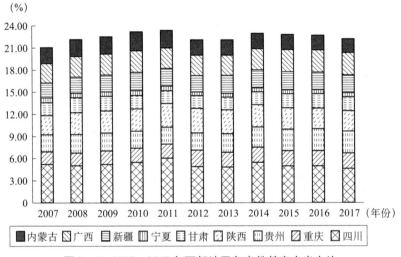

**图5-6 2007~2017年西部地区各省份教育支出占比**

资料来源：根据历年《中国财政年鉴》和《中国统计年鉴》计算。

### 5.1.2.2 各省份医疗卫生支出现状分析

近十年来，我国样本省份东、中、西部医疗卫生支出占比波动较小，东、中、西部地区变化趋势不同（见图5-7）。2007~2017年，东部地区省份医疗卫生支出占比呈下降趋势，2015年达到最低点，但省均医疗卫生支出占比高达4.00%，远超过中部和西部省份占比的2.20%和2.81%。中部地区医疗卫生支出占比整体呈上升趋势，在18.06%~20.73%之间波动。2017年西部地区省份医疗卫生支出占比与2007年相比呈上升趋势，由2007年的23.57%增至2016年的24.42%，增长3.60%，并于2010年达到样本区间内的最高值，占全国医疗卫生支出的26.57%。

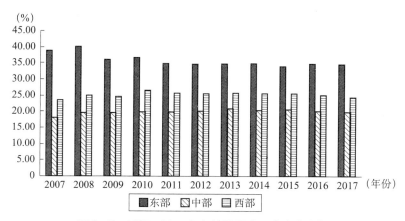

**图 5 - 7　2007 ～ 2017 年各地区医疗卫生支出比例**

资料来源：根据历年《中国财政年鉴》和《中国统计年鉴》计算。

（1）东部地区省份医疗卫生支出分析。

东部地区省份整体医疗卫生支出占比呈下降趋势，但各省份支出变化趋势不统一（见图 5 - 8）。除广东省和江苏省外，东部地区其余省份 2007 ～ 2017 年医疗卫生支出年均占比皆小于 5%；除海南省外，其余东部地区省份 2007 ～ 2017 年医疗卫生支出年均占比皆大于 2.65%。在东部地区省份中，河北省医疗卫生支出占比增长最快，2017 年占比为 2007 年的 2.5 倍，而北京市的减幅最大，2017 年占比仅为 2007 年的 50.59%。其余省份 2007 ～ 2017 年医疗卫生支出占比变化趋势不同，但变化比例不大，东部地区省份共有 4 个省份的占比出现增长。

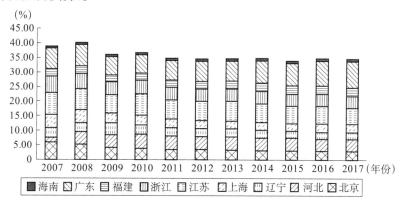

**图 5 - 8　2007 ～ 2017 年东部地区各省份医疗卫生支出占比**

资料来源：根据历年《中国财政年鉴》和《中国统计年鉴》计算。

（2）中部地区省份医疗卫生支出分析。

中部地区各样本省份医疗卫生支出占比整体呈上升趋势，各省份医疗卫生支出占比差距不大（见图5-9）。安徽省、河南省和湖北省2007～2017年医疗卫生支出占比呈上升趋势，湖北省的医疗卫生支出占比增幅最大。山西省和江西省2017年的医疗卫生支出占比较2007年有小幅度下降，下降幅度不超过15%。

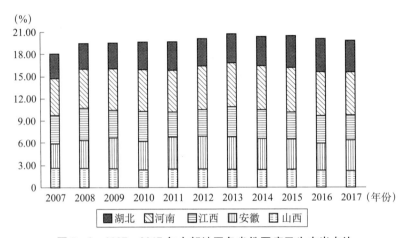

图5-9　2007～2017年中部地区各省份医疗卫生支出占比

资料来源：根据历年《中国财政年鉴》和《中国统计年鉴》计算。

（3）西部地区省份医疗卫生支出分析。

西部地区省份医疗卫生支出占比较多，近十年整体占比呈上升趋势（见图5-10）。宁夏回族自治区医疗卫生支出在西部地区省份中占比最少，宁夏回族自治区近十年总占比约为四川省总占比的1/10。四川省的医疗卫生支出占比远大于其余西部地区省份，年均医疗卫生支出占比约为整体西部地区省份年均占比的27%。除内蒙古自治区、四川省和新疆维吾尔自治区外，其余西部地区省份占比均有不同幅度的增长，且内蒙古自治区、四川省和新疆维吾尔自治区占比下降幅度较小，所以整体西部地区医疗卫生支出占比依然呈上升趋势。

5.1.2.3　各省份社会保障支出现状分析

我国样本省份东、中、西部社会保障支出占比存在明显差异，近十年间各地区省份支出比例基本不变（见图5-11）。东、中、西部省份社会保障支出占全国社会保障支出的比例基本维持在32%、19%和25%左右，中部省份

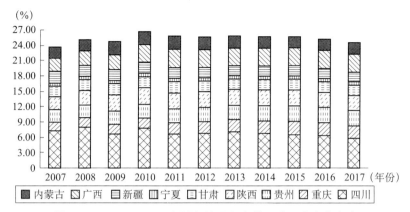

**图 5 - 10　2007～2017 年西部地区各省份医疗卫生支出占比**

资料来源：根据历年《中国财政年鉴》和《中国统计年鉴》计算。

社会保障支出占全国社会保障支出比例最小，中部地区省份社会保障支出占比还出现了小幅度的下降。东部和西部地区省份的社会保障支出占比略高于中部省份，且于 2007～2017 年出现了小幅度的增长。

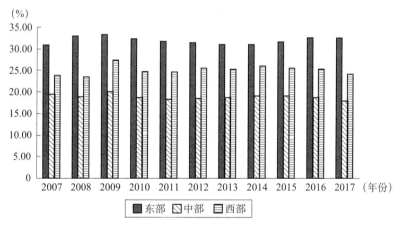

**图 5 - 11　2007～2017 年各地区社会保障支出比例**

资料来源：根据历年《中国财政年鉴》和《中国统计年鉴》计算。

（1）东部地区省份社会保障支出分析。

东部地区省份整体社会保障支出占比近十年有一定波动，各省份之间占比存在较大差异（见图 5 - 12）。东部地区各省份社会保障支出占比差异较大，辽宁省、广东省和江苏省在东部省份社会保障支出占比排名前三，占比之和达到了东部地区占比总量的 50.48%；排名倒数的海南省、福建省和浙江省社会保障支出占比之和仅为辽宁省支出占比的 81.91%。在东部地区省份中，除海南省外，其余样本省份的社会保障支出占比均超过 1.46%，海南省 2007 ~ 2017 年社会保障支出占比的合计数略大于辽宁省在 2007 年的社会保障支出占比。

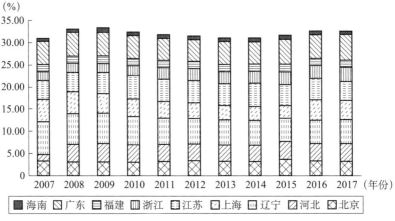

**图 5 – 12　2007 ~ 2017 年东部地区各省份社会保障支出占比**

资料来源：根据历年《中国财政年鉴》和《中国统计年鉴》计算。

（2）中部地区省份社会保障支出分析。

中部地区各样本省份社会保障支出占比呈波动变化，各省份之间占比差异较小（见图 5 – 13）。中部地区的社会保障支出近十年呈波动变化，2017 年总社会保障支出占比略小于 2007 年占比。河南省和山西省为中部地区社会保障支出占比最高和最低的省份，2007 ~ 2017 年，河南省社会保障支出总占比约为江西省总占比的 1.7 倍，中部地区省份之间社会保障支出占比差距较小。

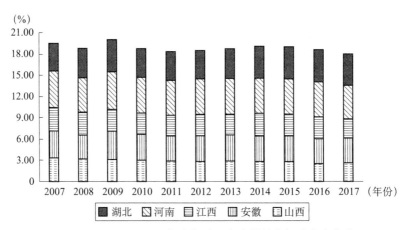

**图 5 – 13　2007 ~ 2017 年中部地区各省份社会保障支出占比**

资料来源：根据历年《中国财政年鉴》和《中国统计年鉴》计算。

（3）西部地区省份社会保障支出分析。

西部地区各省份社会保障支出占比存在一定差距，近十年呈现上升趋势
（见图 5 - 14）。2007 ~ 2017 年，宁夏回族自治区社会保障支出占比始终在西
部地区省份中排名最低；四川省为西部地区社会保障支出占比最高的省份，
宁夏回族自治区社会保障支出占比约为四川省的 9.23%。除四川省外，其余
西部地区省份的社会保障支出占比近十年均有一定程度的上涨，宁夏回族自
治区增长幅度最大，2017 年社会保障支出占比约为 2007 年的 1.63 倍。

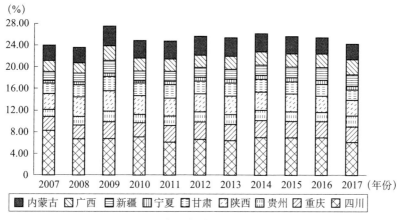

**图 5 - 14　2007 ~ 2017 年西部地区各省份社会保障支出占比**

资料来源：根据历年《中国财政年鉴》和《中国统计年鉴》计算。

### 5.1.2.4　各省份农林水支出现状分析

我国东、中、西部农林水支出占比近十年变化趋势存在差异，东部和西部
省份农林水支出占比差距逐年缩小。由图 5 - 15 可知，东部和中部地区省份农
林水支出占比 2007 ~ 2017 年呈下降趋势，分别下降了 2%；西部地区省份农林水
支出占比则波动上升，并于 2016 年超过东部地区农林水支出占比，占全国农林水
支出的 28.26%，2016 年，西部地区农林水支出总占比约为东部地区的 1.05 倍。

（1）东部地区省份农林水支出分析。

东部地区省份整体农林水支出占比呈波动下降趋势，各省份变化趋势差
异较大（见图 5 - 16）。2007 ~ 2017 年，东部地区农林水支出总占比由
29.05% 下降至 27.41%，减少了 2%。东部地区省份中，河北省和海南省的农
林水支出近十年出现了明显增长，其 2017 年占比约为 2007 年的 5.19 倍和
1.55 倍。江苏省、广东省和河北省为东部地区农林水支出占比排名前三的省

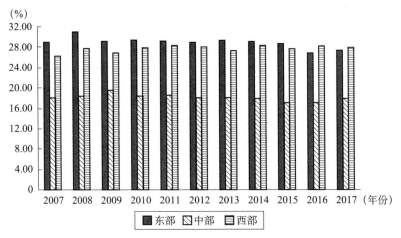

**图 5 - 15  2007～2017 年各地区农林水支出比例**

资料来源：根据历年《中国财政年鉴》和《中国统计年鉴》计算。

份，其中，江苏省和广东省农林水支出占比下降趋势明显，2017 年分别下降了 40.69% 和 22.09%。

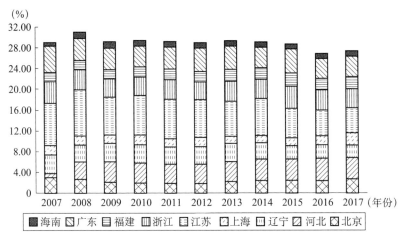

**图 5 - 16  2007～2017 年东部地区各省份农林水支出占比**

资料来源：根据历年《中国财政年鉴》和《中国统计年鉴》计算。

（2）中部地区省份农林水支出分析。

中部地区省份农林水支出占比变化相对较小，各省份农林水支出占比相近（见图 5 - 17）。中部地区的农林水支出总占比呈轻微下降趋势，近十年中部地区省份总占比仅减少 1%。江西省 2007～2017 年农林水支出占比变化较大，由 2007 年的 4.32% 下降至 3.18%，下降了 26.39%，中部地区省份中，河南省农林水支出占比最多,约为占比最少的陕西省的1.9倍,各省份农林水支出占比接近。

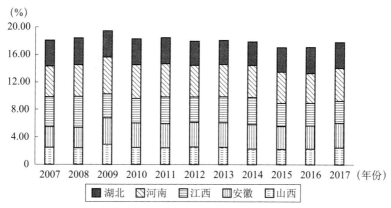

**图 5 - 17　2007 ~ 2017 年中部地区各省份农林水支出占比**

资料来源:根据历年《中国财政年鉴》和《中国统计年鉴》计算。

(3)西部地区省份农林水支出分析。

西部地区省份农林水支出占比整体呈波动上升趋势,大多数西部省份农林水支出占比增加(见图 5 - 18)。除四川省和陕西省外,其余西部省份 2007 ~ 2017 年农林水支出占比均出现一定程度的增加,新疆维吾尔自治区涨幅最为明显,其 2016 年农林水支出占比较 2007 年增加 33.44%。西部省份的农林水支出占比差异较大,西部省份中农林水支出总占比最高的四川省约为宁夏回族自治区总占比的 6 倍。

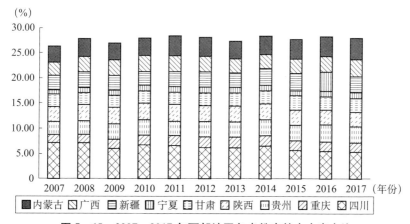

**图 5 - 18　2007 ~ 2017 年西部地区各省份农林水支出占比**

资料来源:根据历年《中国财政年鉴》和《中国统计年鉴》计算。

5.1.2.5 各省份科技支出现状分析

我国东、中、西部地区科技支出占比整体呈上升趋势，中部地区科技支出占比增长最快（见图5－19）。东部省份科技支出占比近十年出现了小幅波动增加，2007～2017年，涨幅为10.75%。中部地区科技支出占比增长显著，从4.87%增长至11.05%，增幅高达2.27倍。西部省份2007年科技支出占比高于中部地区，然而近十年增长速度较慢，2017年西部地区科技支出占比仅为中部地区的64.89%。

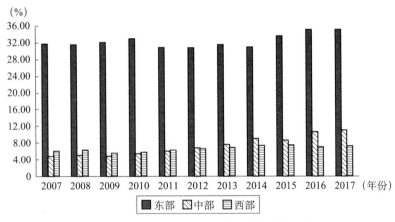

图5－19　2007～2017年各地区科技支出比例

资料来源：根据历年《中国财政年鉴》和《中国统计年鉴》计算。

（1）东部地区省份科技支出分析。

东部地区省份整体科技支出占比呈上升趋势，广东省近十年增长幅度最大（见图5－20）。广东省、江苏省、上海市为东部地区科技支出占比排名前三的省份，其中，只有上海市2017年的科技支出占比较2007年呈下降趋势，下降了9.44%。广东省2007～2017年的科技支出占比增长明显，2017年科技支出占比与2007年相比增长了69.50%；辽宁省2007～2017年科技支出占比下降较为明显，其余东部地区省份科技支出2017年占比较2007年无太大变化。

（2）中部地区省份科技支出分析。

中部地区省份科技支出总占比近十年显著上升，各省份科技支出占比变化趋势不同（见图5－21）。除山西省外，其余中部地区省份科技支出占比2007～2017年均有不同程度的增长，安徽省科技支出占比增长幅度最大，从2007年的0.89%增长至2017年的3.58%，十年间增长了4倍左右。2007～

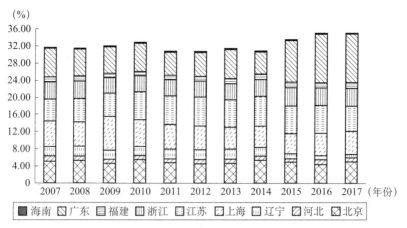

**图 5 – 20 2007～2017 年东部地区各省份科技支出占比**

资料来源：根据历年《中国财政年鉴》和《中国统计年鉴》计算。

2017 年，山西省科技支出占比呈波动变化，并于 2013 年达到十年来占比最高值，占全国科技支出的 1.22%。

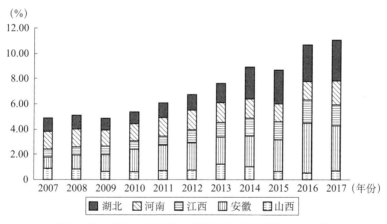

**图 5 – 21 2007～2017 年中部地区各省份科技支出占比**

资料来源：根据历年《中国财政年鉴》和《中国统计年鉴》计算。

（3）西部地区省份科技支出分析。

西部地区省份科技支出占比相对较少，贵州省近十年科技支出占比增长最多（见图 5 – 22）。四川省、广西壮族自治区、陕西省在西部地区各省份中科技支出占比排名前三，三个省份十年间占比变动较小。贵州省、重庆市、陕西省 2007～2017 年的科技支出占比增长较为明显，其中，贵州省近十年占比增长最多，较 2007 年增长 61.33%。

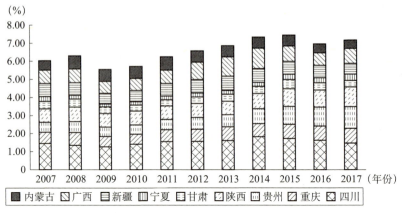

**图 5 - 22　2007～2017 年西部地区各省份科技支出占比**

资料来源：根据历年《中国财政年鉴》和《中国统计年鉴》计算。

### 5.1.2.6　各省份民生财政支出与非民生财政支出现状分析

整体民生财政支出近十年占总财政支出比例呈上升趋势，整体非民生财政支出占比呈下降趋势。将各省份财政支出划分为民生财政支出和非民生财政支出进行分析，由表 5 - 2 可知，2007～2017 年，我国样本省份东、中、西部民生和非民生财政支出占比存在明显差异，东部省份各项支出占比明显高于中部和西部省份。我国民生财政支出占比 2007～2017 年逐年增长，而非民生财政支出占比则呈现波动下降趋势。

**表 5 - 2　2007～2017 年我国民生财政支出和非民生财政支出占总财政支出比例**

单位：%

| 年份 | 东部 | | 中部 | | 西部 | | 合计 |
|---|---|---|---|---|---|---|---|
| | 民生 | 非民生 | 民生 | 非民生 | 民生 | 非民生 | |
| 2007 | 12.32 | 19.10 | 6.47 | 6.89 | 8.37 | 10.41 | 63.55 |
| 2008 | 13.13 | 18.96 | 6.63 | 6.88 | 8.86 | 10.62 | 65.08 |
| 2009 | 13.08 | 18.56 | 7.01 | 6.91 | 9.48 | 10.63 | 65.66 |
| 2010 | 13.30 | 19.15 | 7.02 | 7.42 | 9.70 | 10.59 | 67.18 |
| 2011 | 13.56 | 18.63 | 7.40 | 7.38 | 10.14 | 11.39 | 68.50 |
| 2012 | 13.78 | 17.48 | 7.71 | 7.34 | 10.42 | 11.33 | 68.07 |
| 2013 | 13.63 | 17.75 | 7.63 | 7.50 | 10.20 | 11.05 | 67.77 |
| 2014 | 13.80 | 17.57 | 7.69 | 7.55 | 10.59 | 10.84 | 68.03 |
| 2015 | 13.91 | 18.35 | 7.68 | 7.22 | 10.65 | 10.01 | 67.82 |
| 2016 | 14.23 | 18.07 | 7.82 | 7.06 | 10.86 | 9.83 | 67.87 |
| 2017 | 15.57 | 16.54 | 8.20 | 6.61 | 10.85 | 9.45 | 67.23 |

资料来源：根据历年《中国财政年鉴》和《中国统计年鉴》计算。

（1）东部地区省份民生财政支出和非民生财政支出分析。

东部地区省份民生财政支出占比整体呈上升趋势，非民生财政支出占比则呈现波动下降趋势（见图5-23和图5-24）。2007~2017年，民生财政支出占总财政支出比重最大的省份分别为江苏省和广东省，两省民生财政支出占比之和为整个东部地区的38.10%；民生财政支出占比最小的省份为海南省和福建省，两省民生财政支出占比之和为整个东部地区省份占比的9.25%。2007~2017年，非民生财政支出占总财政支出比重最大的省份为广东省和江苏省，两省非民生财政支出占比之和为整个东部地区的40.27%；非民生财政支出占比最小的省份同样为海南省和福建省，两省非民生财政支出占比之和约为整个东部地区的7.95%。

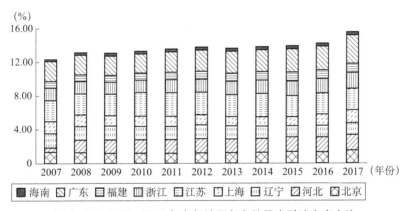

**图5-23　2007~2017年东部地区各省份民生财政支出占比**

资料来源：根据历年《中国财政年鉴》和《中国统计年鉴》计算。

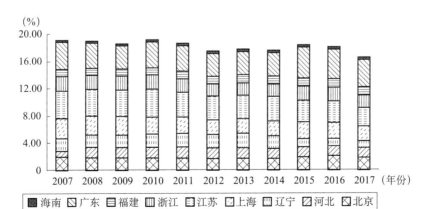

**图5-24　2007~2017年东部地区各省份非民生财政支出占比**

资料来源：根据历年《中国财政年鉴》和《中国统计年鉴》计算。

（2）中部地区省份民生财政支出和非民生财政支出分析。

中部地区省份民生财政支出和非民生财政支出占比呈相反方向变动，2017 年民生财政支出占比大于非民生财政支出占比（见图 5 - 25 和图 5 - 26）。在近十年间，河南省民生财政支出和非民生财政支出占比均为中部地区最高，山西省占比均为最低。除山西省外，2007 ~ 2017 年，其余中部地区省份民生财政支出占比均有一定程度的增长，湖北省增长幅度最大，增长率达到 48%；中部地区各省份中，只有山西省与河南省非民生财政支出 2007 ~ 2017 年占比呈下降态势，其余省份占比均小幅度增长。

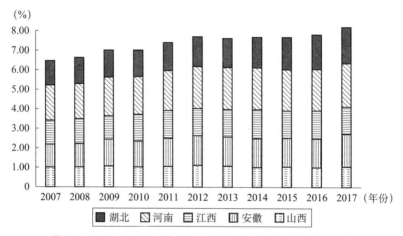

**图 5 - 25　2007 ~ 2017 年中部地区各省份民生财政支出占比**

资料来源：根据历年《中国财政年鉴》和《中国统计年鉴》计算。

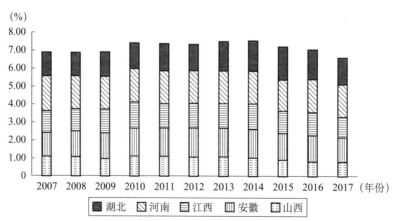

**图 5 - 26　2007 ~ 2017 年中部地区各省份非民生财政支出占比**

资料来源：根据历年《中国财政年鉴》和《中国统计年鉴》计算。

（3）西部地区省份民生财政支出和非民生财政支出分析。

西部地区省份民生和非民生财政支出占比整体波动较大，两者呈相反方向变动，2014 年之后民生财政支出占比大于非民生财政支出（见图 5－27 和图 5－28）。在西部地区省份中，无论是民生财政支出还是非民生财政支出，四川省占比都为西部省份中最高，宁夏回族自治区为中部省份中最低，其余省份占比相差不大。2007～2017 年，西部地区各省份民生财政支出占比均有不同程度的增长，贵州省增长幅度最大，较 2007 年增长 26.26%。2016 年，超半数西部地区省份的非民生财政支出占比仍大于 2007 年的占比数值，四川省近十年非民生财政支出占比下降幅度最为显著，2017 年四川省非民生财政支出占比约为 2007 年占比的 82.4%。2014 年，西部地区省份民生财政支出和非民生财政支出占比基本一致，之后继续保持各自的增减趋势，2017 年，西部地区民生财政支出占比大于非民生财政支出占比 1.04%。

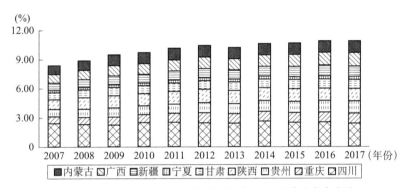

**图 5－27　2007～2017 年西部地区各省份民生财政支出占比**

资料来源：根据历年《中国财政年鉴》和《中国统计年鉴》计算。

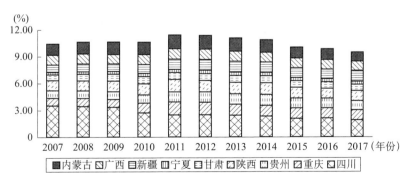

**图 5－28　2007～2017 年西部地区各省份非民生财政支出占比**

资料来源：根据历年《中国财政年鉴》和《中国统计年鉴》计算。

# 5.2 税收收入的现状分析

对于税收收入的现状分析主要包括全国税收收入现状分析和各省份税收收入现状分析两个方面。

## 5.2.1 全国税收收入现状分析

对我国 1994～2017 年的税收收入分类进行数据分析。我国的税收收入根据最终负税人的不同可分为直接税和间接税，直接税包括所得税、财产税和行为税三类；间接税包括流转税、资源税和行为税三类，本书研究的税制结构分类及各类涵盖的税种如表 5－3 所示。本书主要研究对象为包含增值税、企业所得税等税种在内的六项税种，以及直接税、间接税等六项不同分类税收收入。

表 5－3 税制结构分类及各类涵盖的税种

| 直接税 | 企业所得税、个人所得税、房产税、契税、外商投资企业和外国企业所得税 |
|---|---|
| 间接税 | 增值税、消费税、营业税、资源税、城市维护建设税 |
| 流转税 | 增值税、消费税、营业税 |
| 所得税 | 企业所得税、个人所得税、外商投资企业和外国企业所得税 |
| 财产税 | 房产税、契税、车船税、印花税 |
| 资源税 | 资源税、土地增值税、城镇土地使用税、耕地占用税 |

对增值税、消费税、营业税、企业所得税和个人所得税进行 1994～2017 年全国税种收入变化分析。如图 5－29 所示，除营业税外其余税种的税收收入 1994～2017 年呈现上涨趋势，其中，增值税收入远大于其他税种。由于 2016 年的营业税改增值税改革，营业税 2015～2016 年税收收入下降，2017 年营业税收入为 0 元，而增值税收入 2015～2017 年增长了 18.37%。消费税和个人所得税的税收收入金额相近，但个人所得税的增长幅度要远大于其他税种，1994～2017 年增长了 167 倍。

将税收收入以直接税和间接税分类进行分析，间接税收入明显大于直接税收入，1994～2017 年，直接税和间接税收入皆呈现逐年上涨的趋势（见图 5－30）。直接税收入从 1994 年的 901.37 亿元增加至 2017 年的 51598.41 亿元，增长 57 倍。间接税收入从 1994 年的 3687.52 亿元增长至 2017 年的 72318.74 亿元，增长 19 倍，与直接税收入增幅相比较小。

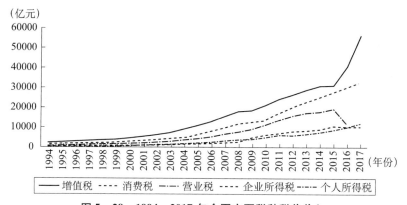

**图 5 - 29　1994～2017 年全国主要税种税收收入**

资料来源：历年《中国统计年鉴》。

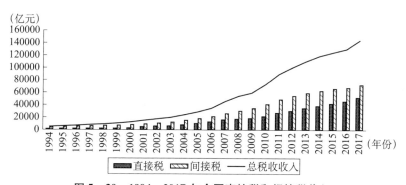

**图 5 - 30　1994～2017 年全国直接税和间接税收入**

资料来源：历年《中国统计年鉴》。

对各税类占税收收入的比重进行分析，由图 5 - 31 可知，流转税收入占总税收收入比重最多，但下降态势明显；所得税、资源税类以及行为财产税都呈现不同幅度的上升趋势。流转税由 1994 年占比的 67.60% 下降到 2017 年的 46.13%，下降超 20%。所得税占比由 1994 年的 16.18% 上升到 2017 年的 30.53%，上升约 14%。2001 年，由于中国加入世界贸易组织，扩大了中国的贸易规模，同时推动了进一步的经济发展，所得税占税收收入的比重出现了明显上升。行为和财产税占比较小，但随着房产税等试点改革的推行，比重出现了明显提升，2017 年在全国税收收入中占比达到 7.27%，并于 2007 年和 2015 年实现 9.01% 和 8.01% 的两个占比小高峰。资源税类占比一直处于四项税类中的最小值，然而，随着国家对资源税的日益重视，资源税的征收范围逐步扩大，并于 2016 年开始实行全面从价计征改革，2017 年资源税类占总税收收入占比已达到 7.12%。

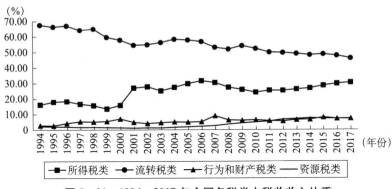

**图 5 – 31　1994 ~ 2017 年全国各税类占税收收入比重**

资料来源：根据历年《中国统计年鉴》计算。

对所得税内部结构进行分析（见图 5 – 32），所得税可分为个人所得税和企业所得税。1994 ~ 2017 年，企业所得税在整体所得税中的比重较高，然而整体占比却呈下降趋势，年均占比在 75% 左右，1994 年占比最高，高达 90.70%。而个人所得税在整体所得税中的比重偏低，基本呈现出上升的趋势，年均占比在 25% 左右，2000 年占比最高，高达 39.75%。2006 年之后，企业所得税和个人所得税占整体所得税比重趋于稳定，形成了我国所得税中企业所得税主导、个人所得税辅助的所得税内部结构。

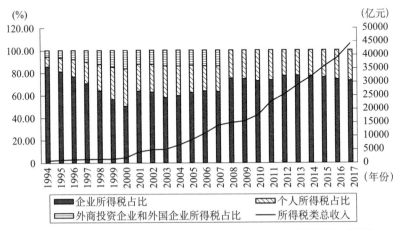

**图 5 – 32　1994 ~ 2017 年全国各项所得税收入占总所得税收入比例**

资料来源：根据历年《中国统计年鉴》计算。

从收入分配的视角来看，我国所得税的内部结构不利于调节居民间的收入差距。这主要是因为个人所得税直接对居民的收入征税，从理论上来讲，收入再分配效应更加明显，但由于其比重太低，收入分配效应较弱；而企业所得税虽然占比较高，但直接对企业征收，并不能直接调节居民收入分配差距，这种间接的收入分配效应难以发挥。

对流转税内部结构进行分析，流转税包括增值税、消费税和营业税。从表 5 - 4 可以看出，1994 ~ 2017 年，增值税在流转税中的占比较高，然而 2015 年整体占比呈下降趋势，2016 年营业税改增值税改革后，增值税比重再次上涨至 84.65%。消费税税收收入在流转税中占比基本不变，除 2005 ~ 2008 年外，其余年份占比均在 10% 以上，年均收入占流转税收入的 13.09%。2016年之前，营业税税收收入占比呈缓慢上升趋势，与增值税收入占比负相关。2017 年完成 "营改增" 改革，不再继续征收营业税。

表 5 - 4　　　　　1994 ~ 2017 年我国各项流转税收入占总流转税收入比例

| 年份 | 增值税<br>（亿元） | 增值税占比<br>（%） | 消费税<br>（亿元） | 消费税占比<br>（%） | 营业税<br>（亿元） | 营业税占比<br>（%） |
|---|---|---|---|---|---|---|
| 1994 | 2308.34 | 66.60 | 487.4 | 14.06 | 670.02 | 19.33 |
| 1995 | 2602.33 | 64.91 | 541.48 | 13.51 | 865.56 | 21.59 |
| 1996 | 2962.81 | 63.91 | 620.23 | 13.38 | 1052.57 | 22.71 |
| 1997 | 3283.92 | 62.11 | 678.7 | 12.84 | 1324.27 | 25.05 |
| 1998 | 3628.46 | 60.29 | 814.93 | 13.54 | 1575.08 | 26.17 |
| 1999 | 3881.87 | 60.93 | 820.66 | 12.88 | 1668.56 | 26.19 |
| 2000 | 4553.17 | 62.54 | 858.29 | 11.79 | 1868.78 | 25.67 |
| 2001 | 5357.13 | 64.15 | 929.99 | 11.14 | 2064.09 | 24.72 |
| 2002 | 6178.39 | 63.86 | 1046.32 | 10.81 | 2450.33 | 25.33 |
| 2003 | 7236.54 | 64.25 | 1182.26 | 10.50 | 2844.45 | 25.25 |
| 2004 | 9017.94 | 63.95 | 1501.9 | 10.65 | 3581.97 | 25.40 |
| 2005 | 10792.11 | 64.78 | 1633.81 | 9.81 | 4232.46 | 25.41 |
| 2006 | 12784.81 | 64.57 | 1885.69 | 9.52 | 5128.71 | 25.90 |
| 2007 | 15470.23 | 63.77 | 2206.83 | 9.10 | 6582.17 | 27.13 |
| 2008 | 17996.94 | 63.84 | 2568.27 | 9.11 | 7626.39 | 27.05 |
| 2009 | 18481.22 | 57.29 | 4761.22 | 14.76 | 9013.98 | 27.94 |
| 2010 | 21093.48 | 55.04 | 6071.55 | 15.84 | 11157.91 | 29.12 |
| 2011 | 24266.63 | 54.07 | 6936.21 | 15.45 | 13679 | 30.48 |
| 2012 | 26415.51 | 52.79 | 7875.58 | 15.74 | 15747.64 | 31.47 |
| 2013 | 28810.13 | 53.08 | 8231.32 | 15.17 | 17233.02 | 31.75 |
| 2014 | 30855.36 | 53.62 | 8907.12 | 15.48 | 17781.73 | 30.90 |
| 2015 | 31109.47 | 51.03 | 10542.16 | 17.29 | 19312.84 | 31.68 |
| 2016 | 40712.08 | 65.21 | 10217.23 | 16.37 | 11501.88 | 18.42 |
| 2017 | 56378.18 | 84.65 | 10225.09 | 15.35 | 0 | 0.00 |

资料来源：根据历年《中国统计年鉴》计算。

对行为财产税内部结构进行分析，财产和行为税包括房产税、印花税、车船税和契税（见图 5 - 33）。1994 ~ 2017 年，契税的税收收入逐年增加，从 1994 年的 11.82 亿元增长至 2017 年 4910.42 亿元，增加 415 倍。2017 年，契税税收收入成为财产和行为税中收入占比最高的税种。2007 年，行为财产税收入出现第一个显著的增长，其增长原因来源于 2007 年 5 月 29 日，财政部调整证券（股票）交易印花税税率，由 1‰调整为 3‰，印花税税收收入 2006 ~ 2007 年增长了 601%，2008 年，财产行为税收入重新回归到正常增长曲线上。1994 ~ 2007 年，房产税和车船税税收收入占比均逐步下降，从 2008 年开始逐年增加，侧面反映了 2008 年政府实行的宽松财政政策对经济的影响。

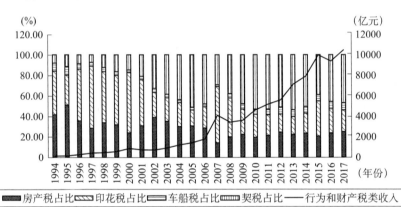

**图 5 - 33　1994 ~ 2017 年全国各项税种占总财产和行为税类收入比例**

资料来源：根据历年《中国统计年鉴》计算。

对资源税类内部结构进行分析，资源税类可进一步细化为资源税、土地增值税、城镇土地使用税和耕地占用税（见图 5 - 34）。土地增值税收入增长幅度远高于其他资源税类。1994 年，土地增值税的税收收入仅为 49.9 万元，2017 年却达到了 4911.28 亿元，实现了将近 10 万倍的增长，成为当年资源税类中收入占比最多的税种，这一税收收入上的巨大变化与土地增值税的计税依据有着密切联系。1998 年，由于政府制定了取消福利分房、按揭贷款买房等政策，房地产行业进入飞速发展阶段，居民对于房地产的需求开始爆发并快速增长。由于土地增值税的计税基础是转让国有土地使用权、地上建筑物等获得的增值额，房地产行业的飞速发展使土地增值税收入爆发式增长。

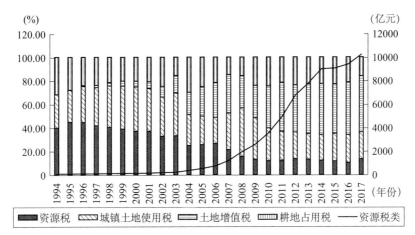

**图 5 – 34　1994 ~ 2017 年全国各项税种占资源税类收入比例**

资料来源：根据历年《中国统计年鉴》计算。

1994 ~ 2016 年，资源税税收收入在总资源税类的收入占比呈明显下降趋势，由于实施了资源税全面从价计征改革，2016 ~ 2017 年，资源税税收收入实现了 42.33% 的增长，2017 年，资源税税收收入达到了 1353.32 亿元，占 2017 年资源税类税收总收入的 13.17%。城镇土地使用税和耕地占用税的税收收入占总资源税类的比重在 24 年间均有一定幅度的下降，2010 年以来，税收收入占比开始趋于稳定，两税种税收收入占比相近。2010 ~ 2017 年，城镇土地使用税的年均税收收入占比为 23.71%，耕地占用税这一比例的数值为 22.10%。

### 5.2.2　各省份税收收入现状分析

将我国各省份按照东、中、西部划分为三个部分，本书进行研究的 23 个省份中，东部地区包括北京、河北、辽宁、上海、江苏、浙江、福建、广东和海南 9 个省（市）；中部地区包括山西、安徽、江西、河南和湖北 5 个省；西部地区包括四川、重庆、贵州、陕西、甘肃、宁夏、新疆、广西和内蒙古 9 个省（市），将各省份数据分为三个地区进行现状分析。

#### 5.2.2.1　各省份增值税收入现状分析

1994 ~ 2016 年，我国样本省份东、中、西部增值税收入存在明显差异，东部省份增值税收入明显高于中部和西部省份（见图 5 – 35）。东部省份增值税收入占全国增值税收入的比例在48.88%～63.06%之间波动，1994～2016年，年均增值税收入占比为57.72%。中部省份增值税收入占全国增值税收入最小，在9.02%～14.21%的区间波动。然而，中部地区仅包含5个样本省份，对各地区省份平均值进行比较可知，中部地区的平均省份增值税收入占比要高于西部省份，西部地区受经济发展的限制，各省份增值税收入状况弱于东部和中部省份。西部省份的增值税收入占比略高于中部省份增值税占比，在10.06%～15.58%的区间波动。

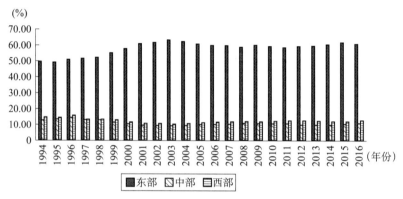

**图5－35　1994～2016年各省份增值税收入比例**

资料来源：根据历年《中国税务年鉴》和《中国统计年鉴》计算。

（1）东部地区省份增值税收入分析。

东部地区省份整体增值税收入占比较大，各省份之间有明显差距（见图5－36）。在东部地区省份中，除海南省外，其余样本省份的增值税收入占比均超过1.39%，广东省为东部地区增值税收入贡献最多的省份。1994～2016年，广东省增值税收入最多可高达同年海南省增值税收入的90倍。广东省、上海市和江苏省为东部地区增值税收入占比的前三名，三省年均增值税收入占比为11.57%。海南省、福建省和河北省为东部地区增值税收入占比最少的三个省份，三省年均增值税收入占比为2.19%。

（2）中部地区省份增值税收入分析。

中部地区各样本省份增值税收入比例较为平均，各省份增值税收入比例相差较小（见图5－37）。1994～2016年，中部地区的增值税收入呈波动下降趋势，除安徽省外，中部地区其他省份2016年增值税收入占比均小于1994年比重。中部地区河南省增值税收入最高，年均增值税占比为2.79%，约为增值税收入最少的江西省的两倍。

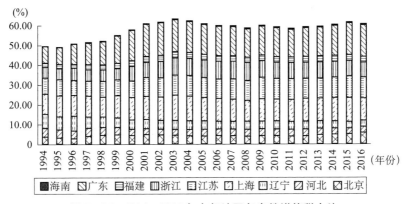

**图 5 - 36　1994 ~ 2016 年东部地区各省份增值税占比**

资料来源：根据历年《中国税务年鉴》和《中国统计年鉴》计算。

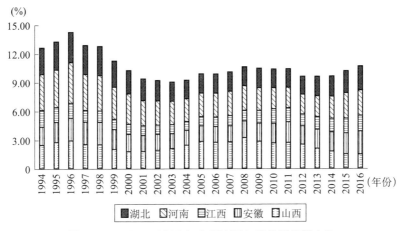

**图 5 - 37　1994 ~ 2016 年中部地区各省份增值税占比**

资料来源：根据历年《中国税务年鉴》和《中国统计年鉴》计算。

（3）西部地区省份增值税收入分析。

西部地区省份增值税收入占比相对较少，各省份之间存在一定差距（见图 5 - 38）。1994 ~ 2016 年，宁夏回族自治区增值税收入始终在西部地区省份中排名最低。四川省、陕西省和内蒙古自治区在西部地区各省份中增值税收入排名前三，陕西省和内蒙古自治区之间增值税收入差距不大。西部各省增值税收入比重变化趋势有明显不同，以 1996 年为例，1996 年西部地区增值税收入占比为样本区间内最高的一年，但重庆、甘肃、新疆和广西四个省份的增值税收入占比却低于其 2000 年的比重。

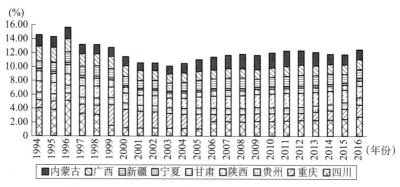

**图 5 - 38　1994～2016 年西部地区各省份增值税占比**

资料来源：根据历年《中国税务年鉴》和《中国统计年鉴》计算。

#### 5.2.2.2　各省份消费税收入现状分析

1994～2016 年，我国样本省份东、中、西部消费税收入存在明显差异，东部省份消费税收入比例大于中部和西部省份消费税占比之和（见图 5 - 39）。东部省份消费税收入占全国消费税收入的比例在 29.56%～45.70% 之间波动，中部省份消费税税收入占全国消费税收入最小，在 10.93%～14.42% 区间波动。西部省份的消费税收入占比略高于中部省份，在 13.59%～18.78% 区间波动。且仅有中部地区的消费税收入占比呈下降趋势，1994～2016 年下降 1%。1998年，样本省份消费税收入占比达到历年来最高值，消费税收入占比为 83.46%。

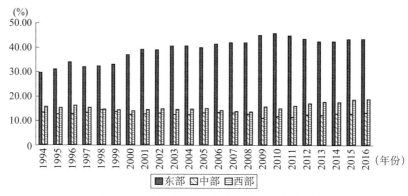

**图 5 - 39　1994～2016 年各省份消费税收入比例**

资料来源：根据历年《中国税务年鉴》和《中国统计年鉴》计算。

（1）东部地区省份消费税收入分析。

东部地区省份整体消费税收入占比较大，各省份之间占比存在较大差异

（见图 5－40）。东部地区各省份消费税收入占比差异较大，比例排名前三的广东、上海和江苏三个省市消费税收入占比之和达到了东部地区占比的 56.85%；比例排名倒数的海南、北京和河北三个省市消费税收入占比之和仅为东部地区占比的 18.92%。在东部地区省份中，除海南省外，其余样本省份的消费税收入占比均超过 1.67%，海南省 1994～2016 年消费税收入占比合计数略大于广东省 2011 年消费税收入占比。

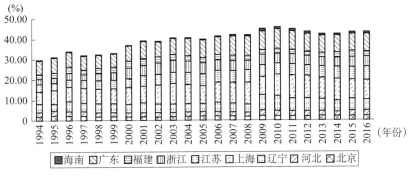

**图 5－40　1994～2016 年东部地区各省份消费税占比**

资料来源：根据历年《中国税务年鉴》和《中国统计年鉴》计算。

（2）中部地区省份消费税收入分析。

中部地区各样本省份消费税收入比例存在差异，山西省消费税收入占比为中部地区最低（见图 5－41）。1994～2016 年，中部地区的消费税收入呈波动上涨趋势，年均增长率为 15.66%。中部地区湖北省消费税税收收入最高，其 1994～2016 年消费税收入约为山西省消费税收入的 8.53 倍。只有湖北省和江西省的消费税收入占比较 1994 年收入占比增加，约为 1994 年消费税占比的 148%。

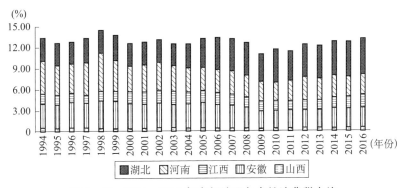

**图 5－41　1994～2016 年中部地区各省份消费税占比**

资料来源：根据历年《中国税务年鉴》和《中国统计年鉴》计算。

（3）西部地区省份消费税收入分析。

西部地区省份消费税收入占比相对较少，各省份之间存在一定差距（见图5-42）。1994~2016年，宁夏回族自治区消费税收入始终在西部地区省份中排名最低，但整体占比呈现波动上升趋势。四川省、贵州省和陕西省在西部地区省份中消费税收入排名前三，与增值税西部占比排名前三的省份不同。宁夏回族自治区作为西部地区收入占比排名倒数的省份，1994~2016年的增长幅度却是西部省份中最大的，增长了187%。

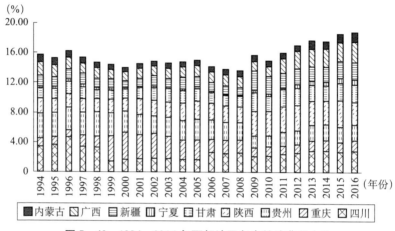

**图5-42　1994~2016年西部地区各省份消费税占比**

资料来源：根据历年《中国税务年鉴》和《中国统计年鉴》计算。

### 5.2.2.3　各省份营业税收入现状分析

1994~2016年，我国样本省份东、中、西部营业税收入存在较大差异，但该差距在逐年缩小（见图5-43）。1994年，东部省份营业税收入比例分别为中部和西部地区营业税比例的5.27倍和4.17倍，东部样本省份营业税收入占全国营业税收入的比例为55.25%。而在2016年，东部省份营业税收入比例分别缩小至中部和西部地区营业税比例的3.68倍和3.37倍，东部样本省份营业税收入占全国营业税收入的比例缩小至53.51%。相较于东部地区营业税收入比例的逐年缩小，1994~2016年，中部和西部地区营业税收入占比近年来出现了先降低再增加的趋势，并分别于2016年和2013年达到了近年来的营业税收入占比最高值，占全国营业税收入比重的14.53%和18.43%。

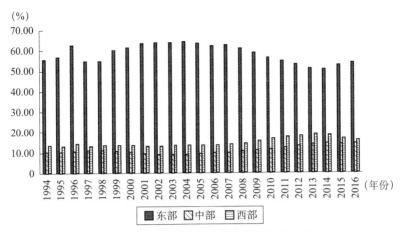

**图 5 - 43 1994 ~ 2016 年各省份营业税收入比例**

资料来源：根据历年《中国税务年鉴》和《中国统计年鉴》计算。

（1）东部地区省份营业税收入分析。

东部地区省份整体营业税收入占比波动较大，2014 年为东部地区营业税收入占比最低点（见图 5 - 44）。广东省、北京市、上海市为东部地区营业税占比排名前三的省份。排名前四的省份中，只有江苏省的营业收入占比呈现上升趋势，2016 年营业税收入占比为 1994 年的 2.61 倍。辽宁省、海南省和广东省营业税收入占比下降趋势明显，2016 年分别下降了 62.27%、49.24% 和 35.39%。除海南省外，其余样本省份的营业税收入占比均超过 2.29%。

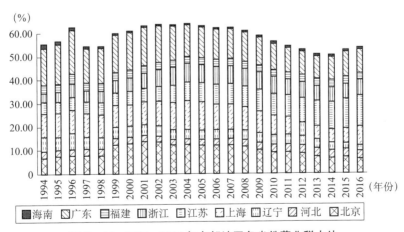

**图 5 - 44 1994 ~ 2016 年东部地区各省份营业税占比**

资料来源：根据历年《中国税务年鉴》和《中国统计年鉴》计算。

（2）中部地区省份营业税收入分析。

中部地区各样本省份营业税收入占比波动较大，各省占比无明显差异（见图 5 - 45）。1994 ~ 2016 年，中部地区的营业税收入呈波动上涨趋势，年均增长率为 16.69%。中部地区河南省营业税收入最高，1994 ~ 2016 年营业税收入约为山西省营业税收入的 1.77 倍。江西省营业税收入占比增长幅度最大，2016 年营业税收入占比相较于 1994 年上涨了 174%。

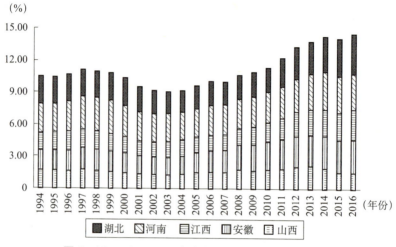

**图 5 - 45　1994 ~ 2016 年中部地区各省份营业税占比**

资料来源：根据历年《中国税务年鉴》和《中国统计年鉴》计算。

（3）西部地区省份营业税收入分析。

西部地区各省份营业税收入占比相对较少，各省份之间存在一定差距（见图 5 - 46）。1994 ~ 2016 年，宁夏回族自治区营业税收入始终在西部地区省份中排名最低，但整体占比呈逐年上升趋势。四川省、重庆市和陕西省在西部地区各省份中营业税收入排名前三，但四川省和重庆市 1994 ~ 2016 年营业税收入占比波动较大，二者波动幅度不一，陕西省的营业税收入占比保持稳定。宁夏回族自治区、甘肃省、贵州省作为西部地区收入占比排名倒数的三个省份，1994 ~ 2016 年营业税总占比约为四川省的营业税收入占比的 77%。

5.2.2.4　各省份企业所得税收入现状分析

1994 ~ 2016 年，我国样本省份东、中、西部企业所得税收入占比逐年增加，东、中、西部企业所得税占比差距逐步扩大（见图 5 - 47）。我国样本省份的整体企业所得税占比由 1994 年的 58.71% 增长至 2016 年的 88.09%，增

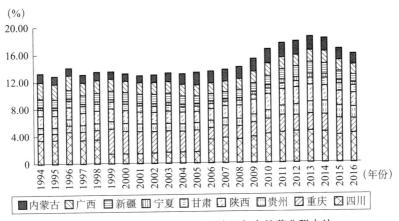

**图 5 - 46  1994 ~ 2016 年西部地区各省份营业税占比**

资料来源：根据历年《中国税务年鉴》和《中国统计年鉴》计算。

长 29%。1994 年，东部省份企业所得税收入比例分别为中部和西部地区企业所得税比重的 4.34 倍和 5 倍，东部地区样本省份企业所得税收入占全国企业所得税收入的 41.40%。2016 年，东部省份企业所得税收入比例扩大至中部和西部地区比例的 7.39 倍和 7.12 倍，东部样本省份企业所得税收入占全国企业所得税收入的比例增长至 69.04%。相较于东部地区企业所得税收入比例的明显增长，1994 ~ 2016 年，中部地区企业所得税收入占比变化不大，由 1994 年占总企业所得税收入的 9.46% 减少至 2016 年的 9.34%，变动 0.13%。而西部地区企业所得税收入占比出现了小范围的波动趋势，2012 年企业所得税收入占比达到了近年来的最高值，占全国企业所得税收入的 11.79%。

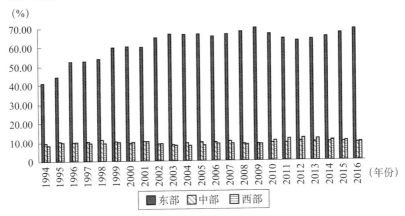

**图 5 - 47  1994 ~ 2016 年各省份企业所得税收入比例**

资料来源：根据历年《中国税务年鉴》和《中国统计年鉴》计算。

（1）东部地区省份企业所得税收入分析。

东部地区省份整体企业所得税收入占比波动较大，1994～2016年，整体上东部占比呈上升趋势（见图5-48）。北京市、广东省、上海市为东部地区企业所得税占比排名前三的省份，其中，北京市的企业所得税收入占比远高于广东省和上海市，年均企业所得税收入占比为17.97%。1994～2016年，北京市、广东省和江苏省的企业所得税收入占比增长明显，较1994年分别增长了2.15倍、1.33倍和1.12倍。辽宁省、河北省和海南省的企业所得税收入占比在23年间不增反降，辽宁省减幅最大，2016年的占比小于1994年占比的一半。海南省、福建省、河北省为东部地区企业所得税收入占比最少的三个省份，且除海南省和福建省外，其余东部沿海省份的企业所得税年均收入占比均超过6.5%。

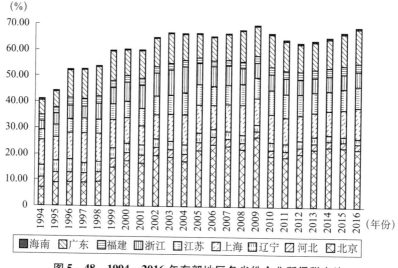

图5-48  1994～2016年东部地区各省份企业所得税占比

资料来源：根据历年《中国税务年鉴》和《中国统计年鉴》计算。

（2）中部地区省份企业所得税收入分析。

中部地区各样本省份企业所得税收入占比波动较大，各省份占比也有相应的波动（见图5-49）。1994～2016年，中部地区的企业所得税收入占比波动较大，但始终在9.7%上下波动。中部地区省份中，河南省企业所得税收入最高，1994～2016年，企业所得税收入约为江西省企业所得税收入的2.61倍。山西省企业所得税收入占比减小幅度最大，2016年企业所得税收入占比为1994年的51.16%。

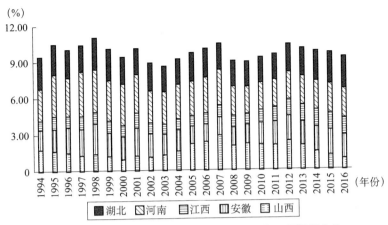

**图 5 - 49　1994 ~ 2016 年中部地区各省份企业所得税占比**

资料来源：根据历年《中国税务年鉴》和《中国统计年鉴》计算。

（3）西部地区省份企业所得税收入分析。

西部地区省份企业所得税收入占比相对较少，个别省份占比波动较大（见图 5 - 50）。1994 ~ 2016 年，宁夏回族自治区企业所得税收入始终在西部地区省份中排名最低，但整体占比变化不大。四川省、重庆市和陕西省在西部地区省份中企业所得收入排名前三，但 1994 ~ 2016 年，重庆市企业所得税收入占比波动较大，23 年间增长 213.9%，四川省和陕西省的企业所得税收入占比保持稳定。仅甘肃省和广西壮族自治区的企业所得税占比在 1994 ~ 2016 年呈下降趋势，分别为 1994 年企业所得税占比的 56.91% 和 66.87%。

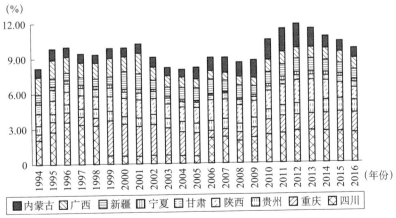

**图 5 - 50　1994 ~ 2016 年西部地区各省份企业所得税占比**

资料来源：根据历年《中国税务年鉴》和《中国统计年鉴》计算。

5.2.2.5　各省份个人所得税收入现状分析

1994～2016 年，我国样本省份东、中、西部个人所得税收入占比波动不大，西部地区省份个人所得税占比呈波动上升趋势（见图 5－51）。我国样本省份的整体个人所得税占比由 1994 年 80.58% 增长至 2016 年的 94.55%，增长 14%。东部地区个人所得税收入比例变化最小，在 58.27%～72.75% 之间波动。2016 年，中部地区个人所得税收入占比为 23 年来最低值，是最大值1998 年的 63.89%。西部地区个人所得税收入占比呈上升趋势，从 1994 年的9.59% 升高至 2016 年的 11.53%，增长率为 120%。

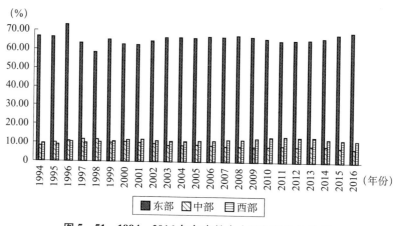

图 5－51　1994～2016 年各省份个人所得税收入比例
资料来源：根据历年《中国税务年鉴》和《中国统计年鉴》计算。

（1）东部地区省份个人所得税收入分析。

东部地区省份整体个人所得税收入占比较大，1994～2016 年，整体东部占比变化较小（见图 5－52）。广东省、上海市、北京市为东部地区个人所得税占比排名前三的省份，其中，广东省的个人所得税收入占比远高于上海市和北京市，年均个人所得税收入占比为 15.35%。1994～2016 年，江苏省的个人所得税收入占比增长明显，较 1994 年增长了 1.42 倍。辽宁省的个人所得税收入占比 23 年间变化最为突出，从 1994 年的 5.37% 下降至 2016 年的1.19%。除海南省外，其余东部各省份的个人所得税收入占比均超过 1.77%。海南省、河北省和福建省作为东部地区个人所得税收入占比最少的三个省份，个人所得税收入占比仅为东部地区省份的 11.44%。

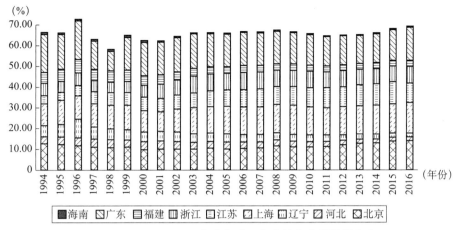

**图 5 - 52　1994～2016 年东部地区各省份个人所得税占比**

资料来源：根据历年《中国税务年鉴》和《中国统计年鉴》计算。

（2）中部地区省份个人所得税收入分析。

中部地区各样本省份个人所得税收入占比波动较大，1994～2016 年呈现先增加后减少的变化趋势（见图 5 - 53）。1994～2016 年，中部地区的个人所得税收入占比波动较大，2008 年之后占比趋于平稳，在 8.3% 上下波动。中部地区省份中，江西省个人所得税收入占比最低，1994～2016 年，个人所得税收入占比约为河南省个人所得税收入的一半。山西省个人所得税收入占比减小幅度最大，2016 年个人所得税收入占比为 1994 年的 43.10%。

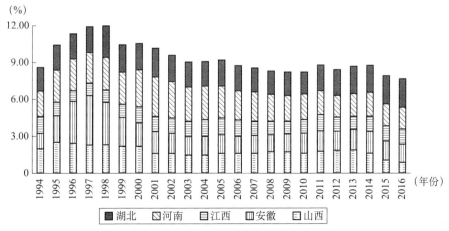

**图 5 - 53　1994～2016 年中部地区各省份个人所得税占比**

资料来源：根据历年《中国税务年鉴》和《中国统计年鉴》计算。

（3）西部地区省份个人所得税收入分析。

西部地区省份个人所得税收入占比相对较少，1994~2016 年整体占比呈波动上升趋势（见图 5-54）。宁夏回族自治区个人所得税收入始终在西部地区省份中排名最低，但整体占比变化不大。四川省、重庆市和广西壮族自治区在西部地区省份中个人所得收入排名前三。内蒙古自治区是 1994~2016 年个人所得税收入占比增幅最大的西部省份，23 年间增长 121.65%，而广西壮族自治区、宁夏回族自治区和甘肃省的个人所得税占比在 1994~2016 年呈下降趋势，分别为 1994 年的 62.89%、81.09% 和 83.15%。

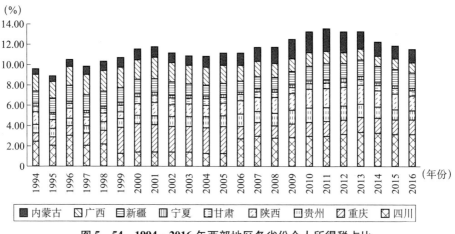

**图 5-54　1994~2016 年西部地区各省份个人所得税占比**

资料来源：根据历年《中国税务年鉴》和《中国统计年鉴》计算。

### 5.2.2.6　各省份直接税和间接税收入现状分析

我国样本省份东、中、西部直接税和间接税收入存在明显差异，东部省份占比明显高于中部和西部省份。将各省份税收收入划分为直接税和间接税分类进行分析，由表 5-5 可知，我国直接税收入占比在 1994~2016 年逐年增长，而间接税收入占比则出现逐年下降趋势。从直接税来看，1994~2016 年，各地区省份的直接税占比均呈现波动上升趋势，东部地区省份增长幅度最大，从 1994 年的 8.39% 增长至 2016 年的 21.73%；中部地区省份的直接税占比增长幅度最小，2016 年的直接税收入占比约为 1994 年的 1.88 倍。从间接税来看，各地区省份的间接税占比 1994~2016 年均呈现波动下降趋势，中部地区省份占比减少幅度最大，从 1994 年的 9.76% 下降至 2016 年的 6.80%；东部地区省份的间接税占比减少幅度最小，2016 年的间接税收入占比约为 1994 年的 87.16% 。

表 5 - 5    1994 ~ 2016 年我国直接税和间接税收入占总税收收入比例

单位:%

| 年份 | 东部 | | 中部 | | 西部 | | 合计 |
|------|------|------|------|------|------|------|------|
| | 直接税 | 间接税 | 直接税 | 间接税 | 直接税 | 间接税 | |
| 1994 | 8.39 | 37.01 | 1.68 | 9.76 | 1.57 | 11.34 | 69.75 |
| 1995 | 9.90 | 36.83 | 1.97 | 9.77 | 1.92 | 10.89 | 71.29 |
| 1996 | 11.83 | 37.99 | 1.95 | 9.92 | 2.03 | 11.46 | 75.18 |
| 1997 | 10.96 | 36.95 | 1.93 | 9.52 | 1.83 | 10.17 | 71.36 |
| 1998 | 10.96 | 38.11 | 1.91 | 9.72 | 1.76 | 10.43 | 72.89 |
| 1999 | 12.52 | 39.97 | 1.90 | 8.77 | 1.95 | 10.03 | 75.14 |
| 2000 | 14.74 | 39.89 | 2.10 | 7.67 | 2.31 | 8.82 | 75.52 |
| 2001 | 16.63 | 40.84 | 2.46 | 6.88 | 2.64 | 8.06 | 77.50 |
| 2002 | 16.84 | 42.57 | 2.13 | 7.01 | 2.32 | 8.36 | 79.23 |
| 2003 | 17.38 | 44.84 | 2.13 | 7.07 | 2.25 | 8.38 | 82.05 |
| 2004 | 17.51 | 43.09 | 2.24 | 6.96 | 2.25 | 8.32 | 80.37 |
| 2005 | 18.91 | 41.33 | 2.54 | 7.26 | 2.50 | 8.45 | 81.00 |
| 2006 | 19.04 | 40.14 | 2.67 | 7.20 | 2.67 | 8.48 | 80.20 |
| 2007 | 19.72 | 37.58 | 2.78 | 6.80 | 2.76 | 8.09 | 77.74 |
| 2008 | 20.70 | 36.83 | 2.81 | 7.12 | 2.96 | 8.20 | 78.63 |
| 2009 | 20.05 | 38.11 | 2.67 | 7.26 | 2.93 | 8.87 | 79.88 |
| 2010 | 19.17 | 37.32 | 2.79 | 7.31 | 3.33 | 9.19 | 79.11 |
| 2011 | 19.53 | 35.72 | 3.00 | 7.21 | 3.73 | 9.32 | 78.51 |
| 2012 | 18.03 | 34.15 | 3.02 | 6.86 | 3.59 | 9.11 | 74.75 |
| 2013 | 18.63 | 32.98 | 3.15 | 6.78 | 3.67 | 8.97 | 74.18 |
| 2014 | 19.39 | 32.42 | 3.16 | 6.75 | 3.62 | 8.61 | 73.95 |
| 2015 | 20.23 | 32.17 | 3.10 | 6.85 | 3.58 | 8.37 | 74.30 |
| 2016 | 21.73 | 32.25 | 3.14 | 6.80 | 3.56 | 8.18 | 75.67 |

资料来源：根据历年《中国税务年鉴》和《中国统计年鉴》计算。

（1）东部地区省份直接税和间接税收入分析。

东部地区省份直接税占比整体呈明显上升趋势，间接税收入占比则先增长后下降（见图 5 - 55 和图 5 - 56）。1994 ~ 2016 年，直接税收入占总税收收入比重最大的省份分别为北京市、广东省和上海市，三省份直接税收入占比之和为整个东部地区的 61.40%；直接税占比最小的省份为海南省、河北省和福建省，三省份直接税收入占比之和小于整个东部地区省份占比的平均值 42.53% 。

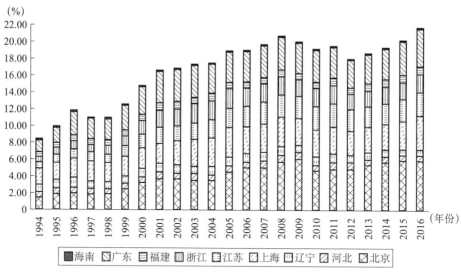

**图 5 - 55　1994 ~ 2016 年东部地区各省份直接税占比**

资料来源：根据历年《中国税务年鉴》和《中国统计年鉴》计算。

1994 ~ 2016 年，间接税收入占总税收收入比重最大的省份分别为广东省、上海市和江苏省，三省份间接税收入占比之和为整个东部地区的 57. 55% ；间接税占比最小的省份为海南省、福建省和河北省，三省份直接税收入占比之和约为广东省间接税收入占比的一半。

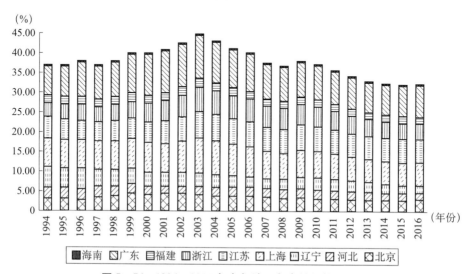

**图 5 - 56　1994 ~ 2016 年东部地区各省份间接税占比**

资料来源：根据历年《中国税务年鉴》和《中国统计年鉴》计算。

（2）中部地区省份直接税和间接税收入分析。

中部地区省份直接税占比整体呈平缓上升趋势，间接税收入占比则平缓下降（见图5–57和图5–58）。中部地区中无论是直接税还是间接税，河南省占比都为中部省份中最高，江西省为中部省份中最低，其余省份占比相差不大。除山西省外，其余中部地区省份直接税占比近年来均有一定程度的增长，江西省增长幅度最大，增长214.30%；而中部地区各省份间接税1994～2016年占比均呈现下降态势。

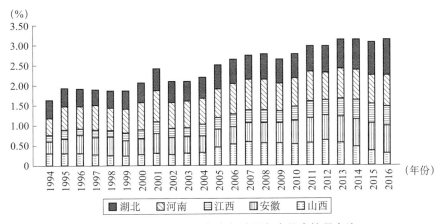

**图5–57 1994～2016年中部地区各省份直接税占比**

资料来源：根据历年《中国税务年鉴》和《中国统计年鉴》计算。

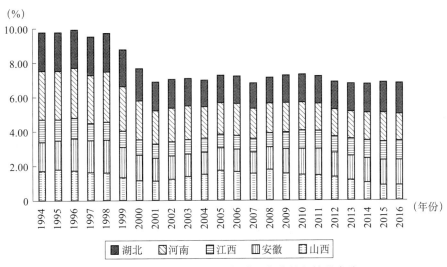

**图5–58 1994～2016年中部地区各省份间接税占比**

资料来源：根据历年《中国税务年鉴》和《中国统计年鉴》计算。

（3）西部地区省份直接税和间接税收入分析。

西部地区省份直接税占比整体呈波动上升趋势，间接税收入占比则平缓下降（见图5–59和图5–60）。西部地区无论是直接税还是间接税，四川省占比都为西部省份中最高的，宁夏回族自治区为中部省份中最低的，其余省份占比相差不大。西部地区各省直接税占比1994～2016年均有不同程度的增长，重庆市增长幅度最大，增长372.36%；大部分西部省份的间接税占比23年间均出现不同程度的下降，然而，重庆和宁夏回族自治区的间接税收入占比却没有下降。

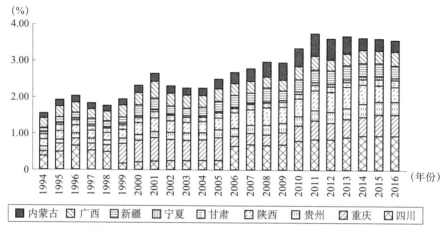

**图5–59　1994～2016年西部地区各省份直接税占比**

资料来源：根据历年《中国税务年鉴》和《中国统计年鉴》计算。

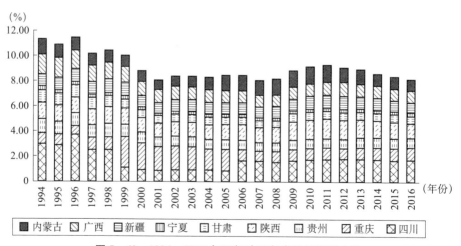

**图5–60　1994～2016年西部地区各省份间接税占比**

资料来源：根据历年《中国税务年鉴》和《中国统计年鉴》计算。

5.2.2.7　各省份流转税收入现状分析

1994～2016 年，我国样本省份东、中、西部流转税收入占比存在明显差异，东部省份流转税收入比例大于中部和西部省份流转税占比之和（见图 5－61）。东部省份流转税收入占全国流转税收入的比例在 47.57%～61.19% 之间波动，中部省份流转税收入占全国流转税收入比例最小，在 9.32%～13.13% 的区间波动。西部省份的流转税收入占比略高于中部省份，在 11.09%～15.29% 的区间波动。且仅有东部地区的流转税收入占比呈上升趋势，1994～2016 年上涨 20%，中部和西部省份 23 年间流转税收入占比均有小幅度的下降。

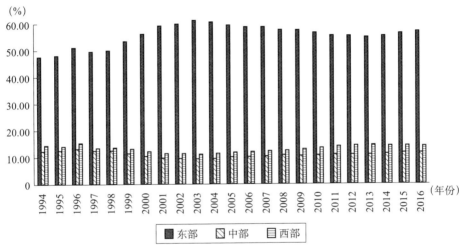

**图 5－61　1994～2016 年各省份流转税收入比例**

资料来源：根据历年《中国税务年鉴》和《中国统计年鉴》计算。

（1）东部地区省份流转税收入分析。

东部地区省份整体流转税收入占比较大，东部地区各省份流转税收入占比差异较大（见图 5－62）。广东省、上海市和江苏省在东部省份流转税收入占比排名前三，占比之和达到了东部地区占比的 58.13%；比例排名倒数的海南省、福建省和河北省流转税收入占比之和仅为广东省收入占比的一半。在东部地区省份中，除海南省外，其余样本省份的流转税收入占比均超过 2.43%，海南省 1994～2016 年流转税收入占比合计数小于广东省 2003～2005 年每一年的流转税收入占比。

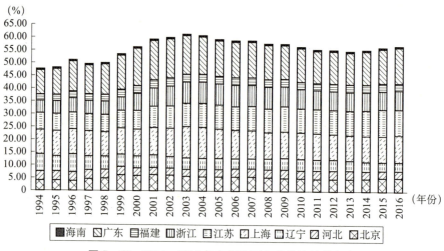

**图5－62　1994～2016年东部地区各省份流转税占比**

资料来源：根据历年《中国税务年鉴》和《中国统计年鉴》计算。

（2）中部地区省份流转税收入分析。

中部地区各样本省份流转税收入占比呈波动变化，各省份之间占比差异较小（见图5－63）。1994～2016年，中部地区的流转税收入呈波动变化，2016年流转税收入占比与1994年占比基本持平。河南省和江西省为中部地区流转税收入占比最高和最低的省份，1994～2016年，河南省流转税收入占比之和约为江西省占比的2倍，中部地区省份之间流转税收入占比差距较小。

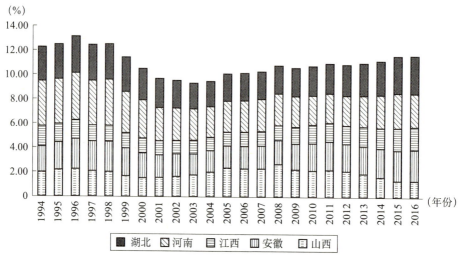

**图5－63　1994～2016年中部地区各省份流转税占比**

资料来源：根据历年《中国税务年鉴》和《中国统计年鉴》计算。

（3）西部地区省份流转税收入分析。

西部地区省份流转税收入占比相对较少，各省份之间存在一定差距（见图5－64）。1994～2016年，宁夏回族自治区流转税收入始终在西部地区省份中排名最低；四川省、陕西省和重庆市在西部地区各省份中流转税总收入排名前三，宁夏回族自治区流转税收入占比约为四川省的12.90%。

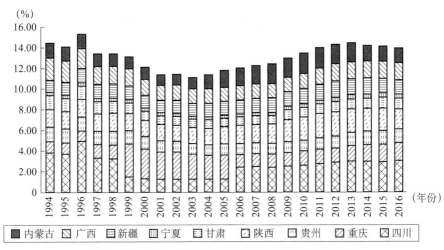

图5－64　1994～2016年西部地区各省份流转税占比

资料来源：根据历年《中国税务年鉴》和《中国统计年鉴》计算。

#### 5.2.2.8　各省份所得税收入现状分析

我国样本省份东、中、西部所得税收入存在较大差异，但差距在逐年扩大（见图5－65）。1994年，东部省份所得税收入比例分别为中部和西部地区所得税比例的5.19倍和5.77倍，东部样本省份所得税收入占全国所得税收入比例的46.19%。2016年，东部省份所得税收入比例分别扩大至中部和西部地区所得税比例的7.76倍和6.69倍，东部样本省份所得税收入占全国所得税收入的比例扩大至69.11%。相较于东部和西部地区所得税收入的比例逐年增加，1994～2016年，中部地区所得税收入占比变化不大，维持在相对稳定的状态。

（1）东部地区省份所得税收入分析。

东部地区省份整体所得税收入占比较大，1994～2016年呈波动上升趋势（见图5－66）。北京市、广东省和上海市为东部地区所得税占比排名前三的省份，1994～2016年，北京市所得税收入占比增速最快，为1994年占比的2.43

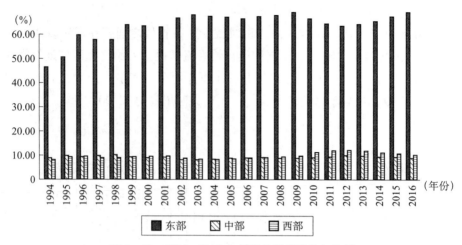

**图 5 - 65　1994～2016 年各省份所得税收入比例**

资料来源：根据历年《中国税务年鉴》和《中国统计年鉴》计算。

倍。辽宁省和河北省所得税收入占比下降趋势明显，2016 年分别下降了 56.23%
和 40.81%。除海南省外，其余样本省份的所得税收入占比均超过 1.99%。

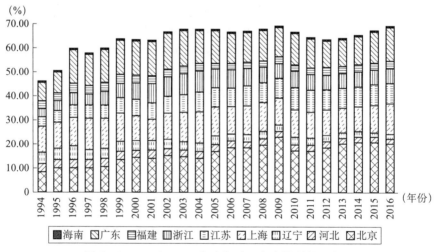

**图 5 - 66　1994～2016 年东部地区各省份所得税占比**

资料来源：根据历年《中国税务年鉴》和《中国统计年鉴》计算。

（2）中部地区省份所得税收入分析。

中部地区省份所得税收入占比波动较大，各省份所得税占比无较大差异
（见图 5 - 67）。1994～2016 年，中部地区的总所得税收入占比在 9.2% 上下波
动；除山西省和河南省外，其余中部地区省份占比呈波动上涨趋势，江西省增

长幅度最大，2016 年所得税收入占比为 1994 年占比的 1.68 倍。中部地区省份所得税年均收入占比在 1.06% ~2.59% 的区间，各省所得税占比差异较小。

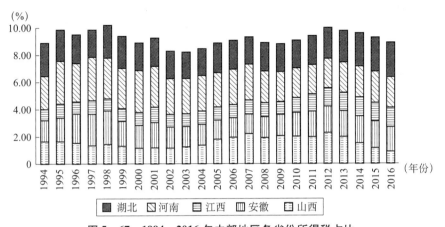

**图 5 - 67　1994 ~ 2016 年中部地区各省份所得税占比**

资料来源：根据历年《中国税务年鉴》和《中国统计年鉴》计算。

（3）西部地区省份所得税收入分析。

西部地区省份所得税收入占比相对较少，1994 ~ 2016 年，总占比呈波动上涨趋势（见图 5 - 68）。除甘肃省和广西壮族自治区外，其余西部省份 1994 ~ 2016 年的所得税收入占比均出现一定程度的增加，重庆市涨幅最为明显，2016 年所得税收入占比较 1994 年增加 1.88 倍。西部省份的所得税收入占比差异较大，西部省份中年均所得税收入占比最高的四川省约为收入占比最低的宁夏回族自治区的 9 倍。

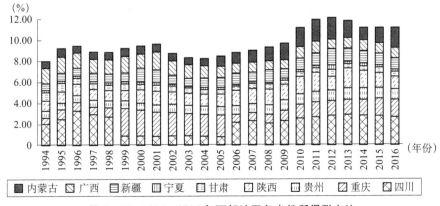

**图 5 - 68　1994 ~ 2016 年西部地区各省份所得税占比**

资料来源：根据历年《中国税务年鉴》和《中国统计年鉴》计算。

5.2.2.9 各省份财产行为税收入现状分析

1994～2016 年，我国样本省份东、中、西部财产行为税收入占比呈波动变化，各地区变化方向不同（见图 5-69）。我国样本省份的整体财产行为税占比有一定的波动变化，在 87% 的比例上下波动。东部省份财产行为税收入比例从 1994 年的 67.59% 下降至 2016 年的 58.67%；中部省份则从 1994 年的 8.87% 增长至 2016 年的 12.18%；西部省份财产行为税 23 年间也有一定程度的增长，2016 年财产行为税收入占比较 1994 年增长 34.01%。

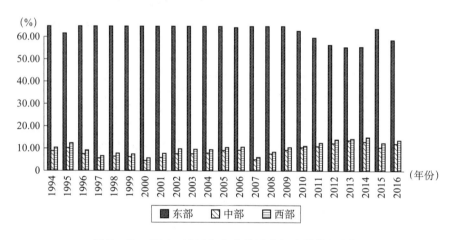

图 5-69　1994～2016 年各省份财产行为税收入比例

资料来源：根据历年《中国税务年鉴》和《中国统计年鉴》计算。

（1）东部地区省份财产行为税收入分析。

东部地区省份整体财产行为税收入占比波动较大，1994～2016 年，整体东部占比呈波动下降趋势（见图 5-70）。广东省、上海市、江苏省为东部地区财产行为税占比排名前三的省份，其中，上海市 2016 年的财产行为税占比较 1994 年呈下降趋势，下降了 59.64%。浙江省、江苏省、北京市 1994～2016 年的财产行为税收入占比增长明显，较 1994 年分别增长了 1.09 倍、0.82 倍和 0.30 倍。东部地区省份中，辽宁省和上海市行为财产税的占比在 23 年间下降较为明显，其余东部地区省份占比在近 23 年间无明显变化。

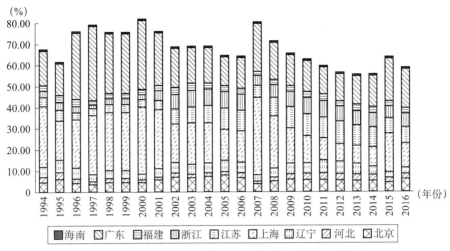

**图 5 - 70  1994 ~ 2016 年东部地区各省份财产行为税占比**

资料来源：根据历年《中国税务年鉴》和《中国统计年鉴》计算。

（2）中部地区省份财产行为税收入分析。

中部地区省份财产行为税收入占比呈波动上升趋势，各省份财产行为税收入占比也有相应的波动（见图 5 - 71）。1994 ~ 2016 年，中部地区的财产行为税收入占比波动较大，安徽省和河南省是形成波动的主要原因。中部地区省份中，河南省财产行为税收入占比最高，1994 ~ 2016 年，财产行为税收入占比约为山西省的 2.21 倍。

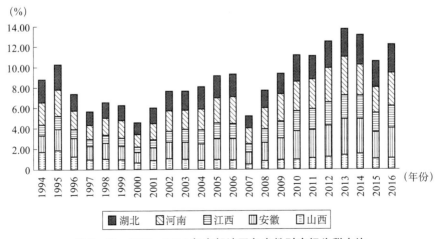

**图 5 - 71  1994 ~ 2016 年中部地区各省份财产行为税占比**

资料来源：根据历年《中国税务年鉴》和《中国统计年鉴》计算。

（3）西部地区省份财产行为税收入分析。

西部地区省份财产行为税收入占比相对较小，整体财产行为税占比呈上升趋势（见图5-72）。除陕西省和甘肃省外，其余西部地区省份1994~2016年财产行为税均呈现上升趋势，贵州省增长幅度最大，2016年财产行为税占比是1994年的2.46倍。四川省、重庆市和陕西省在西部地区各省份中财产行为税占比排名前三，四川省和重庆市财产行为税占比均有一定幅度的增长。宁夏回族自治区财产行为税占比在西部地区中最少，1994~2016年，财产行为税总占比约为四川省总占比的1/10。

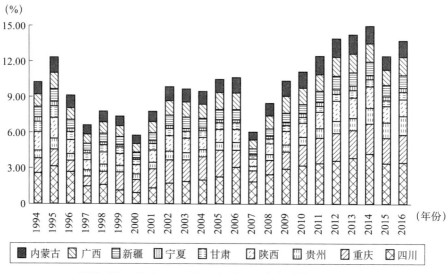

**图5-72　1994~2016年西部地区各省份财产行为税占比**

资料来源：根据历年《中国税务年鉴》和《中国统计年鉴》计算。

### 5.2.2.10　各省份资源税类收入现状分析

1994~2016年，我国样本省份东、中、西部资源税类收入占比均呈现波动上升趋势，西部地区省份占比增幅最大（见图5-73）。我国样本省份的整体资源税类收入占比由1994年56.85%增长至2016年的80.08%，增长23%。中部省份资源税类收入比例变化最小，在13.74%~18.44%之间波动。东部地区资源税类收入占比于1994年达到23年来最低值，是最大值2011年的60.04%。西部地区的资源税类收入占比上升趋势最为明显，2016年资源税类收入占比较1994年增长72.06%。

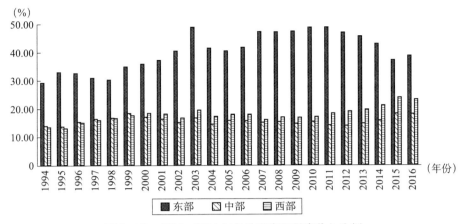

**图 5 - 73　1994 ~ 2016 年各地区资源税类收入比例**

资料来源：根据历年《中国税务年鉴》和《中国统计年鉴》计算。

（1）东部地区省份资源税类收入分析。

东部地区省份整体资源税类收入占比较大，但其占比的变化较小（见图 5 - 74）。辽宁省、广东省和江苏省为东部地区资源税类占比排名前三的省份，其中，辽宁省的资源税类收入占比呈波动下降趋势。东部省份中，除海南省外，其余省份年均资源税类收入占比均超过 2.4%，但海南省 1994 ~ 2016 年占比增速是东部省份中最快的。2003 年为东部地区资源税类占比近年来最高，浙江省和江苏省的资源税类收入占比都出现了明显的增长，分别较 2002 年资源税类收入占比增长了 51.65% 和 58.70%。

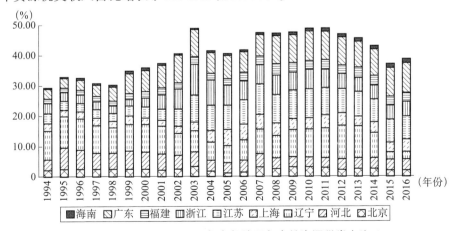

**图 5 - 74　1994 ~ 2016 年东部地区各省份资源税类占比**

资料来源：根据历年《中国税务年鉴》和《中国统计年鉴》计算。

（2）中部地区省份资源税类收入分析。

中部地区省份整体资源税类收入占比波动较大，1994～2016年呈现倒S型变化趋势，在15.75%上下波动（见图5-75）。中部地区省份中，江西省资源税类收入占比最低，1994～2016年，总资源税收入占比约为河南省占比的一半，但江西省同样是中部地区资源税类收入占比增幅最大的省份，2016年较1994年增长约1.7倍。中部地区省份中仅有山西省资源税类收入呈现逐年下降趋势，2016年资源税类收入占比为1994年的43.84%。

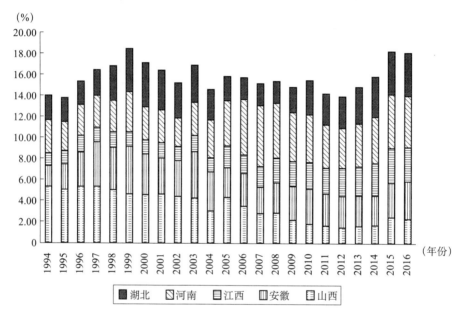

**图5-75　1994～2016年中部地区各省份资源税类占比**

资料来源：根据历年《中国税务年鉴》和《中国统计年鉴》计算。

（3）西部地区省份资源税类收入分析。

1994～2016年，西部地区省份资源税类收入占比明显上升，整体占比增速大于东部和中部地区，呈波动上升趋势（见图5-76）。宁夏回族自治区资源税类收入始终在西部地区省份中排名最低，但较1994年数据已经有了相对提高。内蒙古自治区、四川省和重庆市为西部地区资源税类占比最高的省份，且除甘肃省外，其余西部地区省份1994～2016年资源税类收入占比均有不同程度的上升，平均增幅达到97.24%。

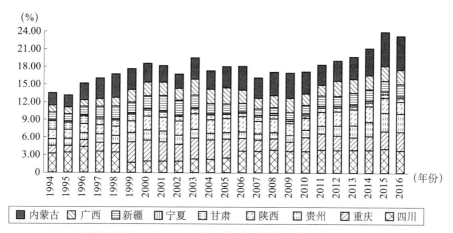

图 5 - 76　1994 ~ 2016 年西部地区各省份资源税类占比

资料来源：根据历年《中国税务年鉴》和《中国统计年鉴》计算。

# 第6章

# 财政支出影响居民收入差距的实证分析

本章首先对财政支出影响居民收入差距的实证模型进行了设计。然后在全国、城镇居民以及农村居民三个视角下，分别对非民生财政支出、民生财政支出、民生财政支出结构收入分配效应进行实证分析。相对于非民生财政支出，民生财政支出可以缩小居民收入分配差距。在民生财政支出结构中，医疗卫生支出、农林水支出、教育支出会缩小居民收入分配差距。最后对不同视角下的实证情况进行总结，并提出三条政策启示：保持民生财政支出的稳定增长；增加医疗卫生支出，特别是加大对于农村医疗卫生的支持力度；增加农林水支出，优先保障农村地区资金支持。

## 6.1 实证设计、描述性统计及平稳性检验

### 6.1.1 实证设计

#### 6.1.1.1 变量选取及数据来源

本章选用收入分配作为被解释变量，各项财政支出作为解释变量，用来衡量对收入差距的影响。在控制变量方面，基于本书第2章理论分析中关于影响收入分配因素的研究，本章以经济发展水平、开放水平、城市发展水平、固定资产投资力度、产业发展水平、物价水平和就业水平为指标，反映对收入分配的影响。其中，经济发展水平用人均 GDP 衡量，开放水平用对外开放程度衡量，城市发展水平用城镇化率衡量，固定资产投资力度用政府投资衡量，产业发展水平用产业结构衡量，物价水平和就业水平分别用物价指数和

失业率衡量。数据来源于《国家统计局》、各省份统计年鉴以及 Wind 数据库。具体变量描述和计算方式如表 6 - 1 所示。

表 6 - 1　　　　　　　　　　变量描述和计算方式

| 变量（符号） | 描述和计算方式 |
| --- | --- |
| 收入分配（WD） | 用基尼系数表示 |
| 人均 GDP（gdp） | 用人均 GDP 表示，取 ln |
| 非民生财政支出（fms） | 用政府总财政支出减教育支出、医疗卫生支出、社会保障支出、农林水支出、科技支出后的余额占人均 GDP 的比重表示 |
| 民生财政支出（ms） | 用教育支出、医疗卫生支出、社会保障支出、农林水支出、科技支出之和占人均 GDP 的比重表示 |
| 对外开放程度（open） | 用进出口总额占人均 GDP 的比重表示 |
| 城镇化率（city） | 用城镇人口占总人口的比重表示 |
| 政府投资（tz） | 用全社会固定资产投资完成额占人均 GDP 的比重表示 |
| 产业结构（cyjg） | 用第三产业增加值占第二产业增加值的比重表示 |
| 教育支出（ed） | 用教育支出占人均 GDP 的比重表示 |
| 医疗卫生支出（me） | 用医疗卫生支出占人均 GDP 的比重表示 |
| 社会保障支出（ss） | 用社会保障支出占人均 GDP 的比重表示 |
| 科技支出（tc） | 用科技支出占人均 GDP 的比重表示 |
| 农林水支出（zn） | 用农林水支出占人均 GDP 的比重表示 |
| 物价指数（cpi） | 用居民消费价格指数减 100 |
| 失业率（syl） | 用失业率表示 |

### 6.1.1.2　模型设定

在实证设计中，本章从全国居民、城镇居民、农村居民三个视角，检验各项财政支出对收入分配的影响。

首先，全国居民视角下的财政支出对收入分配影响的模型设定。在全国居民视角下，实证部分选用 1990 ~ 2017 年的时间序列数据，基于上述变量和前面影响因素，构建多元回归模型，并引入不同控制变量，采用 OLS 方法回归。基准模型构建如下：

$$WD_t = \alpha_0 + \alpha_1 X_t + \sum \beta Z_t + \varepsilon_t \qquad (6-1)$$

其中，变量 $WD_t$ 表示全国居民收入分配，2002 ~ 2017 年数据由《国家统计局》给出，1990 ~ 2001 年数据来源于《中国居民收入分配年度报告(2011)》。变量 $X_t$ 代表各项财政支出，变量 $Z_t$ 代表各项控制变量，$\alpha_0$ 为常数项，$\alpha_1$ 为财政支出的系数项，$\beta$ 表示各控制变量系数项。

由第 4 章和第 5 章内容可知，我国各省份财政支出以及收入分配存在较大差异，所以单以时间序列模型回归，不能完全刻画出各省份之间的差异，更难从省级层面检验出城乡之间财政支出对收入分配影响的差异性，从而难以探寻财政支出对收入分配效应影响的内在机制与规律。为更好地考察财政支出对收入分配的影响，本章在全国整体时间序列实证分析的基础上，进一步以省级面板数据构建实证模型，从城镇居民和农村居民两个视角，论证财政支出对收入分配的影响，以期发现财政支出对收入分配影响的城乡差异性。

其次，城镇居民视角下的财政支出对收入分配影响的模型设定。从第 4 章测算的城镇居民收入分配的结果看，我国城镇居民收入分配具有明显黏性。因此，在设定财政支出对城镇居民收入分配影响的模型时，引入收入分配的滞后一期，构建动态面板模型，并采用差分 GMM 方法引入不同控制变量回归。在样本容量上，由于部分省份数据缺失，此部分从东部、中部、西部地区选取了 23[①] 个有代表性的省份，样本期为 1994 ~ 2017 年。基准模型构建如下：

$$WD_{it} = \alpha_0 + \alpha_1 WD_{it-1} + \alpha_2 X_{it} + \sum \beta Z_{it} + \varepsilon_{it} \qquad (6-2)$$

其中，变量 $WD_{it}$ 表示城镇居民收入分配，数据为第 4 章测算的结果。变量 $WD_{it-1}$ 为收入分配滞后一期。变量 $X_{it}$ 代表各项财政支出，变量 $Z_{it}$ 代表各项控制变量。$\alpha_0$ 为常数项，$\alpha_2$ 为财政支出的系数项，$\beta$ 表示各控制变量系数项。

最后，农村居民视角下的财政支出对收入分配影响的模型设定。由于城乡结构存在较大差异，再结合财政支出与农村收入分配数据对应关系的规律，发现二者之间可能存在非线性关系，于是在构建财政支出对农村居民收入分配影响的模型时，考虑建立非线性的面板数据模型，再通过逐步回归法，检验财政支出与农村居民收入分配之间是否存在非线性关系。因此，在构建模型时，将财政支出的二次项引入到模型中，从而更好地剖析财政支出对农村居民收入分配影响的规律。由于部分省份的有关农村居民数据缺失，本部分实证分析时，从东部、中部、西部地区选取了 11[②] 个有代表性的省份，样本期为 1994 ~ 2017 年。根据上述分析，构建实证模型，采用固定效应方法。在实证检验时，为更好地展现财政支出对农村居民收入分配的影响，引入不同控制变量进入实证模型。构建的基准模型如下：

$$WD_{it} = \alpha_0 + \alpha_1 X_{it} + \alpha_2 X_{it}^2 + \sum \beta Z_{it} + \varepsilon_{it} \qquad (6-3)$$

其中，变量 $WD_{it}$ 表示农村居民收入分配，数据为第 4 章测算的结果。变量 $X_{it}$

---

① 23 个省份包括北京、上海、河南、广西、贵州、广东、重庆、安徽、辽宁、山西、陕西、江西、四川、江苏、宁夏、湖北、内蒙古、河北、福建、海南、浙江、甘肃、新疆。

② 11 个省份包括北京、上海、河南、广东、重庆、江西、四川、江苏、福建、浙江、甘肃。

代表各项财政支出，变量 $X_{it}^2$ 表示各项财政支出的二次项，变量 $Z_{it}$ 代表各项控制变量。$\alpha_0$ 为常数项，$\alpha_1$ 为财政支出的系数项，$\beta$ 表示各控制变量系数项。

### 6.1.2　描述性统计

表 6 - 2 体现了各变量数据的整体情况。可见，人均 GDP、对外开放程度、产业结构、教育支出、医疗卫生支出和农林水支出等大部分变量标准差较小，说明数据整体变化趋势较为平稳，呈稳定增长或下降趋势，波动幅度较小。居民消费价格指数整体变动较小，说明我国物价水平维持稳定。其他变量中，社会保障支出的标准差较大，说明自 1990 年以来我国社会保障支出在名义人均 GDP 中占比变化剧烈，增长幅度明显。具体描述性统计结果如表 6 - 2 所示。

**表 6 - 2**　　　　　　　　　　　**全国整体视角：变量描述性统计**

| 变量 | Obs | 均值 | 标准差 | 最小值 | 最大值 |
|------|------|---------|---------|---------|---------|
| gdp | 28 | 11. 71107 | 1. 267308 | 9. 32 | 13. 57 |
| open | 28 | 0. 5498466 | 0. 1322826 | 0. 3309207 | 0. 7717773 |
| tz | 28 | 0. 4848344 | 0. 1902372 | 0. 239338 | 0. 819481 |
| cyjg | 28 | 0. 9199785 | 0. 1567041 | 0. 712638 | 1. 29279 |
| ed | 28 | 0. 0345242 | 0. 0067455 | 0. 02264 | 0. 043553 |
| me | 28 | 0. 0105635 | 0. 0044975 | 0. 00524 | 0. 019816 |
| ss | 28 | 0. 0129643 | 0. 0119654 | 0. 002455 | 0. 031529 |
| tc | 28 | 0. 008983 | 0. 0013956 | 0. 006473 | 0. 012479 |
| zn | 28 | 0. 020193 | 0. 0049423 | 0. 013333 | 0. 028813 |
| fms | 28 | 0. 1513946 | 0. 0265369 | 0. 106596 | 0. 231351 |
| ms | 28 | 0. 078245 | 0. 024858 | 0. 045375 | 0. 123712 |
| cpi | 28 | 1. 041894 | 0. 0573234 | 0. 986 | 1. 241 |

表 6 - 3 展现了各变量数据的整体情况。具体地，我国城镇地区收入分配标准差较小，最大值与最小值分别为 0. 362589 和 0. 1352，均为较极端的情况，数据整体发展趋势平稳，维持于 0. 25 ~ 0. 30 之间，说明我国各省各年份的收入分配相对平均。社会保障支出、科技支出、农林水支出和民生财政支出标准差偏大，表明数据变化幅度较大，说明我国 1990 年以来城镇经济发展速度较快，居民生活中各类保障性支出与保障措施应相应提高。其他各变量中，城镇化率、教育支出、医疗卫生支出、人均 GDP、失业率等数据均维持平稳增长趋势，随时间波动幅度较小。具体描述性统计结果如表 6 - 3 所示。

表6-3 城镇居民视角：变量描述性统计

| 变量 | Obs | 均值 | 标准差 | 最小值 | 最大值 |
|---|---|---|---|---|---|
| g | 529 | 0.2652549 | 0.0405696 | 0.1352 | 0.362589 |
| city | 529 | 0.4573185 | 0.1636346 | 0.14 | 0.896 |
| ed | 529 | 0.0601117 | 0.0226265 | 0.0177118 | 0.2669171 |
| me | 529 | 0.0208797 | 0.010505 | 0.0053279 | 0.0579898 |
| ss | 529 | 0.0329412 | 0.0239053 | 0.0018648 | 0.124894 |
| tc | 529 | 0.0063795 | 0.005543 | 0.0009096 | 0.0355288 |
| zn | 529 | 0.0327595 | 0.019871 | 0.0042046 | 0.112651 |
| gdp | 529 | 9.604923 | 0.9871533 | 7.33106 | 11.68012 |
| cyjg | 529 | 0.992552 | 0.4816167 | 0.4970531 | 4.165265 |
| ms | 529 | 0.0710153 | 0.043674 | 0.0143677 | 0.246529 |
| fms | 529 | 0.0961723 | 0.0390799 | 0.0235387 | 0.2150236 |
| syl | 529 | 0.0346465 | 0.008858 | 0.004 | 0.065 |

表6-4展现了各变量数据的整体情况。可见，我国农村地区各变量数据的整体变化趋势基本与城镇地区一致。收入分配、教育支出、医疗卫生支出、人均GDP和失业率等指标的标准差较小，表明数据整体维持平稳，波动幅度较小。社会保障支出、科技支出、农林水支出和民生财政支出几项指标的标准差较大，并且相较城镇地区数据，农村地区数据的波动幅度更大。具体描述性统计结果如表6-4所示。

表6-4 农村居民视角：变量描述性统计

| 变量 | Obs | 均值 | 标准差 | 最小值 | 最大值 |
|---|---|---|---|---|---|
| g | 253 | 0.2911568 | 0.0294708 | 0.215329 | 0.364 |
| city | 253 | 0.4871822 | 0.1937359 | 0.14 | 0.896 |
| ed | 253 | 0.0596365 | 0.0258898 | 0.027122 | 0.266917 |
| me | 253 | 0.0211894 | 0.0117717 | 0.006098 | 0.05799 |
| ss | 253 | 0.0309001 | 0.0266347 | 0.001865 | 0.111698 |
| tc | 253 | 0.0078682 | 0.0073747 | 0.00091 | 0.035529 |
| zn | 253 | 0.0280546 | 0.0204594 | 0.004205 | 0.112654 |
| gdp | 253 | 9.813295 | 1.002843 | 7.5606 | 11.6801 |
| ms | 253 | 0.0609745 | 0.0418231 | 0.014368 | 0.246529 |
| fms | 253 | 0.0879326 | 0.0360718 | 0.023539 | 0.190953 |
| syl | 253 | 0.032336 | 0.0091492 | 0.004 | 0.055 |

### 6.1.3 平稳性检验

在进行回归分析前需要对数据进行平稳性检验，即单位根检验，以判断数据是否平稳，避免出现"伪回归"情况。通过平稳性检验是建立模型并进行回归分析的必要条件。本节采用 ADF 检验方法进行平稳性检验，具体平稳性检验结果如表 6-5 所示。

表 6-5　　　　　　　　　全国整体视角：平稳性检验结果

| 变量 | 水平值（含趋势项） | 一阶差分（含漂移项） | 变量 | 水平值（含趋势项） | 一阶差分（含漂移项） |
|---|---|---|---|---|---|
| g | -2.486 (0.3348) | -3.034 (0.0030)** | me | -0.500 (0.8921) | -3.037 (0.0316)** |
| ms | -1.672 (0.7631) | -3.398 (0.0110)** | ss | -0.330 (0.9212) | -3.308 (0.0145)** |
| gdp | -2.395 (0.3824) | -4.335 (0.0004)** | zn | -1.740 (0.4106) | -3.631 (0.0052)** |
| open | -2.232 (0.1948) | -4.099 (0.0010)** | tc | -2.328 (0.4188) | -3.601 (0.0298)** |
| tz | -0.272 (0.9294) | -3.150 (0.0231)** | fms | -2.717 (0.2292) | -4.861 (0.0004)** |
| cpi | -1.868 (0.3471) | -4.096 (0.0010)** | cyjg | -2.599 (0.2802) | -2.727 (0.0062)** |
| ed | -1.937 (0.3148) | -3.937 (0.0018)** | | | |

注：括号里为概率值，*表示10%显著水平下显著，**表示5%显著水平下显著。

由表 6-5 中 ADF 检验结果可知，各变量在水平值条件下未通过单位根检验，说明数据在水平值条件下非平稳。进一步在一阶差分条件下对数据进行单位根检验，得到结果显示全部变量在一阶差分条件下均呈平稳状态，即在一阶差分下全部变量满足同阶单整条件，各变量之间可能存在协整性关系，需继续进行协整性检验。

同理，对城镇面板模型中的数据进行单位根检验，本部分使用 Fisher - ADF 及 Fish - PP 方法对数据进行单位根检验，具体检验结果如表 6-6 所示。

表 6-6　　　　　　　　　城镇居民视角：平稳性检验结果

| 变量 | 水平值（含趋势项） | | 水平值（含漂移项） | 变量 | 水平值（含趋势项） | | 水平值（含漂移项） |
|---|---|---|---|---|---|---|---|
| | Fisher-ADF | Fisher-PP | Fisher-ADF | | Fisher-ADF | Fisher-PP | Fisher-ADF |
| g | 25.5384 (0.9938) | 60.1350 (0.0788)* | 151.4045 (0.0000)** | Ss | 60.0453 (0.0800)* | 58.3577 (0.1045) | |
| ed | 74.5520 (0.0049)** | 82.4577 (0.0008)** | | Tc | 40.8224 (0.6884) | 41.1801 (0.6740) | 108.8350 (0.0000)** |

续表

| 变量 | 水平值（含趋势项） | | 水平值（含漂移项） | 变量 | 水平值（含趋势项） | | 水平值（含漂移项） |
|---|---|---|---|---|---|---|---|
| | Fisher-ADF | Fisher-PP | Fisher-ADF | | Fisher-ADF | Fisher-PP | Fisher-ADF |
| city | 62.8613 (0.0497) ** | 81.8829 (0.0009) ** | | Zn | 27.5413 (0.9859) | 62.2844 (0.0550) * | 63.8874 (0.0415) ** |
| gdp | 41.4752 (0.6620) | 10.1324 (1.0000) | 63.9630 (0.0409) ** | Me | 14.7543 (1.0000) | 18.4664 (0.9999) | 117.1053 (0.0000) ** |
| syl | 94.5928 (0.0000) ** | 41.4619 (0.6626) | | Ms | 55.3678 (0.6454) | 63.4246 (0.3566) | 84.1658 (0.0005) ** |
| cyjg | 16.0101 (1.0000) | 9.2822 (1.0000) | 96.1388 (0.0000) ** | Fms | 55.3678 (0.6454) | 63.4246 (0.3566) | 143.8830 (0.0000) ** |

注：括号里为概率值，*表示10%显著水平下显著，**表示5%显著水平下显著。

依据表6-6中单位根检验结果，变量gdp，cyjg，tc，me，ms和fms未能在水平值下通过含趋势项条件的ADF及PP检验，所以进一步进行含常数项条件的ADF检验。结果表明，城镇面板模型中各变量在水平值下呈平稳状态，服从同阶单整条件，变量之间可能存在协整关系，需进一步对变量进行协整性检验。

对于农村面板模型中各变量，采取与城镇面板模型同样的单位根检验方式，以验证数据的平稳性。具体单位根检验结果如表6-7所示。

表6-7　　　　　　　农村居民视角：平稳性检验结果

| 变量 | 水平值测试 | | 水平值测试（带漂移项） | 变量 | 水平值测试 | | 水平值测试（带漂移项） |
|---|---|---|---|---|---|---|---|
| | Fisher-ADF | Fisher-PP | Fisher-ADF | | Fisher-ADF | Fisher-PP | Fisher-ADF |
| ed | 35.9211 (0.0310) ** | 47.1001 (0.0014) ** | | Zn | 10.5315 (0.9808) | 19.1767 (0.6344) | 32.0335 (0.0768) * |
| city | 26.0327 (0.2503) | 31.2573 (0.0910) * | | Ms | 18.1964 (0.6943) | 30.4716 (0.1074) | 44.9784 (0.0027) ** |
| gdp | 21.6742 (0.4795) | 6.7106 (0.9993) | 31.8115 (0.0807) * | fms | 25.5687 (0.2707) | 29.0946 (0.1422) | 43.4077 (0.0042) ** |
| syl | 13.6945 (0.9120) | 6.0800 (0.9997) | 78.1989 (0.0000) ** | G | 41.7645 (0.0067) ** | 41.5754 (0.070) ** | |
| ss | 34.3342 (0.0454) ** | 33.8980 (0.0503) * | | Me | 8.1502 (0.9967) | 11.3745 (0.9690) | 53.1595 (0.0002) ** |
| tc | 13.3614 (0.9226) | 16.4046 (0.7953) | 40.7992 (0.0087) ** | | | | |

注：括号里为概率值，*表示10%显著水平下显著，**表示5%显著水平下显著。

由表6-7中的单位根检验结果可知，各变量在水平值条件下呈平稳状态，满足同阶单整条件，各变量之间可能存在协整关系，需进一步对变量进行协整性检验。

# 6.2　全国整体视角：财政支出的收入分配效应

本节从全国整体视角，对财政支出的收入分配效应进行实证分析，对非民生财政支出、民生财政支出、民生财政支出结构三个方面进行具体分析，并发现其中的关系。

## 6.2.1　非民生财政支出的收入分配效应

### 6.2.1.1　协整性检验

参考6.1.3中平稳性检验的结果，需要对本部分模型中的变量继续进行协整性检验以确保数据的长期稳定性。通过协整性检验是进行回归分析的必要条件。本节模型中包含变量较多，对多个变量进行协整关系检验时，Johansen 协整检验方法是较为常用的方法。因此，本部分使用 Johansen 协整检验方法对各变量进行协整性检验。具体 Johansen 协整性检验结果如表6-8所示。

表6-8　　全国整体视角：非民生财政支出协整性检验结果

| Maximumrank | Parms | LL | Eigenvalue | Tracestatistic | 5% Criticalvalue |
|---|---|---|---|---|---|
| 0 | 48 | 410.0193 | — | 145.8823 | 104.94 |
| 1 | 59 | 439.41277 | 0.89576 | 87.0953 | 77.74 |
| 2 | 68 | 454.61842 | 0.68953 | 56.6840 | 54.64 |
| 3 | 75 | 467.36762 | 0.62495 | 31.1856* | 34.55 |
| 4 | 80 | 478.15839 | 0.56398 | 9.6041 | 18.17 |
| 5 | 83 | 482.88437 | 0.30479 | 0.1521 | 3.74 |
| Maximumrank | Parms | LL | Eigenvalue | Maxstatistic | 5% Criticalvalue |
| 0 | 48 | 410.0193 | — | 58.7869 | 42.48 |
| 1 | 59 | 439.41277 | 0.89576 | 30.4113 | 36.41 |
| 2 | 68 | 454.61842 | 0.68953 | 25.4984 | 30.33 |
| 3 | 75 | 467.36762 | 0.62495 | 21.5815 | 23.78 |
| 4 | 80 | 478.15839 | 0.56398 | 9.4520 | 16.87 |
| 5 | 83 | 482.88437 | 0.30479 | 0.1521 | 3.74 |

由表6-8中协整检验结果可知，在5%的显著性水平下，"迹检验"统计量为31.1856，拒绝"不存在协整向量""至多存在一个协整向量""至多存在两个协整向量"的原假设，而接受"至多存在三个协整向量"的原假设。表明变量中存在三个协整关系，通过协整性检验，可以建立实证模型并继续进行回归分析。

### 6.2.1.2 实证结果分析

全国非民生财政支出实证分析采用逐步增加控制变量的方法，进行逐步回归检验，保证实证结果的稳健性。从表6-9实证结果中可以看出，模型1拟合度在0.5以上，模型2~模型4拟合度均在0.8以上，模型4拟合度达到0.8457，拟合情况较好；解释变量和控制变量在逐步回归的四个模型中，符号均保持一致，显著性情况基本保持一致，说明模型设定有效。

表6-9　　　　　　　全国整体视角：非民生财政支出实证结果

| 变量 | 模型1 | 模型2 | 模型3 | 模型4 |
|------|-------|-------|-------|-------|
| | 系数 | 系数 | 系数 | 系数 |
| fms | -0.0839832<br>(-0.35) | 0.6850108<br>(3.21)** | 0.2569911<br>(0.91) | 0.2435985<br>(0.84) |
| gdp | 0.0291486<br>(5.80)** | 0.1966565<br>(6.48)** | 0.1484371<br>(4.10)** | 0.1519251<br>(4.01)** |
| open | | | 0.0953345<br>(2.14)** | 0.1119022<br>(1.81)* |
| city | | -2.045129<br>(-5.55)** | -1.430322<br>(-3.20)** | -1.517547<br>(-2.99)** |
| cyjg | | | | 0.0383997<br>(0.39) |
| C | 0.1174027<br>(1.71)* | -1.117059<br>(-4.92)** | -0.793597<br>(-3.05)** | -0.8408735<br>(-2.89)** |
| $R^2$ | 0.5740 | 0.8136 | 0.8446 | 0.8457 |
| P值 | 0 | 0 | 0 | 0 |

注：括号里为t统计量值，*表示10%显著水平下显著，**表示5%显著水平下显著。

由实证模型4结果可知，非民生财政支出会扩大居民收入分配差距。非民生财政支出促进了银行、金融、保险等行业发展，而对与民生相关的行业造成的影响较小，农村地区的中低收入者受影响较小，而城镇地区的高收入者收入却在不断增加，因此，非民生财政支出扩大了居民收入分配差距。

从控制变量对收入分配差距的影响进行分析，人均GDP显著且系数为正值，人均 GDP 的增加意味着经济充分发展，会扩大居民收入分配差距，两者为正相关关系；城镇化率显著且系数为负值，两者为负相关关系，由于城镇化的发展，对劳动力的需求不断增加，农村剩余劳动力选择进城务工，进城务工获得的工资性收入要远高于在农村从事传统农业的收入，从而缩小居民收入分配差距；产业结构对收入分配有正向影响，产业结构的改变并未有效缩减居民收入分配差距，虽然第三产业能够有效吸纳劳动力，但是我国依然主要以物质生产为主，农民工依然主要集中于第二产业中，就业于比较低端的行业，所获得的工资收入水平较低，目前，产业结构的调整会使得居民收入分配差距扩大。

### 6.2.2　民生财政支出的收入分配效应

#### 6.2.2.1　协整性检验

参考 6.1.3 中平稳性检验结果，本部分模型中多个变量需要进一步进行协整性检验。同理，与本章 6.2.1.1 中协整性检验方式相同，本部分同样使用 Johansen 检验方法对各变量进行协整性检验。具体协整性检验结果如表 6 - 10 所示。

表 6 - 10　　　　　全国整体视角：民生财政支出协整性检验结果

| Maximumrank | Parms | LL | Eigenvalue | Tracestatistic | 5% Criticalvalue |
|---|---|---|---|---|---|
| 0 | 48 | 342. 28402 | — | 214. 9386 | 104. 94 |
| 1 | 59 | 383. 60638 | 0. 95836 | 132. 2939 | 77. 74 |
| 2 | 68 | 410. 17285 | 0. 87044 | 79. 1610 | 54. 64 |
| 3 | 75 | 431. 22942 | 0. 80205 | 37. 0478 | 34. 55 |
| 4 | 80 | 441. 28937 | 0. 53876 | 16. 9279 * | 18. 17 |
| 5 | 83 | 447. 33972 | 0. 37212 | 4. 8272 | 3. 74 |
| 6 | 84 | 449. 75333 | 0. 16945 | | |
| Maximumrank | Parms | LL | Eigenvalue | Maxstatistic | 5% Criticalvalue |
| 0 | 48 | 342. 28402 | — | 82. 6447 | 42. 48 |
| 1 | 59 | 383. 60638 | 0. 95836 | 53. 1329 | 36. 41 |
| 2 | 68 | 410. 17285 | 0. 87044 | 42. 1132 | 30. 33 |
| 3 | 75 | 431. 22942 | 0. 80205 | 20. 1199 | 23. 78 |
| 4 | 80 | 441. 28937 | 0. 53876 | 12. 1007 | 16. 87 |
| 5 | 83 | 447. 33972 | 0. 37212 | 4. 8272 | 3. 74 |
| 6 | 84 | 449. 75333 | 0. 16945 | | |

注：＊表示变量之间具有协整性关系。

由表 6 - 10 中协整性检验结果可知，在 5% 的显著性水平下，"迹检验"

统计量为 16.9279，拒绝"不存在协整向量""至多存在一个协整向量""至多存在两个协整向量""至多存在三个协整向量"的原假设，而接受"至多存在四个协整向量"的原假设。表明各变量之间存在协整关系，通过协整性检验，可以建立实证模型并继续进行回归分析。

### 6.2.2.2 实证结果分析

全国民生财政支出实证分析采用逐步增加控制变量的方法，进行逐步回归检验，保证实证结果的稳健性。从表 6-11 实证结果中可以看出，各模型拟合度均在 0.7 以上，拟合情况较好；解释变量和控制变量在逐步回归的四个模型中，符号均保持一致，显著性情况基本保持一致，说明模型设定有效。

表 6-11　　　　　全国整体视角：民生财政支出实证结果

| 变量 | 模型 1 | 模型 2 | 模型 3 | 模型 4 |
| --- | --- | --- | --- | --- |
| | 系数 | 系数 | 系数 | 系数 |
| ms | − 1. 216528 | − 1. 38626 | − 0. 7522203 | − 0. 9045185 |
| | （ − 4. 44）** | （ − 4. 34）** | （ − 2. 62）** | （ − 3. 04）** |
| gdp | 0. 0573466 | 0. 0635908 | 0. 0885203 | 0. 1002864 |
| | （8. 71）** | （7. 49）** | （7. 38）** | （7. 83）** |
| open | | − 0. 0233366 | | − 0. 0486515 |
| | | （ − 0. 52） | | （ − 1. 29） |
| tz | | | − 0. 2227019 | − 0. 2547561 |
| | | | （ − 2. 91）** | （ − 3. 41）** |
| cpi | 0. 1505996 | 0. 1955723 | 0. 2233633 | 0. 3071406 |
| | （1. 71） | （1. 97）* | （2. 77）** | （3. 49）** |
| C | − 0. 1615984 | − 0. 2497005 | − 0. 4538004 | − 0. 6263345 |
| | （ − 1. 36） | （ − 1. 76）* | （ − 3. 41）** | （ − 3. 49）** |
| $R^2$ | 0. 7787 | 0. 7491 | 0. 8384 | 0. 8386 |
| P 值 | 0 | 0 | 0 | 0 |

注：括号里为 t 统计量值，* 表示 10% 显著水平下显著，** 表示 5% 显著水平下显著。

具体而言，模型 1~模型 4 中，解释变量民生财政支出在 5% 的水平上显著且系数为负值，即增加民生财政支出可以缩小居民收入分配差距。民生财政支出包括教育支出、医疗卫生支出、社会保障支出、农林水支出、科技支出等，可以有效提高人力资本积累，而且最近几年，我国实施以追求福利最大化为目标的民生财政①，民生财政支出更加倾向于农村，使得农村居民与城

---

① 洪源，杨司键，秦玉奇. 民生财政能否有效缩小城乡居民收入差距 ［J］. 数量经济技术经济究，2014（07）：3 - 20.

镇居民一样享受到良好的公共服务，农村居民人力资本的积累使得农村居民收入快速增加，缩小了城镇居民与农村居民的收入分配差距。

从控制变量对收入分配差距的影响进行分析，人均 GDP 显著且系数为正值，即人均 GDP 的增加会扩大居民收入分配差距；对外开放程度的实证结果不显著，可能由于外商投资企业所占比重较低，因此对于收入分配的影响较弱；政府投资对于居民收入分配差距有显著的负向影响，政府投资的增加，会创造更多的工作岗位，让没有工作的低收入者获得相应的收入，从而缩小收入分配差距；居民消费价格指数对于收入分配有显著的正向影响，当居民消费价格指数升高时，中低收入者的实际购买力下降更为明显，使中低收入者与高收入者的收入分配差距扩大。

### 6.2.3　民生财政支出结构的收入分配效应

#### 6.2.3.1　协整性检验

参考 6.1.3 中平稳性检验结果，本部分模型中多个变量需要进一步进行协整性检验。同理，与本章 6.2.1.1 中协整性检验方式相似，本部分同样使用 Johansen 检验方法对各变量进行协整性检验。具体协整性检验结果如表 6 - 12 所示。

**表 6 - 12　全国民生财政支出结构协整性检验结果**

| 教育支出 | | | | | |
|---|---|---|---|---|---|
| Maximumrank | Parms | LL | Eigenvalue | Tracestatistic | 5% Criticalvalue |
| 0 | 48 | 369. 43496 | — | 193. 8368 | 104. 94 |
| 1 | 59 | 405. 88646 | 0. 93943 | 120. 9338 | 77. 74 |
| 2 | 68 | 433. 24209 | 0. 87807 | 66. 2225 | 54. 64 |
| 3 | 75 | 447. 37956 | 0. 66294 | 37. 9476 | 34. 55 |
| 4 | 80 | 458. 31908 | 0. 56894 | 16. 0685 * | 18. 17 |
| 5 | 83 | 464. 06428 | 0. 35721 | 4. 5781 | 3. 74 |
| 6 | 84 | 466. 35334 | 0. 16145 | | |
| Maximumrank | Parms | LL | Eigenvalue | Maxstatistic | 5% Criticalvalue |
| 0 | 48 | 369. 43496 | — | 72. 9030 | 42. 48 |
| 1 | 59 | 405. 88646 | 0. 93943 | 54. 7113 | 36. 41 |
| 2 | 68 | 433. 24209 | 0. 87807 | 28. 2749 | 30. 33 |
| 3 | 75 | 447. 37956 | 0. 66294 | 21. 8790 | 23. 78 |
| 4 | 80 | 458. 31908 | 0. 56894 | 11. 4904 | 16. 87 |
| 5 | 83 | 464. 06428 | 0. 35721 | 4. 5781 | 3. 74 |
| 6 | 84 | 466. 35334 | 0. 16145 | | |

| 医疗卫生支出 | | | | | |
|---|---|---|---|---|---|
| Maximumrank | Parms | LL | Eigenvalue | Tracestatistic | 5% Criticalvalue |
| 0 | 48 | 398. 36721 | — | 185. 1970 | 104. 94 |
| 1 | 59 | 433. 75868 | 0. 93428 | 114. 4140 | 77. 74 |
| 2 | 68 | 461. 88946 | 0. 88512 | 58. 1525 | 54. 64 |
| 3 | 75 | 474. 67051 | 0. 62587 | 32. 5904 * | 34. 55 |
| 4 | 80 | 484. 09366 | 0. 51561 | 13. 7441 | 18. 17 |
| 5 | 83 | 488. 50862 | 0. 28795 | 4. 9142 | 3. 74 |
| 6 | 84 | 490. 9657 | 0. 17222 | | |
| Maximumrank | Parms | LL | Eigenvalue | Maxstatistic | 5% Criticalvalue |
| 0 | 48 | 398. 36721 | — | 70. 7829 | 42. 48 |
| 1 | 59 | 433. 75868 | 0. 93428 | 56. 2616 | 36. 41 |
| 2 | 68 | 461. 88946 | 0. 88512 | 25. 5621 | 30. 33 |
| 3 | 75 | 474. 67051 | 0. 62587 | 18. 8463 | 23. 78 |
| 4 | 80 | 484. 09366 | 0. 51561 | 8. 8299 | 16. 87 |
| 5 | 83 | 488. 50862 | 0. 28795 | 4. 9142 | 3. 74 |
| 6 | 84 | 490. 9657 | 0. 17222 | | |
| 社会保障支出 | | | | | |
| Maximumrank | Parms | LL | Eigenvalue | Tracestatistic | 5% Criticalvalue |
| 0 | 48 | 357. 25001 | — | 187. 5652 | 104. 94 |
| 1 | 59 | 391. 4718 | 0. 92810 | 119. 1216 | 77. 74 |
| 2 | 68 | 413. 0799 | 0. 81027 | 75. 9054 | 54. 64 |
| 3 | 75 | 431. 36688 | 0. 75505 | 39. 3315 | 34. 55 |
| 4 | 80 | 440. 94992 | 0. 52153 | 20. 1654 | 18. 17 |
| 5 | 83 | 447. 64229 | 0. 40238 | 6. 7806 | 3. 74 |
| 6 | 84 | 451. 03261 | 0. 22956 | | |
| Maximumrank | Parms | LL | Eigenvalue | Maxstatistic | 5% Criticalvalue |
| 0 | 48 | 357. 25001 | — | 68. 4436 | 42. 48 |
| 1 | 59 | 391. 4718 | 0. 92810 | 43. 2162 | 36. 41 |
| 2 | 68 | 413. 0799 | 0. 81027 | 36. 5740 | 30. 33 |
| 3 | 75 | 431. 36688 | 0. 75505 | 19. 1661 | 23. 78 |
| 4 | 80 | 440. 94992 | 0. 52153 | 13. 3847 | 16. 87 |
| 5 | 83 | 447. 64229 | 0. 40238 | 6. 7806 | 3. 74 |
| 6 | 84 | 451. 03261 | 0. 22956 | | |
| 科技支出 | | | | | |
| Maximumrank | Parms | LL | Eigenvalue | Tracestatistic | 5% Criticalvalue |
| 0 | 48 | 417. 20645 | — | 177. 0157 | 104. 94 |
| 1 | 59 | 456. 67 | 0. 95196 | 98. 0886 | 77. 74 |
| 2 | 68 | 481. 43916 | 0. 85122 | 48. 5503 * | 54. 64 |
| 3 | 75 | 493. 03383 | 0. 59012 | 25. 3610 | 34. 55 |
| 4 | 80 | 499. 2348 | 0. 37936 | 12. 9590 | 18. 17 |
| 5 | 83 | 503. 89181 | 0. 30109 | 3. 6450 | 3. 74 |
| 6 | 84 | 505. 71431 | 0. 13081 | | |

续表

| Maximumrank | Parms | LL | Eigenvalue | Maxstatistic | 5% Criticalvalue |
|---|---|---|---|---|---|
| 0 | 48 | 417. 20645 | — | 78. 9271 | 42. 48 |
| 1 | 59 | 456. 67 | 0. 95196 | 49. 5383 | 36. 41 |
| 2 | 68 | 481. 43916 | 0. 85122 | 23. 1893 | 30. 33 |
| 3 | 75 | 493. 03383 | 0. 59012 | 12. 4019 | 23. 78 |
| 4 | 80 | 499. 2348 | 0. 37936 | 9. 3140 | 16. 87 |
| 5 | 83 | 503. 89181 | 0. 30109 | 3. 6450 | 3. 74 |
| 6 | 84 | 505. 71431 | 0. 13081 | | |

农林水支出

| Maximumrank | Parms | LL | Eigenvalue | Tracestatistic | 5% Criticalvalue |
|---|---|---|---|---|---|
| 0 | 48 | 378. 65601 | — | 193. 2556 | 104. 94 |
| 1 | 59 | 422. 22044 | 0. 96495 | 106. 1267 | 77. 74 |
| 2 | 68 | 445. 33363 | 0. 83101 | 59. 9004 | 54. 64 |
| 3 | 75 | 463. 25202 | 0. 74800 | 24. 0636 * | 34. 55 |
| 4 | 80 | 471. 03481 | 0. 45046 | 8. 4980 | 18. 17 |
| 5 | 83 | 474. 85521 | 0. 25463 | 0. 8572 | 3. 74 |
| 6 | 84 | 475. 28381 | 0. 03243 | | |

| Maximumrank | Parms | LL | Eigenvalue | Maxstatistic | 5% Criticalvalue |
|---|---|---|---|---|---|
| 0 | 48 | 378. 65601 | — | 87. 1289 | 42. 48 |
| 1 | 59 | 422. 22044 | 0. 96495 | 46. 2264 | 36. 41 |
| 2 | 68 | 445. 33363 | 0. 83101 | 35. 8368 | 30. 33 |
| 3 | 75 | 463. 25202 | 0. 74800 | 15. 5656 | 23. 78 |
| 4 | 80 | 471. 03481 | 0. 45046 | 7. 6408 | 16. 87 |
| 5 | 83 | 474. 85521 | 0. 25463 | 0. 8572 | 3. 74 |
| 6 | 84 | 475. 28381 | 0. 03243 | | |

注：＊表示变量之间具有协整性关系。

由表 6－12 中协整性检验结果可知，在 5% 显著性水平下显著。财政支出结构中，教育支出的"迹检验"统计量为 16.0685，接受"至多存在四个协整向量"的原假设，说明变量中存在四个协整关系。科技支出的"迹检验"统计量为 48.5503，接受"至多存在两个协整向量"的原假设，说明变量中存在两个协整关系。医疗卫生支出和农林水支出的"迹检验"统计量分别为 32.5904 和 24.0636，均拒绝"不存在协整向量""至多存在一个协整向量""至多存在两个协整向量"的原假设，而接受"至多存在三个协整向量"的原假设。社会保障支出的最大特征值为 19.1661，拒绝"不存在协整向量""至多存在一个协整向量""至多存在两个协整向量"的原假设，而接受"至多存在三个协整向量"的原假设。因此，本部分各模型中的多个变量均分别通过协整性检验，同一模型中各变量之间存在协整关系，可以建立实证模型并继续进行回归分析。

### 6.2.3.2 实证结果分析

（1）全国教育支出实证结果分析。

全国教育支出实证采用逐步增加控制变量的方法，进行逐步回归检验，保证实证结果的稳健性。从表6-13实证结果中可以看出，各模型拟合度均在0.6以上，模型4拟合度达到0.82，拟合情况较好；解释变量和控制变量在4个模型中，各变量符号均保持一致，显著性情况基本保持一致，说明模型设定有效。

表6-13　　　　　　　　全国整体视角：教育支出实证结果

| 变量 | 模型1 | 模型2 | 模型3 | 模型4 |
|---|---|---|---|---|
| | 系数 | 系数 | 系数 | 系数 |
| ed | -1.755112<br>(-2.27)** | -2.316524<br>(-2.28)** | -1.912877<br>(-2.20)** | -1.865935<br>(-2.61)** |
| gdp | 0.0782838<br>(6.23)** | 0.0422141<br>(5.84)** | 0.0422141<br>(5.84)** | 0.103035<br>(7.70)** |
| tz | -0.2399427<br>(-3.31)** | | -0.2444756<br>(-3.17)** | -0.3391719<br>(-4.91)** |
| cpi | | 0.1312638<br>(1.09) | | 0.3121731<br>(3.41)** |
| open | | -0.0020596<br>(-0.04) | -0.0152138<br>(0.34) | -0.0399558<br>(-1.00) |
| C | -0.1145467<br>(-1.26) | -0.0084269<br>(-0.05) | -0.1266135<br>(-1.26) | -0.4711581<br>(-3.25)** |
| $R^2$ | 0.7719 | 0.6233 | 0.7276 | 0.8246 |
| P值 | 0 | 0 | 0 | 0 |

注：括号里为t统计量值，*表示10%显著水平下显著，**表示5%显著水平下显著。

具体而言，改变控制变量的各个模型回归结果中，解释变量教育支出在5%的水平上显著且系数为负值，即增加教育支出可以缩小居民收入分配差距，两者为负相关关系。教育支出保障了居民受教育的权利，从而提高居民知识水平，有助于进一步提高人力资本素质，使得居民的劳动生产率提高。这意味着居民的边际产出会增加，居民收入也会相应随之增加，因此，教育支出可以缩小居民收入分配差距。

从控制变量对收入分配差距的影响进行分析，人均GDP显著且系数为正值，即人均GDP的增加会扩大居民收入分配差距，说明经济增长对收入分配差距有影响，虽然初期会使居民收入分配差距扩大，但从长期看，有助于缩小居民收入分配差距；政府投资显著且系数为负值，政府投资增加了工作岗位，缩小居民收入分配差距；居民消费价格指数和对外开放程度与全国整体视角下民生财政支出的实证结果一致，居民消费价格指数会扩大居民收入分配差距，对外开放程度可以增加贸易往来，促进经济发展的同时为居民提供更多的工作岗位，使得居民有稳定的收入来源，从而缩小居民收入分配差距。

（2）全国医疗卫生支出实证结果分析。

全国医疗卫生支出实证分析采用逐步增加控制变量的方法，进行逐步回归检验，保证实证结果的稳健性。从表6-14实证结果中可以看出，各模型拟合度均在0.7以上，模型4拟合度达到0.8289，拟合情况较好；解释变量和控制变量在逐步回归的四个模型中，各变量符号均保持一致，显著性情况基本保持一致，说明模型设定有效。

表6-14　　　　　　全国整体视角：医疗卫生支出实证结果

| 变量 | 模型 1 | 模型 2 | 模型 3 | 模型 4 |
|------|--------|--------|--------|--------|
| | 系数 | 系数 | 系数 | 系数 |
| me | − 7.078738 | − 5.225127 | − 8.296394 | − 5.326857 |
| | (− 4.37)** | (− 2.34)** | (− 4.98)** | (− 2.74)** |
| gdp | 0.0570146 | 0.0705017 | 0.0666554 | 0.0939357 |
| | (8.39)** | (5.36)** | (8.25)** | (6.99)** |
| tz | | − 0.1167213 | | − 0.2111398 |
| | | (− 1.19) | | (− 2.42)** |
| cpi | | | 0.2520623 | 0.3191307 |
| | | | (2.65)** | (3.53)** |
| open | | | − 0.0152138 | − 0.0535013 |
| | | | (0.34) | (− 1.38) |
| C | − 0.0163197 | − 0.106371 | − 0.3578451 | − 0.06141263 |
| | (− 0.31) | (− 1.16) | (− 2.55)** | (− 3.71)** |
| $R^2$ | 0.7608 | 0.7742 | 0.7812 | 0.8289 |
| P 值 | 0 | 0 | 0 | 0 |

注：括号里为 t 统计量值，＊表示10%显著水平下显著，＊＊表示5%显著水平下显著。

具体而言，从各个模型回归结果来看，医疗卫生支出解释变量在5%的水平上显著且系数为负值，即增加医疗卫生支出可以缩小居民收入分配差距，两者呈现负相关关系。医疗卫生支出作为收入分配的重要组成部分，可以有效解决低收入者对于治疗疾病的需求。并且与高收入者不同的是，低收入者收入水平较低，医疗卫生支出可以间接增加低收入者的收入，从而缩小居民收入分配差距。

从控制变量对收入分配差距的影响进行分析，人均 GDP、居民消费价格指数与居民收入分配差距呈正相关且显著，政府投资与居民收入分配差距呈负相关且显著，对外开放程度与居民收入分配差距呈负相关且不显著，说明人均 GDP、居民消费价格指数会扩大居民收入分配差距，政府投资会缩小居民收入分配差距。实证结果均与全国教育支出实证结果保持一致，此处不再赘述。

（3）全国社会保障支出实证结果分析。

全国社会保障支出实证分析采用逐步增加控制变量的方法，进行逐步回归检验，保证实证结果的稳健性。从表 6-15 实证结果中可以看出，各模型拟合度均在 0.6 以上，模型 4 拟合度接近 0.8，拟合情况较好；解释变量和控制变量在逐步回归的四个模型中，各变量符号同样均保持一致，显著性情况基本保持一致，说明模型设定有效。

表 6-15　　　　　　　　全国整体视角：社会保障支出实证结果

| 变量 | 模型 1 | 模型 2 | 模型 3 | 模型 4 |
|---|---|---|---|---|
| | 系数 | 系数 | 系数 | 系数 |
| ss | -2.772722<br>(-3.12)** | -1.333706<br>(-1.19) | -1.32553<br>(-1.08) | -1.811788<br>(-1.79)* |
| gdp | 0.0612565<br>(6.19)** | 0.0800327<br>(5.96)** | 0.0795563<br>(5.22)** | 0.1050347<br>(7.25)** |
| tz | | -0.1966564<br>(-1.95)* | -0.1957802<br>(-1.86)* | -0.2727454<br>(-3.07)** |
| cpi | | | | 0.341546<br>(3.44)** |
| open | | | -0.0077845<br>(-0.17) | -0.069126<br>(-1.64) |
| C | -0.0951126<br>(-1.14) | -0.1953125<br>(-2.07)** | -0.1913136<br>(-1.72)* | -0.745094<br>(-4.03)** |
| $R^2$ | 0.6966 | 0.7383 | 0.6846 | 0.7985 |
| P 值 | 0 | 0 | 0 | 0 |

注：括号里为 t 统计量值，* 表示 10% 显著水平下显著，** 表示 5% 显著水平下显著。

具体而言，模型 4 中社会保障支出解释变量显著且系数为负值，即增加社会保障支出可以缩小居民收入分配差距，符合预期。社会保障制度可以促进社会稳定，还有利于缩小居民收入分配差距。社会保障支出可以有效解决贫困居民的生活保障问题，有助于缓解居民收入分配差距的扩大。反之，如果没有相关的社会保障支出或者其覆盖面较窄，各地区低收入者的收入得不到保障，居民收入分配差距将会扩大。

控制变量方面，人均 GDP、居民消费价格指数与居民收入分配差距正相关且显著，政府投资与居民收入分配差距负相关且显著，对外开放程度与居民收入分配差距负相关且不显著，说明人均 GDP、居民消费价格指数会扩大居民收入分配差距，政府投资会缩小居民收入分配差距。实证结果均与全国教育支出实证结果保持一致，此处不再赘述。

（4）全国科技支出实证结果分析。

全国科技支出实证分析采用逐步增加控制变量的方法，进行逐步回归检验，保证实证结果的稳健性。从表 6-16 实证结果中可以看出，各模型拟合度均在 0.6 以上，四个模型的拟合情况均较好；解释变量和控制变量在逐步回归的四个模型中，各变量符号与显著性情况基本保持一致，说明全国科技支出模型设定比较有效。

表 6-16　　　　　　　　全国整体视角：科技支出实证结果

| 变量 | 模型 1 | 模型 2 | 模型 3 | 模型 4 |
|------|--------|--------|--------|--------|
|  | 系数 | 系数 | 系数 | 系数 |
| tc | $-7.656923$<br>$(-1.73)^*$ | $-1.012837$<br>$(-0.22)$ | $-6.875002$<br>$(-1.52)$ | $5.993301$<br>$(1.36)$ |
| gdp | $0.0274635$<br>$(5.67)^{**}$ | $0.0649301$<br>$(4.52)^{**}$ | $0.0292669$<br>$(5.47)^{**}$ | $0.0951733$<br>$(6.30)^{**}$ |
| tz |  | $-0.2568325$<br>$(-2.73)^{**}$ |  | $-0.4201988$<br>$(-4.52)^{**}$ |
| cpi |  |  | $0.0957984$<br>$(0.82)$ | $0.3405913$<br>$(3.33)^{**}$ |
| C | $0.1932037$<br>$(2.56)^{**}$ | $-0.1807135$<br>$(-0.59)$ | $0.0652497$<br>$(0.38)$ | $-0.8734692$<br>$(-3.57)^{**}$ |
| $R^2$ | 0.6181 | 0.7088 | 0.6285 | 0.8034 |
| P 值 | 0 | 0 | 0 | 0 |

注：括号里为 t 统计量值，* 表示 10% 显著水平下显著，** 表示 5% 显著水平下显著。

由实证模型 4 结果可知，科技支出的系数符号为正，说明会扩大居民收入分配差距，但结果不显著。如今我国经济的快速发展，与科学技术的进步有着不可分割的关系。科学技术水平的提升，有效地发展了我国的经济，从而逐渐提高居民的生活水平，增加了居民的收入。而科学技术水平的提升，离不开政府在科技方面的财政支持。科技支出在促进经济快速增长的同时，也在扩大收入分配差距，但是影响并不明显。控制变量方面，人均 GDP、居民消费价格指数、政府投资、对外开放程度等变量的实证结果均与全国教育支出实证结果保持一致，此处不再赘述。

（5）全国农林水支出实证结果分析。

全国农林水支出实证采用逐步增加控制变量的方法，进行逐步回归检验，保证实证结果的稳健性。从表6-17实证结果中可以看出，各模型拟合度均在0.75以上，四个模型的拟合情况均较好；解释变量和控制变量在逐步回归的四个模型中，各变量符号与显著性情况基本保持一致，说明全国农林水支出模型设定有效。

表6-17                    全国整体视角：农林水支出实证结果

| 变量 | 模型1 | 模型2 | 模型3 | 模型4 |
|------|-------|-------|-------|-------|
|      | 系数 | 系数 | 系数 | 系数 |
| zn | - 4. 480104<br>( - 4. 22 ) ** | - 3. 342202<br>( - 3. 09 ) ** | - 3. 894531<br>( - 3. 15 ) ** | - 3. 086255<br>( - 2. 71 ) ** |
| gdp | 0. 0425089<br>( 8. 70 ) ** | 0. 069777<br>( 5. 73 ) ** | 0. 073499<br>( 5. 66 ) ** | 0. 0924981<br>( 6. 80 ) ** |
| tz |  | - 0. 1765222<br>( - 2. 41 ) ** | - 0. 181214<br>( - 2. 41 ) ** | - 0. 273753<br>( - 3. 63 ) ** |
| cpi |  |  |  | 0. 2479579<br>( 2. 63 ) ** |
| open |  |  | 0. 0034552<br>( 0. 09 ) | - 0. 0414867<br>( - 1. 06 ) |
| C | 0. 1360282<br>( 3. 17 ) ** | - 0. 0582573<br>( - 0. 65 ) | - 0. 1913136<br>( - 1. 72 ) * | - 0. 4904184<br>( - 2. 77 ) ** |
| $R^2$ | 0. 7539 | 0. 8018 | 0. 7711 | 0. 8278 |
| P 值 | 0 | 0 | 0 | 0 |

注：括号里为 t 统计量值，* 表示10%显著水平下显著，** 表示5%显著水平下显著。

具体而言，模型4中农林水支出解释变量在5%的水平上显著且系数为负值，即农林水支出的不断增加可以缩小居民收入分配差距。农林水支出对于农业经济发展起着正向的激励作用，从而对农民收入的增长有着重要的促进作用。农林水支出对低收入者收入水平的影响尤其明显，多年来，中央一号文件都是关于农村的，农林水支出能够增加农村居民收入，缩小了城乡居民收入分配差距。控制变量方面，人均 GDP、居民消费价格指数、政府投资、对外开放程度等变量的实证结果均与全国教育支出实证结果保持一致，此处不再赘述。

# 6.3　城镇居民视角：财政支出的收入分配效应

本节从城镇居民视角，对财政支出的收入分配效应实证结果进行分析，对非民生财政支出、民生财政支出、民生财政支出结构三个方面进行具体分析，并发现其中的关系。

## 6.3.1　非民生财政支出的收入分配效应

### 6.3.1.1　协整性检验

参考 6.1.3 中对于面板数据的平稳性检验结果，本部分模型中多个变量需继续进行协整性检验，以确保数据的长期稳定性。在面板数据模型多个变量进行协整性检验的方法中，一般以韦斯特伦德（Westerlund，2005）提出的 Westerlund 方法较为有效。因此，本部分采用 Westerlund 协整检验方法对模型中各变量进行协整性检验。具体检验结果如表 6-18 所示。

表 6-18　　　　城镇居民视角：非民生财政支出协整性检验结果

| | Statistic | p-value |
|---|---|---|
| Varianceratio | -1.6561 | 0.0488 |

根据表 6-18 中协整性检验结果，检验统计量为 -1.6561，在 5% 显著性水平下，拒绝"不存在协整向量"的原假设，模型中各变量之间存在协整关系，通过协整性检验，可以建立实证模型并继续进行回归分析。

### 6.3.1.2　实证结果分析

城镇居民非民生财政支出实证分析采用逐步增加控制变量的方法，进行逐步回归检验，保证实证结果的稳健性。从表 6-19 实证结果中可以看出，各模型拟合度均在 0.44 以上，四个模型的拟合情况均比较好；解释变量和控制变量在逐步回归的四个模型中，各变量符号与显著性情况基本保持一致，说明城镇非民生财政支出模型设定比较有效。

表 6 - 19　　　　　　　城镇居民视角：非民生财政支出实证结果

| 变量 | 模型1 | 模型2 | 模型3 | 模型4 |
|---|---|---|---|---|
| | 系数 | 系数 | 系数 | 系数 |
| fms | 0.2684523 (3.71)** | 0.268624 (3.71)** | 0.2467994 (3.40)** | 0.2466855 (3.39)** |
| gdp | 0.020923 (9.07)** | 0.0207339 (8.14)** | 0.0209896 (9.14)** | 0.0210527 (8.29)** |
| cyjg | | | 0.0113553 (2.29)** | 0.0113851 (2.29)** |
| city | | 0.0022058 (0.18) | | -0.0007342 (-0.06) |
| C | 0.0384736 (2.24)** | 0.0392644 (2.21)** | 0.0286452 (1.62) | 0.0283562 (1.54) |
| 时间项 | N | N | N | N |
| 个体项 | Y | Y | Y | Y |
| R² | 0.4441 | 0.4442 | 0.4499 | 0.4499 |
| P值 | 0 | 0 | 0 | 0 |

注：括号里为 t 统计量值，* 表示10%显著水平下显著，** 表示5%显著水平下显著。

具体而言，模型4中解释变量非民生财政支出在5%的水平上显著且系数为正值，即非民生财政支出的不断增加会增大居民收入分配差距。非民生财政支出是除去教育支出、医疗卫生支出、社会保障支出、农林水支出、科技支出等之外的其他财政支出，非民生财政支出促进了银行、金融、保险等行业发展，使得城镇居民中高收入者收入进一步提升，而低收入者受到非民生财政支出影响较小，从中无法受益，进而扩大城镇居民收入分配差距。

从控制变量对收入分配差距的影响进行分析，人均 GDP 显著且系数为正值，与收入分配呈正相关关系，在全国非民生财政支出的实证结果分析已做出相关解释；产业结构显著且系数为正值，即产业结构会扩大城镇居民收入分配差距，产业结构与城镇居民收入分配差距为正相关关系，产业结构的改变并未有效缩减城镇居民收入分配差距，虽然第三产业能够有效吸纳劳动力，但是我国产业结构主要以物质生产为主，城镇中低收入者依然主要集中于第二产业中，就业于相对比较低端的行业，所获得的工资收入水平较低，导致目前产业结构的调整会使得城镇居民收入分配差距扩大；城镇化率以城镇人口占总人口的比重计算得出，主要影响农村居民的收入分配水平，对城镇居民收入分配差距的影响不大。

### 6.3.2　民生财政支出的收入分配效应

#### 6.3.2.1　协整性检验

参考 6.1.3 中平稳性检验结果，本部分模型中多个变量需要进一步进行协整性检验。同理，与本章 6.3.2.1 中协整性检验方式相同，本部分同样使用 Westerlund 检验方法对各变量进行协整性检验。具体协整性检验结果如表 6 – 20 所示。

表 6 – 20　　　　　　　城镇居民视角：财政支出协整性检验结果

|  | Statistic | p – value |
|---|---|---|
| Varianceratio | – 2.4609 | 0.0069 |

依据表 6 – 20 中协整性检验结果，检验统计量为 – 2.4609，在 5% 显著性水平下，拒绝"不存在协整向量"的原假设，模型中各变量之间存在协整关系，通过协整性检验，变量数据之间存在长期稳定性，满足进行回归分析的前提条件，可以继续进行回归分析。

#### 6.3.2.2　实证结果分析

城镇居民民生财政支出实证分析采用逐步增加控制变量的方法，进行逐步回归检验，保证实证结果的稳健性。从表 6 – 21 实证结果中可以看出，各模型拟合度均在 0.44 以上，四个模型的拟合情况均比较好；解释变量和控制变量在逐步回归的四个模型中，各变量符号与显著性情况均保持一致，说明城镇居民民生财政支出模型设定比较有效。

表 6 – 21　　　　　　　城镇居民视角：民生财政支出实证结果

| 变量 | 模型 1 | 模型 2 | 模型 3 | 模型 4 |
|---|---|---|---|---|
|  | 系数 | 系数 | 系数 | 系数 |
| ms | – 0.2110505<br>（– 3.17）** | – 0.2131561<br>（– 3.18）** | – 0.2134721<br>（– 3.23）** | – 0.2179699<br>（– 3.27）** |
| gdp | 0.0353074<br>（12.71）** | 0.0356593<br>（11.53）** | 0.0348124<br>（12.59）** | 0.0355458<br>（11.57）** |
| cyjg |  |  | 0.0137482<br>（2.80）** | 0.0140254<br>（2.84）** |
| city |  | – 0.0032963<br>（– 0.26） |  | – 0.0069649<br>（– 0.55） |

续表

| 变量 | 模型1 | 模型2 | 模型3 | 模型4 |
|------|-------|-------|-------|-------|
| | 系数 | 系数 | 系数 | 系数 |
| C | −0.0588823 | −0.0606048 | −0.0676013 | −0.0714167 |
| | (−2.58)** | (−2.55)** | (−2.96)** | (−2.99)** |
| 时间项 | N | N | N | N |
| 个体项 | Y | Y | Y | Y |
| $R^2$ | 0.4401 | 0.4402 | 0.4487 | 0.4490 |
| P值 | 0 | 0 | 0 | 0 |

注：括号里为t统计量值，*表示10%显著水平下显著，**表示5%显著水平下显著。

具体而言，模型4中解释变量民生财政支出在5%的水平上显著且系数为负值，即民生财政支出的不断增加会缩小居民收入分配差距，民生财政支出中主要有教育、医疗卫生、社会保障等支出，有效地增加城镇居民的人力资本积累，政府通过民生财政支出改善人力资本积累和配置情况，从而改善中低收入者的收入水平，进而缩小城镇居民收入分配差距。

从控制变量对收入分配差距的影响角度进行分析，人均GDP显著且系数为正值，与城镇居民收入分配差距呈正相关关系，人均GDP增长会扩大城镇居民收入分配差距；产业结构显著且系数为正值，即产业结构会扩大城镇居民收入分配差距，产业结构与城镇居民收入分配差距呈正相关关系，产业结构的改变并未有效缩减城镇居民收入分配差距，城镇中低收入者依然主要集中于第二产业中，就业于相对比较低端的行业，所获得的工资收入水平较低，产业结构的调整使得城镇居民收入分配差距扩大；城镇化率与收入分配差距呈负相关关系，城镇化率提高会缩减城镇居民收入分配差距，城镇化率主要与农村居民相关，对于城镇居民影响不大。

### 6.3.3 民生财政支出结构的收入分配效应

#### 6.3.3.1 协整性检验

参考6.1.3中平稳性检验结果，本部分多个模型中各变量需要进一步进行协整性检验。同理，与本章6.3.2.1中协整性检验方式相同，本部分同样使用Westerlund检验方法对各变量进行协整性检验。具体协整性检验结果如表6-22所示。

**表 6 - 22　　　　城镇居民视角：民生财政支出结构协整性检验结果**

| 支出结构 | Statistic | p-value |
|---|---|---|
| 教育支出 | - 2. 4043 | 0. 0081 |
| 医疗卫生支出 | - 3. 0281 | 0. 0012 |
| 社会保障支出 | - 2. 6448 | 0. 0041 |
| 农林水支出 | - 2. 7408 | 0. 0031 |

依据表 6 - 22 中协整性检验结果，各模型检验统计量分别为 - 2. 4043、- 3. 0281、- 2. 6448、- 2. 7408、- 2. 5099，在 5% 显著性水平下，均拒绝"不存在协整向量"的原假设，各模型分别通过协整性检验，说明每个模型中各变量均存在协整关系，表明数据之间存在长期稳定性，具备有效性，可以进行回归分析。

### 6. 3. 3. 2　实证结果分析

（1）城镇居民教育支出实证结果分析。

城镇居民教育支出实证分析采用逐步增加控制变量的方法，进行逐步回归检验，保证实证结果的稳健性。从表 6 - 23 实证结果中可以看出，Sargan 检验值均大于 0. 1，工具变量选择合适；解释变量和控制变量在逐步回归的四个模型中，各变量符号与显著性情况均保持一致，说明城镇居民教育支出模型设定比较有效。

**表 6 - 23　　　　　　　城镇居民视角：教育支出实证结果**

| 变量 | 模型 1 | 模型 2 | 模型 3 | 模型 4 |
|---|---|---|---|---|
| | 系数 | 系数 | 系数 | 系数 |
| ed | - 0. 1223662 | - 0. 1484888 | - 0. 1508695 | - 0. 215773 |
| | （ - 4. 05）** | （ - 4. 20）** | （ - 3. 85）** | （ - 5. 77）** |
| gdp | 0. 0071683 | 0. 0039868 | 0. 0094514 | 0. 0076301 |
| | （6. 79）** | （1. 82）* | （5. 42）** | （2. 89）** |
| EW （ - 1） | 0. 8667845 | 0. 885164 | 0. 7998646 | 0. 7734931 |
| | （57. 16）** | （27. 75）** | （24. 38）** | （16. 25）** |
| city | - 0. 0346639 | - 0. 0293386 | - 0. 0394952 | - 0. 0388045 |
| | （ - 2. 85）** | （ - 2. 16）** | （ - 3. 06）** | （ - 3. 22）** |
| syl | | | 0. 4574243 | 0. 8571528 |
| | | | （1. 86）* | （2. 80）** |
| cyjg | | 0. 0391128 | | 0. 0419684 |
| | | （8. 68）** | | （8. 34）** |
| C | - 0. 007600 | - 0. 0225926 | - 0. 0239592 | - 0. 0530822 |
| | （ - 1. 04） | （ - 1. 81）* | （ - 1. 90）* | （ - 3. 13）** |
| 自相关检验 | N | N | N | N |
| Sargan 检验 | 0. 3434 | 0. 4356 | 0. 3923 | 0. 5964 |

注：括号里为 t 统计量值，* 表示 10% 显著水平下显著，** 表示 5% 显著水平下显著。

具体而言，模型4中解释变量教育支出在5%的水平上显著且系数为负值，即增加教育支出可以缩小城镇居民收入分配差距，两者为负相关关系。教育支出保障了居民受教育的权利，可以提高城镇居民的知识水平，使得城镇居民的劳动生产率提高，相应的城镇中低收入居民的收入水平也会随之提高，因此，教育支出可以缩小城镇居民收入分配差距。

从控制变量对收入分配差距的影响进行分析，收入分配的滞后1期在5%的水平上显著且系数为正值，即前期收入分配差距过大，会拉大当期的收入分配差距，由于前期收入分配与当期的收入分配有一定的黏性，前期收入分配差距加剧当期的收入分配不公；失业率显著且系数为正值，即失业率提高会扩大城镇居民收入分配差距，两者为正相关关系，符合经济学原理，中低收入者失去原本的工作，没有了稳定的收入来源，从而扩大城镇居民收入分配差距；人均GDP显著且系数为正值，人均GDP的增长会扩大城镇居民收入分配差距；产业结构显著且系数为正值，即产业结构会扩大城镇居民收入分配差距，城镇中低收入者依然主要集中于第二产业中，就业于相对比较低端的行业，工资收入水平较低，产业结构的调整会使得城镇居民收入分配差距扩大；城镇化率与收入分配差距呈负相关关系，城镇化率的提高伴随着经济的充分发展，会增加城镇居民中低收入水平群体的收入，从而缩小城镇居民收入分配差距。

（2）城镇居民医疗卫生支出实证结果分析。

城镇居民医疗卫生支出实证分析采用逐步增加控制变量的方法，进行逐步回归检验，保证实证结果的稳健性。从表6-24实证结果中可以看出，Sargan检验值均大于0.1，工具变量选择合适；解释变量和控制变量在逐步回归的四个模型中，各变量符号与显著性情况基本保持一致，说明城镇居民医疗卫生支出模型设定较有效。

表6-24　　　　　　　　城镇居民视角：医疗卫生支出实证结果

| 变量 | 模型1 | 模型2 | 模型3 | 模型4 |
|---|---|---|---|---|
| | 系数 | 系数 | 系数 | 系数 |
| me | -1.298671 <br> (-12.22)** | -1.268504 <br> (-9.99)** | -0.6768087 <br> (-5.38)** | -1.014919 <br> (-5.72)** |
| gdp | 0.0123406 <br> (8.33)** | 0.0147454 <br> (7.30)** | 0.0137287 <br> (8.44)** | 0.0143991 <br> (7.04)** |
| EW（-1） | 0.7942784 <br> (27.20)** | 0.7765946 <br> (38.60)** | 0.7597581 <br> (27.85)** | 0.6502286 <br> (16.20)** |

续表

| 变量 | 模型 1 | 模型 2 | 模型 3 | 模型 4 |
| --- | --- | --- | --- | --- |
| | 系数 | 系数 | 系数 | 系数 |
| city | | −0.026049<br>(−2.40)** | −0.031416<br>(−2.72)** | −0.0300727<br>(−2.94)** |
| syl | | | 0.212835<br>(0.96) | 1.186756<br>(2.89)** |
| cyjg | 0.0482939<br>(19.80)** | 0.0480527<br>(13.53)** | | 0.0431442<br>(9.61)** |
| C | −0.0835232<br>(−8.83)** | −0.0905203<br>(−6.42)** | −0.0449814<br>(−4.73)** | −0.0953636<br>(−6.88)** |
| 自相关检验 | N | N | N | N |
| Sargan 检验 | 0.3370 | 0.3342 | 0.3505 | 0.6735 |

注：括号里为 t 统计量值，* 表示 10% 显著水平下显著，** 表示 5% 显著水平下显著。

具体而言，模型 4 中解释变量医疗卫生支出在 5% 的水平上显著且系数为负值，即医疗卫生支出增加可以缩小城镇居民收入分配差距，两者为负相关关系。医疗卫生支出作为城镇居民收入分配的重要组成部分，医疗卫生支出降低了中低收入者的医疗卫生支出负担，间接增加低收入者的收入，从而缩小城镇居民收入分配的差距。

从控制变量对收入分配差距的影响进行分析，收入分配的滞后 1 期在 5% 的水平上显著且系数为正值，与城镇居民教育支出的实证结果保持一致，由于收入分配有黏性，本期收入分配差距会增加下一期的收入分配差距；人均 GDP 显著且系数为正值，人均 GDP 的增长会扩大城镇居民收入分配差距；城镇化率为负值，城镇化率的提高伴随着经济的充分发展，会增加城镇居民中低收入水平群体的收入，从而缩小城镇居民收入分配差距；失业率为正值，失业人数的增加，会使得企业提供的工资水平更低，中低收入者收入下降，从而扩大城镇居民收入分配差距；产业结构显著且系数为正值，产业结构与城镇居民收入分配呈正相关关系，产业结构的增加会扩大城镇居民收入分配差距。

（3）城镇居民社会保障支出实证结果分析。

城镇居民社会保障支出实证分析采用逐步增加控制变量的方法，进行逐步回归检验，保证实证结果的稳健性。从表 6 - 25 实证结果中可以看出，Sargan 检验值均大于 0.1，工具变量选择合适；解释变量和控制变量在逐步回归的四个模型中，各变量符号与显著性情况均保持一致，说明城镇居民社会保障支出模型设定比较有效。

表6-25　　　　　城镇居民视角：社会保障支出实证结果

| 变量 | 模型1 | 模型2 | 模型3 | 模型4 |
|---|---|---|---|---|
| | 系数 | 系数 | 系数 | 系数 |
| ss | 0.396291 | 0.5135482 | 0.3781273 | 0.3578064 |
| | (12.03)** | (9.74)** | (9.64)** | (6.38)** |
| gdp | | -0.0014828 | | -0.0002179 |
| | | (-0.78) | | (-0.09) |
| EW (-1) | 0.8297362 | 0.7714004 | 0.6819563 | 0.7006252 |
| | (32.06)** | (19.50)** | (13.83)** | (12.02)** |
| city | -0.0440539 | -0.0212749 | -0.0232568 | -0.0228141 |
| | (-3.78)** | (-2.10)** | (-1.96)** | (-1.83)* |
| syl | | 0.4175997 | 1.254176 | 1.230379 |
| | | (2.11)** | (3.31)** | (3.03)** |
| cyjg | 0.0242097 | | 0.0274498 | 0.0295163 |
| | (5.31)** | | (5.69)** | (5.09)** |
| C | 0.0310855 | 0.0567942 | 0.0149498 | 0.0106212 |
| | (4.79)** | (3.50)** | (1.68)* | (0.51) |
| 自相关检验 | N | N | N | N |
| Sargan 检验 | 0.3018 | 0.3900 | 0.6339 | 0.6476 |

注：括号里为t统计量值，＊表示10%显著水平下显著，＊＊表示5%显著水平下显著。

　　具体而言，模型4中，解释变量社会保障支出在5%的水平上显著且系数为正值，即增加社会保障支出会扩大城镇居民收入分配差距。政府的社会保障支出包括离退休金、养老保险、最低生活保障等项目，而社会保障支出中各项目对收入分配差距的影响各不相同，有的项目会扩大收入分配差距。在城镇地区，由于离退休居民较多，离退休金所占社会保障支出较大，会导致扩大收入分配差距。王茂福和谢勇才（2012）认为，社会保障转移支付后，低收入户与中收入户、中高收入户和高收入户的收入分配差距比社会保障转移支付前还要大。[①] 因此，在目前社会保障制度的设计中，存在一些扩大收入分配差距的制度安排，城镇居民高收入者从社会保障支出中受益比低收入者要多，从而使得城镇居民社会保障支出会扩大收入分配差距。

--------

　　① 王茂福，谢勇才．关于我国社会保障对收入分配存在逆调节的研究［J］．毛泽东邓小平理论研究，2012（06）：46-50，103.

　　从控制变量对收入分配差距的影响进行分析，收入分配的滞后 1 期、失业率、产业结构与城镇居民收入分配差距呈正相关且显著，会扩大城镇居民收入分配差距。城镇化率与城镇居民收入分配差距为负相关且显著，会缩小城镇居民收入分配差距。人均 GDP 与城镇居民收入分配差距呈负相关但不显著。

　　（4）城镇居民科技支出实证结果分析。

　　城镇居民科技支出实证分析采用逐步增加控制变量的方法，进行逐步回归检验，保证实证结果的稳健性。从表 6 - 26 实证结果中可以看出，Sargan 检验值均大于 0.1，工具变量选择合适；解释变量和控制变量在逐步回归的四个模型中，各变量符号与显著性情况基本保持一致，说明城镇居民科技支出模型设定较有效。

表 6 - 26　　　　　　　　　城镇居民视角：科技支出实证结果

| 变量 | 模型 1 | 模型 2 | 模型 3 | 模型 4 |
|------|--------|--------|--------|--------|
|      | 系数 | 系数 | 系数 | 系数 |
| tc | 0.9557531<br>（2.00）** | 1.348384<br>（3.15）** | 0.9557531<br>（2.00）** | 0.9815929<br>（1.87）* |
| gdp | 0.00272<br>（1.45） |  | 0.00272<br>（1.45） | 0.0036725<br>（1.99）** |
| EW（-1） | 0.9246221<br>（47.15）** | 0.9186767<br>（34.21）** | 0.9246221<br>（47.15）** | 0.8742177<br>（26.45）** |
| city | - 0.0329345<br>（- 2.65）** | - 0.0185733<br>（- 1.77）* | - 0.0329345<br>（- 2.65）** | - 0.0323698<br>（- 2.82）** |
| syl |  | 0.2055064<br>（1.19） |  | 0.2889413<br>（1.66）* |
| C | 0.0060851<br>（0.55） | 0.0175285<br>（4.55）** | 0.0060851<br>（0.55） | - 0.0003521<br>（- 0.03） |
| 自相关检验 | N | N | N | N |
| Sargan 检验 | 0.3503 | 0.3809 | 0.3503 | 0.3830 |

　　注：括号里为 t 统计量值，* 表示10% 显著水平下显著，** 表示5% 显著水平下显著。

　　具体而言，模型 4 中，解释变量科技支出显著且系数为正值，即增加科技支出会扩大城镇居民收入分配差距，两者呈正相关关系。我国经济的快速发展，与科学技术的发展有着密切的联系，然而，科学技术水平的提升，离不开政府对科技方面的资金投入和财政支持。从控制变量对收入分配差距的影响进行分析，收入分配的滞后 1 期、失业率、人均 GDP 与城镇居民收入分配差距呈正相关且显著，会扩大城镇居民收入分配差距。城镇化率与城镇居民收入分配差距呈负相关且显著，会缩小城镇居民收入分配差距。

# 6.4 农村居民视角：财政支出的收入分配效应

本节从农村居民视角，对财政支出的收入分配效应实证结果进行分析，对非民生财政支出、民生财政支出、民生财政支出结构三个方面进行具体分析，并发现其中的关系。

## 6.4.1 非民生财政支出的收入分配效应

### 6.4.1.1 协整性检验

参考6.1.3中平稳性检验结果，本部分模型中多个变量需要进一步进行协整性检验。同理，与本章6.3.2.1中协整性检验方式相同，本部分同样使用 Westerlund 检验方法对各变量进行协整性检验。具体协整性检验结果如表6-27所示。

表6-27 农村居民视角：非民生财政支出协整性检验结果

| | Statistic | p-value |
|---|---|---|
| Varianceratio | 2.9064 | 0.0018 |

依据表6-27中协整性检验结果，检验统计量为2.9064，在5%显著性水平下，拒绝"不存在协整向量"的原假设，模型中各变量之间存在协整关系，通过协整性检验，数据之间存在长期稳定性，可以建立实证模型并继续进行回归分析。

### 6.4.1.2 实证结果分析

农村非民生财政支出实证分析采用逐步增加控制变量的方法，进行逐步回归检验，保证实证结果的稳健性。从表6-28实证结果中可以看出，解释变量和控制变量在逐步回归的四个模型中，各变量符号与显著性情况基本保持一致。

表 6 - 28 农村居民视角：非民生财政支出实证结果

| 变量 | 模型 1 | 模型 2 | 模型 3 | 模型 4 |
|---|---|---|---|---|
| | 系数 | 系数 | 系数 | 系数 |
| fms | -0.199488 | -0.1547351 | -0.1439259 | -0.1105607 |
| | (-2.11)** | (-1.75)* | (-1.52) | (-1.25) |
| gdp | 0.012633 | 0.0154143 | 0.0169308 | 0.0188601 |
| | (4.22)** | (5.46)** | (5.21)** | (6.17)** |
| city | | | -0.0505167 | -0.0418885 |
| | | | (-3.12)** | (-2.75)** |
| cyjg | | -0.0281921 | | -0.0269967 |
| | | (-6.14)** | | (-5.93)** |
| C | 0.1847267 | 0.1825305 | 0.1622766 | 0.164008 |
| | (7.95)** | (8.43)** | (6.78)** | (7.32)** |
| 时间项 | N | N | N | N |
| 个体项 | Y | Y | Y | Y |
| $R^2$ | 0.0859 | 0.2105 | 0.1216 | 0.2348 |
| P 值 | 0 | 0 | 0 | 0 |

注：括号里为 t 统计量值，* 表示 10% 显著水平下显著，** 表示 5% 显著水平下显著。

从实证模型 4 结果来看，解释变量非民生财政支出为负值，说明非民生财政支出可以缩小农村居民收入分配差距，但结果不显著。非民生财政支出完善了农村基础设施的建设，打通农村地区与外界的联系，促进农村地区经济的发展，使得农村居民收入增加，从而缩小农村居民收入分配差距。控制变量方面，人均 GDP 显著且系数为正值，与农村居民收入分配差距呈正相关关系，会扩大农村居民收入分配差距；城镇化率与农村居民收入分配差距呈负相关且显著，城镇化率的提高，对农村劳动力的需求会增加，农村居民进城务工获取收入，相对高于在农村务农获得的收入，从而缩小农村居民收入分配差距；产业结构显著且系数为负值，即产业结构会减小农村居民收入分配差距，产业结构与农村居民收入分配差距呈负相关，产业结构的调整，导致第三产业的兴起，吸引了大量农村剩余劳动力，使得农村中低收入者的收入相较于务农收入有所增加，从而缩小农村居民收入分配差距。

## 6.4.2 民生财政支出的收入分配效应

### 6.4.2.1 协整性检验

参考 6.1.3 中平稳性检验结果，本部分模型中多个变量需要进一步进行协整性检验。同理，与本章 6.3.2.1 中协整性检验方式相同，本部分同样使用 Westerlund 检验方法对各变量进行协整性检验。具体协整性检验结果如表 6-29 所示。

表 6-29 农村居民视角：民生财政支出协整性检验结果

| | Statistic | p-value |
|---|---|---|
| Varianceratio | -2.1486 | 0.0158 |

依据表 6-29 中协整性检验结果，检验统计量为 -2.1486，在 5% 显著性水平下，拒绝"不存在协整向量"的原假设，模型中各变量之间存在协整关系，通过协整性检验，可以建立实证模型并继续进行回归分析。

#### 6.4.2.2 实证结果分析

农村居民民生财政支出实证分析采用逐步增加控制变量的方法，进行逐步回归检验，保证实证结果的稳健性。从表 6-30 实证结果中可以看出，解释变量和控制变量在逐步回归的四个模型中，各变量符号与显著性情况均保持一致。

表 6-30 农村居民视角：民生财政支出实证结果

| 变量 | 模型1 | 模型2 | 模型3 | 模型4 |
|---|---|---|---|---|
| | 系数 | 系数 | 系数 | 系数 |
| ms | -0.0038525 (-0.05) | -0.033969 (-0.43) | -0.0447686 (-0.60) | -0.0679417 (-0.92) |
| gdp | 0.0076819 (2.36)** | 0.0150266 (3.93)** | 0.0131161 (4.18)** | 0.0189892 (5.24)** |
| cyjg | | | -0.0290945 (-6.30)** | -0.027675 (-6.07)** |
| city | | -0.0559138 (-3.48)** | | -0.046729 (-3.10)** |
| C | 0.2160071 (7.71)** | 0.1730077 (5.76)** | 0.1951363 (7.44)** | 0.1602185 (5.70)** |
| 时间项 | N | N | N | N |
| 个体项 | Y | Y | Y | Y |
| $R^2$ | 0.0690 | 0.1138 | 0.2016 | 0.2326 |
| P 值 | 0 | 0 | 0 | 0 |

注：括号里为 t 统计量值，* 表示 10% 显著水平下显著，** 表示 5% 显著水平下显著。

具体而言，模型4中，解释变量民生财政支出均为负值，即增加民生财政支出可以缩小居民收入分配差距。民生财政支出包括教育支出、医疗卫生支出、社会保障支出、农林水支出、科技支出等，可以有效提高人力资本积累，而且近几年中，我国民生财政支出更加倾向于农村，使得农村居民与城镇居民享受到同样的公共服务，可以有效提高农村居民人力资本积累，从而提高农村居民收入水平，进而缩小农村居民与城镇居民收入分配差距。从控制变量对收入分配差距的影响进行分析，人均 GDP 显著且系数为正值，会扩大农村居民收入分配差距，与农村居民收入分配差距呈正相关关系；城镇化率与农村居民收入分配差距呈负相关且显著，城镇化率的提高，对农村劳动力的需求会增加，农村居民进城务工获取收入，相对高于在农村务农获得的收入，从而缩小农村居民收入分配差距；产业结构显著且系数为负值，即产业结构调整会为农村居民提供部分工作岗位，农村居民收入增加，缩小农村居民收入分配差距，产业结构与农村居民收入分配差距呈负相关。

### 6.4.3　民生财政支出结构的收入分配效应

#### 6.4.3.1　协整性检验

参考 6.1.3 中平稳性检验结果，本部分多个模型中各变量需要进一步进行协整性检验。同理，与本章 6.3.2.1 中协整性检验方式相同，本部分同样使用 Westerlund 检验方法对多个模型中各变量进行协整性检验。具体协整性检验结果如表 6-31 所示。

**表 6-31　　　　农村居民视角：民生财政支出结构协整性检验结果**

| 支出结构 | Statistic | p-value |
| --- | --- | --- |
| 教育支出 | -1.6860 | 0.0459 |
| 医疗卫生支出 | -2.1684 | 0.0151 |
| 社会保障支出 | -2.1199 | 0.0170 |
| 科技支出 | -1.7026 | 0.0443 |
| 农林水支出 | -2.0383 | 0.0208 |

依据表 6-31 中协整性检验结果，各模型统计量分别为 -1.6860、-2.1684、-2.1199、-2.0383、-1.7026，在 5% 显著性水平下，均拒绝"不存在协整向量"的原假设，各模型分别通过协整性检验，说明每个模型中各变量均存在协整关系，可以建立实证模型并继续进行回归分析。

6.4.3.2    实证结果分析

（1）农村居民教育支出实证结果分析。

农村居民教育支出实证分析采用逐步增加控制变量的方法，进行逐步回归检验，保证实证结果的稳健性。从表 6 - 32 实证结果中可以看出，解释变量和控制变量在逐步回归的四个模型中，各变量符号与显著性情况均保持一致。

表 6 - 32 农村居民视角：教育支出实证结果

| 变量 | 模型 1 | 模型 2 | 模型 3 | 模型 4 |
|------|--------|--------|--------|--------|
|      | 系数   | 系数   | 系数   | 系数   |
| ed | − 0.8579228<br>（− 4.00）** | − 0.8166603<br>（− 3.81）** | − 0.7038201<br>（− 3.19）** | − 0.6275854<br>（− 2.84）** |
| edd | 3.218406<br>（3.78）** | 3.003253<br>（3.52）** | 2.50293<br>（2.82）** | 2.119684<br>（2.38）** |
| gdp | 0.0125409<br>（5.74）** | 0.011634<br>（5.24）** | 0.01654<br>（6.17）** | 0.0160605<br>（6.04）** |
| city | | | − 0.0417625<br>（− 2.52）** | − 0.0485257<br>（− 2.91）** |
| syl | | 0.5042198<br>（1.98）** | | 0.6266155<br>（2.46）** |
| C | 0.2056581<br>（11.73）** | 0.1967015<br>（10.92）** | 0.1805919<br>（9.03）** | 0.1654019<br>（7.98）** |
| 时间项 | N | N | N | N |
| 个体项 | Y | Y | Y | Y |
| $R^2$ | 0.1276 | 0.1417 | 0.1502 | 0.1714 |
| P 值 | 0.0000 | 0.0000 | 0.0000 | 0.0000 |

注：括号里为 t 统计量值，* 表示 10% 显著水平下显著，** 表示 5% 显著水平下显著。

具体而言，模型 4 中解释变量教育支出在 5% 的水平上显著且系数为负值，其二次项在 5% 的水平上显著且系数为正值，说明农村居民教育支出与收入分配差距呈 U 型关系。在达到某一教育支出水平前，教育支出保障了农村居民受基础教育的权利，会降低农村居民文盲率，提高农村居民知识水平，使得农村居民的劳动生产率提高，相应的农村居民的收入随之增加，最终缩小农村居民收入分配差距。在达到某一教育支出水平后，农村居民平均受教育水平较高，贫困户数量减少，高净值人群增多，进而扩大农村居民收入分配差距。目前，相较于城镇居民而言，农村居民受教育程度相对较低，基础教育还比较薄弱，教育支出对农村居民收入分配差距的缩小作用更明显。

从控制变量对收入分配差距的影响进行分析，人均 GDP 与农村居民收入分配差距依然呈正相关关系且显著，人均 GDP 提高会扩大农村居民收入分配差距；城镇化率与农村居民收入分配差距呈负相关且显著，城镇化率的提高，对农村劳动力的需求会增加，农村居民进城务工获取收入，高于在农村务农获得的收入，导致农村居民收入分配差距缩小；失业率上升会增大农村居民收入分配差距，原本有稳定收入来源的农村居民较少，而失业率的增加使得部分农村居民失去原本稳定的收入来源，从而扩大农村居民收入分配差距。

（2）农村居民医疗卫生支出实证结果分析。

农村居民医疗卫生支出实证分析采用逐步增加控制变量的方法，进行逐步回归检验，保证实证结果的稳健性。从表 6-33 实证结果中可以看出，解释变量和控制变量在逐步回归的四个模型中，各变量符号与显著性情况均保持一致。

表 6-33　　　　　　　　农村居民视角：医疗卫生支出实证结果

| 变量 | 模型 1 | 模型 2 | 模型 3 | 模型 4 |
|---|---|---|---|---|
| | 系数 | 系数 | 系数 | 系数 |
| me | -2.676184 | -2.349866 | -2.105663 | -1.53275 |
| | (-4.03)** | (-3.54)** | (-3.17)** | (-2.45)** |
| mee | 39.76815 | 35.01377 | 33.71609 | 28.3335 |
| | (4.01)** | (3.54)** | (3.44)** | (3.09)** |
| gdp | 0.0118008 | 0.0163679 | 0.0145296 | 0.015022 |
| | (4.39)** | (5.30)** | (4.63)** | (5.14)** |
| city | | -0.0453519 | -0.0507506 | -0.0437863 |
| | | (-2.86)** | (-3.21)** | (-2.97)** |
| syl | | | 0.6676084 | 0.7725249 |
| | | | (2.58)** | (3.20)** |
| cyig | | | | -0.027262 |
| | | | | (-6.10)** |
| C | 0.2087144 | 0.1818673 | 0.1765367 | 0.1840136 |
| | (9.42)** | (7.65)** | (7.49)** | (8.37)** |
| 时间项 | N | N | N | N |
| 个体项 | Y | Y | Y | Y |
| $R^2$ | 0.1298 | 0.1587 | 0.1817 | 0.2931 |
| P 值 | 0.0000 | 0.0000 | 0.0000 | 0.0000 |

注：括号里为 t 统计量值，* 表示 10% 显著水平下显著，** 表示 5% 显著水平下显著。

具体分析，模型 4 中解释变量医疗卫生支出在 5% 的水平上显著且系数为负值，其二次项在 5% 的水平上显著且系数为正值，说明农村居民医疗支出与收入分配差距呈 U 型关系。在达到某一医疗水平前，由于农村地区医疗卫生条件较差，农村居民收入相对城镇居民收入较少，而医疗卫生支出的增加，降低了农村居民中低收入者的医疗负担，间接增加中低收入者的收入，从而缩小农村居民收入分配差距。在达到某一医疗水平后，农村居民的高收入人群对健康更加重视，所以会享受到更多政府医疗支出的财政政策，从而扩大农村居民收入分配差距。与城镇居民相比较，医疗卫生支出对农村居民收入分配差距的缩小作用更明显。

从控制变量对收入分配差距的影响进行分析，人均 GDP 与农村居民收入分配差距依然是正相关关系且显著，人均 GDP 提高会扩大农村居民收入分配差距；城镇化率与农村居民收入分配差距为负相关且显著，城镇化率的提高，对农村劳动力的需求会增加，农村居民进城务工获取收入，高于在农村务农获得的收入，导致农村居民收入分配差距缩小；失业率上升会增大农村居民收入分配差距，原本有稳定收入来源的农村居民较少，而失业率的增加使得部分农村居民失去原本稳定的收入来源，从而扩大农村居民收入分配差距。产业结构与农村居民收入分配差距为负相关，产业结构的调整会使农村居民的工作更加多样化，增加其收入来源，提高收入水平，从而缩小农村居民收入分配差距。

（3）农村居民社会保障支出实证结果分析。

农村居民社会保障支出实证分析采用逐步增加控制变量的方法，进行逐步回归检验，保证实证结果的稳健性。从表 6-34 实证结果中可以看出，解释变量和控制变量在逐步回归的四个模型中，各变量符号与显著性情况均保持一致。

表 6-34　　　　　　农村居民视角：社会保障支出实证结果

| 变量 | 模型 1 | 模型 2 | 模型 3 | 模型 4 |
|---|---|---|---|---|
| | 系数 | 系数 | 系数 | 系数 |
| ss | -0.5273917 (-1.98)** | -0.6803065 (-2.52)** | -0.3345623 (-1.24) | -0.4876091 (-1.80)* |
| sss | 3.152524 (1.31) | 5.168163 (2.07)** | 1.847896 (0.77) | 3.975591 (1.60) |
| gdp | 0.0134077 (4.23)** | 0.0123087 (3.90)** | 0.0170644 (5.10)** | 0.0161669 (4.88)** |

续表

| 变量 | 模型1 | 模型2 | 模型3 | 模型4 |
|---|---|---|---|---|
| | 系数 | 系数 | 系数 | 系数 |
| city | | | -0.0491314 | -0.0535124 |
| | | | (-2.98)** | (-3.28)** |
| syl | | 0.7107621 | | 0.7912969 |
| | | (2.60)** | | (2.94)** |
| C | 0.1706414 | 0.1598194 | 0.1549025 | 0.1414509 |
| | (6.23)** | (5.83)** | (5.64)** | (5.16)** |
| 时间项 | N | N | N | N |
| 个体项 | Y | Y | Y | Y |
| $R^2$ | 0.0886 | 0.1138 | 0.1214 | 0.1524 |
| P值 | 0.0000 | 0.0000 | 0.0000 | 0.0000 |

注：括号里为t统计量值，*表示10%显著水平下显著，**表示5%显著水平下显著。

从实证模型4结果可知，解释变量社会保障支出结果显著且系数为负值，即社会保障支出增加可以缩小居民收入分配差距，两者为负相关关系。社会保障支出作为财政支出中的转移性支出项目，是目前收入分配效应最明显的财政支出。社会保障是农村居民收入分配差距的调节器，社会保障有效解决老有所养、难有所助等问题，通过转移支付的方式，直接对农村居民低收入者进行财政补贴，从而提高低收入者收入水平，有助于缩小农村居民收入分配差距。控制变量方面，人均GDP、失业率与农村居民收入分配差距依然呈正相关关系且显著，会扩大农村居民收入分配差距；城镇化率与农村居民收入分配差距呈负相关关系，会缩小农村居民收入分配差距。

（4）农村居民科技支出实证结果分析。

为保证实证结果的稳健性，农村居民科技支出的实证分析同样采用逐步增加控制变量的方法，进行逐步回归检验。从表6-35实证结果中可以看出，解释变量和控制变量在逐步回归的四个模型中，各变量符号与显著性情况均保持一致，模型通过稳健性检验。

表6-35　　　　　　　　农村居民视角：科技支出实证结果

| 变量 | 模型1 | 模型2 | 模型3 | 模型4 |
|---|---|---|---|---|
| | 系数 | 系数 | 系数 | 系数 |
| tc | 1.996776 | 1.682021 | 2.194434 | 1.904684 |
| | (1.96)* | (1.66)* | (2.12)** | (1.86)* |
| tcc | -99.91665 | -92.68147 | -101.2059 | -93.9285 |
| | (-3.60)** | (-3.37)** | (-3.65)** | (-3.42)** |

| 变量 | 模型 1 | 模型 2 | 模型 3 | 模型 4 |
|---|---|---|---|---|
| | 系数 | 系数 | 系数 | 系数 |
| gdp | 0.0103667<br>(5.33)** | 0.0097725<br>(5.06)** | 0.0120152<br>(4.97)** | 0.01171<br>(4.91)** |
| city | | | −0.0192601<br>(−1.15) | −0.0229121<br>(−1.38) |
| syl | | 0.645525<br>(2.72)** | | 0.671107<br>(2.83)** |
| C | 0.1853124<br>(10.70)** | 0.1719068<br>(9.67)** | 0.1771129<br>(9.46)** | 0.1616213<br>(8.40)** |
| 时间项 | N | N | N | N |
| 个体项 | Y | Y | Y | Y |
| $R^2$ | 0.2314 | 0.2546 | 0.2356 | 0.2605 |
| P 值 | 0.0000 | 0.0000 | 0.0000 | 0.0000 |

注：括号里为 t 统计量值，＊表示 10% 显著水平下显著，＊＊表示 5% 显著水平下显著。

具体来看，模型 4 中解释变量科技支出结果显著且系数为正值，其二次项在 5% 的水平上显著且系数为负值，说明农村居民科技支出与收入分配差距呈倒 U 型关系。在达到某一科技水平前，由于经济发展与科学技术发展有密切的联系，在农村地区经济发展的初期，科技企业数量较少，只有部分企业能享受到科技支出带来的好处，相应的也只会使部分农村居民提高收入水平，导致收入分配差距扩大。在达到某一科技水平后，农村地区经济得到充分发展，科技企业数量增加，大部分农村居民都将会享受到科技支出的好处，导致收入分配差距缩小。控制变量方面，人均 GDP、失业率与农村居民收入分配差距依然呈正相关关系且显著，会扩大农村居民收入分配差距；城镇化率与农村居民收入分配差距呈负相关，会缩小农村居民收入分配差距。

（5）农村居民农林水支出实证结果分析。

农村居民农林水支出实证分析采用逐步增加控制变量的方法，进行逐步回归检验，保证实证结果的稳健性。从表 6－36 实证结果中可以看出，解释变量和控制变量在逐步回归的四个模型中，各变量符号与显著性情况均保持一致，模型通过稳健性检验。

表 6－36　　　　　　农村居民视角：农林水支出实证结果

| 变量 | 模型 1 | 模型 2 | 模型 3 | 模型 4 |
|---|---|---|---|---|
| | 系数 | 系数 | 系数 | 系数 |
| zn | −1.351066<br>(−4.17)** | −1.228209<br>(−3.74)** | −1.168634<br>(−3.61)** | −0.6639782<br>(−2.07)** |

| 变量 | 模型 1 | 模型 2 | 模型 3 | 模型 4 |
|------|--------|--------|--------|--------|
|      | 系数 | 系数 | 系数 | 系数 |
| znn | 12.41234<br>(4.42)** | 9.668409<br>(3.42)** | 10.82688<br>(3.86)** | 6.670697<br>(2.40)** |
| gdp | 0.0109747<br>(3.81)** | 0.0181322<br>(5.76)** | 0.0156413<br>(4.87)** | 0.0164428<br>(5.40)** |
| city |  | -0.0440413<br>(-2.77)** | -0.0483481<br>(-3.08)** | -0.0444642<br>(-2.98)** |
| syl | 0.7128753<br>(2.65)** |  | 0.7884209<br>(2.97)** | 0.8100722<br>(3.22)** |
| cyig |  |  |  | -0.0244395<br>(-5.25)** |
| C | 0.1833667<br>(8.16)** | 0.1574928<br>(6.50)** | 0.1554739<br>(6.52)** | 0.1610306<br>(7.11)** |
| 时间项 | N | N | N | N |
| 个体项 | Y | Y | Y | Y |
| $R^2$ | 0.1606 | 0.1629 | 0.1929 | 0.2774 |
| P 值 | 0.0000 | 0.0000 | 0.0000 | 0.0000 |

注：括号里为 t 统计量值，＊表示 10% 显著水平下显著，＊＊表示 5% 显著水平下显著。

　　具体而言，模型 4 中，解释变量农林水支出在 5% 的水平上显著且系数为负值，其二次项在 5% 的水平上显著且系数为正值，说明农村居民农林水支出与收入分配差距呈 U 型关系。在达到某一水平前，由于农林水支出可以改善农村地区农业生产基础设施、提高农业科技，可以帮助农村居民改良机器设备，增加良种推广等，提高农业生产率，对农业经济的发展起着正向的激励作用。此外，农村居民中从事农业生产的居民占比依然较大，农林水支出对于农业生产、粮食收购价格的补贴直接支付给农民，可以激发农村居民进行农业生产的积极性，从而提高农业生产的效率，有助于农村居民增加收入，缩小农村居民收入分配差距。在达到某一水平后，从事农业生产的农村居民的收入水平将会逐步提高，将不再属于低收入人群，所以继续增加农林水支出会扩大农村居民收入分配差距。控制变量方面，人均 GDP、失业率与农村居民收入分配差距依然呈正相关关系且显著，会扩大农村居民收入分配差距；城镇化率、产业结构与农村居民收入分配差距呈负相关，会缩小农村居民收入分配差距。

# 6.5 本章小结

## 6.5.1 非民生财政支出的收入分配效应

非民生财政支出对收入分配差距的影响不明显。非民生财政支出促进了基础设施建设、银行、金融保险等行业发展，而对与民生相关的行业联系并不密切，影响范围相对较小，中低收入者受非民生财政支出的影响较小，从而对居民的收入分配效应影响不明显。

## 6.5.2 民生财政支出的收入分配效应

民生财政支出具有收入分配正效应，可以缩小居民收入分配差距。民生财政支出包括教育支出、医疗卫生支出、社会保障支出、农林水支出、科技支出等，民生财政支出与居民收入分配息息相关。将城镇和农村视角下的民生财政支出进行比较，发现都能缩小居民收入分配差距，但农村地区民生财政支出依然不足，还需要加强对农村居民的财政支持力度，进一步缩小城乡居民收入分配差距。最近，我国的财政政策导向主要倾向于提高居民收入水平，并且更加倾向于将民生财政支出补贴给农村居民，使农村居民与城镇居民享受到同样水平的公共服务，有效缩小城乡居民收入分配差距。

## 6.5.3 民生财政支出结构的收入分配效应

对教育支出、医疗卫生支出、社会保障支出、农林水支出以及科技支出五个重点民生财政支出的收入分配效应分析，得到如下结论。

第一，教育支出与收入分配差距具有负相关关系，可以缩小居民收入分配差距，与城镇居民相比，农村居民教育支出对收入分配效应的影响更大。教育支出保障了居民受教育的权利，居民的知识水平得到提高，从而有助于提高人力资本素质，使居民的劳动生产率提高，意味着居民的边际产出增加，相应的居民收入水平也随之提高，进而缩小居民收入分配差距。通过对实证结果系数的比较得知，农村地区教育水平较为薄弱，对农村居民加大教育支出产生的收入分配效应影响比城镇居民更明显，即增加等量的教育支出，农村居民的收入分配差距要比城镇居民的收入分配差距缩小得更多。

第二，医疗卫生支出与收入分配差距具有负相关关系，可以缩小居民收入分配差距，与城镇居民相比，农村医疗卫生支出对收入分配效应的影响更大。医疗卫生支出作为调节居民收入分配差距的重要组成部分，可以有效保障中低收入者的健康，降低其对疾病医疗等方面的负担，间接增加中低收入者的收入，从而缩小居民收入分配的差距。同样对实证结果系数进行比较，农村地区医疗水平相对城镇地区较为薄弱，增加农村地区医疗卫生支出，会降低农村居民中低收入者对医疗卫生支出的负担，因此，对农村居民加大医疗卫生支出产生的收入分配效应影响比城镇居民更明显，即增加等量的医疗卫生支出，农村居民的收入分配差距要比城镇居民的收入分配差距缩小得更多。

第三，在整体视角与农村居民视角下，社会保障支出与收入分配差距具有负相关关系，会缩小居民收入分配差距；而在城镇居民视角下，社会保障支出与城镇居民收入分配差距具有正相关关系，会扩大城镇居民收入分配差距。由此可知，与城镇居民相比，对农村居民加大社会保障支出产生的收入分配效应影响要更明显，所以会出现农村居民视角与整体视角的实证结果一致，但与城镇居民视角的实证结果不一致的情况。

具体来看，在农村居民视角下，社会保障体制有助于促进社会稳定，可以有效解决农村低收入居民的生活保障问题，缩小农村居民收入分配差距。反之，如果没有相关的社会保障支出或者覆盖面较窄，农村低收入居民难以享受到社会保障支出带来的收入改善，农村居民收入分配差距将会扩大。在城镇居民视角下，城镇地区的离退休居民较多，使得离退休金所占社会保障支出较大，是扩大收入分配差距的重要因素，导致城镇居民高收入人群从社会保障支出中受益比低收入人群要多，从而会扩大城镇居民收入分配差距。

第四，由于城镇视角下不涉及农林水支出，所以农林水支出不仅可以缩小城乡居民收入分配差距，还可以缩小农村居民收入分配差距。农林水支出对于农业经济、农业科技、农业生产基础设施建设都发挥正向的激励作用，导致农业生产的效率逐步增加，农村居民收入水平不断提高。另外，农林水支出直接针对农村居民个人的财政补贴，可以直接提高农村居民的收入水平，对农村居民生产积极性也有着重要的促进作用。因此，农林水支出有助于缩小居民收入分配差距。

第五，科技支出与收入分配差距具有正相关关系，可以扩大居民收入分配差距。科学技术的进步与经济的发展有着密切的联系，科学技术水平的提升会促进我国经济的发展，而科学技术水平的提升又离不开政府科技支出方面的财政支持。如今我国正处于经济发展的初期，政府还有待进一步加大科技支出的力度，所以目前我国科技企业数量较少，只有部分企业能享受到科技支出带来的好处，相应的也只会使部分居民提高收入水平，最终导致收入分配差距扩大。

### 6.5.4　非民生财政支出与民生财政支出的收入分配效应比较

民生财政支出在全国、城镇居民、农村居民视角中，都有助于缩小居民收入分配差距，而非民生财政支出会扩大居民收入分配差距。由于我国目前正在实施以福利最大化为目标的财政支出政策，民生财政支出能直接调节居民的收入分配差距，因此，增加民生财政支出更有助于缩小居民收入分配差距。反观非民生财政支出，由于不与民生直接相关的领域联系，对居民的影响也是间接且不显著的，所以会扩大居民收入分配差距。如果非民生财政支出过多，会挤占民生财政支出资金，不利于缩小收入分配差距。

### 6.5.5　各类民生财政支出的收入分配效应比较

各类民生财政支出产生的收入分配效应有着一定差异，医疗卫生支出的收入分配正效应最大，农林水支出、教育支出次之，社会保障支出的收入分配正效应最小，而民生财政支出里只有科技支出会扩大居民收入分配差距，对收入分配正效应有负面影响。在全国、城镇居民、农村居民三个视角中，医疗卫生支出对缩小收入分配差距所起到的作用最大，这是因为医疗卫生支出保障了居民的权益，有效解决了居民的后顾之忧。同样，农林水支出与教育支出都能有效缩小居民收入分配差距，但是农林水支出的收入分配正效应更加明显，特别是对于农村居民收入的影响，这是因为目前我国农村居民占全国人口大多数，农林水支出又能直接影响到农村居民的收入水平，与教育支出相比，农林水支出缩小居民收入分配差距效果更加迅速明显。由于目前社会保障制度不完善，尤其是城镇和农村地区的社会保障制度不一致，使得社会保障支出在不同视角下对收入分配差距的影响不同。

### 6.5.6 各控制变量的收入分配效应比较

人均 GDP、居民消费价格指数、失业率等控制变量与收入分配差距呈正相关，即会扩大居民收入分配差距；政府投资、对外开放程度、城镇化率等控制变量与居民收入分配差距呈负相关，即会缩小居民收入分配差距；产业结构在不同视角下对收入分配差距的影响不同。人均 GDP 上升意味着经济快速发展，会导致居民收入分配差距扩大。具体分析，居民消费价格指数上升会使居民购买力下降，而失业率上升会使居民失去稳定的收入来源，因此，这两个控制变量会明显扩大居民收入分配差距。政府投资和对外开放程度的增加，可以为居民提供更多的工作岗位，使得低收入居民的收入增加；城镇化率对于农村居民的影响较大，城镇化进程的加快，对劳动力的需求增加，农村居民进城务工获取收入，高于在农村务农获得的收入，因此，这三个控制变量会缩小居民收入分配差距。产业结构在城镇居民视角下显著且为正值，即产业结构会扩大城镇居民收入分配差距，原因在于我国产业结构主要以物质生产为主，所以城镇中低收入者主要集中在第二产业，其工资收入水平较低，因此，调整目前的产业结构会扩大城镇居民收入分配差距。产业结构在农村居民视角下显著且为负值，即产业结构会缩小农村居民收入分配差距，原因在于第三产业吸引了农村剩余劳动力，为农村居民创造更多就业机会，使得农村中低收入者的收入有所增加，因此会缩小农村居民收入分配差距。

### 6.5.7 实证结果的政策启示

第一，保持民生财政支出的稳定增长。民生事关国家大计，保障和改善民生没有终点，并且是全面建成小康社会的必然要求，因此，需要稳定民生财政支出的增长，缩小居民收入分配差距，提高我国居民的收入水平。

第二，增加医疗卫生支出，特别是加大对于农村医疗卫生的支持力度。医疗卫生作为收入分配的重要组成部分，而农村地区医疗条件薄弱，医疗水平较差，收入分配差距较大，需要加强基层医疗卫生服务，缩小居民收入分配差距。

第三，增加农林水支出，优先保障农村地区资金支持。农林水支出包括粮食收购价格的补贴、农村水利建设补贴、扶贫资金等，这部分资金可以直接补贴到农村居民手中，有助于提高农村居民收入，缩小农村居民收入分配差距，因此需要优先保障农村地区资金支持。

# 第7章

# 税收影响居民收入差距的实证分析

本章通过实证分析，研究税收对居民收入差距的影响。首先，利用全国时间序列数据，分别从宏观税负、税制结构、税类结构和主要税种结构角度进行实证分析。其次，为验证各种税收对居民收入差距的影响，分别对城镇和农村居民两个视角，使用省级面板数据，进一步从宏观税负、税制结构、税类结构和主要税种结构角度进行实证分析。

## 7.1 实证设计、描述性统计及平稳性检验

### 7.1.1 实证设计

#### 7.1.1.1 变量选取及数据来源

本章同第6章，选用基尼系数作为被解释变量，用来衡量收入分配差距。各项税收作为解释变量，用来衡量对收入分配的影响。在控制变量方面，基于前面影响收入分配的因素，本章以经济发展水平、开放水平、城市发展水平、固定资产投资力度、产业发展水平、物价水平、就业水平和人力资本水平为指标，反映对收入分配的影响。其中，经济发展水平用人均 GDP 衡量，开放水平用对外开放程度衡量，城市发展水平用城镇化率衡量，固定资产投资力度用政府投资衡量，产业发展水平用产业结构衡量，物价水平和就业水平分别用物价指数和失业率衡量，人力资本水平用大学生人数占结业人口比重衡量。数据来源于《国家统计局》、各省统计年鉴以及 Wind 数据库。具体变量描述和计算方式如表 7-1 所示，部分变量已在第 6 章定义，见 6.1.1 章节。

表 7-1                                变量描述和计算方式

| 变量（符号） | 描述和计算方式 |
|---|---|
| 宏观税负（st） | 用总税收占 GDP 比重表示 |
| 直接税（zj） | 用企业所得税、外商投资和外国企业所得税、个人所得税、房产税、契税之和占 GDP 比重表示 |
| 间接税（jj） | 用增值税、消费税、营业税、资源税、城市维护建设税之和占 GDP 比重表示 |
| 流转税类（lz） | 用企业所得税、外商投资和外国企业所得税、个人所得税之和占 GDP 比重表示 |
| 所得税类（sd） | 用增值税、消费税、营业税之和占 GDP 比重表示 |
| 行为财产税类（xw） | 用房产税、契税、车船税、印花税之和占 GDP 比重表示 |
| 资源税类（zy） | 用资源税、城镇土地使用税、土地增值税、耕地占用税之和占 GDP 比重表示 |
| 增值税（zz） | 用增值税占 GDP 比重表示 |
| 消费税（xf） | 用消费税占 GDP 比重表示 |
| 营业税（yy） | 用营业税占 GDP 比重表示 |
| 企业所得税（qy） | 用企业所得税占 GDP 比重表示 |
| 个人所得税（ge） | 用个人所得税占 GDP 比重表示 |
| 物价指数（cpi） | 用居民消费价格指数减 100 |
| 失业率（syl） | 用失业率表示 |
| 人力资本（rl） | 用大学生在校人数占就业人数比重表示 |

### 7.1.1.2 模型设定

在实证设计中，本章从全国居民、城镇居民、农村居民三个视角，检验税收在不同视角下对收入分配的影响。

首先，全国居民视角下的税收对收入分配影响的模型设定。在全国居民视角下，实证部分选用 1994～2017 年的时间序列数据，基于上述变量和前面影响因素，构建多元回归模型，并引入不同控制变量，采用 OLS 方法回归。基准模型构建如下：

$$WD_t = \alpha_0 + \alpha_1 T_t + \sum \beta Z_t + \varepsilon_t \qquad (7-1)$$

其中，变量 $WD_t$ 表示全国居民收入分配差距，2002～2017 年数据由《国家统计局》给出，1994～2001 年数据来源于《中国居民收入分配年度报告（2011）》。变量 $T_t$ 代表各项税收，变量 $Z_t$ 代表各项控制变量。$\alpha_0$ 为常数项，$\alpha_1$ 为税收的系数项，$\beta$ 表示各控制变量系数项。

由第 4 章和第 5 章内容可知，我国各省份税收以及收入分配差距存在较大差异，所以单以时间序列模型回归，不能完全刻画出各省之间的差异，更难从省级层面检验税收对收入分配影响在城乡之间的差异性，从而难以探寻税收对收入分配效应的内在机制与规律。为更好地考察税收对收入分配的影响，本章在全国整体时间序列实证分析的基础上，进一步以省级面板数据构建实证模型，从城镇居民和农村居民两个视角，论证税收对收入分配的影响，以期发现税收对收入分配影响的城乡差异性。

其次，城镇居民视角下的税收对收入分配影响的模型设定。由于部分省份数据缺失，此部分从东部、中部、西部地区选取了1994～2016年23[①]个有代表性省份的面板数据，构建基准模型如下：

$$WD_{it} = \alpha_0 + \alpha_1 T_{it} + \sum \beta Z_{it} + \varepsilon_{it} \qquad (7-2)$$

其中，变量$WD_{it}$表示城镇居民收入分配差距，数据为第4章测算的结果。变量$T_{it}$代表税收，变量$Z_{it}$代表各项控制变量。$\alpha_0$为常数项，$\alpha_1$为税收的系数项，$\beta$表示各控制变量系数项。

最后，农村居民视角下的税收对收入分配影响的模型设定。由于部分省份的有关农村居民数据缺失，本部分实证分析时，从东部、中部、西部地区选取了11[②]个有代表性的省份，样本期为1994～2016年的面板数据。构建基准模型如下：

$$WD_{it} = \alpha_0 + \alpha_1 T_{it} + \sum \beta Z_{it} + \varepsilon_{it} \qquad (7-3)$$

其中，变量$WD_{it}$表示农村居民收入分配差距，数据为第4章测算的结果。变量$T_{it}$代表各项税收，变量$Z_{it}$代表各项控制变量。$\alpha_0$为常数项，$\alpha_1$为税收的系数项，$\beta$表示各控制变量系数项。

### 7.1.2 描述性统计

表7-2展现了各变量数据的整体情况。其中，人均GDP指数、城镇化率、对外开放程度、除资源税类之外税种的税收收入占比和基尼系数等变量的标准差均较小，说明数据呈现平稳发展趋势，波动幅度较小。各个税种的税收收入占比发展趋势与宏观经济指标的发展趋势具有同一性，说明我国1994年以来维持着平稳的经济发展速度。资源税类的最大值与最小值差异较大，标准差较大，说明数据整体波动幅度较大，这与资源税类税制频繁的改动相关。具体描述性统计结果如表7-2所示。

---

① 23个省份包括北京、上海、河南、广西、贵州、广东、重庆、安徽、辽宁、山西、陕西、江西、四川、江苏、宁夏、湖北、内蒙古、河北、福建、海南、浙江、甘肃、新疆。

② 11个省份包括北京、上海、河南、广东、重庆、江西、四川、江苏、福建、浙江、甘肃。

表 7－2 全国整体视角：变量描述性统计

| 变量 | Obs | 均值 | 标准差 | 最小值 | 最大值 |
|---|---|---|---|---|---|
| gdp | 24 | 9.710159 | 0.8550386 | 8.314097 | 10.99642 |
| city | 24 | 0.4358925 | 0.094852 | 0.285098 | 0.5851966 |
| open | 24 | 0.572467 | 0.1276067 | 0.3309207 | 0.7717773 |
| tz | 24 | 0.517426 | 0.1852078 | 0.3128784 | 0.8194808 |
| cyjg | 24 | 0.9402992 | 0.1600558 | 0.7126383 | 1.29279 |
| st | 24 | 0.1918932 | 0.0265386 | 0.1408459 | 0.2472456 |
| zz | 24 | 0.0656649 | 0.0120345 | 0.0493112 | 0.0894766 |
| xf | 24 | 0.014018 | 0.0036005 | 0.0085604 | 0.0189675 |
| yy | 24 | 0.0271355 | 0.0081114 | 0 | 0.0367243 |
| qy | 24 | 0.0321661 | 0.0088519 | 0.0172992 | 0.0449823 |
| ge | 24 | 0.0110273 | 0.0035793 | 0.0023966 | 0.0152288 |
| zj | 24 | 0.0529365 | 0.0126614 | 0.029727 | 0.0691309 |
| jj | 24 | 0.1137692 | 0.0193527 | 0.0810271 | 0.1512384 |
| sd | 24 | 0.0460993 | 0.0103666 | 0.0273498 | 0.0592679 |
| lz | 24 | 0.1068184 | 0.0184302 | 0.0768711 | 0.1430676 |
| xw | 24 | 0.0110761 | 0.0036937 | 0.0047582 | 0.0174102 |
| zy | 24 | 0.0070768 | 0.0049977 | 0.0016748 | 0.0160409 |
| rl | 24 | 0.0112073 | 0.0066377 | 0.0023351 | 0.0198088 |
| g | 24 | 0.4619583 | 0.0296068 | 0.397 | 0.491 |

表7－3展现了面板模型中各变量数据的整体情况。城镇地区税收变量的数据的标准差均较大，说明样本数据之间差异性明显。其中，所得税与直接税的税收收入占比差异性更加明显。个人所得税最大值为0.1471615，最小值为0.0002728，标准差为0.0218693，这一情况有可能源自我国各省份城镇之间收入水平差距较大，城市化与经济发展水平差距较大，从而导致了多税种税收收入上的明显差异。具体描述性统计结果如表7－3所示。

表 7－3 城镇居民视角：变量描述性统计

| 变量 | Obs | 均值 | 标准差 | 最小值 | 最大值 |
|---|---|---|---|---|---|
| zz | 529 | 0.1380531 | 0.0907872 | 0.0103407 | 0.6642436 |
| xf | 529 | 0.0246558 | 0.0185099 | 0.003392 | 0.1389194 |
| yy | 529 | 0.0518772 | 0.032374 | 0.012914 | 0.2336064 |
| qy | 529 | 0.0562826 | 0.0958351 | 0.005916 | 0.7738783 |
| ge | 529 | 0.0199281 | 0.0218693 | 0.0002728 | 0.1471615 |
| zj | 529 | 0.0405054 | 0.0462744 | 0.0056295 | 0.34611152 |
| jj | 529 | 0.0993483 | 0.0461282 | 0.0279835 | 0.3313105 |
| sd | 529 | 0.0351056 | 0.0438123 | 0.0040077 | 0.330516 |
| lz | 529 | 0.0937436 | 0.0450912 | 0.0265088 | 0.3235651 |
| xw | 529 | 0.0080469 | 0.0090509 | 0.001307 | 0.1214812 |
| zy | 529 | 0.0059234 | 0.005809 | 0.0005306 | 0.0329828 |
| st | 529 | 0.1474646 | 0.0902603 | 0.0349598 | 0.5568306 |

表7-4体现了面板模型中各变量数据的整体情况。农村地区的各税收变量的整体变化趋势与城镇地区基本一致。均体现出最大值与最小值差异明显，标准差较大，数据整体波动幅度较大。原因与城镇地区相似，由于我国各省份之间经济发展水平与收入水平不同，导致在多税种税收收入及各类宏观经济指标上出现明显差异。具体描述性统计结果如表7-4所示。

表7-4　　　　　　　　农村居民视角变量描述性统计

| 变量 | Obs | 均值 | 标准差 | 最小值 | 最大值 |
|------|-----|------|--------|--------|--------|
| zz | 253 | 0.1680238 | 0.1172341 | 0.020304 | 0.664244 |
| xf | 253 | 0.0264252 | 0.0208601 | 0.008406 | 0.138919 |
| yy | 253 | 0.0638257 | 0.04145 | 0.012914 | 0.233606 |
| qy | 253 | 0.0827748 | 0.1330718 | 0.005916 | 0.773878 |
| ge | 253 | 0.0272041 | 0.0292842 | 0.000273 | 0.147162 |
| cyjg | 253 | 1.029808 | 0.606801 | 0.497053 | 4.16526 |
| zj | 253 | 0.0537849 | 0.0629749 | 0.005629 | 0.346115 |
| jj | 253 | 0.1094764 | 0.0599982 | 0.027984 | 0.331311 |
| sd | 253 | 0.0475083 | 0.0599545 | 0.004008 | 0.330516 |
| lz | 253 | 0.1044767 | 0.0589004 | 0.026509 | 0.323565 |
| xw | 253 | 0.0105939 | 0.012132 | 0.001405 | 0.121481 |
| zy | 253 | 0.0048887 | 0.0043989 | 0.000531 | 0.018371 |
| st | 253 | 0.1716423 | 0.1189936 | 0.03496 | 0.556831 |

## 7.1.3　平稳性检验

在进行回归分析前需要对数据进行平稳性检验，即单位根检验，以判断数据是否具有平稳性，避免出现"伪回归"的情况。通过平稳性检验是建立模型并进行回归分析的必要条件。平稳性检验方法中一般常用ADF检验方法，因此，本节也采用ADF检验方法来进行平稳性检验，具体平稳性检验结果如表7-5所示。

表7-5　　　　　　　全国整体视角：平稳性检验结果

| 变量 | 水平值（含趋势项） | 一阶差分（含趋势项） | 变量 | 水平值（含趋势项） | 一阶差分（含趋势项） |
|------|------|------|------|------|------|
| g | -1.815 | -3.978 | zz | -2.016 | -3.323 |
|  | (0.3731) | (0.0015)** |  | (0.2798) | (0.0139)** |
| zj | -1.412 | -3.498 | xf | -2.045 | -3.158 |
|  | (0.5766) | (0.0080)** |  | (0.2674) | (0.0225)** |
| open | -1.413 | -4.224 | yy | -1.429 | -2.858 |
|  | (0.5760) | (0.0006)** |  | (0.5682) | (0.0505)* |

| 变量 | 水平值（含趋势项） | 一阶差分（含趋势项） | 变量 | 水平值（含趋势项） | 一阶差分（含趋势项） |
|---|---|---|---|---|---|
| city | −0.815<br>(0.9644) | −3.131<br>(0.0243)** | gy | −0.768<br>(0.8285) | −3.595<br>(0.0059)** |
| rl | −2.038<br>(0.5807) | −3.047<br>(0.0308)** | ge | −2.591<br>(0.0949)* | −3.724<br>(0.0038)** |
| tz | −0.168<br>(0.9422) | −2.781<br>(0.0610)* | cyjg | −2.156<br>(0.5149) | −2.832<br>(0.0538)* |
| jj | −1.937<br>(0.3147) | −3.363<br>(0.0123)** | lz | −2.426<br>(0.3656) | −3.279<br>(0.0698)* |
| sd | −1.318<br>(0.6208) | −3.344<br>(0.0130)** | gdp | −2.868<br>(0.1732) | −2.694<br>(0.0752)* |
| xw | −2.775<br>(0.0619)* | −4.312<br>(0.0004)** | st | −2.567<br>(0.0999)* | −2.567<br>(0.0094)** |
| zy | −1.370<br>(0.5966) | −3.981<br>(0.0015)** | | | |

注：括号里为概率值，*表示10%显著水平下显著，**表示5%显著水平下显著。

由表7-5中ADF检验结果可知，各变量在水平值条件下未通过单位根检验，说明数据在水平值条件下非平稳。进一步在一阶差分条件下对数据进行单位根检验，得到结果显示，全部变量在一阶差分条件下均呈平稳状态，即在一阶差分下全部变量满足同阶单整条件，各变量之间可能存在协整性关系，需继续进行协整性检验。

同理，对城镇面板模型中的数据进行单位根检验，本部分使用 Fisher-ADF 及 Fish-PP 方法对数据进行单位根检验，具体检验结果如表7-6所示。

**表7-6 城镇居民视角：平稳性检验结果**

| 变量 | 水平值（含趋势项） | | 水平值（含漂移项） | 变量 | 水平值（含趋势项） | | 水平值（含漂移项） |
|---|---|---|---|---|---|---|---|
| | Fisher-ADF | Fisher-PP | Fisher-ADF | | Fisher-ADF | Fisher-PP | Fisher-ADF |
| zj | 50.9202<br>(0.2861) | 42.6290<br>(0.6142) | 94.8890<br>(0.0000)** | zz | 44.5232<br>(0.5342) | 45.5106<br>(0.4926) | 136.3686<br>(0.0000)** |
| jj | 45.5144<br>(0.4925) | 45.3077<br>(0.5011) | 149.9838<br>(0.0000)** | xf | 29.9697<br>(0.9676) | 53.9776<br>(0.1958) | 132.7537<br>(0.0000)** |
| lz | 43.9850<br>(0.5570) | 43.3633<br>(0.5833) | 155.0100<br>(0.0000)** | yy | 34.8539<br>(0.8851) | 31.7500<br>(0.9455) | 112.8577<br>(0.0000)** |
| sd | 60.4111<br>(0.0753)* | 47.4131<br>(0.4148) | | qy | 80.1784<br>(0.0013)** | 70.7046<br>(0.0111)** | |
| xw | 69.4445<br>(0.0143)** | 101.6181<br>(0.0000)** | | ge | 56.1794<br>(0.1445) | 52.9577<br>(0.2235) | 164.3418<br>(0.0000)** |
| zy | 84.4323<br>(0.0005)** | 64.2669<br>(0.0387)** | | st | 28.7929<br>(0.9779) | 15.7814<br>(1.0000) | 108.4128<br>(0.0000)** |

注：括号里为t统计量值，*表示10%显著水平下显著，**表示5%显著水平下显著。

依据表 7-6 中单位根检验结果，变量 zj、jj、lz、zz、xf、yy、ge 和 st 未能在水平值下通过含趋势项条件的 Fisher - ADF 及 Fisher - PP 检验，所以进一步进行含常数项条件的 ADF 检验。结果表明，城镇面板模型中各变量在水平值下呈平稳状态，服从同阶单整条件，变量之间可能存在协整关系，需进一步对变量进行协整性检验。

对于农村面板模型中各变量，采取与城镇面板模型同样的单位根检验方式，以验证数据的平稳性。具体单位根检验结果如表 7-7 所示。

表 7 -7　　　　　　　　　农村居民视角：平稳性检验结果

| 变量 | 水平值（含趋势项） | | 水平值（含漂移项） | 变量 | 水平值（含趋势项） | | 水平值（含漂移项） |
|---|---|---|---|---|---|---|---|
| | Fisher-ADF | Fisher-PP | Fisher-ADF | | Fisher-ADF | Fisher-PP | Fisher-ADF |
| zj | 30. 3244 (0. 0310) ** | 24. 5704 (0. 3181) | 42. 0276 (0. 0062) ** | zz | 23. 0318 (0. 3999) | 33. 0290 (0. 0615) * | |
| cyjg | 11. 3937 (0. 9687) | 5. 6124 (0. 9998) | 43. 1653 (0. 0045) ** | xf | 15. 6522 (0. 8328) | 29. 4715 (0. 1319) | 65. 4437 (0. 0000) ** |
| jj | 39. 2028 (0. 0134) ** | 37. 2244 (0. 0223) ** | | yy | | 13. 6851 (0. 9123) | 59. 9104 (0. 0000) ** |
| lz | 37. 8791 (0. 0189) ** | 36. 2861 (0. 0283) ** | | qy | 43. 3712 (0. 0042) ** | 36. 5479 (0. 0265) ** | |
| sd | 40. 2928 (0. 0100) ** | 28. 0737 (0. 1733) | | ge | 28. 2721 (0. 1668) | 34. 8732 (0. 0399) ** | |
| xw | 39. 9521 (0. 0110) ** | 44. 9749 (0. 0027) ** | | st | 15. 8540 (0. 8231) | 9. 6431 (0. 9893) | 52. 8678 (0. 0002) ** |
| zy | 24. 0848 (0. 3428) | 30. 8811 (0. 0986) * | | | | | |

注：括号里为 t 统计量值，* 表示 10% 显著水平下显著，** 表示 5% 显著水平下显著。

由表 7 -7 中单位根检验结果可知，各变量在水平值条件下呈平稳状态，满足同阶单整条件，各变量之间可能存在协整关系，需进一步对变量进行协整性检验。

## 7.2　全国整体视角：税收的收入分配效应

### 7.2.1　宏观税负的收入分配效应

本节主要检验宏观税负对全国居民的收入分配效应。结合宏观税负与收入分配对应关系的规律，发现二者之间可能存在非线性关系，于是在构建宏观税负对全国居民收入分配影响的模型时，基于基准模型式（7－1），考虑建立非线性的面板数据模型，引入宏观税负的二次项，再通过逐步回归法，从而更好地剖析宏观税负对全国居民收入分配差距影响的规律。在控制变量方面，选用开放水平和产业发展水平。

### 7.2.1.1　协整性检验

参考 7.1.3 中平稳性检验的结果，需要对本部分模型中的变量继续进行协整性检验以确保数据的长期稳定性。通过协整性检验是进行回归分析的必要条件。

本节模型中包含变量较多，对多个变量进行协整关系检验时，Johansen 协整检验方法为较为常用的方法。因此，本部分使用 Johansen 协整检验方法对各变量进行协整性检验。具体 Johansen 协整性检验结果如表 7－8 所示。

表 7－8　全国整体视角：宏观税负收入分配效应实证模型的协整性检验

| Maximumrank | Parms | LL | Eigenvalue | Tracestatistic | 5% Criticalvalue |
| --- | --- | --- | --- | --- | --- |
| 0 | 48 | 470.57857 | — | 202.2962 | 104.94 |
| 1 | 59 | 507.88903 | 0.96635 | 127.6753 | 77.74 |
| 2 | 68 | 532.44063 | 0.89268 | 78.5721 | 54.64 |
| 3 | 75 | 548.70509 | 0.77204 | 46.0432 | 34.55 |
| 4 | 80 | 559.42801 | 0.62274 | 24.5973 | 18.17 |
| 5 | 83 | 567.88547 | 0.53646 | 7.6824 | 3.74 |
| 6 | 84 | 571.72667 | 0.29475 | | |
| Maximumrank | Parms | LL | Eigenvalue | Maxstatistic | 5% Criticalvalue |
| 0 | 48 | 470.57857 | — | 74.6209 | 42.48 |
| 1 | 59 | 507.88903 | 0.96635 | 49.1032 | 36.41 |
| 2 | 68 | 532.44063 | 0.89268 | 32.5289 | 30.33 |
| 3 | 75 | 548.70509 | 0.77204 | 21.4458 | 23.78 |
| 4 | 80 | 559.42801 | 0.62274 | 16.9149 | 16.87 |
| 5 | 83 | 567.88547 | 0.53646 | 7.6824 | 3.74 |
| 6 | 84 | 571.72667 | 0.29475 | | |

由表 7－8 中协整检验结果可知，在 5% 的显著性水平下，最大特征值统计量为 21.4458，拒绝"不存在协整向量""至多存在一个协整向量""至多存在两个协整向量"的原假设，而接受"至多存在三个协整向量"的原假设。表明变量中存在三个协整关系，通过协整性检验，可以建立实证模型并继续进行回归分析。

### 7.2.1.2　实证结果分析

为保证实证结果的稳健性，本节采用逐步增加控制变量的方法，进行逐步回归检验，表7-9为宏观税负对收入分配效应影响的实证检验结果。模型1和模型2分别添加了对外开放程度和产业结构作为控制变量，模型3则将这两个变量都作为控制变量进行回归。

表7-9　　全国整体视角：宏观税负收入分配效应实证模型的回归结果

| 变量 | 模型1 | 模型2 | 模型3 |
|---|---|---|---|
| | 系数 | 系数 | 系数 |
| st | 2.172538<br>(0.61) | 1.457325<br>(0.42) | 0.8272322<br>(0.24) |
| stt | -41.98553<br>(-0.92) | -34.48664<br>(-0.79) | -31.20725<br>(-0.72) |
| cyjg | | 0.0549279<br>(1.56) | 0.1178081<br>(1.86) |
| open | -0.0297106<br>(-0.62) | | 0.0977067<br>(1.19) |
| C | 0.4607102<br>(6.34)** | 0.4075826<br>(5.94)** | 0.3112126<br>(2.95)** |
| $R^2$ | 0.2189 | 0.2901 | 0.3395 |
| P值 | 0 | 0 | 0 |

注：括号里为t统计量值，*表示10%显著水平下显著，**表示5%显著水平下显著。

由实证结果可知，宏观税负与居民收入分配差距呈倒U型关系，随着宏观税负的提高，收入分配差距扩大，当宏观税负高于某一水平值后，宏观税负会缩小收入分配差距。改变模型的控制变量可知，宏观税负对税收收入分配的影响作用始终一致，模型通过稳健性检验。目前，我国的宏观税负处于调节收入分配的负效应阶段。产业结构和对外开放程度对调节收入分配效应有抑制作用，但在本模型中两者对收入分配的影响并不显著。

宏观税负与收入分配差距呈倒U型关系。达到最佳宏观税负之前，宏观税负的增加会促进经济增长，根据库兹涅茨曲线可知，经济增长会扩大收入分配不均等，从而扩大收入分配差距；当宏观税负在倒U型曲线右侧继续增长时，经济增长被抑制，居民收入差距减小，收入分配差距缩小。由于我国以商品劳务税为主，会影响商品的价格，在税负转嫁的情况下，导致税负累退性，宏观税负在一定范围内会扩大收入分配差距；但当宏观税负高至一定程度，由于低收入群体对税负敏感性较高，减少商品劳务的消费，宏观税负更多体现在高收入群体，从而缩小收入分配差距的作用逐渐显现。

### 7.2.2 税制结构的收入分配效应

本节主要检验税制结构对全国居民收入分配的影响。由前面对税制结构的界定，这里主要考察直接税和间接税的收入分配效应。基于基准模型式（7−1），分别以直接税和间接税为解释变量，控制变量均选用开放水平、城市化水平、固定资产投资力度和人力资本水平。其中，在考察间接税时，发现间接税与全国居民的收入分配存在非线性关系，因此，基于式（7−1），引入间接税的二次项。通过组合不同控制变量，考察直接税和间接税对全国居民收入分配的影响。

#### 7.2.2.1 协整性检验

参考 7.1.3 中平稳性检验结果，本部分多个模型中的变量需要进一步进行协整性检验。同理，与本章 7.2.1.1 中协整性检验方式相同，本部分同样使用 Johansen 检验方法对各变量进行协整性检验。具体协整性检验结果如表 7−10 和表 7−11 所示。

表 7−10　全国整体视角：直接税收入分配效应实证模型的协整性检验

| Maximumrank | Parms | LL | Eigenvalue | Tracestatistic | 5% Criticalvalue |
|---|---|---|---|---|---|
| 0 | 48 | 523.33498 | — | 207.3186 | 104.94 |
| 1 | 59 | 554.04534 | 0.93869 | 145.8978 | 77.74 |
| 2 | 68 | 582.40441 | 0.92408 | 89.1797 | 54.64 |
| 3 | 75 | 608.76787 | 0.90898 | 36.4528 | 34.55 |
| 4 | 80 | 621.63492 | 0.68955 | 10.7187 * | 18.17 |
| 5 | 83 | 626.4078 | 0.35202 | 1.1729 | 3.74 |
| 6 | 84 | 626.99426 | 0.05192 | | |
| Maximumrank | Parms | LL | Eigenvalue | Maxstatistic | 5% Criticalvalue |
| 0 | 48 | 523.33498 | — | 61.4207 | 42.48 |
| 1 | 59 | 554.04534 | 0.93869 | 56.7181 | 36.41 |
| 2 | 68 | 582.40441 | 0.92408 | 52.7269 | 30.33 |
| 3 | 75 | 608.76787 | 0.90898 | 25.7341 | 23.78 |
| 4 | 80 | 621.63492 | 0.68955 | 9.5458 | 16.87 |
| 5 | 83 | 626.4078 | 0.35202 | 1.1729 | 3.74 |
| 6 | 84 | 626.99426 | 0.05192 | | |

注：＊表示变量之间具有协整性关系。

**表 7 – 11　全国整体视角：间接税收入分配效应实证模型的协整性检验**

| Maximumrank | Parms | LL | Eigenvalue | Tracestatistic | 5% Criticalvalue |
|---|---|---|---|---|---|
| 0 | 48 | 512. 33054 | — | 219. 4205 | 104. 94 |
| 1 | 59 | 550. 64856 | 0. 96930 | 142. 7845 | 77. 74 |
| 2 | 68 | 579. 86066 | 0. 92975 | 84. 3603 | 54. 64 |
| 3 | 75 | 599. 61134 | 0. 83396 | 44. 8589 | 34. 55 |
| 4 | 80 | 611. 5107 | 0. 66100 | 21. 0602 | 18. 17 |
| 5 | 83 | 619. 37755 | 0. 51089 | 5. 3265 | 3. 74 |
| 6 | 84 | 622. 0408 | 0. 21503 | | |
| Maximumrank | Parms | LL | Eigenvalue | Maxstatistic | 5% Criticalvalue |
| 0 | 48 | 512. 33054 | — | 76. 6360 | 42. 48 |
| 1 | 59 | 550. 64856 | 0. 96930 | 58. 4242 | 36. 41 |
| 2 | 68 | 579. 86066 | 0. 92975 | 39. 5014 | 30. 33 |
| 3 | 75 | 599. 61134 | 0. 83396 | 23. 7987 | 23. 78 |
| 4 | 80 | 611. 5107 | 0. 66100 | 15. 7337 | 16. 87 |
| 5 | 83 | 619. 37755 | 0. 51089 | 5. 3265 | 3. 74 |
| 6 | 84 | 622. 0408 | 0. 21503 | | |

由表 7 – 10 和表 7 – 11 中协整性检验结果可知，在 5% 的显著性水平下，全国直接税的"迹检验"统计量为 10. 7187，拒绝"不存在协整向量""至多存在一个协整向量""至多存在两个协整向量"和"至多存在三个协整向量"的原假设，而接受"至多存在四个协整向量"的原假设，说明变量之间存在四个协整关系。全国间接税的最大特征值统计量为 15. 7337，则接受"至多存在四个协整向量"的原假设，变量之间同样存在四个协整关系。表明各模型分别通过协整性检验，每个模型中各变量之间存在协整关系，可以继续进行回归分析。

### 7.2.2.2　实证结果分析

（1）全国整体视角下的直接税收入分配效应实证结果。

本节采用逐步增加控制变量的方法进行逐步回归检验，以保证实证结果的稳健性。表 7 – 12 为直接税对收入分配效应影响的实证检验结果，所有模型都加入了对外开放程度作为控制变量，模型 1 额外加入了政府投资作为控制变量，模型 2 额外加入了城镇化率作为控制变量，模型 3 在模型 2 的基础上增加了人力资本作为控制变量，模型 4 将以上三个变量都作为控制变量进行回归。

表 7 - 12　　　　全国整体视角：直接税收入分配效应实证模型的回归结果

| 变量 | 模型 1 | 模型 2 | 模型 3 | 模型 4 |
|------|--------|--------|--------|--------|
|      | 系数   | 系数   | 系数   | 系数   |
| zj | 2.668001<br>(2.97)** | 4.519521<br>(2.85)** | 2.712098<br>(1.95)* | 1.492835<br>(1.15) |
| open | -0.0693659<br>(-1.23) | -0.134491<br>(-7.49)** | -0.170409<br>(-2.81)** | -0.1735986<br>(-3.29)** |
| city | | -0.5153237<br>(-2.05)** | -1.303273<br>(-4.21)** | -1.124846<br>(-4.05)** |
| rl | | | 14.2799<br>(3.39)** | 19.11244<br>(4.66)** |
| tz | -0.1182915<br>(-1.62) | | | -0.1935772<br>(-2.66)** |
| C | 0.4216403<br>(10.03)** | 0.524328<br>(7.09)** | 0.8239901<br>(7.71)** | 0.8585865<br>(9.14)** |
| $R^2$ | 0.4402 | 0.4766 | 0.6736 | 0.7655 |
| P 值 | 0 | 0 | 0 | 0 |

注：括号里为 t 统计量值，＊表示 10% 显著水平下显著，＊＊表示 5% 显著水平下显著。

　　由实证模型结果可知，直接税的系数为正，说明直接税会扩大收入分配差距。各个变量系数的符号都保持一致，模型结果稳健。人力资本也会扩大收入分配差距。而对外开放程度、城镇化率、政府投资等影响因素都具有调节收入分配正效应，且结果显著。

　　直接税主要包括所得税和财产税，是对所得和资本进行征税，一般来说税负难以转嫁，从其性质上来看直接税有累进性，因此，理论上被认为有利于收入分配，对收入分配效应有正向影响。但实证结果与预期不符，之所以会出现这种情况，可能由于直接税中的个人所得税、房产税等税制设计存在不足、征管水平有待提高，例如，有学者认为个人所得税是只对中低收入人群征收的一种"工薪税"，所以直接税没有发挥累进税制的作用，导致缩小收入差距的功能较弱，无法按照预期有效发挥调节收入分配正效应。我国目前直接税体系还不完善，直接税占税收收入的比例不高，导致在当前的税制结构下直接税的增加不利于调节收入分配差距。有学者也得出同样的结论，潘文轩（2015）认为，我国直接税负具有一定程度的累进性，但其缩小收入差距的效果并不明显，这与现行直接税的内部税种结构失衡、税制要素设计不合理等因素有关。而对外开放程度、城镇化率、政府投资等因素会促进经济发展，会一定程度提高低收入人群的收入水平，从而减少居民收入差距，会对调节收入分配具有正效应。

（2）全国整体视角下的间接税收入分配效应实证结果。

同 7.2.1.2，本节采用逐步增加控制变量的方法进行逐步回归检验，以保证实证结果的稳健性。表 7 - 13 为间接税对收入分配效应影响的实证检验结果。本节共设立了 4 个子模型进行逐步回归。具体的，模型 1 未加入其他控制变量，模型 2、模型 3 均加入了产业结构作为控制变量，此外，模型 2 额外添加了居民消费价格指数作为控制变量，模型 3 加入了对外开放程度作为控制变量。模型 4 同时使用对外开放程度、产业结构和居民消费价格指数作为控制变量。

**表 7 - 13　全国整体视角：间接税收入分配效应实证模型的回归结果**

| 变量 | 模型 1 | 模型 2 | 模型 3 | 模型 4 |
|------|--------|--------|--------|--------|
|      | 系数   | 系数   | 系数   | 系数   |
| jj | 6.415264 | 8.129117 | 5.490745 | 7.282885 |
|    | (2.81)** | (3.19)** | (2.16)** | (2.57)** |
| jjj | -31.90496 | -39.81938 | -28.75907 | -36.53833 |
|     | (-3.28)** | (-3.64)** | (-2.70)** | (-3.04)** |
| open |  |  | 0.0537146 | 0.0426511 |
|      |  |  | (0.89) | (0.72) |
| cyjg |  | -0.0413716 | 0.0083004 | -0.0180478 |
|      |  | (-1.28) | (0.20) | (-0.39) |
| cpi |  | -0.1219411 |  | -0.113288 |
|     |  | (-1.45) |  | (-1.32) |
| C | 0.1565099 | 0.2322069 | 0.1812891 | 0.2295123 |
|   | (1.20) | (1.68) | (1.31) | (1.63)** |
| $R^2$ | 0.6376 | 0.6806 | 0.6595 | 0.6894 |
| P 值 | 0 | 0 | 0 | 0 |

注：括号里为 t 统计量值，* 表示 10% 显著水平下显著，** 表示 5% 显著水平下显著。

由表 7 - 13 中逐步回归结果可知，通过控制变量之间相互组合形成的多个子模型回归结果中，间接税与居民税收收入分配差距呈倒 U 型关系。间接税对收入分配差距的影响，先扩大再缩小。目前，我国间接税处于扩大收入分配差距的阶段，间接税的增加会导致税收收入分配差距的扩大。

间接税中主要是商品劳务课税，而商品劳务课税一般使用比例税率，这导致了税负的累退性，即纳税人的税收负担并不会随着收入水平的提升而增加，反而出现减少的情况。税负累退性将进一步压缩收入水平较低的纳税人的可支配收入，间接降低了纳税人的收入水平。纳税人在选购一般商品时，具体购买的商品数量与纳税人收入水平并不一定存在固定比例。当高收入纳税人的收入水平是低收入纳税人收入水平的数十倍时，在采购的商品数量上往往并不能维持这一差距。因此，间接税税负的增加，将扩大收入差距，从而扩大收入分配差距。

### 7.2.3 税类结构的收入分配效应

本节主要检验税类结构对全国居民收入分配的影响。基于式（7-1），考察流转税、所得税、行为财产税和资源税类的收入分配效应。其中，在考察流转税对全国居民的收入分配时，发现流转税与收入分配存在非线性的对应关系，因此，基于式（7-1），引入流转税的二次项。控制变量分别选用开放水平、城市化水平、人力资本水平和固定资产投资力度，并通过组合不同控制变量进行实证检验。

#### 7.2.3.1 协整性检验

参考 7.1.3 中平稳性检验结果，本部分多个模型中的变量需要进一步进行协整性检验。同理，与本章 7.2.1.1 中协整性检验方式相似，本部分同样使用 Johansen 检验方法对各变量进行协整性检验。具体协整性检验结果如表 7-14 至表 7-17 所示。

表 7-14　全国整体视角：流转税收入分配效应实证模型的协整性检验

| Maximumrank | Parms | LL | Eigenvalue | Tracestatistic | 5% Criticalvalue |
|---|---|---|---|---|---|
| 0 | 48 | 513.02278 | — | 218.6476 | 104.94 |
| 1 | 59 | 551.19723 | 0.96890 | 142.2987 | 77.74 |
| 2 | 68 | 580.37288 | 0.92951 | 83.9474 | 54.64 |
| 3 | 75 | 600.30759 | 0.83671 | 44.0779 | 34.55 |
| 4 | 80 | 611.75638 | 0.64683 | 21.1804 | 18.17 |
| 5 | 83 | 619.6273 | 0.51107 | 5.4385 | 3.74 |
| 6 | 84 | 622.34656 | 0.21902 | | |
| Maximumrank | Parms | LL | Eigenvalue | Maxstatistic | 5% Criticalvalue |
| 0 | 48 | 513.02278 | — | 76.3489 | 42.48 |
| 1 | 59 | 551.19723 | 0.96890 | 58.3513 | 36.41 |
| 2 | 68 | 580.37288 | 0.92951 | 39.8694 | 30.33 |
| 3 | 75 | 600.30759 | 0.83671 | 22.8976 | 23.78 |
| 4 | 80 | 611.75638 | 0.64683 | 15.7418 | 16.87 |
| 5 | 83 | 619.6273 | 0.51107 | 5.4385 | 3.74 |
| 6 | 84 | 622.34656 | 0.21902 | | |

表 7 - 15 全国整体视角：所得税收入分配效应实证模型的协整性检验

| Maximumrank | Parms | LL | Eigenvalue | Tracestatistic | 5% Criticalvalue |
|---|---|---|---|---|---|
| 0 | 48 | 524.51292 | — | 212.0980 | 104.94 |
| 1 | 59 | 557.24313 | 0.94898 | 146.6376 | 77.74 |
| 2 | 68 | 586.9999 | 0.93314 | 87.1241 | 54.64 |
| 3 | 75 | 613.42144 | 0.90946 | 34.2810 * | 34.55 |
| 4 | 80 | 625.99224 | 0.68107 | 9.1394 | 18.17 |
| 5 | 83 | 630.35329 | 0.32730 | 0.4173 | 3.74 |
| 6 | 84 | 630.56194 | 0.01879 | | |
| Maximumrank | Parms | LL | Eigenvalue | Maxstatistic | 5% Criticalvalue |
| 0 | 48 | 524.51292 | — | 65.4604 | 42.48 |
| 1 | 59 | 557.24313 | 0.94898 | 59.5135 | 36.41 |
| 2 | 68 | 586.9999 | 0.93314 | 52.8431 | 30.33 |
| 3 | 75 | 613.42144 | 0.90946 | 25.1416 | 23.78 |
| 4 | 80 | 625.99224 | 0.68107 | 8.7221 | 16.87 |
| 5 | 83 | 630.35329 | 0.32730 | 0.4173 | 3.74 |
| 6 | 84 | 630.56194 | 0.01879 | | |

注：* 表示变量之间具有协整性关系。

表 7 - 16 全国整体视角：行为财产税收入分配效应实证模型的协整性检验

| Maximumrank | Parms | LL | Eigenvalue | Tracestatistic | 5% Criticalvalue |
|---|---|---|---|---|---|
| 0 | 48 | 532.18171 | — | 234.8447 | 104.94 |
| 1 | 59 | 581.52691 | 0.98873 | 136.1543 | 77.74 |
| 2 | 68 | 610.64971 | 0.92917 | 77.9087 | 54.64 |
| 3 | 75 | 629.43866 | 0.81879 | 40.3308 | 34.55 |
| 4 | 80 | 643.03564 | 0.70948 | 13.1369 * | 18.17 |
| 5 | 83 | 649.55661 | 0.44723 | 0.0949 | 3.74 |
| 6 | 84 | 649.60408 | 0.00431 | | |
| Maximumrank | Parms | LL | Eigenvalue | Maxstatistic | 5% Criticalvalue |
| 0 | 48 | 532.18171 | — | 98.6904 | 42.48 |
| 1 | 59 | 581.52691 | 0.98873 | 58.2456 | 36.41 |
| 2 | 68 | 610.64971 | 0.92917 | 37.5779 | 30.33 |
| 3 | 75 | 629.43866 | 0.81879 | 27.1940 | 23.78 |
| 4 | 80 | 643.03564 | 0.70948 | 13.0419 | 16.87 |
| 5 | 83 | 649.55661 | 0.44723 | 0.0949 | 3.74 |
| 6 | 84 | 649.60408 | 0.00431 | | |

注：* 表示变量之间具有协整性关系。

表 7 - 17 全国整体视角：资源税类收入分配效应实证模型的协整性检验

| Maximumrank | Parms | LL | Eigenvalue | Tracestatistic | 5% Criticalvalue |
|---|---|---|---|---|---|
| 0 | 48 | 555.98243 | — | 301.1389 | 104.94 |
| 1 | 59 | 630.06401 | 0.99881 | 152.9757 | 77.74 |
| 2 | 68 | 659.75074 | 0.93271 | 93.6023 | 54.64 |
| 3 | 75 | 682.23802 | 0.87053 | 48.6277 | 34.55 |
| 4 | 80 | 697.52782 | 0.75092 | 18.0481 * | 18.17 |
| 5 | 83 | 705.67967 | 0.52340 | 1.7444 | 3.74 |

续表

| Maximumrank | Parms | LL | Eigenvalue | Tracestatistic | 5% Criticalvalue |
|---|---|---|---|---|---|
| 6 | 84 | 706. 55188 | 0. 07623 | | |
| Maximumrank | Parms | LL | Eigenvalue | Maxstatistic | 5% Criticalvalue |
| 0 | 48 | 555. 98243 | — | 148. 1632 | 42. 48 |
| 1 | 59 | 630. 06401 | 0. 99881 | 59. 3735 | 36. 41 |
| 2 | 68 | 659. 75074 | 0. 93271 | 44. 9746 | 30. 33 |
| 3 | 75 | 682. 23802 | 0. 87053 | 30. 5796 | 23. 78 |
| 4 | 80 | 697. 52782 | 0. 75092 | 16. 3037 | 16. 87 |
| 5 | 83 | 705. 67967 | 0. 52340 | 1. 7444 | 3. 74 |
| 6 | 84 | 706. 55188 | 0. 07623 | | |

注：＊表示变量之间具有协整性关系。

由表 7 - 14 至表 7 - 17 中协整性检验结果可知，在 5% 显著性水平下，变量所得税收入占比的"迹检验"统计量为 34. 2810，接受"至多存在三个协整向量"的原假设。行为税和资源税的"迹检验"统计量分别为 13. 1369 和 18. 0481，均接受"至多存在四个协整向量"的原假设。流转税收入占比的最大特征值统计量为 22. 8976，接受"最多存在三个协整向量"的原假设。因此，本部分各模型分别通过协整性检验，同一模型中各变量之间存在协整关系，可以建立实证模型并继续进行回归分析。

### 7. 2. 3. 2 实证结果分析

（1）全国整体视角下的流转税收入分配效应实证结果。

在全国视角下，为保证实证结果的稳健性，本节同样通过逐步引入控制变量的方法，来观察解释变量对被解释变量的解释力度。表 7 - 18 为流转税对收入分配效应影响的实证检验结果。共设立 4 个子模型进行回归分析，模型 1 未加入其他控制变量，模型 2、模型 3、模型 4 均加入对外开放程度作为控制变量。此外，模型 2 额外添加了居民消费价格指数作为控制变量，模型 3 额外添加了产业结构作为控制变量，模型 4 同时加入了居民消费价格指数和产业结构作为控制变量。

表 7 - 18　　　全国整体视角：流转税收入分配效应实证模型的回归结果

| 变量 | 模型 1 | 模型 2 | 模型 3 | 模型 4 |
|---|---|---|---|---|
| | 系数 | 系数 | 系数 | 系数 |
| lz | 6. 795376 | 7. 060252 | 5. 567883 | 7. 365743 |
| | (2. 81) ** | (2. 61) ** | (2. 05) * | (2. 47) ** |
| lzz | − 35. 75966 | − 38. 05359 | − 31. 16757 | − 39. 46267 |
| | ( − 3. 27) ** | ( − 3. 17) ** | ( − 2. 59) ** | ( − 2. 97) ** |

续表

| 变量 | 模型 1 | 模型 2 | 模型 3 | 模型 4 |
|---|---|---|---|---|
| | 系数 | 系数 | 系数 | 系数 |
| cyjg | | | 0.0119296 | −0.0125454 |
| | | | (0.28) | (−0.28) |
| open | | 0.0615012 | 0.0595901 | 0.0500803 |
| | | (1.43) | (0.98) | (0.83) |
| cpi | | −0.104182 | | −0.1138227 |
| | | (−1.37) | | (−1.34) |
| C | 0.1557515 | 0.2272473 | 0.1876482 | 0.2394871 |
| | (1.19) | (1.69) | (1.32) | (1.66) |
| $R^2$ | 0.6351 | 0.6874 | 0.6577 | 0.6887 |
| P 值 | 0 | 0 | 0 | 0 |

注：括号里为 t 统计量值，* 表示 10% 显著水平下显著，** 表示 5% 显著水平下显著。

依据表 7 - 18 中实证回归结果，通过控制变量之间组合并进行逐步回归，流转税对收入分配差距影响显著，在控制不同控制变量中这一结果均为显著，模型稳健性良好。流转税与收入分配差距之间存在倒 U 型关系，随流转税的税负水平不断增加，其对收入分配差距的作用先是扩大再缩小。

目前，我国流转税处于扩大收入分配差距阶段。由于流转税中主要税种为增值税，增值税采用比例税率，会导致一定程度的税收累退性，即纳税人的税负会随收入增加而降低，导致低收入群体承担较高税负，进而扩大收入差距。尽管我国流转税中包括的消费税有一定的调节收入分配职能，但由于其征税对象特定，占国家总税收收入比重较小，2018 年，我国消费税占总税收收入近 6.80%，与增值税差距明显，所以全国流转税整体对调节收入分配依旧是负效应。

（2）全国整体视角下的所得税收入分配效应实证结果。

为保证实证结果的稳健性，本节采用逐步增加控制变量的方法，进行逐步回归检验，表 7 - 19 为所得税对收入分配效应影响的实证检验结果。模型 1、模型 2、模型 3 分别添加了对外开放程度、城镇化率、人力资本和政府投资作为控制变量，模型 4 则将这些变量都作为控制变量进行回归。

表 7 - 19　　全国整体视角：所得税收入分配效应实证模型的回归结果

| 变量 | 模型 1 | 模型 2 | 模型 3 | 模型 4 |
|---|---|---|---|---|
| | 系数 | 系数 | 系数 | 系数 |
| sd | 1.826145 | 4.983589 | 3.124878 | 1.71921 |
| | (3.62)** | (3.58)** | (2.36)** | (1.30) |

| 变量 | 模型 1 | 模型 2 | 模型 3 | 模型 4 |
|------|--------|--------|--------|--------|
|      | 系数   | 系数   | 系数   | 系数   |
| open | −0.0064577 | −0.1201382 | −0.1554073 | −0.1627514 |
|      | (−0.16) | (−2.00)** | (−2.99)** | (−3.49)** |
| city |        | −0.43737 | −1.163048 | −1.054523 |
|      |        | (−2.40)** | (−4.08)** | (−4.07)** |
| rl   |        |        | 12.8051 | 18.06025 |
|      |        |        | (3.02)** | (4.12)** |
| tz   |        |        |        | −0.1798703 |
|      |        |        |        | (−2.39)** |
| C    | 0.3814711 | 0.4916398 | 0.7703221 | 0.8261945 |
|      | (9.88)** | (8.35)** | (7.39)** | (8.59)** |
| $R^2$ | 0.4218 | 0.5511 | 0.6969 | 0.7697 |
| P 值 | 0 | 0 | 0 | 0 |

注：括号里为 t 统计量值，* 表示10%显著水平下显著，** 表示5%显著水平下显著。

由实证模型 4 的结果可知，所得税的系数为正，说明所得税的增加会扩大收入分配差距，但不显著，因为所得税中企业所得税比重比较大，对居民收入分配直接影响较小。各个变量系数在不同模型中均保持一致，模型结果稳健。人力资本投入对调节收入分配的正效应有减弱的作用，而对外开放程度、城镇化率、政府投资等影响因素都对调节收入分配的正效应有促进作用，且结果显著。控制变量方面，对外开放程度、城镇化率、政府投资等因素会促进经济发展，在一定程度上会提高低收入人群的收入水平，从而缩小居民收入差距，也会缩小收入分配差距。

（3）全国整体视角下的行为财产税收入分配效应实证结果。

为保证实证结果的稳健性，本节采用逐步增加控制变量的方法，进行稳健性检验，表 7 - 20 为全国整体视角下行为财产税对收入分配效应影响的实证检验结果。模型 1 仅添加了城镇化率作为控制变量，模型 2、模型 3、模型 4 分别添加了对外开放程度、人力资本和政府投资作为控制变量进行回归。

表 7 - 20　全国整体视角：行为财产税收入分配效应实证模型的回归结果

| 变量 | 模型 1 | 模型 2 | 模型 3 | 模型 4 |
|------|--------|--------|--------|--------|
|      | 系数   | 系数   | 系数   | 系数   |
| xw   | −4.087023 | −5.609998 | −2.439826 | −1.135799 |
|      | (−2.47)** | (−3.23)** | (−1.22) | (−0.65) |

续表

| 变量 | 模型 1 系数 | 模型 2 系数 | 模型 3 系数 | 模型 4 系数 |
|---|---|---|---|---|
| open | | 0.1002242 (1.94)* | −0.0353808 (−0.50) | −0.1078132 (−1.67) |
| city | 0.2527423 (3.93)** | 0.3716979 (4.32)** | −0.732654 (−1.65) | −0.8349304 (−2.21)** |
| rl | | | 13.33992 (2.52)** | 19.25632 (3.92)** |
| tz | | | | −0.2113472 (−2.93)** |
| C | 0.3970579 (17.20)** | 0.3046996 (5.83)** | 0.6790897 (4.36)** | 0.7937424 (5.78)** |
| $R^2$ | 0.4242 | 0.5157 | 0.6368 | 0.7540 |
| P 值 | 0 | 0 | 0 | 0 |

注：括号里为 t 统计量值，*表示 10% 显著水平下显著，**表示 5% 显著水平下显著。

由模型 4 实证结果可知，行为财产税系数为负，行为财产税具有缩小收入分配差距的作用，因而具有调节收入分配正效应，但行为财产税对收入分配差距影响不显著，因而调节收入分配效应较弱。主要原因是行为财产税占总税收收入的比重较小，以 2018 年财政收入为例，2018 年，全国一般公共预算收入中的税收收入 156401 亿元，其中，行为财产税仅占总税收收入的 5.51%。而控制变量中的对外开放程度、城镇化率和政府投资可以增加调节收入分配的正效应，人力资本则会导致调节收入分配的正效应降低。

（4）全国整体视角下的资源税类收入分配效应实证结果。

本节采用逐步增加控制变量的方法，进行稳健性检验，表 7−21 为全国整体视角下资源税类对收入分配效应影响的实证检验结果。模型 1 至模型 4 分别添加了城镇化率、对外开放程度、人力资本和政府投资作为控制变量进行回归。

表 7−21　全国整体视角：资源税类收入分配效应实证模型的回归结果

| 变量 | 模型 1 系数 | 模型 2 系数 | 模型 3 系数 | 模型 4 系数 |
|---|---|---|---|---|
| zy | −28.87576 (−2.23)** | −29.15449 (−2.22)** | −26.45528 (−2.88)** | −7.142256 (−0.41) |
| open | | 0.0293653 (0.58) | −0.0883932 (−2.04)** | −0.1274095 (−2.44)** |

| 变量 | 模型1 | 模型2 | 模型3 | 模型4 |
|------|------|------|------|------|
|  | 系数 | 系数 | 系数 | 系数 |
| city | 0.1923457 | 0.2171896 | −1.039806 | −1.011919 |
|  | (3.50)** | (3.08)** | (−3.83)** | (−3.78)** |
| rl |  |  | 16.79666 | 20.36248 |
|  |  |  | (4.71)** | (4.56)** |
| tz |  |  |  | −0.1756953 |
|  |  |  |  | (−1.29) |
| C | 0.4153913 | 0.3881112 | 0.8117086 | 0.7937424 |
|  | (16.25)** | (7.19)** | (8.33)** | (5.78)** |
| R² | 0.3991 | 0.4090 | 0.7274 | 0.7505 |
| P值 | 0 | 0 | 0 | 0 |

注：括号里为t统计量值，＊表示10%显著水平下显著，＊＊表示5%显著水平下显著。

由模型4结果可知，资源税类与收入分配差距具有负相关关系，资源税类增加可以缩小收入分配差距，但不显著。对外开放程度、城镇化率和人力资本控制变量对收入分配效应的影响在5%的显著性水平上显著，政府投资对收入分配效应的影响不显著。控制变量中对外开放程度和政府投资同样具有调节收入分配的正效应，而城镇化率和人力资本的增加会导致调节收入分配差距的效应减弱。

资源税类的征税对象包括应税自然资源和国有土地使用权，体现了有偿使用资源的原则。当资源税类的税负提高时，资源使用价格随之上涨，影响居民对于资源的消费支出。根据庞军、高笑默（2019）等人的研究，不同收入等级的居民对于应税资源的需求不同，随着收入水平的提高，居民资源消费支出增长，所以资源税类的征收也可以达到调节收入分配的手段，缩小收入分配差距。

### 7.2.4 主要税种的收入分配效应

进一步，本节检验主要税种对全国居民收入分配的影响，主要包括增值税、营业税、消费税、企业所得税、个人所得税。以上述税种为解释变量，控制变量选用经济发展水平、开放水平、产业水平和物价水平，基于基准模型式（7-1），通过引入不同控制变量进行实证检验。其中，在考察增值税和营业税对全国居民收入分配效应时，发现增值税和营业税与全国居民收入分配呈现出非线性的对应关系，因此，基于式（7-1），分别引入增值税与营业税的二次项。

### 7.2.4.1 协整性检验

参考7.1.3中平稳性检验结果，本部分多个模型中的变量需要进一步进行协整性检验。同理，与本章7.2.1.1中协整性检验方式相似，本部分同样使用 Johansen 检验方法对各变量进行协整性检验。具体协整性检验结果如表7－22至表7－26所示。

**表7－22　全国整体视角：增值税收入分配效应实证模型的协整性检验**

| Maximumrank | Parms | LL | Eigenvalue | Tracestatistic | 5% Criticalvalue |
|---|---|---|---|---|---|
| 0 | 48 | 523. 52479 | — | 204. 9379 | 104. 94 |
| 1 | 59 | 553. 00529 | 0. 93144 | 145. 9769 | 77. 74 |
| 2 | 68 | 578. 63543 | 0. 90271 | 94. 7166 | 54. 64 |
| 3 | 75 | 599. 74978 | 0. 85332 | 52. 4879 | 34. 55 |
| 4 | 80 | 616. 06535 | 0. 77310 | 19. 8568 | 18. 17 |
| 5 | 83 | 623. 51314 | 0. 49190 | 4. 9612 | 3. 74 |
| 6 | 84 | 625. 99374 | 0. 20189 | | |
| Maximumrank | Parms | LL | Eigenvalue | Maxstatistic | 5% Criticalvalue |
| 0 | 48 | 523. 52479 | — | 58. 9610 | 42. 48 |
| 1 | 59 | 553. 00529 | 0. 93144 | 51. 2603 | 36. 41 |
| 2 | 68 | 578. 63543 | 0. 90271 | 42. 2287 | 30. 33 |
| 3 | 75 | 599. 74978 | 0. 85332 | 32. 6311 | 23. 78 |
| 4 | 80 | 616. 06535 | 0. 77310 | 14. 8956 | 16. 87 |
| 5 | 83 | 623. 51314 | 0. 49190 | 4. 9612 | 3. 74 |
| 6 | 84 | 625. 99374 | 0. 20189 | | |

**表7－23　全国整体视角：消费税收入分配效应实证模型的协整性检验**

| Maximumrank | Parms | LL | Eigenvalue | Tracestatistic | 5% Criticalvalue |
|---|---|---|---|---|---|
| 0 | 48 | 538. 92404 | — | 214. 9861 | 104. 94 |
| 1 | 59 | 576. 4128 | 0. 96689 | 140. 0086 | 77. 74 |
| 2 | 68 | 606. 76982 | 0. 93669 | 79. 2945 | 54. 64 |
| 3 | 75 | 627. 84283 | 0. 85277 | 37. 1485 | 34. 55 |
| 4 | 80 | 636. 4787 | 0. 54392 | 19. 8768 | 18. 17 |
| 5 | 83 | 643. 76373 | 0. 48432 | 5. 3067 | 3. 74 |
| 6 | 84 | 646. 41709 | 0. 21433 | | |
| Maximumrank | Parms | LL | Eigenvalue | Maxstatistic | 5% Criticalvalue |
| 0 | 48 | 538. 92404 | — | 74. 9775 | 42. 48 |
| 1 | 59 | 576. 4128 | 0. 96689 | 60. 7141 | 36. 41 |
| 2 | 68 | 606. 76982 | 0. 93669 | 42. 1460 | 30. 33 |
| 3 | 75 | 627. 84283 | 0. 85277 | 17. 2717 | 23. 78 |
| 4 | 80 | 636. 4787 | 0. 54392 | 14. 5701 | 16. 87 |
| 5 | 83 | 643. 76373 | 0. 48432 | 5. 3067 | 3. 74 |
| 6 | 84 | 646. 41709 | 0. 214 | | |

表 7 - 24　全国整体视角：营业税收入分配效应实证模型的协整性检验

| Maximumrank | Parms | LL | Eigenvalue | Tracestatistic | 5% Criticalvalue |
|---|---|---|---|---|---|
| 0 | 48 | 524. 7744 | — | 241. 1729 | 104. 94 |
| 1 | 59 | 568. 71259 | 0. 98158 | 153. 2966 | 77. 74 |
| 2 | 68 | 600. 38452 | 0. 94382 | 89. 9527 | 54. 64 |
| 3 | 75 | 622. 59896 | 0. 86728 | 45. 5238 | 34. 55 |
| 4 | 80 | 635. 93811 | 0. 70259 | 18. 8455 | 18. 17 |
| 5 | 83 | 644. 59895 | 0. 54495 | 1. 5238 * | 3. 74 |
| 6 | 84 | 645. 36087 | 0. 06692 | | |
| Maximumrank | Parms | LL | Eigenvalue | Maxstatistic | 5% Criticalvalue |
| 0 | 48 | 524. 7744 | — | 87. 8764 | 42. 48 |
| 1 | 59 | 568. 71259 | 0. 98158 | 63. 3439 | 36. 41 |
| 2 | 68 | 600. 38452 | 0. 94382 | 44. 4289 | 30. 33 |
| 3 | 75 | 622. 59896 | 0. 86728 | 26. 6783 | 23. 78 |
| 4 | 80 | 635. 93811 | 0. 70259 | 17. 3217 | 16. 87 |
| 5 | 83 | 644. 59895 | 0. 54495 | 1. 5238 | 3. 74 |
| 6 | 84 | 645. 36087 | 0. 06692 | | |

注：＊表示变量之间具有协整性关系。

表 7 - 25　全国整体视角：企业所得税收入分配效应实证模型的协整性检验

| Maximumrank | Parms | LL | Eigenvalue | Tracestatistic | 5% Criticalvalue |
|---|---|---|---|---|---|
| 0 | 48 | 529. 88843 | — | 221. 3633 | 104. 94 |
| 1 | 59 | 566. 26611 | 0. 96338 | 148. 6080 | 77. 74 |
| 2 | 68 | 596. 70773 | 0. 93718 | 87. 7247 | 54. 64 |
| 3 | 75 | 622. 08904 | 0. 90048 | 36. 9621 | 34. 55 |
| 4 | 80 | 633. 95678 | 0. 66003 | 13. 2266 * | 18. 17 |
| 5 | 83 | 640. 54504 | 0. 45060 | 0. 0501 | 3. 74 |
| 6 | 84 | 640. 5701 | 0. 00228 | | |
| Maximumrank | Parms | LL | Eigenvalue | Maxstatistic | 5% Criticalvalue |
| 0 | 48 | 529. 88843 | — | 72. 7554 | 42. 48 |
| 1 | 59 | 566. 26611 | 0. 96338 | 60. 8832 | 36. 41 |
| 2 | 68 | 596. 70773 | 0. 93718 | 50. 7626 | 30. 33 |
| 3 | 75 | 622. 08904 | 0. 90048 | 23. 7355 | 23. 78 |
| 4 | 80 | 633. 95678 | 0. 66003 | 13. 1765 | 16. 87 |
| 5 | 83 | 640. 54504 | 0. 45060 | 0. 0501 | 3. 74 |
| 6 | 84 | 640. 5701 | 0. 00228 | | |

注：＊表示变量之间具有协整性关系。

表 7 - 26　全国整体视角：个人所得税收入分配效应实证模型的协整性检验

| Maximumrank | Parms | LL | Eigenvalue | Tracestatistic | 5% Criticalvalue |
|---|---|---|---|---|---|
| 0 | 48 | 554. 33918 | — | 213. 3024 | 104. 94 |
| 1 | 59 | 595. 66021 | 0. 97663 | 130. 6603 | 77. 74 |
| 2 | 68 | 622. 25437 | 0. 91087 | 77. 4720 | 54. 64 |
| 3 | 75 | 643. 17426 | 0. 85070 | 35. 6322 | 34. 55 |
| 4 | 80 | 652. 91112 | 0. 58736 | 16. 1585 * | 18. 17 |
| 5 | 83 | 659. 04801 | 0. 42759 | 3. 8847 | 3. 74 |
| 6 | 84 | 660. 99038 | 0. 16187 | | |

续表

| Maximumrank | Parms | LL | Eigenvalue | Maxstatistic | 5% Criticalvalue |
|---|---|---|---|---|---|
| 0 | 48 | 554. 33918 | — | 82. 6421 | 42. 48 |
| 1 | 59 | 595. 66021 | 0. 97663 | 53. 1883 | 36. 41 |
| 2 | 68 | 622. 25437 | 0. 91087 | 41. 8398 | 30. 33 |
| 3 | 75 | 643. 17426 | 0. 85070 | 19. 4737 | 23. 78 |
| 4 | 80 | 652. 91112 | 0. 58736 | 12. 2738 | 16. 87 |
| 5 | 83 | 659. 04801 | 0. 42759 | 3. 8847 | 3. 74 |
| 6 | 84 | 660. 99038 | 0. 16187 | | |

注：＊表示变量之间具有协整性关系。

由表 7 - 22 至表 7 - 26 中协整性检验结果可知，在 5% 显著性水平下。企业所得税和个人所得税收入占比的"迹检验"统计量分别为 13. 2266 和 16. 1585，接受"至多存在四个协整向量"的原假设。营业税收入占比的"迹检验"统计量为 1. 5238，接受"至多存在五个协整向量"的原假设。增值税收入占比的最大特征值统计量为 14. 8956，接受"至多存在四个协整向量"的原假设。消费税收入占比的最大特征值统计量为 17. 2717，接受"至多存在三个协整向量"的原假设。因此，本部分各模型均分别通过协整性检验，同一模型中各变量之间存在协整关系，可以建立实证模型并继续进行回归分析。

### 7.2.4.2 实证结果分析

（1）全国整体视角下的增值税收入分配效应实证结果。

为保证实证结果的稳健性，本节采用逐步增加控制变量的方法，进行逐步回归检验，表 7 - 27 为全国整体视角下增值税对收入分配效应影响的实证检验结果。模型 1、模型 2、模型 3 分别添加了对外开放程度、产业结构和居民消费价格指数作为控制变量，模型 4 则将这三个变量都作为控制变量进行回归。

表 7 - 27　全国整体视角：增值税收入分配效应实证模型的回归结果

| 变量 | 模型 1 | 模型 2 | 模型 3 | 模型 4 |
|---|---|---|---|---|
| | 系数 | 系数 | 系数 | 系数 |
| zz | 13. 03228 | 11. 21396 | 10. 99168 | 11. 15514 |
| | (2. 95)** | (2. 38)** | (2. 22)** | (2. 06)* |
| zzz | − 107. 7691 | − 96. 84118 | − 95. 17571 | − 96. 35427 |
| | (− 3. 33)** | (− 2. 87)** | (− 2. 68)** | (− 2. 48)** |
| open | | 0. 0465882 | 0. 0551033 | 0. 0543746 |
| | | (1. 08) | (0. 90) | (0. 86) |

续表

| 变量 | 模型 1 | 模型 2 | 模型 3 | 模型 4 |
|------|--------|--------|--------|--------|
|      | 系数 | 系数 | 系数 | 系数 |
| cyjg |  |  | 0.0085044 | 0.0070943 |
|      |  |  | (0.20) | (0.15) |
| cpi |  |  |  | -0.0073346 |
|     |  |  |  | (-0.09) |
| C | 0.08584 | 0.129933 | 0.1242449 | 0.1281091 |
|   | (0.59) | (0.86) | (0.79) | (0.76) |
| $R^2$ | 0.6352 | 0.6555 | 0.6562 | 0.6563 |
| P 值 | 0 | 0 | 0 | 0 |

注：括号里为 t 统计量值，＊表示10%显著水平下显著，＊＊表示5%显著水平下显著。

由实证结果可知，增值税与收入分配差距之间呈倒 U 型关系，随着增值税不断增加，其对收入分配差距的影响将由扩大再缩小。改变模型的控制变量可知，我国增值税对收入分配差距的影响作用始终一致，在多个子模型中增值税系数的正负性均保持一致，表明模型稳健性良好。控制变量方面，产业结构和对外开放程度具有扩大收入分配差距的作用，但在本模型中这一影响不显著。

增值税与收入分配差距之间先是正相关再是负相关。其原因：一是现行增值税税负具有累退性，低收入者的税收占收入比例高于高收入者，因此缩小收入差距的作用较小。二是增值税为价外税，税负易于转嫁，商品供给者通过提高价格的方式转嫁给消费者，而增值税税负具有累退性，间接扩大了收入差距，产生调节收入分配的负效应。我国税制结构当中增值税占据较大比重，其比例税率与普遍征收的特征也使累退性在我国较为明显，对居民收入分配差距的影响也较为明显。

（2）全国整体视角下的消费税收入分配效应实证结果。

为保证实证结果的稳健性，本节采用逐步增加控制变量的方法，进行稳健性检验，表 7 - 28 为全国整体视角下消费税对收入分配效应影响的实证检验结果。模型 1 仅引入了城镇化率作为解释变量，模型 2、模型 3、模型 4 依次添加了对外开放程度、人力资本和政府投资作为控制变量进行回归。

表 7 - 28　　全国整体视角：消费税收入分配效应实证模型的回归结果

| 变量 | 模型 1 | 模型 2 | 模型 3 | 模型 4 |
|------|--------|--------|--------|--------|
|      | 系数 | 系数 | 系数 | 系数 |
| xf | -4.035867 | -4.067846 | -3.179404 | -1.847001 |
|    | (-3.16)＊＊ | (-3.14)＊＊ | (-3.29)＊＊ | (-1.25) |

| 变量 | 模型 1 系数 | 模型 2 系数 | 模型 3 系数 | 模型 4 系数 |
|------|------|------|------|------|
| open | | 0.0306868<br>(0.66) | -0.0752598<br>(-1.79)* | -0.1074997<br>(-2.17)** |
| city | 0.149387<br>(3.09)** | 0.1749343<br>(2.80)** | -0.9428289<br>(-3.57)** | -0.9558773<br>(-3.66)** |
| rl | | | 14.99034<br>(4.30)** | 18.20158<br>(4.15)** |
| tz | | | | -0.1239617<br>(-1.19) |
| C | 0.4534164<br>(15.76)** | 0.4251616<br>(8.21)** | 0.7925811<br>(8.48)** | 0.8261991<br>(8.54)** |
| $R^2$ | 0.4964 | 0.5072 | 0.7502 | 0.7684 |
| P 值 | 0 | 0 | 0 | 0 |

注：括号里为 t 统计量值，*表示 10% 显著水平下显著，**表示 5% 显著水平下显著。

　　由实证结果可知，在通过不同控制变量之间相互组合所产生的多个子模型中，消费税的系数均显著为负，即增加消费税会促进收入分配差距缩小。控制变量中，只有人力资本的增加会对调节收入分配有抑制作用，而对外开放程度和城镇化率都对调节收入分配有促进作用，政府投资对于收入分配的影响并不显著。

　　消费税是对增值税的补充，有选择性地对个别商品征税，而且在不同的环节适用不同的税率，具备税收的累进性，所以对调节收入分配具有正效应。从调节收入分配的角度来看，消费税大多数都对非生活必需品征税，尤其是高尔夫球具、高档手表、高档小轿车等奢侈品，这些应税消费品的消费者一般都是高收入人群，对其征消费税会明显增加高收入者的税负，从而减少其可支配收入。而低收入者对这类奢侈品的消费较少，所承担的消费税税负也较轻，从而缩小了居民的收入差距，进而产生调节收入分配正效应。消费税作为对特定消费品征收的税种，已经成为政府调节收入分配不可或缺的重要工具，其收入分配效应也引起了关注。近些年，我国消费税的征税范围和税率不断修改，说明国家根据当前的经济情况对消费税及时作出调整，体现了消费税引导消费方向的特性。对高档消费品设置消费税可以发挥消费税调节收入分配差距的作用，进而具有调节收入分配正效应。

（3）全国整体视角下的营业税收入分配效应实证结果。

为保证实证结果的稳健性，本节采用逐步增加控制变量的方法，进行稳健性检验，表7-29为全国整体视角下营业税对收入分配效应影响的实证检验结果，模型2、模型3、模型4分别添加了对外开放程度、产业结构和居民消费价格指数作为控制变量进行回归。

表7-29　　全国整体视角：营业税收入分配效应实证模型的回归结果

| 变量 | 模型1 | 模型2 | 模型3 | 模型4 |
|---|---|---|---|---|
| | 系数 | 系数 | 系数 | 系数 |
| yy | 3.494608 | 4.1215047 | 5.772613 | 5.875411 |
| | (1.52) | (1.70) | (2.38)** | (2.36)** |
| yyy | -110.8889 | -117.5492 | -155.0588 | -160.6642 |
| | (-2.10)** | (-2.19)** | (-2.87)** | (-2.84)** |
| open | | -0.0451865 | 0.0589806 | 0.0644863 |
| | | (-0.88) | (0.82) | (0.86) |
| cyjg | | | 0.1115381 | 0.1059064 |
| | | | (1.93)* | (1.75)* |
| cpi | | | | -0.050292 |
| | | | | (-0.44) |
| C | 0.4557739 | 0.4699546 | 0.2906415 | 0.3466322 |
| | (17.43)** | (15.26)** | (2.98)** | (2.15)** |
| $R^2$ | 0.2511 | 0.2792 | 0.3972 | 0.4037 |
| P值 | 0 | 0 | 0 | 0 |

注：括号里为t统计量值，*表示10%显著水平下显著，**表示5%显著水平下显著。

根据模型结果可知，营业税与收入分配差距存在倒U型关系。三个控制变量中，除居民消费价格外，其余控制变量均对调节收入分配的正效应具有抑制作用，但只有产业结构的模型结果显著。

营业税作为间接税，可以通过调节商品价格的方式将税负转移给最终消费者。根据田志伟（2015）和胡怡建（2018）测算的营业税对居民年度收入的影响可知，居民年度收入越高，消费支出中所含营业税占年度收入的比重越低，营业税税负增加时，营业税的累退性将导致居民收入差距扩大，调节收入分配的正效应降低。然而，随着国内经济发展和居民收入的提升，在营业税税负增长到倒U型曲线右侧时，居民消费支出占总收入的比重会逐步下降，营业税的累退性作用会逐年减弱，由于累退性产生的收入差距日益缩小，收入分配差距也缩小。

（4）全国整体视角下的企业所得税收入分配效应实证结果。

为保证实证结果的稳健性，本节采用逐步增加控制变量的方法，进行逐

步回归检验，表7-30为全国整体视角下企业所得税对收入分配效应影响的实证检验结果。模型1、模型2、模型3分别添加了对外开放程度、城镇化率、人力资本和政府投资作为控制变量，模型4则将这些变量都作为控制变量进行回归。

表7-30　全国整体视角：企业所得税收入分配效应实证模型的回归结果

| 变量 | 模型1 | 模型2 | 模型3 | 模型4 |
|------|-------|-------|-------|-------|
|      | 系数  | 系数  | 系数  | 系数  |
| qy | 2.587174<br>(2.10)** | 2.657255<br>(2.00)** | 4.961167<br>(3.60)** | 0.9676289<br>(0.62) |
| open |  | -0.0091751<br>(-0.17) | -0.0583217<br>(-1.18) | -0.1362512<br>(-3.07)** |
| city | -0.0556764<br>(-0.49) | -0.0691241<br>(-0.49)** | 0.2592881<br>(1.57) | -0.8763347<br>(-2.56)** |
| rl |  |  |  | 19.00743<br>(3.59)** |
| tz |  |  | -0.2991831<br>(-2.92)** | -0.2495434<br>(-3.06)** |
| C | 0.403008<br>(16.62)** | 0.411868<br>(7.07)** | 0.3775476<br>(7.40)** | 0.8069181<br>(6.40)** |
| $R^2$ | 0.3859 | 0.3868 | 0.5768 | 0.7535 |
| P值 | 0 | 0 | 0 | 0 |

注：括号里为t统计量值，*表示10%显著水平下显著，**表示5%显著水平下显著。

由实证模型4结果可知，企业所得税的系数为正，在控制变量组成的不同模型中，系数符号均保持一致，说明增加企业所得税会扩大全国居民收入分配差距，但其结果不显著。由于企业所得税的征税对象是企业，其主要影响的是政府与企业之间的分配关系。所以企业所得税对收入分配差距主要产生间接影响，政府通过提高企业所得税税率，获得更多税收收入，若政府将筹集的税收收入用于改善社会保障体系，则企业所得税会间接缩小收入分配差距；反之，企业所得税会间接扩大收入分配差距，产生调节收入分配的负效应。控制变量中，人力资本会扩大居民收入分配差距，而对外开放程度、城镇化率、政府投资会缩小收入分配差距。

（5）全国整体视角下的个人所得税收入分配效应实证结果。

为保证实证结果的稳健性，本节采用逐步增加控制变量的方法，进行逐步回归检验，表7-31为全国整体视角下个人所得税对收入分配效应影响的实证检验结果。模型1仅将对外开放程度作为控制变量，模型2将城镇化率和人力资本作为控制变量，模型 3 在模型 2 的基础上将对外开放变量作为控制变量，模型 4 则将这些变量都作为控制变量进行回归。

表 7 - 31　全国整体视角：个人所得税收入分配效应实证模型的回归结果

| 变量 | 模型 1 | 模型 2 | 模型 3 | 模型 4 |
|---|---|---|---|---|
| | 系数 | 系数 | 系数 | 系数 |
| ge | 3.621892<br>(2.15) ** | 1.497063<br>(0.61) | 7.030548<br>(2.77) ** | 2.153789<br>(0.53) |
| open | -0.0231002<br>(-0.49) | | -0.1952075<br>(-3.46) ** | -0.1595869<br>(-2.68) ** |
| city | | -0.7826979<br>(-2.88) ** | -1.782757<br>(-4.92) ** | -1.237174<br>(-2.45) ** |
| rl | | 12.96814<br>(3.53) ** | 22.52474<br>(5.57) ** | 22.07094<br>(5.62) ** |
| tz | | | | -0.1743914<br>(-1.50) |
| C | 0.4352427<br>(11.46) ** | 0.6412836<br>(8.81) ** | 1.020828<br>(8.21) ** | 0.9117193<br>(6.48) ** |
| $R^2$ | 0.2311 | 0.5452 | 0.7210 | 0.7520 |
| P 值 | 0 | 0 | 0 | 0 |

注：括号里为 t 统计量值，* 表示 10% 显著水平下显著，** 表示 5% 显著水平下显著。

　　由实证模型 4 结果可知，个人所得税的系数为正，说明个人所得税会扩大收入分配差距，但其结果不显著。其原因是个人所得税的税制设计存在缺陷。理论上，个人所得税具有累进性，但不少学者都认为目前我国个人所得税法中存在"工薪税"的现状，对劳动所得征税过重，而对资本所得征税过轻。个人所得税主要采取分类征收的模式，但高收入人群的收入多元化，更容易获得财产性所得和经营性所得，导致个人所得税对高收入人群的影响不明显，反而对中低收入人群的影响更显著，因此会扩大居民收入分配差距。除税负累进性外，个人所得税调节居民收入分配差距的功能还取决于其收入规模。经测算，2018 年个人所得税占总税收收入仅为8.87%，目前只有 2800 万人缴纳个人所得税，说明个人所得税的收入规模不高，其调节居民收入分配差距的作用较弱。控制变量中，人力资本会扩大居民收入分配差距，而对外开放程度、城镇化率、政府投资会缩小收入分配差距。

# 7.3　城镇居民视角：税收的收入分配效应

在 7.2 节中从全国整体视角实证检验了税收的收入分配效应。由于城乡的差异性，本节从城镇居民的视角，实证分析税收的收入分配效应，以期得出税收对城镇居民收入分配差距影响的规律。

## 7.3.1　宏观税负的收入分配效应

本节主要检验宏观税负对城镇居民的收入分配效应。同 7.2.1 节，宏观税负与收入分配二者之间可能存在非线性关系，在构建宏观税负对城镇居民收入分配影响的模型时，基于基准模型式（7-2），考虑建立非线性的面板数据模型，引入宏观税负的二次项，采用固定效应并逐步引入控制变量进行实证分析，从而更好地剖析宏观税负对城镇居民收入分配影响的规律。在控制变量方面，选用经济发展水平、产业发展水平和城市化水平。

### 7.3.1.1　协整性检验

参考 7.1.3 中对于面板数据的平稳性检验结果，本部分模型中多个变量需继续进行协整性检验，以确保数据的长期稳定性。在对面板数据模型中多个变量进行协整性检验的方法中，一般以 westerlund 方法较为有效。因此，本部分采用 westerlund 协整检验方法对模型中各变量进行协整性检验。具体检验结果如表 7-32 所示。

表 7-32　城镇居民视角：宏观税负收入分配效应实证模型的协整性检验

| | Statistic | p-value |
|---|---|---|
| Varianceratio | -2.1617 | 0.0153 |

根据表 7-32 中协整性检验结果，检验统计量为 -2.1617，在 5% 显著性水平下，拒绝"不存在协整向量"的原假设，模型中各变量之间存在协整关系，通过协整性检验，可以建立实证模型并继续进行回归分析。

### 7.3.1.2　实证结果分析

为保证实证结果的稳健性，本节采用逐步增加控制变量的方法，进行逐

步回归检验，表7-33为城镇居民视角下宏观税负对收入分配效应影响的实证检验结果。模型1、模型2、模型3分别添加了产业结构或城镇化率作为控制变量，模型4则将这两个变量都作为控制变量进行回归。本节通过添加省级面板数据进行分析，实证结果比较显著。

**表7-33　城镇居民视角：宏观税负收入分配效应实证模型的回归结果**

| 变量 | 模型1 | 模型2 | 模型3 | 模型4 |
| --- | --- | --- | --- | --- |
| | 系数 | 系数 | 系数 | 系数 |
| st | 0.2320551<br>(2.93)** | 0.2347181<br>(2.95)** | 0.2585937<br>(3.24)** | 0.2603009<br>(3.25)** |
| stt | -0.3077878<br>(-2.59)** | -0.2960296<br>(-2.46)** | -0.4465152<br>(-3.35)** | -0.4386165<br>(-3.22)** |
| gdp | 0.0215766<br>(9.43)** | 0.0220334<br>(8.95)** | 0.0219547<br>(9.61)** | 0.0221693<br>(9.04)** |
| cyjg | | | 0.013946<br>(2.27)** | 0.0137416<br>(2.20)** |
| city | | -0.008081<br>(-0.61) | | -0.004233<br>(-0.32) |
| C | 0.0329897<br>(1.96)** | 0.0315534<br>(1.84)* | 0.0157471<br>(0.86) | 0.0153366<br>(0.83) |
| 时间项 | N | N | N | N |
| 个体项 | Y | Y | Y | Y |
| $R^2$ | 0.4451 | 0.4462 | 0.4508 | 0.4512 |
| P值 | 0 | 0 | 0 | 0 |

注：括号里为t统计量值，*表示10%显著水平下显著，**表示5%显著水平下显著。

由实证结果可知，宏观税负与城镇居民收入分配差距呈倒U型关系。随着宏观税负的提高，城镇居民收入分配差距扩大，当宏观税负高于某一水平值后，会缩小城镇居民收入分配差距。通过控制变量组合的不同模型可知，宏观税负对城镇居民收入分配差距的影响始终一致，模型通过稳健性检验。目前，我国宏观税负处于扩大城镇居民收入分配差距的阶段。

控制变量中，人均GDP和产业结构扩大收入分配差距，具有调节收入分配的负效应。在城镇产业结构优化过程中，第三产业的增加值大于第二产业的增加值。第二产业聚集了更多的工薪阶层或低收入劳动者，而金融业、服务业等第三产业的崛起会催生一大批高收入者，使贫富差距进一步拉大，从而扩大收入分配差距。

### 7.3.2 税制结构的收入分配效应

本节主要检验税制结构对城镇居民收入分配的影响。由前面对税制结构的界定，这里同样考察直接税和间接税的收入分配效应。考虑各省之间税收差距较大，再结合税收与城镇收入分配数据对应关系的规律，发现直接税和间接税与收入分配之间可能存在非线性关系，于是在构建对城镇居民收入分配影响的模型时，基于基准模型式（7-2），考虑建立非线性的面板数据模型，分别引入直接税、间接税的二次项，控制变量均选择经济发展水平、城市化水平、产业发展水平和就业水平，采用固定效应并通过组合不同控制变量进行实证检验。

#### 7.3.2.1 协整性检验

参考7.1.3中平稳性检验结果，本部分模型中多个变量需要进一步进行协整性检验。同理，与本章7.3.1.1中协整性检验方式相同，本部分同样使用westerlund检验方法对各变量进行协整性检验。具体协整性检验结果如表7-34所示。

表7-34　城镇居民视角：税制结构收入分配效应实证模型的协整性检验

| 类型 | Statistic | p-value |
|---|---|---|
| 城镇直接税 | -2.8144 | 0.0024 |
| 城镇间接税 | -2.8175 | 0.0024 |

根据表7-34中协整性检验结果，检验统计量分别为-2.8144和-2.8195，在5%显著性水平下，拒绝"不存在协整向量"的原假设。因此，各模型分别通过协整性检验，同一模型中的各变量之间存在协整关系，可以建立实证模型并继续进行回归分析。

#### 7.3.2.2 实证结果分析

（1）城镇居民视角下的直接税收入分配效应实证结果。

为保证实证结果的稳健性，本节同样采用逐步增加控制变量的方法，在城镇居民视角下，对直接税收入分配效应进行逐步回归检验，表7-35为直接税收入分配效应的实证检验结果。本模型共设立4个子模型进行回归分析，模型1、模型2、模型3、模型4均将人均GDP作为控制变量加入计量模型。

此外，模型 2 额外添加了城镇化率作为控制变量，模型 3 额外添加了产业结构作为控制变量，模型 4 同时添加了城镇化率和产业结构作为控制变量进行回归。

表 7 - 35　　城镇居民视角：直接税收入分配效应实证模型的回归结果

| 变量 | 模型 1 | 模型 2 | 模型 3 | 模型 4 |
|---|---|---|---|---|
| | 系数 | 系数 | 系数 | 系数 |
| zj | 0.9741942<br>(5.86) ** | 1.047756<br>(6.09) ** | 0.8854424<br>(5.17) ** | 0.8152094<br>(4.67) ** |
| zjj | -2.072119<br>(-4.99) ** | -2.224819<br>(-5.24) ** | -1.908875<br>(-4.54) ** | -2.058114<br>(-4.83) ** |
| gdp | 0.0161337<br>(6.86) ** | 0.0169843<br>(7.06) ** | 0.0194921<br>(8.10) ** | 0.0205499<br>(8.36) ** |
| city | | -0.0207172<br>(-1.62) | -0.0274537<br>(-2.19) | -0.0277901<br>(-2.22) ** |
| syl | | | 0.928685<br>(4.91) ** | 0.976393<br>(5.14) ** |
| cyjg | | | | 0.0145543<br>(1.99) ** |
| C | 0.0786601<br>(4.22) ** | 0.0775618<br>(4.17) ** | 0.0297609<br>(1.44) | 0.0070645<br>(0.30) |
| 时间项 | N | N | N | N |
| 个体项 | Y | Y | Y | Y |
| R² | 0.4681 | 0.4709 | 0.4952 | 0.4991 |
| P 值 | 0.0000 | 0.0000 | 0.0000 | 0.0000 |

注：括号里为 t 统计量值，* 表示 10% 显著水平下显著，** 表示 5% 显著水平下显著。

由实证结果可知，直接税与城镇居民收入分配差距呈倒 U 型关系，随着直接税的提高，城镇居民的收入分配差距扩大，当直接税高于某一水平值后，直接税会缩小城镇居民的收入分配差距。改变模型的控制变量可知，各个变量系数的符号都保持一致，模型结果稳健。城镇化率会缩小城镇居民收入分配差距，而人均 GDP、失业率和产业结构会扩大收入分配差距。

目前，我国直接税正处于扩大城镇居民收入分配差距的阶段。由于直接税税制设计不够完善，征管水平有待提高，高收入者和中低收入者的税收负担相差不大，直接税没有充分发挥其累进作用，反而导致城镇居民的收入差距不断扩大，造成调节收入分配的负效应。但当直接税税负高至一定程度，由于低收入群体对税负敏感性较高，会相应减少消费，直接税税收负担更多体现在高收入群体，从而缩小收入分配差距的作用逐渐显现。

（2）城镇居民视角下的间接税收入分配效应实证结果。

同7.3.1.2，为保证实证结果的稳健性，本节同样采用逐步增加控制变量的方法，在城镇居民视角下，对间接税收入分配效应进行逐步回归检验，表7－36为间接税收入分配效应的实证检验结果。本模型共设立4个子模型进行回归分析，模型1、模型2、模型3、模型4均将人均GDP作为控制变量加入计量模型。此外，模型2额外添加了城镇化率作为控制变量，模型3额外添加了产业结构作为控制变量，模型4同时添加了城镇化率和产业结构作为控制变量进行回归。

表7－36 城镇居民视角：间接税收入分配效应实证模型的回归结果

| 变量 | 模型1 | 模型2 | 模型3 | 模型4 |
| --- | --- | --- | --- | --- |
| | 系数 | 系数 | 系数 | 系数 |
| jj | 0.6276409 | 0.6004215 | 0.7189777 | 0.6947323 |
| | (4.69)** | (4.40)** | (5.27)** | (4.98)** |
| jjj | − 0.8504673 | − 0.6920005 | − 1.235246 | − 1.096748 |
| | (− 2.16)** | (− 1.63) | (− 2.99)** | (− 2.47)** |
| gdp | 0.0203432 | 0.0213884 | 0.0196117 | 0.0204925 |
| | (11.36)** | (10.36)** | (10.92)** | (9.88)** |
| city | | − 0.0140246 | | − 0.0116423 |
| | | (− 1.02) | | (− 0.85) |
| cyjg | | | 0.0147174 | 0.0144515 |
| | | | (2.90)** | (2.84)** |
| C | 0.017705 | 0.0148841 | 0.0056646 | 0.0035403 |
| | (1.28) | (1.05) | (0.39) | (0.24) |
| 时间项 | N | N | N | N |
| 个体项 | Y | Y | Y | Y |
| $R^2$ | 0.4726 | 0.4736 | 0.4812 | 0.4820 |
| P值 | 0.0000 | 0.0000 | 0.0000 | 0.0000 |

注：括号里为t统计量值，＊表示10%显著水平下显著，＊＊表示5%显著水平下显著。

由表7－36，通过控制变量相互组合形成的多个子模型回归结果可知，在城镇居民视角下，我国间接税与税收收入分配差距呈倒U型关系。与全国整体视角一致，间接税对收入分配差距的影响，先扩大再缩小。人均GDP和产业结构会扩大城镇居民收入分配差距。

目前，我国间接税处于扩大收入分配差距阶段，其税负的增加会导致城镇居民收入差距扩大，造成调节收入分配负效应。间接税具有累退性，即纳税人的税收负担会随着收入水平的提高而减少，使城镇居民收入分配差距不断扩大，其具体作用机制与全国视角相同，此处不再重复解释。

### 7.3.3 税类结构的收入分配效应

本节主要检验税类结构对全国居民收入分配的影响。基于式（7-2），考察流转税、所得税、行为财产税和资源税类的收入分配效应。通过梳理各税类结构与收入分配的对应关系，发现各税类结构与收入分配二者之间可能存在非线性关系，于是在构建模型时，考虑建立非线性的面板数据模型，分别引入流转税、所得税、行为财产税和资源税类的二次项，控制变量选择经济发展水平、城市化水平和产业发展水平，通过组合不同控制变量，采用固定效应进行实证检验。

#### 7.3.3.1 协整性检验

参考7.1.3中平稳性检验结果，本部分模型中多个变量需要进一步进行协整性检验。同理，与本章7.3.1.1中协整性检验方式相同，本部分同样使用 westerlund 检验方法对各变量进行协整性检验。具体协整性检验结果如表7-37所示。

**表7-37　城镇居民视角：税类结构收入分配效应实证模型的协整性检验**

| 类型 | Statistic | p-value |
|---|---|---|
| 城镇流转税 | -2.8140 | 0.0024 |
| 城镇所得税 | -2.5341 | 0.0056 |
| 城镇行为财产税 | -2.6511 | 0.0040 |
| 城镇资源税类 | -3.0012 | 0.0013 |

根据表7-37中协整性检验结果，检验统计量分别为-2.8140、-2.5341、-2.6511、-3.0012，在5%显著性水平下，拒绝"不存在协整向量"的原假设。因此，各模型分别通过协整性检验，同一模型中的各变量之间存在协整关系，可以建立实证模型并继续进行回归分析。

#### 7.3.3.2 实证结果分析

（1）城镇居民视角下的流转税收入分配效应实证结果。

在城镇视角下，为保证实证结果的稳健性，本节同样通过逐步引入控制变量进行逐步回归。表7-38为流转税对收入分配效应影响的实证检验结果。共设立4个子模型进行回归分析，全部4个子模型都加入了人均GDP作为控制变量，模型2额外添加了城镇化率作为控制变量，模型3额外添加了产业结构作为控制变量，模型4同时添加了城镇化率和产业结构作为控制变量。

表7-38　　　城镇居民视角：流转税收入分配效应实证模型的回归结果

| 变量 | 模型1 | 模型2 | 模型3 | 模型4 |
|---|---|---|---|---|
| | 系数 | 系数 | 系数 | 系数 |
| lz | 0.6962179 | 0.6664164 | 0.782552 | 0.7553453 |
| | (5.19)** | (4.88)** | (5.73)** | (5.42)** |
| lzz | -0.9811548 | -0.7975478 | -1.361468 | -1.196863 |
| | (-2.42)** | (-1.83)* | (-3.21)** | (-2.63)** |
| gdp | 0.0201774 | 0.0213443 | 0.0194726 | 0.0204846 |
| | (11.60)** | (10.58)** | (11.17)** | (10.11)** |
| city | | -0.0156038 | | -0.0133462 |
| | | (-1.14) | | (-0.98) |
| cyjg | | | 0.0145285 | 0.0142396 |
| | | | (2.89)** | (2.83)** |
| C | 0.0168 | 0.0135357 | 0.0051703 | 0.0026096 |
| | (1.23) | (0.97) | (0.37) | (0.18) |
| 时间项 | N | N | N | N |
| 个体项 | Y | Y | Y | Y |
| $R^2$ | 0.4799 | 0.4813 | 0.4884 | 0.4894 |
| P值 | 0.0000 | 0.0000 | 0.0000 | 0.0000 |

注：括号里为t统计量值，*表示10%显著水平下显著，**表示5%显著水平下显著。

依据表7-38中实证回归结果，流转税对城镇居民收入分配差距影响显著，在添加不同控制变量的过程中这一结果均显著，模型稳健性良好。与全国视角相同，流转税与城镇居民收入分配差距之间存在倒U型关系，随流转税的税负水平不断增加，其对收入分配差距的作用先扩大再缩小。人均GDP和产业结构会扩大城镇居民收入分配差距。

目前，我国流转税处于扩大收入分配差距阶段，其税负的增加会导致城镇居民收入差距扩大，进而使收入分配差距扩大。其具体作用机制与全国视角相同，由于流转税中主要税种为增值税，增值税采用比例税率，会导致一定程度的税负累退性，即纳税人的税收负担会随着收入水平的提高而减少，导致低收入群体相对承担较高税负，扩大城镇居民之间的收入差距，形成调节收入分配的负效应。

（2）城镇居民视角下的所得税收入分配效应实证结果。

为保证实证结果的稳健性，本节采用逐步增加控制变量的方法，进行逐

步回归检验，表 7 - 39 为所得税对收入分配效应影响的实证检验结果。模型 1、模型 2、模型 3 分别添加了人均 GDP、城镇化率和产业结构作为控制变量，模型 4 则将这些变量都作为控制变量进行回归。

表 7 - 39　　　　城镇居民视角：所得税收入分配效应实证模型的回归结果

| 变量 | 模型 1 | 模型 2 | 模型 3 | 模型 4 |
|---|---|---|---|---|
|  | 系数 | 系数 | 系数 | 系数 |
| sd | 0.9531823 (5.51) ** | 1.017328 (5.70) ** | 0.9040221 (5.10) ** | 0.9681902 (5.30) ** |
| sdd | -2.149008 (-4.69) ** | -2.292229 (-4.89) ** | -2.246545 (-4.84) ** | -2.391834 (-5.04) ** |
| gdp | 0.0181855 (8.40) ** | 0.0190667 (8.48) ** | 0.0187504 (8.49) ** | 0.0196441 (8.57) ** |
| city |  | -0.0182146 (-1.43) |  | -0.0183569 (-1.44) |
| cyjg |  |  | 0.0095068 (1.28) | 0.0095994 (1.29) |
| C | 0.0638885 (3.66) ** | 0.061953 (3.54) ** | 0.0510591 (2.53) ** | 0.0489836 (2.43) ** |
| 时间项 | N | N | N | N |
| 个体项 | Y | Y | Y | Y |
| R² | 0.4639 | 0.4660 | 0.4656 | 0.4678 |
| P 值 | 0.0000 | 0.0000 | 0.0000 | 0.0000 |

注：括号里为 t 统计量值，* 表示 10% 显著水平下显著，** 表示 5% 显著水平下显著。

由实证模型 4 的结果可知，所得税与城镇居民收入分配差距呈倒 U 型关系。随着所得税的提高，城镇居民收入分配差距先扩大后缩小。改变模型的控制变量可知，所得税系数在不同模型中均保持一致，模型稳健性良好。目前，我国所得税处于扩大城镇居民收入分配差距的阶段。控制变量中，人均GDP 的增长会扩大城镇居民收入分配差距。

所得税中企业所得税占比较大，对城镇居民收入分配直接影响较小。企业所得税对企业征税，企业利润优先分配给股东这些高收入阶层，使其收入更高而拉大了社会收入分配差距，因此在所得税税负较低时，居民收入分配差距会扩大，具有调节收入分配负效应。当所得税增加至一定程度后，居民收入分配差距又会逐渐缩小。因为当征收的所得税到达某一水平值后，政府有了更多的资金投入社会基础设施建设和扶贫工作，提高低收入者收入水平，因此会缩小收入分配差距。

（3）城镇居民视角下的行为财产税收入分配效应实证结果。

为保证实证结果的稳健性，本节采用逐步增加控制变量的方法，进行稳健性检验，表7－40为城镇居民视角下行为财产税对收入分配效应影响的实证检验结果。模型1仅添加了人均GDP作为控制变量，模型2和模型3分别添加了城镇化率和产业结构作为控制变量进行回归。

表7－40　城镇居民视角：行为财产税收入分配效应实证模型的回归结果

| 变量 | 模型1 | 模型2 | 模型3 | 模型4 |
| --- | --- | --- | --- | --- |
| | 系数 | 系数 | 系数 | 系数 |
| xw | － 0. 3445339 | － 0. 3445233 | － 0. 6879373 | － 0. 6906249 |
| | （ － 0. 58） | （ － 0. 58） | （ － 1. 14） | （ － 1. 15） |
| xww | 3. 693217 | 3. 683911 | 5. 843521 | 5. 937391 |
| | （0. 77） | （0. 76） | （1. 21） | （1. 22） |
| gdp | 0. 0285794 | 0. 0285495 | 0. 0289281 | 0. 0291797 |
| | （13. 20） ** | （11. 83） ** | （13. 43） ** | （12. 13） ** |
| city | | 0. 0003634 | | － 0. 0030301 |
| | | （0. 03） | | （ － 0. 24） |
| cyjg | | | 0. 0145558 | 0. 014666 |
| | | | （2. 87） ** | （2. 88） ** |
| C | － 0. 0070166 | － 0. 0068947 | － 0. 0223647 | － 0. 0234976 |
| | （ － 0. 39） | （ － 0. 37） | （ － 1. 20） | （ － 1. 22） |
| 时间项 | N | N | N | N |
| 个体项 | Y | Y | Y | Y |
| $R^2$ | 0. 4297 | 0. 4297 | 0. 4389 | 0. 4390 |
| P 值 | 0. 0000 | 0. 0000 | 0. 0000 | 0. 0000 |

注：括号里为t统计量值，＊表示10%显著水平下显著，＊＊表示5%显著水平下显著。

对模型实证结果可知，行为财产税与城镇居民收入分配差距呈U型关系，随着行为财产税的提高，其收入分配差距缩小，当行为财产税高于一定水平值后，行为财产税会扩大城镇居民收入分配差距，但行为财产税对城镇居民收入分配差距的影响不显著，因而收入分配效应较弱。改变控制变量的过程中，我国行为财产税对城镇居民收入分配差距的影响作用始终一致，表明模型稳健性良好。控制变量方面，人均GDP和产业结构具有扩大城镇居民收入分配差距的作用。

（4）城镇居民视角下的资源税类收入分配效应实证结果。

为保证实证结果的稳健性，本节采用逐步增加控制变量的方法，进行稳健性检验，表7－41为城镇居民视角下资源税类对收入分配效应影响的实证检验结果。模型 1 仅添加了人均 GDP 作为控制变量，模型 2、模型 3、模型 4 分别添加了城镇化率、产业结构以及同时添加三个控制变量进行回归。

表 7-41　　城镇居民视角：资源税类收入分配效应实证模型的回归结果

| 变量 | 模型 1 | 模型 2 | 模型 3 | 模型 4 |
|---|---|---|---|---|
| | 系数 | 系数 | 系数 | 系数 |
| zy | -8.742937 <br> (-9.42)** | -9.193273 <br> (-9.75)** | -8.833673 <br> (-9.62)** | -9.220801 <br> (-9.88)** |
| zyy | 181.0458 <br> (6.62)** | 191.681 <br> (6.96)** | 181.9752 <br> (6.73)** | 191.1855 <br> (7.01)** |
| gdp | 0.0564999 <br> (19.08)** | 0.0555046 <br> (18.65)** | 0.0562165 <br> (19.20)** | 0.0553656 <br> (18.79)** |
| city | | 0.0281422 <br> (2.42)** | | 0.0245087 <br> (2.12)** |
| cyjg | | | 0.0158207 <br> (3.56)** | 0.0149378 <br> (3.36)** |
| C | -0.2380841 <br> (-9.47)** | -0.2394586 <br> (-9.57)** | -0.250592 <br> (-9.99)** | -0.251091 <br> (-10.04)** |
| 时间项 | N | N | N | N |
| 个体项 | Y | Y | Y | Y |
| R² | 0.5387 | 0.5440 | 0.5500 | 0.5540 |
| P 值 | 0.0000 | 0.0000 | 0.0000 | 0.0000 |

注：括号里为 t 统计量值，＊表示 10% 显著水平下显著，＊＊表示 5% 显著水平下显著。

由模型结果可知，资源税类与城镇居民收入分配差距存在 U 型关系，资源税类对收入分配差距的影响先缩小再扩大。逐步将控制变量引入模型的过程中，资源税类与收入分配差距始终存在 U 型关系，模型稳健性水平良好。人均 GDP、城镇化率和产业结构均具有扩大城镇居民收入分配差距的作用。

资源税类与收入分配差距存在 U 型关系，当资源税类在 U 型曲线左侧增长时，由于高收入人群对于资源类消费品的使用多于低收入者，增加资源税类可以达到缩小收入分配差距的作用；当资源税类在 U 型曲线右侧增长时，高收入人群会选择使用可替代不征税商品，低收入人群则会减少使用资源类商品，收入分配差距再次扩大。

### 7.3.4　主要税种的收入分配效应

进一步，本节检验主要税种对城镇居民收入分配的影响，主要包括增值税、营业税、消费税、企业所得税、个人所得税。从第 4 章测算的城镇居民收入分配的结果看，我国城镇居民收入分配具有明显粘性。因此，在考察各税种对城镇居民收入分配时，基于基准模型式（7-2），引入个税种的滞后一期，建立动态面板模型。控制变量均选用经济发展水平、城市化水平、就业水平和产业发展水平，采用差分 GMM 进行实证检验。

### 7.3.4.1　协整性检验

参考 7.1.3 中平稳性检验结果，本部分模型中多个变量需要进一步进行协整性检验。同理，与本章 7.3.1.1 中协整性检验方式相同，本部分同样使用 westerlund 检验方法对各变量进行协整性检验。具体协整性检验结果如表 7-42 所示。

**表 7-42　城镇居民视角：主要税种收入分配效应实证模型的协整性检验**

| 类型 | Statistic | p-value |
|---|---|---|
| 城镇增值税 | -3.1314 | 0.0009 |
| 城镇营业税 | -2.9023 | 0.0019 |
| 城镇消费税 | -3.3035 | 0.0005 |
| 城镇企业所得税 | -2.8531 | 0.0022 |
| 城镇个人所得税 | -3.5137 | 0.0002 |

根据表 7-42 中协整性检验结果，检验统计量分别为 -3.1314、-2.9023、-3.3035、-2.8531、-3.5137，在 5% 显著性水平下，均拒绝 "不存在协整向量" 的原假设。因此，各模型分别通过协整性检验，同一模型中的各变量之间存在协整关系，可以建立实证模型并继续进行回归分析。

### 7.3.4.2　实证结果分析

（1）城镇居民视角下的增值税收入分配效应实证结果。

为保证实证结果的稳健性，本节采用逐步增加控制变量的方法，进行逐步回归检验，表 7-43 为城镇居民视角下增值税对收入分配效应影响的实证检验结果。模型 1、模型 2、模型 3 分别添加了人均 GDP、城镇化率、失业率和产业结构作为控制变量，模型 4 则将这三个变量都作为控制变量进行回归。

表 7 - 43 城镇居民视角：增值税收入分配效应实证模型的回归结果

| 变量 | 模型 1 | 模型 2 | 模型 3 | 模型 4 |
|------|--------|--------|--------|--------|
| | 系数 | 系数 | 系数 | 系数 |
| zz | 0.2151743 (15.03)** | 0.2153303 (9.56)** | 0.1975427 (8.33)** | 0.2097211 (5.63)** |
| gdp | 0.005822 (6.66)** | 0.0081159 (4.23)** | 0.0086637 (3.92)** | 0.0068876 (2.19)** |
| wd (-1) | 0.7703917 (34.64)** | 0.7559106 (32.27)** | 0.7533584 (24.75)** | 0.7565544 (15.27)** |
| city | | -0.0245745 (-1.86)* | -0.025975 (-1.93)* | -0.0233107 (-1.47) |
| syl | | | 0.0577235 (0.31) | 0.2149449 (0.65) |
| cyjg | | | | 0.0349832 (6.20)** |
| C | -0.0234802 (-6.93)** | -0.0305487 (-2.62)** | -0.0340297 (-2.25)** | -0.0618323 (-2.63)** |
| 自相关检验 | N | N | N | N |
| Sargen 检验 | 0.3786 | 0.3713 | 0.4157 | 0.4234 |

注：括号里为 t 统计量值，* 表示 10% 显著水平下显著，** 表示 5% 显著水平下显著。

由实证结果可知，增值税会扩大城镇居民收入分配差距。首先，增值税具有税负累退性，低收入者的税收负担高于高收入者，会扩大居民收入分配差距。其次，增值税为价外税，税负易于转嫁，商品供给者通过提高价格的方式把增值税转嫁给消费者，间接扩大了收入差距，产生调节收入分配负效应。改变模型的控制变量可知，增值税的系数符号在不同模型中均保持一致，说明其对城镇居民收入分配的影响始终一致，模型通过稳健性检验。各控制变量中，人均 GDP 和产业结构会扩大城镇居民收入分配差距，而城镇化率可以缩小收入分配差距，具有调节收入分配的正效应。

（2）城镇居民视角下的消费税收入分配效应实证结果。

为保证实证结果的稳健性，本节采用逐步增加控制变量的方法，进行稳健性检验，表 7 - 44 为城镇居民视角下消费税对收入分配效应影响的实证检验结果。模型 1 仅添加了人均 GDP 作为控制变量，模型 2、模型 3、模型 4 分别添加了城镇化率、失业率和产业结构作为控制变量进行回归。

表7-44　　　城镇居民视角：消费税收入分配效应实证模型的回归结果

| 变量 | 模型1 | 模型2 | 模型3 | 模型4 |
|---|---|---|---|---|
| | 系数 | 系数 | 系数 | 系数 |
| xf | -0.3762994 (-6.12)** | -0.3933666 (-5.40)** | -0.3766508 (-4.04)** | -0.454763 (-2.05)** |
| gdp | 0.0049531 (9.01)** | 0.0083396 (5.69)** | 0.008971 (5.88)** | 0.0049915 (4.20)** |
| wd (-1) | 0.8549389 (36.95)** | 0.8310255 (37.54)** | 0.804866 (29.02)** | 0.7503632 (14.84)** |
| city | | -0.0309961 (-2.59)** | -0.0324136 (-2.65)** | -0.0242657 (-2.11)** |
| syl | | | 0.174885 (0.72) | 0.8570314 (2.20)** |
| cyjg | | | | 0.0377886 (7.57)** |
| C | 0.0029952 (0.50) | -0.0087351 (-0.92) | -0.0136972 (-1.09) | -0.0256613 (-1.45) |
| 自相关检验 | N | N | N | N |
| Sargen检验 | 0.3673 | 0.3571 | 0.3634 | 0.6842 |

注：括号里为t统计量值，*表示10%显著水平下显著，**表示5%显著水平下显著。

由实证结果可知，在城镇居民视角下，消费税的系数均显著为负，即增加消费税会缩小城镇居民收入分配差距，产生调节收入分配正效应。改变模型的控制变量可知，各个变量系数的符号都保持一致，模型稳健性良好。控制变量中，只有城镇化率会缩小城镇居民收入分配差距，而人均GDP、失业率和产业结构会扩大收入分配差距。

消费税的收入分配效应是由各应税消费品的收入分配效应决定的，各应税消费品的收入分配效应取决于各消费品税负的累进性。例如，低收入群体更多负担烟和酒的消费税，导致烟和酒的消费税会扩大城镇居民收入分配差距；高收入群体更多负担成品油和汽车的消费税，导致成品油和汽车的消费税会缩小城镇居民收入分配差距。因此，在消费税的征税范围内，与烟、酒相比，成品油和汽车的消费税更能体现税负累进性。消费税的收入分配效应还取决于城镇和农村之间不同的消费量。城镇居民的生活水平相对较高，其中，高收入群体比例要大于农村居民，所以成品油和汽车等消费量也更多，因此，相较于农村，消费税更能缩小城镇居民收入分配差距，产生调节收入分配正效应。

（3）城镇居民视角下的营业税收入分配效应实证结果。

本节采用逐步增加控制变量的方法，进行稳健性检验，表 7 – 45 为城镇居民视角下营业税对收入分配效应影响的实证检验结果。模型 1 至模型 4 分别添加了人均 GDP、城镇化率、失业率和产业结构作为控制变量进行回归。

表 7 – 45　　城镇居民视角：营业税收入分配效应实证模型的回归结果

| 变量 | 模型 1 系数 | 模型 2 系数 | 模型 3 系数 | 模型 4 系数 |
|---|---|---|---|---|
| yy | 0.2576348 (5.75)** | 0.236371 (3.12)** | 0.1718364 (2.03)** | 0.2590576 (3.52)** |
| gdp | 0.0019537 (4.31)** | 0.0044417 (4.08)** | 0.0070215 (3.75)** | 0.0030551 (1.23) |
| wd（-1） | 0.9041546 (57.14)** | 0.8815152 (45.75)** | 0.7969453 (15.87)** | 0.7919008 (14.79)** |
| city | | -0.0236504 (-1.96)* | -0.0276497 (-2.27)* | -0.0204215 (-1.70)* |
| syl | | | 0.4445731 (1.86)* | 0.8798914 (2.47)** |
| cyjg | | | | 0.0440695 (7.20)** |
| C | -0.0041096 (-1.00) | -0.0100123 (-1.04) | -0.0228999 (-1.96)** | -0.0529505 (-2.57)** |
| 自相关检验 | N | N | N | N |
| Sargen 检验 | 0.3592 | 0.3591 | 0.4496 | 0.6510 |

注：括号里为 t 统计量值，* 表示 10% 显著水平下显著，** 表示 5% 显著水平下显著。

由表 7 – 45 可知，营业税系数为正，营业税具有扩大城镇居民收入分配差距的作用，因而具有调节收入分配负效应。营业税在不同模型中系数符号均保持一致，说明营业税模型结果稳健。对控制变量进行分析，城镇化率具有缩小城镇居民收入分配差距的作用，因而具有调节收入分配正效应；失业率和产业结构会扩大城镇居民收入分配差距。

（4）城镇居民视角下的企业所得税收入分配效应实证结果。

为保证实证结果的稳健性，本节采用逐步增加控制变量的方法，进行逐步回归检验，表 7 – 46 为城镇居民视角下企业所得税对收入分配效应影响的实证检验结果。模型 1、模型 2、模型 3 分别添加了人均 GDP、城镇化率、失业率和产业结构作为控制变量，模型 4 则将这些变量都作为控制变量进行回归。

表7-46 城镇居民视角：企业所得税收入分配效应实证模型的回归结果

| 变量 | 模型1 | 模型2 | 模型3 | 模型4 |
|------|------|------|------|------|
|  | 系数 | 系数 | 系数 | 系数 |
| qy | 0.0787272<br>(15.92)** | 0.0800542<br>(2.92)** | 0.0735655<br>(2.69)** | 0.0461836<br>(1.21) |
| gdp | -0.0003823<br>(-0.56) | 0.0032113<br>(2.58)** | 0.0043856<br>(2.81)** | 0.0011654<br>(0.44) |
| wd (-1) | 0.9171737<br>(46.75)** | 0.8968741<br>(49.34)** | 0.8573724<br>(29.08)** | 0.8934094<br>(18.20)** |
| city |  | -0.0338246<br>(-2.71)** | -0.0345207<br>(-2.77)** | -0.033841<br>(-2.58)** |
| syl |  |  | 0.2279698<br>(1.28) | 0.2686503<br>(0.74) |
| cyjg |  |  |  | 0.0395292<br>(7.25)** |
| C | 0.0241506<br>(5.81) | 0.0102749<br>(1.41) | 0.0022634<br>(0.22) | -0.0165687<br>(-0.82) |
| 自相关检验 | N | N | N | N |
| Sargen检验 | 0.3748 | 0.3510 | 0.3718 | 0.3441 |

注：括号里为t统计量值，*表示10%显著水平下显著，**表示5%显著水平下显著。

由实证结果可知，企业所得税会扩大城镇居民收入分配差距，但不显著。企业所得税对城镇居民收入分配的影响，与全国基本保持一致。由于企业所得税的征税对象是企业，与个人并无直接的关联，其主要影响的是政府与企业之间的分配关系，对居民个人的收入分配差距无直接影响。控制变量中，产业结构会扩大城镇居民收入分配差距，城镇化率会缩小收入分配差距。

（5）城镇居民视角下的个人所得税收入分配效应实证结果。

为保证实证结果的稳健性，本节采用逐步增加控制变量的方法，进行逐步回归检验，表7-47为城镇居民视角下个人所得税对收入分配效应影响的实证检验结果。所有模型都将人均GDP都作为控制变量，模型1额外将失业率作为控制变量，模型2额外将城镇化率作为控制变量，模型3将失业率和城镇化率都作为控制变量，模型4在模型3的基础上加入产业结构作为控制变量进行回归。

表7-47 城镇居民视角：个人所得税收入分配效应实证模型的回归结果

| 变量 | 模型1 | 模型2 | 模型3 | 模型4 |
|------|------|------|------|------|
|  | 系数 | 系数 | 系数 | 系数 |
| ge | 1.020754<br>(13.41)** | 1.059077<br>(12.30)** | 1.013756<br>(10.71)** | 0.7123165<br>(4.82)** |

| 变量 | 模型1 | 模型2 | 模型3 | 模型4 |
|------|-------|-------|-------|-------|
| | 系数 | 系数 | 系数 | 系数 |
| gdp | 0.000377<br>(0.23) | 0.0028176<br>(1.43) | 0.0033969<br>(1.69)° | 0.0026186<br>(0.93) |
| wd（-1） | 0.7249523<br>(22.93)** | 0.7250098<br>(25.91)** | 0.6996078<br>(21.84)** | 0.6993807<br>(11.67)** |
| city | | -0.0218392<br>(-1.86)* | -0.0227939<br>(-1.94)* | -0.0243438<br>(-1.75)* |
| syl | 0.1154269<br>(0.68) | | 0.2093372<br>(1.15) | 0.7050278<br>(1.54) |
| cyjg | | | | 0.0151738<br>(2.25)** |
| C | 0.0452932<br>(3.95)** | 0.0357106<br>(3.46)** | 0.0303134<br>(2.60)** | 0.0103331<br>(0.45) |
| 自相关检验 | N | N | N | N |
| Sargen检验 | 0.4387 | 0.3378 | 0.4115 | 0.5996 |

注：括号里为t统计量值，* 表示10%显著水平下显著，** 表示5%显著水平下显著。

由实证结果可知，在城镇居民视角下，个人所得税的系数为正，说明增加个人所得税会扩大城镇居民的收入分配差距。理论上，个人所得税的税负难以转嫁，税负具有累进性，按照预期可以缩小收入分配差距。但实证结果与理论预期不符，之所以会出现这种情况，可能存在两点原因：一是个人所得税的税制设计存在缺陷。具体来说，城镇地区中低收入群体一般都是工资性收入，实行代扣代缴制度，税务部门容易对税源进行管控；相比中低收入群体，高收入阶层的收入多元化，其避税筹划的方式也更加多样，税务部门难以对其进行管控。二是城镇居民的整体收入水平大于农村居民的整体收入水平，这决定了政府会优先倾向于利用转移支付的方式补贴农村贫困人口。因此，个人所得税难以降低城镇高收入者的收入，而政府也没有提高城镇中低收入者的收入水平，这两点原因进一步扩大了城镇居民的收入分配差距，所以个人所得税会产生调节收入分配负效应。控制变量中，人均GDP、失业率和产业结构会扩大城镇居民收入分配差距，城镇化率会缩小收入分配差距。

# 7.4　农村居民视角：税收的收入分配效应

在7.3节中从城镇居民视角实证检验了税收的收入分配效应。为更好地比较税收收入分配效应的城乡差异性，本节从农村居民的视角，实证检验税收的收入分配效应，以期得出税收对农村居民收入分配差距影响的规律。

## 7.4.1 宏观税负的收入分配效应

本节主要检验宏观税负对农村居民的收入分配效应。同 7.2.1 节，宏观税负与收入分配二者之间可能存在非线性关系，在构建宏观税负对农村居民收入分配影响的模型时，基于基准模型式（7-3），考虑建立非线性的面板数据模型，引入宏观税负的二次项，采用固定效应并逐步引入控制变量进行实证分析，从而更好地剖析宏观税负对农村居民收入分配影响的规律。在控制变量方面，选用经济发展水平、产业发展水平和就业水平。

### 7.4.1.1 协整性检验

参考 7.1.3 中平稳性检验结果，本部分模型中多个变量需要进一步进行协整性检验。同理，与本章 7.3.1.1 中协整性检验方式相同，本部分同样使用 westerlund 检验方法对各变量进行协整性检验。具体协整性检验结果如表 7-48 所示。

**表 7-48　农村居民视角：宏观税负收入分配效应实证模型的协整性检验**

|  | Statistic | p-value |
|---|---|---|
| Varianceratio | -1.3476 | 0.0889 |

根据表 7-48 中协整性检验结果，检验统计量为 -1.3476，在 10% 显著性水平下拒绝"不存在协整向量"的原假设，模型中的各变量之间存在协整关系，通过协整性检验，可以建立实证模型并继续进行回归分析。

### 7.4.1.2 实证结果分析

为保证实证结果的稳健性，本节采用逐步增加控制变量的方法，进行逐步回归检验，表 7-49 为农村居民视角下宏观税负对收入分配效应影响的实证检验结果。在引入宏观税负二次项作为解释变量的基础上，模型 1、模型 2、模型 3 分别添加了产业结构或失业率作为控制变量，模型 4 则将这两个变量都作为控制变量进行回归。本节通过添加省级面板数据进行分析，实证结果比较显著。

表 7 - 49    农村居民视角：宏观税负税收入分配效应实证模型的回归结果

| 变量 | 模型 1 系数 | 模型 2 系数 | 模型 3 系数 | 模型 4 系数 |
|---|---|---|---|---|
| st | 0.307064 (3.93) | 0.2908391 (3.69)** | 0.2296079 (2.82)** | 0.2238235 (2.74)** |
| stt | -0.6392618 (-6.13)** | -0.5459361 (-4.47)** | -0.5688444 (-5.40)** | -0.5129252 (-4.23)** |
| gdp | 0.0063366 (2.45)** | 0.0065109 (2.52)** | 0.0076382 (2.96)** | 0.007672 (2.97)** |
| cyjg | | -0.0106001 (-1.45) | | -0.0068343 (-0.93) |
| syl | | | 0.7372659 (2.96)** | 0.6927525 (2.73)** |
| C | 0.2041182 (10.55)** | 0.212043 (10.57)** | 0.1777316 (8.45)** | 0.1844341 (8.30)** |
| 时间项 | N | N | N | N |
| 个体项 | Y | Y | Y | Y |
| $R^2$ | 0.2559 | 0.2624 | 0.2823 | 0.2849 |
| P 值 | 0 | 0 | 0 | 0 |

注：括号里为 t 统计量值，* 表示 10% 显著水平下显著，** 表示 5% 显著水平下显著。

由实证结果可知，宏观税负与农村居民收入分配差距呈倒 U 型关系。即随宏观税负的增加，农村居民收入分配差距扩大，当宏观税负高于某一水平值后，会缩小农村居民收入分配差距。通过控制变量组合的不同模型可知，宏观税负对农村居民收入分配差距的影响始终一致，模型通过稳健性检验。控制变量中，人均 GDP 和失业率会扩大农村居民收入分配差距。

目前，我国宏观税负处于扩大农村居民收入分配差距阶段。在达到最佳宏观税负之前，宏观税负的增加会促进农村经济增长，根据库兹涅茨曲线可知，经济增长会扩大收入分配不均等，从而扩大收入分配差距；当宏观税负在倒 U 型曲线右侧继续增长时，经济增长被抑制，由于低收入群体对税负增加的敏感性低于高收入群体，居民收入差距减小，收入分配差距缩小。

## 7.4.2  税制结构的收入分配效应

本节主要检验税制结构对农村居民收入分配的影响。由前面对税制结构的界定，这里同样考察直接税和间接税的收入分配效应。考虑各省之间税收差距较大，再结合税收与农村收入分配数据对应关系的规律，发现直接税和间接税与收入分配之间可能存在非线性关系，于是在构建对农村居民收入分配影响的模型时，基于基准模型式（7-3），考虑建立非线性的面板数据模型，分别引入直接税、间接税的二次项，控制变量均选择经济发展水平、城市化水平、产业发展水平和就业水平，采用固定效应并通过组合不同控制变量进行实证检验。

### 7.4.2.1 协整性检验

参考7.1.3中平稳性检验结果，本部分模型中多个变量需要进一步进行协整性检验。同理，与本章7.3.1.1中协整性检验方式相同，本部分同样使用 westerlund 检验方法对各变量进行协整性检验。具体协整性检验结果如表7-50所示。

表7-50　农村居民视角：税制结构收入分配效应实证模型的协整性检验

| 类型 | Statistic | p-value |
|---|---|---|
| 农村直接税 | -1.7410 | 0.0408 |
| 农村间接税 | -1.6418 | 0.0503 |

根据表7-50中协整性检验结果，检验统计量分别为-1.7410和-1.6418，在10%显著性水平下，拒绝"不存在协整向量"的原假设。因此，各模型分别通过协整性检验，同一模型中的各变量之间存在协整关系，可以建立实证模型并继续进行回归分析。

### 7.4.2.2 实证结果分析

（1）农村居民视角下的直接税收入分配效应实证结果。

为保证实证结果的稳健性，本节同样采用逐步增加控制变量的方法，在农村居民视角下，对直接税收入分配效应进行逐步回归检验，表7-51为直接税收入分配效应的实证检验结果。本模型共设立4个子模型进行回归分析，其中，模型1、模型2、模型3、模型4均将人均GDP作为控制变量加入计量模型。此外，模型2额外添加了城镇化率作为控制变量，模型3额外添加了产业结构作为控制变量，模型4同时添加了城镇化率和产业结构作为控制变量进行回归。

表 7 - 51　　　农村居民视角：直接税收入分配效应实证模型的回归结果

| 变量 | 模型 1 系数 | 模型 2 系数 | 模型 3 系数 | 模型 4 系数 |
|---|---|---|---|---|
| zj | 0.098405 (0.62) | 0.406819 (2.37) ** | 0.5384409 (3.09) ** | 0.3278634 (1.66) * |
| zjj | -0.884087 (-2.30) ** | -1.568449 (-3.85) ** | -1.358648 (-3.34) ** | -1.023092 (-2.37) ** |
| gdp | 0.0097546 (3.55) ** | 0.0132374 (4.74) ** | 0.0123009 (4.45) ** | 0.0137618 (4.88) ** |
| city | | -0.0678356 (-4.09) ** | -0.0681502 (-4.18) ** | -0.0642378 (-3.95) ** |
| syl | | | | 0.5986863 (2.20) ** |
| cyjg | | | -0.025051 (-2.99) ** | -0.0194757 (-2.24) ** |
| C | 0.1961887 (8.70) ** | 0.1831548 (8.30) ** | 0.2097804 (8.94) ** | 0.1774675 (-10.04) ** |
| 时间项 | N | N | N | N |
| 个体项 | Y | Y | Y | Y |
| $R^2$ | 0.1834 | 0.2371 | 0.2648 | 0.2796 |
| P 值 | 0.0000 | 0.0000 | 0.0000 | 0.0000 |

注：括号里为 t 统计量值，＊表示 10% 显著水平下显著，＊＊表示 5% 显著水平下显著。

由实证结果可知，直接税与农村居民收入分配差距呈倒 U 型关系，随着直接税的提高，农村居民的收入分配差距扩大，当直接税高于某一水平值后，直接税会缩小农村居民的收入分配差距。在农村居民视角下，不同模型下直接税的系数符号均一致且结果显著，模型通过稳健性检验。人均 GDP 和失业率的上升都会扩大农村居民收入分配差距，而城镇化率和产业结构会缩小收入分配差距。

目前，我国直接税正处于扩大农村居民收入分配差距的阶段。尽管直接税具有累进性，但农村居民的收入水平较低，甚至大部分农村居民都达不到直接税的免征额，加之对农村居民征管难度较大，因此，我国现阶段的直接税会导致农村居民收入分配差距不断扩大。当直接税达到某一水平值后，直接税税制和征管水平逐渐完善，农村居民的收入水平不断提高，直接税会发挥其累进作用，缩小农村居民收入分配差距，产生调节收入分配正效应。

（2）农村居民视角下的间接税收入分配效应实证结果。

同 7.4.1.2，为保证实证结果的稳健性，本节同样采用逐步增加控制变量的方法，在农村居民视角下，对间接税收入分配效应进行逐步回归检验，表 7 – 52 为间接税收入分配效应的实证检验结果。本模型共设立 4 个子模型进行回归分析，其中，模型 1、模型 2、模型 3、模型 4 均将人均 GDP 作为控制变量加入计量模型。此外，模型 2 额外添加了城镇化率作为控制变量，模型 3 额外添加了产业结构作为控制变量，模型 4 同时添加了城镇化率、产业结构和失业率作为控制变量进行回归。

表 7 – 52　　农村居民视角：间接税收入分配效应实证模型的回归结果

| 变量 | 模型 1 | 模型 2 | 模型 3 | 模型 4 |
|---|---|---|---|---|
| | 系数 | 系数 | 系数 | 系数 |
| jj | 0. 5876016<br>(4. 53)** | 0. 5693909<br>(4. 13)** | 0. 4360733<br>(3. 27)** | 0. 3558362<br>(2. 61)** |
| jjj | − 1. 944953<br>(− 5. 60)** | − 1. 850725<br>(− 4. 39)** | − 1. 133788<br>(− 2. 67)** | − 1. 060642<br>(− 2. 52)** |
| gdp | 0. 0055739<br>(2. 62)** | 0. 0063858<br>(2. 16)** | 0. 0110583<br>(3. 74)** | 0. 0113211<br>(3. 87)** |
| city | | − 0. 0081456<br>(− 0. 40) | − 0. 0269973<br>(− 1. 36) | − 0. 0268005<br>(− 1. 36) |
| syl | | | | 0. 605805<br>(2. 40)** |
| cyjg | | | − 0. 0249985<br>(− 5. 17)** | − 0. 0245689<br>(− 5. 13)** |
| C | 0. 2024143<br>(11. 61)** | 0. 1989417<br>(10. 18)** | 0. 191449<br>(10. 28)** | 0. 1763873<br>(9. 06)** |
| 时间项 | N | N | N | N |
| 个体项 | Y | Y | Y | Y |
| $R^2$ | 0. 1800 | 0. 1805 | 0. 2636 | 0. 2812 |
| P 值 | 0. 0000 | 0. 0000 | 0. 0000 | 0. 0000 |

注：括号里为 t 统计量值，* 表示 10% 显著水平下显著，** 表示 5% 显著水平下显著。

由表 7 – 52，通过控制变量相互组合形成的多个子模型回归结果可知，间接税与农村居民收入分配差距呈倒 U 型关系。与全国整体视角一致，间接税对收入分配差距的影响，先扩大再缩小。人均 GDP 和失业率会扩大农村居民收入分配差距，而产业结构会缩小收入分配差距。

目前，我国间接税处于扩大收入分配差距阶段，其税负的增加会导致农村居民收入差距扩大，造成调节收入分配负效应。间接税具有累退性，即纳税人的税收负担会随着收入水平的提高而减少，使农村居民收入分配差距不断扩大。与城镇居民相比，间接税扩大农村居民收入分配差距的程度较低。

间接税主要是对商品劳务课税，而农村居民收入水平相对较低，其用于商品劳务的消费也相对较少，使间接税的累退性在农村地区体现较不明显，因此，间接税扩大农村居民收入分配差距的程度相对城镇居民较低。

### 7.4.3 税类结构的收入分配效应

本节主要检验税类结构对农村居民收入分配的影响，考察流转税、所得税、行为财产税和资源税类的收入分配效应。在考察各税类结构与收入分配的对应关系时，发现各税类结构与收入分配之间可能存在非线性关系，于是在构建模型时，基于基准模型式（7-3），考虑建立非线性的面板数据模型，分别引入流转税、所得税、行为财产税和资源税类的二次项，控制变量选择经济发展水平和城市发展水平、产业水平和物价水平，通过组合不同控制变量采用固定效应进行实证检验。

#### 7.4.3.1 协整性检验

参考 7.1.3 中平稳性检验结果，本部分模型中多个变量需要进一步进行协整性检验。同理，与本章 7.3.1.1 中协整性检验方式相同，本部分同样使用 westerlund 检验方法对各变量进行协整性检验。具体协整性检验结果如表 7-53 所示。

表 7-53　农村居民视角：税类结构收入分配效应实证模型的协整性检验

| 类型 | Statistic | p-value |
|---|---|---|
| 农村流转税 | -1.7095 | 0.0437 |
| 农村所得税 | -1.3117 | 0.0948 |
| 农村行为财产税 | -1.4748 | 0.0701 |
| 农村资源税类 | -2.0377 | 0.0208 |

根据表 7-53 中协整性检验结果，各模型的检验统计量分别为 -1.7095、-1.3117、-1.4748、-2.0377，在 10% 显著性水平下，拒绝"不存在协整向量"的原假设。因此，各模型分别通过协整性检验，同一模型中的各变量之间存在协整关系，可以建立实证模型并继续进行回归分析。

#### 7.4.3.2 实证结果分析

（1）农村居民视角下的流转税收入分配效应实证结果。

在农村居民视角下，为保证实证结果的稳健性，本节同样通过逐步引入控制变量进行逐步回归。表 7 - 54 为流转税对收入分配效应影响的实证检验结果，共设立 4 个子模型进行回归分析。具体地，4 个子模型全部加入了人均 GDP 作为控制变量，此外，4 个子模型依次引入了城镇化率、产业结构和失业率作为控制变量进行回归。

表 7 - 54　　农村居民视角：流转税收入分配效应实证模型的回归结果

| 变量 | 模型 1 | 模型 2 | 模型 3 | 模型 4 |
|---|---|---|---|---|
| | 系数 | 系数 | 系数 | 系数 |
| lz | 0.604121<br>(4.53) ** | 0.5824108<br>(4.12) ** | 0.4586072<br>(3.37) ** | 0.3745261<br>(2.68) ** |
| lzz | - 2.02472<br>( - 5.55) ** | - 1.908843<br>( - 4.31) ** | - 1.199453<br>( - 2.72) ** | - 1.120371<br>( - 2.56) ** |
| gdp | 0.0054826<br>(2.60) ** | 0.0064405<br>(2.18) ** | 0.011069<br>(3.77) ** | 0.0113064<br>(3.88) ** |
| city | | - 0.0095714<br>( - 0.46) | - 0.0275564<br>( - 1.38) | - 0.0270793<br>( - 1.37) |
| cyjg | | | - 0.0253689<br>( - 5.30) ** | - 0.0249125<br>( - 5.25) ** |
| syl | | | | 0.5893685<br>(2.32) ** |
| C | 0.2033352<br>(11.70) ** | 0.1992005<br>(10.18) ** | 0.1914071<br>(10.29) ** | 0.1769649<br>(9.10) ** |
| 时间项 | N | N | N | N |
| 个体项 | Y | Y | Y | Y |
| $R^2$ | 0.1781 | 0.1788 | 0.2658 | 0.2822 |
| P 值 | 0.0000 | 0.0000 | 0.0000 | 0.0000 |

注：括号里为 t 统计量值，* 表示 10% 显著水平下显著，** 表示 5% 显著水平下显著。

依据表 7 - 54 中实证回归结果，流转税对农村居民收入分配差距影响显著，在控制不同控制变量的过程中这一结果均显著，模型稳健性良好。与全国视角相同，流转税与农村居民收入分配差距之间存在倒 U 型关系，随流转税的税负水平不断增加，其对收入分配差距的作用先扩大再缩小。人均 GDP 和失业率会扩大农村居民收入分配差距，而产业结构会缩小收入分配差距。

目前，我国流转税处于扩大收入分配差距阶段，其税负的增加会导致农村居民收入差距扩大，形成调节收入分配负效应。相比城镇居民，流转税扩大农村居民收入分配差距的程度较低。流转税主要是对商品劳务课税，会导致一定程度的税负累退性，而农村居民相对城镇居民较少购买商品劳动，因此，流转税扩大农村居民收入分配差距的程度相对城镇居民较低。

（2）农村居民视角下的所得税收入分配效应实证结果。

为保证实证结果的稳健性，本节采用逐步增加控制变量的方法，进行逐步回归检验，表7-55为农村居民视角下所得税对收入分配效应影响的实证检验结果，模型1、模型2、模型3分别添加了人均GDP、城镇化率、产业结构和失业率作为控制变量，模型4则将这些变量都作为控制变量进行回归。

表7-55　　　农村居民视角：所得税收入分配效应实证模型的回归结果

| 变量 | 模型1 | 模型2 | 模型3 | 模型4 |
|---|---|---|---|---|
| | 系数 | 系数 | 系数 | 系数 |
| sd | 0.060794<br>(0.37) | 0.3821713<br>(2.15)** | 0.550509<br>(3.01)** | 0.3336546<br>(1.63) |
| sdd | -0.8610622<br>(-2.04)** | -1.628857<br>(-3.61)** | -1.46709<br>(-3.29)** | -1.097589<br>(-2.33)** |
| gdp | 0.0101476<br>(4.01)** | 0.0141749<br>(5.36)** | 0.0133581<br>(5.12)** | 0.0143892<br>(5.47)** |
| city | | -0.0676176<br>(-4.06)** | -0.0681441<br>(-4.17)** | -0.0645364<br>(-3.96)** |
| cyjg | | | -0.0259154<br>(-3.10)** | -0.0202273<br>(-2.34)** |
| syl | | | | 0.6065498<br>(2.26)** |
| C | 0.1937133<br>(9.15)** | 0.1763482<br>(8.42)** | 0.2023669<br>(9.11)** | 0.173165<br>(6.78)** |
| 时间项 | N | N | N | N |
| 个体项 | Y | Y | Y | Y |
| $R^2$ | 0.2792 | 0.2337 | 0.2636 | 0.2792 |
| P值 | 0.0000 | 0.0000 | 0.0000 | 0.0000 |

注：括号里为t统计量值，*表示10%显著水平下显著，**表示5%显著水平下显著。

由实证结果可知，所得税与农村居民收入分配差距呈倒U型关系。表明随着所得税的增加，农村居民收入分配差距会不断扩大，当所得税高于某一水平值后，继续增加所得税会缩小收入分配差距。改变模型的控制变量可知，各控制变量系数在不同模型中均保持一致，模型稳健性良好。目前，我国所得税处于扩大农村居民收入分配差距的阶段。控制变量中，人均GDP和失业率会扩大农村居民收入分配差距，而城镇化率和产业结构会缩小收入分配差距。

所得税对农村居民收入分配差距的影响与城镇相一致，其理论分析也相同。但不同控制变量的收入分配效应却各不相同。模型结果显示，失业率与农村居民收入分配差距呈正相关，意味着失业率升高，会扩大农村居民收入分配差距。从经济学理论上看，这符合奥肯定律关于失业率与经济增长之间的关系论述，即失业率越高，经济发展水平越低，调节收入分配的负效应更显著。城镇化率和产业结构的优化促进了农村劳动力结构转型，给农民增加了更多就业机会，使其收入水平提高，进而缩小农村居民收入分配差距。

（3）农村居民视角下的行为财产税收入分配效应实证结果。

为保证实证结果的稳健性，本节采用逐步增加控制变量的方法，进行稳健性检验，表7-56为农村居民视角下行为财产税对收入分配效应影响的实证检验结果，模型1仅添加了人均GDP作为控制变量，模型2、模型3、模型4分别添加了城镇化率、产业结构和失业率作为控制变量进行回归。

表7-56　农村居民视角：行为财产税收入分配效应实证模型的回归结果

| 变量 | 模型1 | 模型2 | 模型3 | 模型4 |
|------|------|------|------|------|
| | 系数 | 系数 | 系数 | 系数 |
| xw | -0.4339673<br>(-0.76) | -0.7158761<br>(-1.27) | -0.0704853<br>(-0.13) | -0.1603742<br>(-0.30) |
| xww | 1.681936<br>(0.37) | 5.063718<br>(1.12) | 0.6605705<br>(0.15) | 1.205434<br>(0.29) |
| gdp | 0.0090735<br>(3.56)** | 0.0163423<br>(5.03)** | 0.0167477<br>(5.50)** | 0.0165519<br>(5.53)** |
| city | | -0.0576032<br>(-3.48)** | -0.045969<br>(-2.94)** | -0.0510822<br>(-3.30)** |
| cyjg | | | -0.0272487<br>(-5.84)** | -0.02734<br>(-5.96)** |
| syl | | | | 0.7346167<br>(3.10)** |
| C | 0.2062776<br>(9.48)** | 0.1651216<br>(6.78)** | 0.1778385<br>(7.76)** | 0.1594017<br>(6.84)** |
| 时间项 | N | N | N | N |
| 个体项 | Y | Y | Y | Y |
| $R^2$ | 0.0745 | 0.1192 | 0.2299 | 0.2600 |
| P值 | 0.0000 | 0.0000 | 0.0000 | 0.0000 |

注：括号里为t统计量值，*表示10%显著水平下显著，**表示5%显著水平下显著。

由表7-56可知，行为财产税与农村居民收入分配差距呈U型关系。随着行为财产税的提高，农村居民收入分配差距缩小；当行为财产税高于一定水平值后，行为财产税会扩大农村居民收入分配差距。但由模型4可知，行为财产税对农村居民收入分配差距的影响不显著，因而行为财产税的收入分配效应较弱。对模型进行逐步回归可知，行为财产税与农村居民收入分配差距始终保持U型关系，表明模型稳健性良好。控制变量方面，人均GDP和失业率具有扩大农村居民收入分配差距的作用，而城镇化率和产业结构则具有缩小农村居民收入分配差距的作用。

（4）农村居民视角下的资源税类收入分配效应实证结果。

为保证实证结果的稳健性，本节采用逐步增加控制变量的方法，进行稳健性检验，表7-57为农村居民视角下资源税类对收入分配效应影响的实证检验结果，模型1仅添加了人均GDP作为控制变量，模型2、模型3、模型4分别添加了城镇化率、产业结构和失业率作为控制变量进行回归。

表7-57　　农村居民视角：资源税类收入分配效应实证模型的回归结果

| 变量 | 模型1 | 模型2 | 模型3 | 模型4 |
|---|---|---|---|---|
| | 系数 | 系数 | 系数 | 系数 |
| zy | -6.168008 | -4.906445 | -4.790347 | -4.337178 |
| | (-3.62)** | (-2.78)** | (-2.91)** | (-2.66)** |
| zyy | 255.6392 | 213.3262 | 202.4068 | 206.556 |
| | (2.88)** | (2.38)** | (2.42)** | (2.50)** |
| gdp | 0.0210919 | 0.0222959 | 0.0250734 | 0.0226322 |
| | (4.98)** | (5.27)** | (6.32)** | (5.65)** |
| city | | -0.0403205 | -0.0304276 | -0.0382293 |
| | | (-2.40)** | (-1.93)* | (-2.43)** |
| cyjg | | | -0.0272632 | -0.0274421 |
| | | | (-6.08)** | (-6.21)** |
| syl | | | | 0.6824713 |
| | | | | (2.82)** |
| C | 0.1032927 | 0.1067804 | 0.1026834 | 0.1061625 |
| | (2.77)** | (2.89)** | (2.99)** | (3.13)** |
| 时间项 | N | N | N | N |
| 个体项 | Y | Y | Y | Y |
| $R^2$ | 0.1206 | 0.1414 | 0.2572 | 0.2814 |
| P值 | 0.0000 | 0.0000 | 0.0000 | 0.0000 |

注：括号里为t统计量值，*表示10%显著水平下显著，**表示5%显著水平下显著。

由实证结果可知，资源税类与农村居民收入分配差距呈U型关系，随着资源税类的增加，农村居民收入分配差距缩小；当高于一定水平值后，会扩大农村居民收入分配差距。逐步添加控制变量的过程中，资源税类对收入分配差距的影响始终显著，模型稳健性水平良好。控制变量方面，城镇化率和产业结构的增加会抑制农村居民收入分配差距扩大，而人均GDP和失业率的增加会促进农村居民收入分配差距扩大。

### 7.4.4　主要税种的收入分配效应

进一步，本节检验主要税种对农村居民收入分配的影响，主要包括增值税、营业税、消费税、企业所得税、个人所得税。以上述税种为解释变量，控制变量选用经济发展水平、城市发展水平、产业水平和物价水平，基于基准模型式（7－3），通过引入不同控制变量采用固定效应进行实证检验。

#### 7.4.4.1　协整性检验

参考 7.1.3 中平稳性检验结果，本部分模型中多个变量需要进一步进行协整性检验。同理，与本章 7.3.1.1 中协整性检验方式相同，本部分同样使用 westerlund 检验方法对各变量进行协整性检验。具体协整性检验结果如表 7－58所示。

**表 7－58　农村居民视角：主要税种收入分配效应实证模型的协整性检验**

| 类型 | Statistic | p－value |
| --- | --- | --- |
| 增值税 | －1.5749 | 0.0576 |
| 营业税 | －2.0656 | 0.0194 |
| 消费税 | －1.5553 | 0.0599 |
| 企业所得税 | －2.8531 | 0.0022 |
| 个人所得税 | －1.4651 | 0.0714 |

根据表 7－58 中协整性检验结果，各模型的检验统计量分别为 －1.5749、－2.0656、－1.5553、－2.8531、－1.4651，在 10% 显著性水平下，均拒绝"不存在协整向量"的原假设。因此，各模型分别通过协整性检验，同一模型中的各变量之间存在协整关系，可以建立实证模型并继续进行回归分析。

#### 7.4.4.2　实证结果分析

（1）农村居民视角下的增值税收入分配效应实证结果。

为保证实证结果的稳健性，本节采用逐步增加控制变量的方法，进行逐步回归检验，表 7－59 为农村居民视角下增值税对收入分配效应影响的实证检验结果。模型 1、模型 2、模型 3 分别添加了人均 GDP、城镇化率和产业结构作为控制变量，模型 4 则将这三个变量都作为控制变量进行回归。

表 7 - 59　　农村居民视角：增值税收入分配效应实证模型的回归结果

| 变量 | 模型 1 | 模型 2 | 模型 3 | 模型 4 |
|---|---|---|---|---|
| | 系数 | 系数 | 系数 | 系数 |
| zz | -0.0401495 <br> (-1.75)* | 0.0203875 <br> (0.86) | -0.0083445 <br> (-0.33) | 0.0613084 <br> (2.42)** |
| gdp | 0.0080334 <br> (4.46)** | 0.0115788 <br> (6.51)** | 0.0136012 <br> (5.28)** | 0.0183558 <br> (7.38)** |
| city | | | -0.0526082 <br> (-2.97)** | -0.0621974 <br> (-3.79)** |
| cyjg | | -0.0307164 <br> (-6.05)** | | 0.0324003 <br> (-6.53)** |
| C | 0.2190683 <br> (12.48)** | 0.2057368 <br> (12.45)** | 0.1847164 <br> (8.89)** | 0.1643925 <br> (8.46)** |
| 时间项 | N | N | N | N |
| 个体项 | Y | Y | Y | Y |
| R² | 0.0808 | 0.2029 | 0.1136 | 0.2483 |
| P 值 | 0.0000 | 0.0000 | 0.0000 | 0.0000 |

注：括号里为 t 统计量值，* 表示 10% 显著水平下显著，** 表示 5% 显著水平下显著。

由实证结果可知，增值税会扩大农村居民收入分配差距，产生调节收入分配负效应。首先，现行增值税具有税负累退性，低收入者的税收负担高于高收入者，会扩大居民收入分配差距。其次，增值税为价外税，税负易于转嫁，商品供给者通过提高价格的方式把增值税转嫁给消费者，间接扩大了农村地区收入分配差距，产生调节收入分配负效应。

各控制变量中，人均 GDP 和产业结构会扩大农村居民收入分配差距，而城镇化率会缩小收入分配差距。农村产业结构升级可以提升资源利用效率，使产业结构趋于合理化，创造更多的就业岗位，提高农村居民收入水平，在一定程度上间接缩小了居民收入差距，产生调节收入分配正效应。城镇化率的提升带动了农村地区经济建设，基础设施的完善提高了农民的收入水平，同时，农村经济发展使农民获得更多的收入，缩小了收入差距，产生调节收入分配正效应。

（2）农村居民视角下的消费税收入分配效应实证结果。

为保证实证结果的稳健性，本节采用逐步增加控制变量的方法，进行稳健性检验，表 7 - 60 为农村居民视角下消费税对收入分配效应影响的实证检验结果。模型 1 仅添加了人均 GDP 作为控制变量，模型 2、模型 3、模型 4 分别添加了城镇化率、产业结构以及将三个控制变量同时加入模型进行回归。

表 7 – 60　　　　农村居民视角：消费税收入分配效应实证模型的回归结果

| 变量 | 模型 1 | 模型 2 | 模型 3 | 模型 4 |
|---|---|---|---|---|
| | 系数 | 系数 | 系数 | 系数 |
| xf | - 0. 4949576 | - 0. 4282364 | - 0. 3968226 | - 0. 1878977 |
| | ( - 5. 05) ** | ( - 3. 78) ** | ( - 3. 51) ** | ( - 1. 64) |
| gdp | 0. 0088923 | 0. 0110916 | 0. 0108703 | 0. 014583 |
| | (5. 16) ** | (4. 35) ** | (4. 31) ** | (5. 84) ** |
| city | | - 0. 0210451 | - 0. 0276826 | - 0. 03591 |
| | | ( - 1. 17) | ( - 1. 54) | ( - 2. 09) ** |
| syl | | | 0. 6021388 | 0. 6802897 |
| | | | (2. 41) ** | (2. 87) ** |
| cyjg | | | | - 0. 0249001 |
| | | | | ( - 5. 24) ** |
| C | 0. 2169737 | 0. 2038809 | 0. 1889851 | 0. 1741535 |
| | (12. 94) ** | (10. 12) ** | (9. 06) ** | (8. 71) ** |
| 时间项 | N | N | N | N |
| 个体项 | Y | Y | Y | Y |
| $R^2$ | 0. 1583 | 0. 1631 | 0. 1831 | 0. 2680 |
| P 值 | 0. 0000 | 0. 0000 | 0. 0000 | 0. 0000 |

注：括号里为 t 统计量值，＊表示10% 显著水平下显著，＊＊表示5% 显著水平下显著。

由实证结果可知，在农村居民视角下，消费税的系数为负，即消费税会缩小农村居民收入分配差距，但其实证结果不显著，因而消费税缩小农村居民收入分配差距的效果较弱。相比城镇居民，农村居民的收入水平更低，农村居民的需求弹性更小，农村居民购买的消费税应税消费品主要是烟和酒等，而烟和酒消费税税负的累进性又不明显。因此，相比城镇居民，农村居民视角下消费税税负的累进性更弱，缩小农村居民收入分配差距的作用也更弱。控制变量中，城镇化率和产业结构会缩小农村居民收入分配差距，而人均GDP 和失业率会扩大收入分配差距。

（3）农村居民视角下的营业税收入分配效应实证结果。

为保证实证结果的稳健性，本节采用逐步增加控制变量的方法，进行稳健性检验，表 7 – 61 为农村居民视角下营业税对收入分配效应影响的实证检验结果。模型 1 仅添加了人均 GDP 作为控制变量，模型 2、模型 3、模型 4 分别添加了城镇化率、产业结构以及将三个控制变量同时加入模型进行回归。

表7-61　　农村居民视角：营业税收入分配效应实证模型的回归结果

| 变量 | 模型1 | 模型2 | 模型3 | 模型4 |
|---|---|---|---|---|
| | 系数 | 系数 | 系数 | 系数 |
| yy | -0.0522006<br>(-0.69) | 0.0796031<br>(1.09) | 0.0028423<br>(0.04) | 0.1263128<br>(1.73)* |
| gdp | 0.0078342<br>(4.27)** | 0.011339<br>(6.34)** | 0.0137881<br>(5.48)** | 0.0166739<br>(7.00)** |
| city | | | -0.0552838<br>(-3.38)** | -0.0503903<br>(-3.31)** |
| cyjg | | -0.0303339<br>(-6.33)** | | -0.0295373<br>(-6.28)** |
| C | 0.2176091<br>(12.34)** | 0.2060413<br>(12.53)** | 0.1826016<br>(9.07)** | 0.1744362<br>(9.31)** |
| 时间项 | N | N | N | N |
| 个体项 | Y | Y | Y | Y |
| R² | 0.0709 | 0.2043 | 0.1132 | 0.2394 |
| P值 | 0.0000 | 0.0000 | 0.0000 | 0.0000 |

注：括号里为t统计量值，*表示10%显著水平下显著，**表示5%显著水平下显著。

由实证结果可知，营业税具有扩大农村居民收入分配差距的作用，因而具有调节收入分配负效应。由模型1可知，仅加入人均GDP作为控制变量时，由于缺少控制变量，模型的拟合优度较低；在模型1的基础上加入产业结构作为控制变量，模型的拟合优度明显增加。对控制变量进行分析，人均GDP具有扩大农村居民收入分配差距的作用，而城镇化率和产业结构具有缩小农村居民收入分配差距的作用，产生调节收入分配正效应。

（4）农村居民视角下的企业所得税收入分配效应实证结果。

为保证实证结果的稳健性，本节采用逐步增加控制变量的方法，进行逐步回归检验，表7-62为农村居民视角下企业所得税对收入分配效应影响的实证检验结果。模型1、模型2、模型3分别添加了人均GDP、城镇化率、失业率和产业结构作为控制变量，模型4则将这些变量都作为控制变量进行回归。

表7-62　　农村居民视角：企业所得税收入分配效应实证模型的回归结果

| 变量 | 模型1 | 模型2 | 模型3 | 模型4 |
|---|---|---|---|---|
| | 系数 | 系数 | 系数 | 系数 |
| qy | -0.103212<br>(-5.86)** | -0.0960796<br>(-5.47)** | -0.1040686<br>(-6.04)** | -0.050582<br>(-1.61) |

续表

| 变量 | 模型 1 | 模型 2 | 模型 3 | 模型 4 |
|------|--------|--------|--------|--------|
|      | 系数 | 系数 | 系数 | 系数 |
| gdp | 0.0120682<br>(6.55)** | 0.0166422<br>(6.85)** | 0.0162647<br>(6.86)** | 0.0163637<br>(6.95)** |
| city |  | -0.0432048<br>(-2.84)** | -0.0482775<br>(-3.24)** | -0.0484389<br>(-3.27)** |
| syl |  |  | 0.8832312<br>(3.70)** | 0.8073074<br>(3.37)** |
| cyjg |  |  |  | -0.0166054<br>(-2.04)** |
| C | 0.1812717<br>(10.31)** | 0.1568431<br>(8.10)** | 0.13512<br>(6.84)** | 0.1493552<br>(7.17)** |
| 时间项 | N | N | N | N |
| 个体项 | Y | Y | Y | Y |
| R² | 0.1854 | 0.2120 | 0.2549 | 0.2677 |
| P 值 | 0.0000 | 0.0000 | 0.0000 | 0.0000 |

注：括号里为 t 统计量值，＊表示 10% 显著水平下显著，＊＊表示 5% 显著水平下显著。

由实证结果可知，企业所得税会缩小农村居民收入分配差距，但结果不显著。农村地区企业的数量和规模，与城镇相比差距明显，因此，企业所得税调节农村居民收入分配差距的作用较弱。这一结果符合理论预期，但农村居民视角下的企业所得税与收入分配差距呈负相关，这与城镇视角下的企业所得税影响有所不同。

改变模型的控制变量可知，各控制变量系数在不同模型中均保持一致，模型稳健性良好。控制变量中，人均 GDP 和失业率会扩大农村居民收入分配差距，而城镇化率和产业结构会缩小收入分配差距。

（5）农村居民视角下的个人所得税收入分配效应实证结果。

为保证实证结果的稳健性，本节采用逐步增加控制变量的方法，进行逐步回归检验，表 7-63 为农村居民视角下个人所得税对收入分配效应影响的实证检验结果。模型 1 仅加入了人均 GDP 作为控制变量，模型 2 额外增加了产业结构作为控制变量，模型 3 同时添加了人均 GDP、城镇化率作为控制变量，模型 4 在模型 3 的基础上加入失业率作为控制变量进行回归。

表 7 - 63    农村居民视角：个人所得税收入分配效应实证模型的回归结果

| 变量 | 模型 1 | 模型 2 | 模型 3 | 模型 4 |
|---|---|---|---|---|
| | 系数 | 系数 | 系数 | 系数 |
| ge | −0.3484517 (−4.18)** | 0.0188181 (0.16) | 0.2098664 (1.69)* | 0.0619519 (0.46) |
| gdp | 0.0112062 (5.79)** | 0.0114744 (6.16)** | 0.0168241 (7.05)** | 0.0161328 (6.80)** |
| city | | | −0.0577472 (−3.47)** | −0.0535784 (−3.24)** |
| syl | | | | 0.6811255 (2.62)** |
| cyjg | | −0.0296241 (−4.51)** | −0.0355392 (−5.35)** | −0.0300171 (−4.36)** |
| C | 0.1906662 (10.515)** | 0.2085508 (11.65)** | 0.1850801 (9.86)** | 0.1661445 (8.35)** |
| 时间项 | N | N | N | N |
| 个体项 | Y | Y | Y | Y |
| $R^2$ | 0.1323 | 0.2005 | 0.2389 | 0.2603 |
| P 值 | 0.0000 | 0.0000 | 0.0000 | 0.0000 |

注：括号里为 t 统计量值，* 表示 10% 显著水平下显著，** 表示 5% 显著水平下显著。

由实证结果可知，在农村居民视角下，个人所得税的系数为正，个人所得税会扩大农村居民的收入分配差距，但其结果不显著。目前，我国个人所得税的征管条件存在不足，个人所得税的逃税现象较为普遍，而逃税行为会影响个人所得税税负累进性作用的发挥。与城镇居民相比，农村居民的收入水平较低，难以达到个人所得税的免征额，其实际征收率不高，导致个人所得税对调节收入分配差距的影响不明显。控制变量中，人均GDP 和失业率会扩大农村居民收入分配差距，而城镇化率和产业结构会缩小收入分配差距。

## 7.5  本章小结

本章通过实证分析，研究税收的收入分配效应。首先，利用全国时间序列数据，分别从宏观税负、税制结构、税类结构和主要税种四个角度进行实证分析。其次，为考察各种税收对收入分配效应的影响，分别从城镇居民和农村居民两个视角，使用省级面板数据，进一步从宏观税负、税制结构、税类结构和主要税种四个角度进行实证分析。实证结果表明：宏观税负、直接税、间接税、流转税、所得税、增值税、营业税和个人所得税会扩大居民收入分配差距；行为财产税、资源税类和消费税会缩小收入分配差距，企业所得税对收入分配差距影响不显著。具体实证结果及政策启示如下。

（1）宏观税负实证小结。

宏观税负与收入分配差距呈倒 U 型关系。这一结论在全国视角、城镇居民视角、农村居民视角下均成立。其实证结果符合理论预期，随着宏观税负的增长，在合理范围内，宏观税负会扩大收入分配差距，但当宏观税负到达某一水平值后，会缩小收入分配差距。这是由于宏观税负的增长会促进经济增长，根据库兹涅茨曲线可知，经济增长会扩大收入分配不均等，导致收入分配差距扩大。当宏观税负处于倒 U 型曲线右侧时，经济发展水平较高且增速减缓，政府通过转移支付方式加大对低收入群体的补贴，提高其收入水平，缩小收入分配差距，从而产生调节收入分配正效应。

（2）税制结构实证小结。

直接税与收入分配差距呈倒 U 型关系。这一结论在全国视角、城镇居民视角、农村居民视角下均成立。由于我国现行直接税的税制结构尚不完善，税制设计、税收征管水平还有待提高，导致直接税税负的累进性不明显。此外，我国企业所得税在直接税中占比较大，主要对企业征税，而与个人直接相关的财产税比重较低，削弱了直接税对居民收入分配的调节作用。因此，现行的直接税会扩大收入分配差距。

间接税与收入分配差距呈倒 U 型关系。间接税中主要是商品劳务税，而商品劳务税一般使用比例税率，比例税率具有税负累退性，即纳税人的税负不会随着收入水平的提升而增加，反而可能出现减少的情况。相比农村居民，间接税扩大城镇居民收入分配差距的影响更明显，可能是由于农村居民的收入水平差距与城镇居民相比较小，导致间接税税负的累退性较不明显，所以间接税对调节农村居民收入分配的负效应较小。

直接税与间接税对城镇居民的调节收入分配负效应均大于农村居民。直接税主要是对收入征税，间接税主要是对商品劳务课税，而农村居民收入水平相对较低，其用于商品劳务的消费也相对较少，使直接税与间接税的调节收入分配负效应在农村地区较不显著弱，导致直接税与间接税扩大城镇居民收入分配差距的作用更明显。

（3）税类结构实证小结。

流转税与收入分配差距呈倒 U 型关系。这一结论在全国视角、城镇居民视角、农村居民视角下均成立。其实证结果符合理论预期，目前，我国流转税处于扩大收入分配差距阶段，其税负的增加会导致居民收入差距扩大。由于流转税中主要税种为增值税，增值税采用比例税率，会导致一定程度的税负累退性，即纳税人的税收负担会随着收入水平的提高而减少，导致低收入群体承担相对较高的税负，进而扩大居民之间的收入差距，造成调节收入分配的负效应。

所得税对收入分配差距的影响在不同视角下各不相同。全国整体视角下所得税会扩大收入分配差距，城镇居民和农村居民视角下，所得税与收入分配差距呈倒 U 型关系。在直接税实证结果分析中已提到，我国直接税中所得税占比较大，在预期上所得税应与直接税的收入分配效应相一致。但由于我国目前仍处于经济发展不充分的阶段，所得税税制设计、征管水平等有待完善，未能有效体现所得税税负的累进性，反而会扩大居民收入分配差距。当所得税税负增加至一定程度后，居民收入分配差距又会逐渐缩小，因为当征收的所得税到达某一水平值后，政府有了更多的资金投入社会基础设施建设和扶贫工作，提高低收入者收入水平，因此会缩小收入分配差距。

行为财产税对收入分配差距的影响在不同视角下各不相同。全国整体视角下，行为财产税会缩小居民收入分配差距，在城镇居民和农村居民视角下，行为财产税与收入分配差距呈 U 型关系。当行为财产税在 U 型曲线的左侧增长时，行为财产税的增加可以缩小收入分配差距，产生调节收入分配正效应；当行为财产税增长至 U 型曲线的右侧时，增加行为财产税将抑制纳税人进行相关应税行为，财产所有者会选择继续持有资产，行为财产税无法发挥调节收入分配的作用，导致收入分配差距扩大。

资源税类对收入分配差距的影响在不同视角下各不相同。在全国整体视角下，资源税类会缩小居民收入分配差距；在城镇居民和农村居民视角下，资源税类与收入分配差距呈 U 型关系。当资源税类在 U 型曲线的左侧时，增加资源税类会提高资源消费品的价格，由于高收入人群对于资源类消费品的使用多于低收入人群，提高资源税类可以达到缩小收入分配差距的作用，促使调节收入分配作用的发挥；当资源税类税负处于 U 型曲线右侧时，高收入人群会选择使用不征税替代品，低收入人群则会减少使用资源类商品，进而扩大收入分配差距。

流转税与所得税对城镇居民调节收入分配的负效应均大于农村居民。这是由于农村地区的经济发展水平相对城镇地区落后，农村居民收入普遍较低，其收入差距不如城镇居民收入差距明显，导致流转税与所得税扩大城镇居民收入分配差距更明显。行为财产税与资源税类给城镇居民形成的调节收入分配正效应均大于农村居民。其原因与收入水平差距有关，由于城镇地区居民收入差距较明显，对于行为财产税与资源税类等特定税种的敏感性更高，导致收入分配差距缩小得更明显。

（4）主要税种实证小结。

增值税会扩大居民收入分配差距。这一结论在全国视角、城镇居民视角、农村居民视角下均成立。其结果符合理论预期，由于流转税税负具有累退性，占据流转税最大比重的增值税，也同样具有普遍征收、比例税率、易转嫁的特征，其累退性十分明显。往往低收入群体的税收负担较重，而高收入群体的税负较轻，间接扩大了居民之间的收入分配差距。

营业税对收入分配差距的影响在不同视角下各不相同。全国整体视角下，营业税与收入分配差距呈倒 U 型关系；在城镇居民和农村居民视角下，营业税会扩大居民收入分配差距。由于营业税与增值税之间关系较为密切，两者都是对商品课税，具有比例税率、普遍征税、税负易转嫁的特点，会扩大居民收入分配差距。此外，"营改增"之前，营业税收入占比也较高，税收收入规模较大，其税负累退性较为明显。在营业税税负增长至倒 U 型曲线右侧时，居民消费支出占总收入的比率会逐步下降，营业税的累退性会逐渐减弱，累退性产生的收入分配差距日益缩小，从而产生调节收入分配正效应。

消费税会缩小居民收入分配差距。这一结论在全国视角、城镇居民视角、农村居民视角下均成立。消费税虽属于流转税，但由于其只对部分特殊消费品征收，使其实际具有税负累进性，具有调节收入分配差距的作用。消费税调节收入分配的正效应通过以下两种机制发挥作用：第一，消费税通过税负转嫁的机制调节收入分配差距，为了调节高收入人群的收入，部分奢侈品被纳入消费税的征税范围，消费税税负最终会转嫁给购买奢侈品的高收入者，从而增加其税负。第二，消费税通过转移支付机制调节收入分配差距，政府将征收的消费税用于基础设施建设，或者通过政府补贴的形式转移给低收入群体，从而提高低收入群体的收入水平，从而缩小居民收入分配差距。

企业所得税在全国、城镇和农村三个视角下的税收收入分配效应均不显著。这一结果可能由于企业所得税的征税对象是企业，与个人收入并无直接的关联，主要影响的是政府与企业之间的分配关系，因此，企业所得税对于收入分配差距的影响不明显。其对收入分配效应主要产生间接影响，即政府通过提高企业所得税税率，获得更多税收收入，若政府将筹集的税收收入用于改善社会保障福利体系，降低居民收入差距，则企业所得税可间接缩小收入分配差距；反之，则会间接扩大收入分配差距。

个人所得税会扩大居民收入分配差距。这一结论在全国视角、城镇居民视角、农村居民视角下均成立。个人所得税税负具有累进性、不可转嫁的特点，且其税负累进性较为显著，具有调节居民收入分配差距的作用。但实证结果不符合理论预期，其原因可能是个人所得税税制设计、征管水平还不完善。例如，我国个人所得税存在明显的"工薪税"情况，即大部分缴纳个人所得税的居民都只对工资薪金征税，实行代扣代缴制度，税务部门易于掌控税源，而高净值人群的收入更加多样，这部分人群更容易通过筹划来降低个人所得税的税负，并不完全遵循量能负担原则，导致个人所得税纵向不公平，因此会扩大居民收入分配差距。

增值税、营业税和个人所得税对城镇居民调节收入分配的负效应均大于农村居民。由于增值税与营业税主要为商品劳务课税，城镇居民的消费需求大于农村居民，个人所得税对个人收入征税，而农村居民收入水平较低，收入差距不大，征管水平较为落后，使个人所得税的实际征收额远低于城镇地区。因此，增值税、营业税、个人所得税扩大城镇居民收入分配差距更明显。消费税给城镇居民带来的调节收入分配正效应大于农村居民。从现实角度进行分析，消费税征税对象较为特殊，包含多项奢侈品或高价商品，对于经济发展水平普遍低于城镇的农村地区，农民对其应税消费品的消费需求较少，因此，消费税缩小城镇居民收入分配差距更明显。

（5）不同税制结构的收入分配效应比较。

将直接税和间接税的收入分配效应进行比较，二者都会扩大居民收入分配差距，但间接税所占比重较大，且其税负具有明显的累退性，对调节收入分配的负效应大于直接税。间接税一般采用比例税率且税负不可转嫁，其中，流转税所占比重最大，而且其税负累退性明显，导致低收入群体税收负担增加，而高收入群体税负较小，从而扩大收入分配差距。而现行直接税税制设计、征管水平还存在缺陷，导致直接税税负的累进性不明显，而且直接税中财产持有与转让环节的税种占比较低，导致直接税难以发挥调节居民收入分配的作用，从而扩大收入分配差距。

（6）不同税类结构的收入分配效应比较。

将流转税、所得税、行为财产税和资源税类收入分配效应进行比较，流转税和所得税会扩大收入分配差距，而行为财产税和资源税类会缩小收入分配差距。这一结果与预期基本相符，其中，流转税对调节收入分配的影响高于所得税。流转税作为我国的主体税，其税负累退性较强，而且税收占比高、规模大，因此，对居民调节收入分配差距的负效应较所得税更显著。资源税类调节收入分配的正效应在多个视角下均大于行为财产税。

（7）不同税种的收入分配效应比较。

将不同主要税种的收入分配效应进行比较，增值税、营业税和个人所得税会扩大收入分配差距，消费税会缩小收入分配差距，企业所得税的收入分配效应不显著。具体而言，增值税与营业税在税收属性上十分相近，均具备比例税率、普遍征收、税负易转嫁等特点。同时，我国"营改增"前，增值税与营业税占流转税的主要部分，"营改增"后，增值税成为我国的主体税种，因此二者具有调节收入分配负效应，在多个视角下均明显大于个人所得税调节收入分配的负效应。消费税虽然也属于流转税，但我国消费税具有调节居民收入水平的功能，其税负具有累进性，因此与增值税和营业税不同，消费税会缩小居民收入分配差距。与个人所得税相比，同为所得税主体的企业所得税却不显著，这一结果可能是由于企业所得税纳税人一般为企业，与个人收入分配无直接影响，因此，个人所得税调节收入分配负效应更明显。

（8）实证结果的政策启示。

根据各主要解释变量的实证结果，可以得出以下结论。

第一，在维持企业所得税税负的同时，降低增值税税负。我国现行税制结构体系不利于调节居民收入分配差距，流转税整体税负累退性较为明显，而我国目前以流转税为主体税，应适当降低流转税税负，以缩小收入分配差距。流转税中以增值税为主要税种，增值税的累退性也较为明显。因此，在降低流转税税负的过程中，应重点降低增值税税负，具体可采用降低增值税税率等方式。所得税未能有效地发挥其税负累进性作用。其中，企业所得税由于征税对象为企业，与居民收入分配无直接影响，因此不作为所得税调整的重点。

第二，设立个人所得税"最小替代性税收"。个人所得税由于其累进税率、普遍征收、税负不易转嫁等特点，是国家调控居民收入分配差距的重要手段，应作出重点调整，使其税负累进性更加明显。目前，我国个人所得税在税制设计上还有待完善，高收入群体可以利用多种税收减免、优惠政策，对税款进行筹划以达到减税目的，导致其没有承担与其高收入相适应的高税负，而低收入群体一般情况下不具备筹划空间，因此无法体现"量能负担"原则。对于这种情况，借鉴国外成熟税制体系，我国应设立"最小替代性税收"，即当所得税课税标准高于最小替代性税收标准时，若最终缴纳的税额少于最小替代性税收的税额，则按照最小替代性税收的税额进行纳税，等同于为高收入纳税人群体设立个人所得税应交税额的底线，使其承担与高收入相适应的税负，以此加强个人所得税调节居民收入分配的功能，缩小收入分配差距。

# 第 8 章

# 财税政策缩小居民收入差距的不足之处

利用实证检验的方法对我国财政支出与税收政策缩小收入差距的作用进行了论证，结合目前我国现实情况发现，虽然财政支出与税收政策缩小了收入分配差距，但是其效果有待进一步提高，存在一定的问题。本章将着重分析目前我国财政支出与税收政策在缩小居民收入差距方面存在的不足之处，有利于进一步优化财政支出与税收政策，从而为制定缩小居民收入差距的政策建议奠定基础。

## 8.1　财政支出缩小居民收入差距的不足之处

财政支出是一国缩小居民收入差距的重要手段，教育支出、医疗支出、社会保障支出以及农林水支出等民生财政支出可以直接增加居民的可支配收入，进而缩小居民收入差距。此外，如经济建设支出、行政管理费等非民生财政支出，属于财政购买性支出，通过其支出影响经济发展水平，进而通过收入机制影响居民收入差距状况。

民生财政支出与非民生财政支出对调节收入差距的影响机制不同，影响效果也存在差异。本节首先将从民生与非民生的角度，分析目前我国财政支出在缩小居民收入差距方面存在的问题，如民生财政支出比重有待进一步提高等问题。然后，从具体财政支出种类角度，分别分析各种财政支出在缩小居民收入差距方面存在的不足。由于目前我国财政支出体系中，教育支出、医疗支出、社会保障支出、农林水支出以及科技支出五大类支出在缩小居民收入差距方面作用较为显著，下面本节将着重分析上述五类支出存在的问题。

## 8.1.1 财政支出结构存在的不足

### 8.1.1.1 民生财政支出规模不足

民生财政支出规模不足，尤其是教育支出、医疗卫生支出及社会保障支出等调节居民收入差距的财政支出偏低，使其在缩小居民收入分配差距方面的调节作用还不够显著。目前，虽然有些地区民生财政支出的占比已超过80%，但还有部分地区民生财政支出比重偏低，2017 年，还有近半的省份民生财政支出不足 75%。① 长期以来，我国地方政府一直存在较严重的 GDP 导向，以经济发展为根本宗旨，将大量的财政资金投入基础设施建设领域中，用于引进投资，发展当地经济，而忽视民生。在经济新常态发展观念的引导下，大部分地区已充分认识到民生对缩小居民收入差距的重要性，在逐步扩大民生财政支出规模。然而，某些地区政府形成过度的"民生"导向，脱离本地经济发展现状发展民生，如西部某省份在财力不足的情况下，设定了民生财政支出占比80%的目标，甚至有些地市级高达85%。在超出地方财政实力的情况下盲目发展民生，本末倒置，违反了量入为出的原则，由于无法实现民生财政支出的长效投入，既无法实现改善民生、缩小收入差距的目的，也会降低经济的发展速度，不利于居民收入水平的提高及人民生活质量的改善。

### 8.1.1.2 逆向财政问题突出

逆向财政问题突出，恶化了城乡间居民收入分配问题，不利于居民收入分配差距的缩小。逆向财政，指的是农村部门和城市部门的税收负担及财政收益的反向配比，即农村部门税收负担高财政收益低，相反，城市部门则税收负担低财政收益高。一方面，在取消农业税后，农村地区居民承担的消费税、增值税税负较重，而这些税收收入又未形成专项资金，投入农村公共产品供给领域。另一方面，我国的财政资金近年来有一定的"生产性支出偏向"，大量的财政支出投入到基建领域，且相对于农村，更多的财政资金用于

---

① 数据来源于各省份统计年鉴。

促进城市发展，有明显的"城市导向"性。① 逆向财政问题已被证实具有较强的城乡收入分配负效应，从短期和长期看，都会恶化城乡居民收入分配问题，不利于缩小居民收入差距。

## 8.1.2　教育支出政策存在的不足

### 8.1.2.1　教育支出规模偏低

教育支出规模偏低，不利于财政支出对居民收入分配差距的调节，不能有效增加居民福祉。通过实证研究，我们证实了教育支出对缩小居民收入分配差距有显著的促进作用，且有改善居民收入差距的功能。我国教育支出规模长期处于偏低状态，虽然每年教育支出在不断增加，但 2017 年，我国教育支出占 GDP 的比重为 4.14%，低于全球教育支出占 GDP 7% 的水平，更低于高福利国家 8% 的水平，如丹麦在 2015 年就已达到了 8.6%。② 教育支出的规模不足，没有达到很好地促进收入公平的效果，对缩小居民收入差距的作用尚不明显。

### 8.1.2.2　教育支出结构有待优化

第一，教育支出地区结构不合理，不利于教育资源的有效配置，不能有效促进地区间居民收入分配差距的缩小。由财政支出与税收的现状分析可知，我国的财政教育支出在各地区间的分配存在较大的差异，1994 ~ 2017 年，东部地区的财政教育支出占全国财政教育支出比重均高于中西部地区占比，东部地区教育支出几乎达到了中西部地区的总和。不少学者曾实证证明，我国教育支出的收入分配效应存在地区差异性，对东部地区的居民收入分配有抑制作用，对中西部地区的居民收入分配则有促进作用。这种地区结构的差异性，对教育支出在收入分配调节方面产生了较强的抑制作用，不利于我国居民收入差距的改善。

第二，教育支出中，各教育层级支出结构不合理，不利于居民平均受教育年限的提高，无法达到缩小居民收入差距的目标。长期以来，我国财政教

---

① 胡文骏. 逆向财政机制：城乡收入差距的重要诱因［J］. 山西财经大学学报，2018，40 （03）：1 - 10.
② 数据来源于 OECD 统计数据库。

育支出一直偏向高等教育，2017 年，我国高等教育支出占教育支出的比重超过 40%，而中小学及幼儿教育支出的占比总和不足 60%。[①] 2017 年，教育部发布通知，提高博士研究生补贴标准，中央高校博士生补贴标准提高到每人每年 15000 元，地方高校不低于 14000 元。[②] 由于接受高等教育的学生数量占在校生总量的比重较低，仅有少数人能享受到高等教育，大多数人需要接受幼儿园、中小学教育等基础性教育，对少数人的高额补贴，不利于居民收入分配差距的缩小。查显友、丁守海（2006）曾实证证明，高校的低收费高补贴政策并不能促进教育均等化，也不利于居民收入差距的改善。[③] 因此，我国目前正在实施的高等教育高补贴的财政政策，不利于居民受教育水平的整体提高，无法有效提高居民收入、缩小居民收入差距。

### 8.1.3 医疗卫生支出政策存在的不足

#### 8.1.3.1 医疗支出结构不合理

第一，医疗卫生支出功能结构不合理。政府医疗卫生支出主要用于医疗卫生服务、医疗保障、人口与计划生育事务、医疗卫生管理等方面。其中，在我国近几年的政府医疗卫生支出中，医疗卫生服务方面的支出占医疗卫生支出比重呈逐渐下降的趋势，对公立医院等医疗机构的补助不足，医疗服务的价格逐渐提高，无法快速走出"看病贵"的困境，从而不利于缩小居民收入差距。此外，相比医疗卫生服务、医疗保障、计划生育等方面的支出，医疗卫生管理支出增速较快，用于行政管理方面的支出不断提高。由于行政管理支出的居民健康效应并不显著，医疗卫生管理支出的快速增加，不利于提高居民的健康水平，并对缩小居民收入差距产生不利影响。

第二，医疗卫生支出区域结构不合理。医疗卫生支出与其他财政支出项目一样，一直存在较为明显的"城市导向"，城市的医疗卫生支出远高于同期农村地区支出水平。随着城镇化的进程不断推进，农村人口锐减，2014 年，农村人口人均医疗费用首次超过城市水平。由于农村地区医疗卫生支出长期较低，医疗卫生设施、医疗卫生服务人员等医疗资源的数量和质量均远远低

---

① 数据来源于《中国教育年鉴（2018）》。
② 数据来源于财政部、教育部《关于进一步提高博士生国家助学金资助标准的通知》。
③ 查显友，丁守海. 低收费政策能改善教育公平和社会福利吗？——兼论高等教育不同收费政策的效应［J］. 清华大学教育研究，2006（01）：65－70.

于城市，这使得农村地区的医疗服务水平长期处于偏低的状态，无法为农民提供舒适的就医环境和医疗服务，也无法承接乡村基层医疗机构首诊的功能，无形中增加了农村居民就医的成本，不利于提高农村居民健康水平及居民收入差距的缩小。

### 8.1.3.2　医疗卫生支出使用效率偏低

医疗卫生支出使用效率偏低，根源在于医疗保障支出监管不严。在各项政府卫生支出中，医疗保障支出的比重逐渐增加，医疗保障体系的覆盖面也越来越广，医疗保障切实降低居民的就医负担，提高了居民的幸福感。但由于医疗保障支出的监管不严，骗保案件频发，且骗保数额巨大。根据审计署医保基金审计报告统计，2017 年 1 月医保基金抽查结果显示，28 个省份共有923 家医疗机构及药店参与骗保，骗取的医保基金金额超过 2 亿元。[①] 医疗保障支出监管不严，导致大量医疗保障资金流失，未能保证医疗保险的公平性，不利于降低居民医疗负担及居民收入差距的改善。

## 8.1.4　社会保障支出政策存在的不足

### 8.1.4.1　社会保障支出规模不足

社会保障支出规模不足，影响了其缩小收入分配差距的功能。社会保障支出在民生财政支出中具有重要地位。一方面，社会保障支出具有促进就业的功能，有利于提高居民收入，改善社会整体收入水平。另一方面，社会保障支出具有显著的收入分配正效应，有利于缩小居民收入分配差距。2017 年，我国社会保障支出占财政支出的比重为 12.32%，而欧美发达国家及日本，仅社会保险一项占财政支出的比重就超过了 20%。[②] 可见，目前我国社会保障支出处于较低的水平，影响了社会保障支出缩小居民收入差距的效应。

### 8.1.4.2　社会保障支出结构不合理

合理的社会保障支出结构是保证社会保障支出发挥收入分配效应及促进居民就业的重要保障。目前，我国社会保障支出区域结构及功能结构分配不

---

① 　数据来源于审计署《2017 年第 1 号公告：医疗保险基金审计结果》。
② 　数据来源于《中国财政年鉴（2018）》。

合理，使社会保障支出未能充分发挥其应有的作用。

第一，区域间分配结构有待优化。首先，我国社会保障支出在各省份间分配存在较大差异，特别是东部、中部及西部地区间差异较大。东部地区的社会保障支出水平最高，其次是中部地区，最后是西部地区，且东部地区与中西部地区的支出差异呈逐渐扩大的趋势。其次，城镇和农村地区社会保障支出存在较大差距。长期以来，社会保障支出具有显著的"城市偏向"性，使农村地区获得的社会保障支出远远低于城镇。我们通过实证分析，证明社会保障支出的调节收入分配差距的效应具有地区差异性，相比东部地区，中西部地区调节收入分配的效应更显著，且农村地区的社会保障支出的调节收入分配差距的效应强于城镇地区。

第二，功能分配结构不合理。已有研究发现，不同的社会保障支出项目，在缩小居民收入方面存在显著的差别。例如，离退休金有显著的扩大居民收入分配差距的效应，离退休金是老年人的主要经济来源，它的存在扩大了有退休金和没有退休金的老年人之间的收入分配差距；而城乡低保则具有明显的调节收入分配正效应，可有效缩小居民收入分配差距，可能的原因在于城乡低保增加了低收入弱势群体的收入，促进了不同收入群体间收入分配差距的缩小。但是，对比不同种类的社会保障支出不难发现，离退休金在社会保障支出中的占比处于较高水平，而城乡低保则处于较低的水平，这种不合理的功能分配结构，大大减弱了社会保障支出调节收入分配差距的效应，不利于居民收入差距的改善。

### 8.1.5　农林水支出政策存在的不足

农林水支出在促进农民增收脱贫方面具有重要作用，同时还具有促进经济发展的功能，因此，农林水支出是政府"精准扶贫"的重要工具。但是，由于目前我国农林水支出还存在着支出规模不足、支出结构不完善等问题，未能充分发挥其增加农民收入、缩小居民收入分配差距的作用。

#### 8.1.5.1　农林水支出规模不足

农林水支出规模不足，影响其增加农民收入、调节农民收入差距的作用。农林水支出作为一项重要的民生财政支出，肩负着帮助农民增收、减贫的重要使命。2003 年以来，随着政府对"三农"问题重视程度的加深，农林水支出规模有了明显的提高，农林水支出绝对额增长超过 10 倍，农林水支出占财政支出的比重基本处于不断提高的状态，到 2016 年已由 2003 年的 7.12% 提高到 9.90%。① 加拿大、英国等农业发展较为成熟的国家，其对农业的扶持力度远高于我国，最高可达农业自身 GDP 的一倍。相对于农村地区发展对财政扶持资金的需求，我国财政农林水支出还严重不足。

### 8.1.5.2　农林水支出结构有待完善

农林水支出结构不合理，减弱了财政农林水支出对缩小农村居民收入分配差距的作用效果。分项目来看，不同的农林水支出调节收入分配差距效应存在差异，如支援农业生产支出和农林水利气象部门事业费存在一定的调节收入分配差距负效应，会恶化农村居民的收入分配差距，而农业基本建设支出和农村救济费则有调节收入分配差距的正效应，有助于改善农村居民的收入分配差距问题。从目前我国财政农林水支出的分配状况来看，支援农业生产支出和农林水利气象部门事业费在整个农林水支出中一直处于较高的状态，在 50% ~80% 之间，而农业基本建设支出和农村救济费处于较低的状态，农业基础设施建设支出在 20% ~40% 之间，农业救济费一般不低于 10%，这大大降低了财政农林水支出调节收入分配差距的效应，不利于农民收入的增加和收入差距的缩小。

## 8.1.6　科技支出政策存在的不足

科技支出的作用在于加强技术创新，促进生产力提高，提高经济发展水平，为改善居民收入水平提供必要的物质保障。科技支出对居民收入差距并没有直接的影响，但是可以通过对经济发展的影响，为社会发展提供资金保障，间接影响居民收入分配状况。科技支出在加强技术创新、促进经济发展、间接改善居民收入差距方面作用还不明显，主要原因在于科技支出存在总量不足，支出结构不合理等问题。

### 8.1.6.1　科技支出总量不足

科技支出总量偏低，影响了其促进科技创新、推动经济发展、保障居民

---

① 数据来源于《中国财政年鉴（2017）》。

收入的作用。如目前我国财政科技支出在 GDP 中的占比一直处于较低水平，甚至不足 2%，远低于美、韩、日、德等发达国家财政科技支出占 GDP 的比重。此外，科技支出未能充分发挥杠杆作用，未能吸引更多资金进入科技创新领域，促进我国的科技事业发展。

### 8.1.6.2　科技支出结构不合理

科技支出机构不合理，未充分发挥其促进技术创新的功能，在促进经济发展、改善居民收入水平方面的作用不明显。基础科研在科技创新领域具有重要作用，对科技创新至关重要，但是相比基础研究和应用研究，我国将更多的资金投入试验阶段，试验阶段的科研支出占比超过 80%，而基础科研及应用研究阶段不足 20%，甚至基础科研的支出占比不足美国同期的 1/4，对我国的科技创新产生了不利影响。

## 8.2　税收缩小居民收入差距的不足之处

税收是政府改善居民收入分配差距的重要手段之一，一方面它是政府通过财政支出调节收入分配的主要资金来源，有利于刺激经济增长，提高居民收入，增加公共品供给等；另一方面则主要通过税制结构、税负、税种等税收因素的调整，调节居民可支配收入，改变收入分配格局，最终引起居民总体收入差距的变动。

具体来说，首先，税制结构对税收与调节收入差距的关系有重要影响。比例税率的间接税具有累退性，从而导致居民收入差距扩大具有累进性，而比例税率的所得税具有累进性，从而造成居民收入差距扩大具有累退性。其次，税负是税收对居民收入分配影响的关键。流转税具有累退性且易于税负转嫁，因此流转税税负的高低决定了居民收入差距的多少。最后，不同的税种对调节居民收入分配的影响存在较大差异。如政府向居民征收个人所得税，具有调节收入分配正效应，促进了收入分配的公平性，可缩小整个社会的收入差距，而征收增值税，则具有调节收入分配负效应，导致居民收入差距扩大。因此，本书从税制结构、税率以及税种角度分别阐述税收改善居民收入分配的不足之处。由于现有税种中个人所得税、消费税、增值税以及企业所得税四大税种对居民收入分配影响较为显著，而印花税、城市维护建设税等小税种对居民收入分配影响较小，本书不做具体考虑，下面仅从个人所得税、消费税、增值税以及企业所得税角度分别进行具体分析。

### 8.2.1　税制结构存在的不足

#### 8.2.1.1　流转税比重偏高

流转税比重偏高，影响居民收入分配差距，不利于税收调节收入分配效应的发挥及居民收入差距的缩小。2017 年，我国流转税占总税收收入的比重仍接近 50%，远远高于发达国家水平，发达国家商品税占比一般不超过20%。通过实证结果可知，所得税具有调节收入分配正效应，而流转税具有调节收入分配负效应，流转税在收入分配方面的调节功能较弱。一般来说，流转税具有累退性，所得税具有累进性，但近年来的经验研究发现，流转税的累退性在一定程度上会抵消所得税的累进性，因此，流转税占比越高，税收的累进性就越弱，税收的收入分配调节功能越难以发挥。此外，流转税具有隐蔽性特征，其税负易于转嫁，一方面会减少居民的可支配收入，进而扭曲价格机制，影响居民的消费水平，另一方面税负转嫁也不利于社会公平。因此，目前我国以流转税为主体的税制，不仅不能有效的调节居民收入分配，而且不利于居民收入差距的缩小。

#### 8.2.1.2　所得税内部结构不合理

个人所得税比重偏低，减弱了直接税调节收入分配的正效应，不利于发挥税收对收入差距的调节作用。2017 年，我国个人所得税占税收总收入的比重为 8.28%，企业所得税占比 22.24%[①]，个人所得税占比水平远低于以直接税为主体的发达国家。2015 年 9 月，我国新发布的《关于上市公司股息红利差别化个人所得税政策有关问题的通知》规定，因持有境内上市公司股票取得的股息红利所得，持股不满一个月全额征收个人所得税，对于持股超过一个月不满一年的减半征收个人所得税，持股一年以上的免征个人所得税。[②] 目前，我国对于股息所得采用"部分计征"制度，即持股满一年的纳税人收到

---

[①]　数据来源于《中国税务年鉴（2018）》。
[②]　资料来源于财政部、国家税务总局、证监会《关于上市公司股息红利差别化个人所得税政策有关问题的通知》。

的股息分红则不需再缴纳个人所得税。对于持股满一年的纳税人的税收优惠政策，减弱了个人所得税的收入分配调节作用，不利于我国居民收入差距的缩小。

### 8.2.1.3　财产税税种缺失

我国财产税制度不健全，财产税税种缺失，减弱了其对收入分配差距的正向调节作用。实证结果表明，财产税具有调节收入分配正效应，但是相对于流转税来说，财产税调节收入分配的正效应相对较弱。财产税并没有很好地发挥其调节收入分配及缩小居民收入差距的作用。原因主要包括以下三个方面：其一，财产税税种单一。目前，我国财产税仅包含了房产税、契税、车船税、车辆购置税四个税种，税种较少，且上述税种收入较低，弱化了税收在收入分配环节的调控功能。其二，房产税收入规模不足。作为财产税主力之一的房产税，主要对城镇经营用房征税，对个人非经营用房不征或免征，虽然 2011 年在上海和重庆试点征收个人居住用房房产税，但房产税收入规模仍不足，2017 年占总税收比重仅为 1.8%。其三，尚未开征遗产税。遗产税既能筹集财政收入，又可有效调节财产存量以及财产代际转移。目前，全世界已有近百个国家开征了遗产税，充分证明了遗产税不容忽视。

## 8.2.2　税负存在的不足

税负偏高，不利于缩小居民收入差距。与发达国家相比，我国的宏观税负并不高，以 2017 年为例，我国税收收入及社会保障基金收入占 GDP 比重仅为 24.52%[①]，而经济合作与发展组织（OECD）成员同口径平均收入占 GDP 的比重高达 34.2%[②]，比我国高出近 10%。但从微观企业的角度来看，近年来，我国企业的平均税负率达到 36.76%[③]，且呈逐年上升的趋势。可能的原因在于我国个人所得税占比不足 10%，剩余超过 90% 的税收由企业承担，故我国企业税负偏高，"税感"强烈，尤其是中小企业。此外，虽然近年来我国出台了不少针对中小企业的税收优惠政策，但是由于这些政策一般具有期限

---

① 数据来源于国家统计局网站。
② 数据来源于 OECD 网站。
③ 钱金保，常汝用. "死亡税率"还是言过其实——中国企业微观税负测度［J］. 地方财政研究，2018（01）：62 – 70，81.

性，且大多是针对金融企业而非直接针对中小企业，对降低中小企业税负效果并不显著。这不但不能引导税收调节我国的收入差距，也使我国资本大量流失，不利于我国缩小居民收入差距的目标。

### 8.2.3 个人所得税存在的不足

#### 8.2.3.1 税收抵扣标准不合理

第一，房贷利息扣除标准不合理，削弱了个人所得税调节收入分配的正效应，不利于调节收入差距。新个税规定纳税人可在实际发生贷款利息的年度，按照每月1000元的标准定额扣除。由于各地区房价不同，如2018年一线城市房价均价在50000元/平方米以上，贷款额度及贷款产生的利息费用则较高，而三四线城市房价较低，均价不足10000元/平方米，贷款额度及贷款产生的利息费用则较低。因此，房贷利息扣除标准"一刀切"不合理，不利于社会公平，违背了个人所得税促进收入公平的原则。

第二，子女教育抵扣标准偏低。新个税规定纳税人的子女接受全日制学历教育的相关支出，按照每个子女每月1000元的标准定额扣除。一方面，对于不同教育阶段的子女教育支出不同，如义务教育阶段的支出较少，而大学、研究生阶段的支出可能会较多。据有关统计，我国幼儿教育阶段支出每年学费约为2000~14000元，义务教育阶段学费和住宿费每年不超过5000元，大学本科每年学费支出在4000~20000元，研究生阶段学费每年约8000~14000元。另一方面，3岁以下婴幼儿抚养费不在个人所得税抵扣范围内。近年来，月嫂、保姆费用逐年提高，3岁以下婴幼儿抚养费用也不断攀升，成为众多家庭的重要负担。婴幼儿抚养费不得税前扣除，既打消了人们生育的积极性，也不符合个人所得税促进收入公平的根本原则。

第三，赡养老人抵扣标准有待完善。新个税规定纳税人按照每月2000元的标准定额扣除，多子女家庭可分摊扣除。对赡养老人费用的扣除，是个税改革的一大趋势，但是赡养不同的老人，费用标准存在较大差别，如对于赡养有养老保险、退休金的老人，子女仅需陪伴，基本不需要其他花费，其支出较低，甚至还能得到老人的经济支持；而对于赡养农村地区老人、无养老保险及退休年金的老人的纳税人，不仅需要陪伴，还需要为老人提供生活费及看病等支出，则其支出较高。此外，对于赡养老人，无论是父母双方还是一方，均每月扣除2000元，对于赡养一位老人与两位老人，支出上也存在较大差异。因此，统一的赡养老人扣除标准，违反了个人所得税促进收入公平、缩小收入差距的思想。

### 8.2.3.2 捐赠的税收优惠范围较窄

捐赠的税收优惠范围较窄，不利于我国慈善事业的发展。我国个人所得税法规定：通过国家机关、社会团体、公益机构向受灾及贫困地区的捐赠可限额扣除，对于通过非营利组织以及国家机关对义务教育的捐赠可全额扣除。首先，由于符合要求的公益机构较少，通过个人所得税法规定的机构捐赠存在一定难度。其次，对于捐赠物品款项以及款项用途存在诸多限制，不但降低了捐赠者的积极性，也不利于我国慈善体系的完善和发展，限制了个人所得税缩小收入差距的作用。

## 8.2.4 企业所得税存在的不足

### 8.2.4.1 企业所得税税率偏高

企业所得税税率偏高，影响低收入者收入，不利于缩小居民收入差距。2017 年，美国将企业所得税税率降至 15%，引发了全球减税浪潮。企业所得税属于直接税，具有累进性，且税负不易转嫁，有一定的收入分配调节作用。经研究发现，企业所得税对不同收入群体的影响存在一定的差异性，征收企业所得税会降低城镇居民的收入，但可以提高农村居民的收入水平，且企业所得税对不同收入组的居民收入影响大致呈倒 U 型关系，提高企业所得税，可提高中等收入群体在国民收入中的份额，但不利于低收入群体收入的增加。[①] 企业所得税税负偏高，会对低收入者收入产生影响，不利于社会整体收入分配差距的缩小。

### 8.2.4.2 促进弱势群体就业的税收优惠政策不足

促进弱势群体就业的税收优惠政策不足，未能有效促进弱势群体就业，不利于低收入群体收入水平的提高及收入差距问题的改善。近年来，我国出台了一些税收优惠政策，鼓励弱势群体创业就业，如对于安置残疾人就业的企业可享受残疾人工资 100% 税前加计扣除。但是，由于税收优惠政策存在数

---

① 田志伟. 企业所得税税负归宿与收入分配 [J]. 财经论丛, 2018 (07): 27 – 36.

量少、时效性短、税收优惠政策覆盖面窄等问题，未能达到有效促进弱势群体就业的效果，不利于低收入阶层提高收入水平、改善社会整体收入差距。

### 8.2.5 消费税存在的不足

#### 8.2.5.1 消费税征税范围有待完善

消费税征税范围有待完善，现行消费税征税范围不利于消费税对收入分配的调节。目前，我国消费税的征税对象主要是高档消费品、不可再生资源消费品以及损害人体健康的消费品，征税目的是引导居民消费，并有效调节居民收入。征税范围主要存在以下两个问题：其一，消费税征税范围较窄，仅包含15个税目，尚有大量高档奢侈消费品以及高档场所的消费行为未纳入消费税征税范围。其二，某些普通消费品，如小汽车、摩托车、金银首饰等仍在征税范围内。征税范围不合理，使消费税对居民收入的调节作用有限，不利于居民收入差距的缩小。

#### 8.2.5.2 消费税税率不合理

消费税税率不合理，某些消费品税率偏低，未能充分发挥其收入分配效应及缩小收入差距作用。消费税对不同的税目采用不同的税率。高档手表税率为20%，高尔夫球及球具、游艇的税率为10%，而实木地板及木质一次性筷子的税率为5%。高尔夫球及球具、游艇与高档手表一样，属于高档消费品，10%的税率偏低，对限制消费作用不明显；实木地板及木质一次性筷子均属于资源型消费品，征收消费税的目的是保护环境，随着我国餐饮业及装饰行业的迅速发展，仅征收5%的消费税对生产者及消费者的影响较小，抑制消费的作用不够显著，不利于消费税调节收入分配及缩小收入差距。

#### 8.2.5.3 消费税价内征收，隐蔽性强

消费税为价内税，隐蔽性强，居民"税感"不强，不利于消费税对收入分配的调节及缩小收入差距。目前，我国消费税采用价内征收的模式，在税款未明码标价的情况下，消费者在消费时并不清楚自己缴纳了多少消费税，造成"税感"不强，如购买一包价格为113元的甲类卷烟，则其中包含了113/（1+13%）×13% = 13元的增值税，以及113/（1+13%）×56% + 0.06 = 56.06元的消费税。此外，消费税价内征收与增值税存在部分重复征

收，扭曲了消费税的征收目的，既不利于消费税对消费的调节，也无法有效发挥消费税调节收入分配效应。

### 8.2.6 增值税存在的不足

#### 8.2.6.1 增值税比重偏高

增值税在整个税制体系中占比过高，有碍税收对居民收入分配的调节，不利于缩小我国收入差距。2018 年，我国税收收入总额 15.64 万亿元，增值税收入 6.15 万亿元，占税收总收入的 39.32%，是我国现行税制体系中占比最高的税种。[①] 因此，增值税占比较高的以流转税为主体的税制体系，无法有效调节居民收入分配，不利于收入差距的缩小。

#### 8.2.6.2 生活必需品税率不合理

生活必需品的增值税税率偏高，不利于居民收入差距的缩小。2019 年 4 月 1 日起，我国制造业等现行增值税率由 16% 下调至 13%，建筑业等现行增值税税率由 10% 下调至 9%。生活必需品不同商品的税率差别不够大，现行增值税税率还有下调空间。由于生活必需品支出在低收入群体收入中占比较高，税率偏高的情况下，不能有效降低低收入群体消费支出，不利于税收对收入分配的调节及缩小收入差距。

---

① 数据来源于《中国税务年鉴（2019）》。

# 第 9 章

# 缩小居民收入差距的财税应对策略

从我国当前的现实来看，财税政策还存在着税制结构不合理、税负偏高、财政支出结构有待优化等问题。为加快解决人民日益增长的美好生活需要同不平衡不充分的发展之间的矛盾，缩小收入分配差距，提高居民幸福感和满意度，充分改善居民生活水平，迫切需要改善现有的财税政策。

## 9.1　缩小居民收入差距的财政支出政策建议

财政支出可通过政府购买和转移支付来有效提高居民收入水平、缩小居民收入差距。为充分发挥财政支出改善收入分配及缩小收入差距的功能，需要对财政支出在规模和结构等方面进行改革。

### 9.1.1　适度提高财政支出规模

适度提高财政支出规模，充分发挥财政支出在缩小收入分配差距、增加弱势群体收入、促进社会公平方面的作用。从实证结果来看，民生财政支出对缩小收入分配差距均有促进作用，增加民生财政支出对提高低收入者的收入有利。但是，非民生财政支出与收入差距之间呈倒 U 型关系，非民生财政支出在合理范围内，有助于促进经济增长，缩小社会收入差距，当非民生财政支出提高到一定程度，居民收入差距扩大，反而会抑制经济的增长。因此，应在合理范围内，适度提高财政支出规模，保证民生财政支出的社会收入分配正效应，避免非民生财政支出社会收入分配负效应，提升人民的生活质量。

### 9.1.2 优化财政支出结构

#### 9.1.2.1 保障民生财政支出规模

保障民生财政支出规模，保证民生财政支出，尤其是教育、医疗及社保等财政支出的长期投入，有利于提高居民的收入水平、缩小居民收入差距。在人民对幸福感、美好生活需求逐步提高的情况下，需要进一步提高地方政府对民生的重视程度。根据各地经济发展的实际状况及财政支出能力，合理增加民生投入，保障民生财政支出的长期投入。为对地方政府绩效观进行正确引导，可考虑在各地政府绩效考核的过程中，适当降低对GDP的发展要求，加入居民幸福感等指标，提高其对民生理念的重视程度。值得注意的是，经济发展是居民收入的重要前提，经济的快速发展能为社会提供更多的产品和服务，有利于低收入居民收入的提高，而居民收入水平的提高，可为经济发展提供必要的保障，二者相辅相成，相互促进。因此，在积极改善居民收入水平的同时，也不能忽略经济发展的重要性，当前尤其要不断提高经济发展质量，更好地促进我国收入分配机制的完善。

#### 9.1.2.2 扩大农村地区民生财政支出

扩大农村地区民生财政支出占比，将更多民生财政支出投向农村，缩小城乡居民收入差距，促进社会公平。在未来的财政政策改革过程中，一方面，可把农村地区缴纳的增值税、消费税等各种税款设为专项基金，规定专门用途，用于农村地区建设，如用于农村水电改造、乡镇学校幼儿园建设、乡镇卫生所和村卫生室医疗设备更新等，优化农村地区生活环境。另一方面，应逐步消除财政支出，尤其是民生财政支出的"城市导向"以及"生产性支出偏向"，将更多的民生财政支出投向农村地区，改善农村地区的生活环境，提高农民的收入水平及生活质量，发挥财政支出的收入分配调节作用，增加居民的幸福感，缩小社会收入差距。

### 9.1.3 调整教育支出政策

#### 9.1.3.1 扩大教育支出规模

扩大教育支出规模，提高居民受教育水平，增加居民收入，同时缩小居民收入差距。首先，增加财政教育支出。由于教育属于公共物品，具有正外部性，政府必须在教育领域投入财政资金，弥补其外部性。虽然目前我国财政教育支出规模不断提高，占 GDP 的比重已经连续 6 年超过 4%，但是仍低于世界平均水平。需进一步扩大财政教育支出的规模，提高学生平均财政补贴标准，使更多的孩子能够接受更高质量的教育。其次，应拓宽教育融资渠道，多方面筹资，促进我国教育体系的完善。已有很多国家通过多渠道融资的方式，筹集教育资金。如美国采用发行教育彩票的方式获得教育资金，并将每年通过发行教育彩票筹集的大量资金投向中小学教育；美国通过校企联合的方式，从企业获取一定的资金支持，这些资金一般用于高等教育。日本则鼓励通过捐赠方式获取教育资金，捐赠者包括企业、个人、团体等。

### 9.1.3.2　优化教育支出结构

第一，调整教育支出在地区间的分配结构，降低教育支出对缩小收入分配差距的抑制作用。财政教育支出的地区分配一直存在较强的"发达地区偏向"，即重点投向经济发达的地区，较少投入欠发达地区，如 2016 年，我国东部地区财政教育支出占全国财政教育支出的 35.97%，中部地区为 17.27%，西部地区为 22.66%，东部地区几乎达到了中西部地区的支出总和。在这种状况下，应尽快调整教育支出在各地区间的分配，降低发达地区的教育支出比例，适当提高欠发达地区的教育支出水平，有效提高经济欠发达地区的居民受教育水平，增加欠发达地区居民的收入水平，以促进不同地区间居民收入差距的缩小，改善社会整体收入水平。

第二，优化教育支出在不同层次间的分配，帮助更多人提高受教育水平，提高居民的收入水平，促进教育的公平化。提高中小学教育支出，适当缩减高等教育支出。首先，可考虑扩展义务教育年限。如借鉴日本的经验，将义务教育扩展为 12 年，义务教育年限内，教育支出由中央及地方政府合理分摊。其次，可考虑为中小学提供营养午餐。日本 80% 以上的中小学为学生提供营养午餐，且贫困学生可免费享用营养午餐，费用由中央和地方政府平均分摊。在保证营养的同时，为学生提供方便，提高学生学习效率和积极性，让更多的贫困学生可以享受优质的教育，提高居民收入水平，缩小居民收入差距。

### 9.1.4　完善医疗卫生支出政策

#### 9.1.4.1　优化医疗卫生支出结构

第一，优化医疗卫生支出功能结构。由于医疗卫生服务支出有显著的居民健康效应，医疗卫生管理支出健康效应不明显，而医疗卫生服务支出增长缓慢，医疗管理支出迅速增加，对改善居民健康产生了不利影响。我们应该从以下两个方面着手：其一，保障医疗卫生服务支出的快速增加，尽快改善"看病贵"的现状，降低居民的看病负担；其二，尽量缩减医疗卫生管理及人口与计划生育等相关健康效应较弱的支出项目，深化医药卫生体制改革，提高医疗保障水平，为居民提供更高水平的医疗保障，以期更好地改善居民生活水平。

第二，改进医疗卫生支出区域结构。很多学者曾通过实证证明，农村地区的医疗卫生支出健康效应明显强于城镇的医疗卫生支出。[①] 农村地区医疗卫生支出的长期不足，严重降低了我国居民整体健康水平的提高速度。因此，在未来的医疗卫生支出政策改革中，应坚定不移地提高对农村地区的卫生支出，改善农村地区的医疗设施及医疗服务资源的质量，使农村地区的医疗机构尽快承接基层首诊的功能，同时，加大健康扶贫的力度，制定更有效的健康扶贫政策，降低农村地区居民尤其是低收入农民的医疗负担。此外，可适当引导农村居民在医疗、保健等行业的合理消费，提高农民劳动能力，更有效地提高农民健康水平。

#### 9.1.4.2　提高医疗卫生支出使用效率

提高医疗卫生支出使用效率，关键在于完善医疗保障支出监管体系。医疗卫生支出的使用效率是保障其降低居民就医负担的根本前提。在医疗保险骗保屡禁不止的情况下，我们需要不断提高医疗保障支出的监管水平。首先，应建立严格的医疗保险监督机制，可考虑引入第三方监管制度，如江苏省的医保基金采取第三方监管方式，在预防骗保方面取得了良好的效果，其他地区也可借鉴其模式，提高医保基金监管效率。其次，加大骗保相关人员惩戒

---

① 黄秀女，郭圣莉. 城乡差异视角下医疗保险的隐性福利估值及机制研究——基于 CGSS 主观幸福感数据的实证分析［J］. 华中农业大学学报（社会科学版），2018（06）：93－103，156.

力度，如建立医保失信"黑名单"，把骗保行为相关人员纳入失信体系，终身不得参加医疗保险。最后，完善医保定点机构退出机制。一旦医疗机构参与骗保，则使其退出定点，且不得再次参与医保定点。

### 9.1.5 改善社会保障支出政策

#### 9.1.5.1 提高社会保障支出规模

提高社会保障支出规模，是更好地发挥其收入分配效应，提高居民收入水平，缩小居民收入差距的根本前提。基于社会保障支出在民生财政支出中的重要地位，在我国居民收入差距逐步扩大的情况下，我们需要保证社会保障支出的规模，确保社会保障支出的高速增长，逐步提高社会保障支出占财政支出及 GDP 的比重（如欧美高收入国家，将社会保障支出提高到 GDP 的 25％以上），以促进社会保障支出收入分配效应的发挥，提高居民就业率，改善我国社会的整体收入差距。

#### 9.1.5.2 完善社会保障支出结构

第一，优化社会保障支出地区分配。基于目前我国东、中、西部及城乡间社会保障支出规模存在的明显差别，且社会保障支出在不同区域间的收入分配效应显著不同，我们迫切地需要完善社会保障支出的地区分配结构。完善转移支付制度，加大中央对地方的转移支付，特别是增加对经济欠发达地区的转移支付，包括中西部地区以及农村地区，更好地发挥社会保障支出的收入分配效应，缩小区域间因经济发展水平差异而造成的收入水平差异，促进更多居民就业，提高收入水平，缩小居民收入差距。

第二，完善社会保障支出功能分配。基于目前我国社会保障支出中离退休金及城乡低保的错位分配及二者的功能差异，我们应该加速完善社会保障支出的功能分配结构。一方面，尽量压缩离退休金等收入分配效应较弱或者有收入分配负效应的社会保障支出项目。另一方面，在扩大社会保障支出总规模的同时，不断提高城乡低保等收入分配效应较强的支出项目。在促进居民就业，增加居民收入的同时，尽可能地发挥社会保障支出的收入分配效用，缩小居民收入差距。

### 9.1.6 优化农林水支出政策

#### 9.1.6.1 提高农林水支出规模

提高财政农林水支出规模，保证对农村发展的经济扶持，促进农民增收。长期以来，我国工业的发展过度依赖农业的扶持，农业将资金"输血"给工业，促进了工业的发展，但是在工业发展壮大后，其"反哺"农业的力度远远不够，导致农业长期处于资金缺乏的状态。这种情况下，需要政府承担更多扶持农业发展的责任，给予农业足够的资金扶持，促进农业的现代化发展。我们需要适度增加对农业的扶持力度，完善财政资金稳定增长制度，提高农业的发展速度，缩小农民收入差距，提高农民收入水平。

#### 9.1.6.2 完善农林水支出分配结构

完善农林水支出的分配结构，提高收入分配正效应，抵消收入分配负效应，促进农村居民收入水平的改善。首先，尽量压缩支援农业生产支出和农林水利气象部门事业费支出，尤其是农林水利气象部门事业费。提高农林水务部门工作效率，裁减冗员，加强绩效考核，尽可能减少行政事业支出，将更多资金用于农业生产，如农业现代化方面，提高资金使用效率。其次，增加农业基础建设费，提高农村硬件条件，如用于农村水改、电路铺设、网络联通等，也可用于修路、改善农业灌溉设施。最后，提高农业救济资金在支农资金中的比重，更多扶持农业低收入、失地、受灾农民，为其提供最低生活保障，增加其收入水平，有效缩小农村收入差距，提高农村居民的收入状况。

### 9.1.7 调节科技支出政策

#### 9.1.7.1 提高科技支出总量

扩大科技支出规模，为科技创新提供充足的资金保障，促进科技创新，更好地推动经济发展，为我国居民收入水平提高提供经济支持。科技是第一生产力，对经济发展有着至关重要的作用。因此，在未来的科技支出政策改革中，首先应逐步增加财政科技支出的总量，尽快达到科技发达国家水平。

此外，科学研发需要大量的资金支持，仅仅依靠财政支出远远不够，应考虑建立科技创新发展基金，发挥财政资金的杠杆调节作用，引导企业、社会团体等主体参与科技发展的筹资中，拓展科技创新资金的筹资渠道，为我国科技创新事业提供充足的资金保障，提高我国科技创新能力，为推动我国经济快速发展提供强有力的资金支持。

### 9.1.7.2 优化科技支出结构

优化科技支出结构，提高科技支出的使用效率，是推动我国技术创新，促进经济快速发展，缩小居民收入差距的重要前提。从发达国家科技创新发展的经验来看，基础研究在科技创新中具有重要的基础作用。因此，在未来的科技支出制度改革中，我国有必要在逐步增加科技支出的同时，不断提高在基础科研阶段的投入占比，巩固我国的基础科研能力，为我国科技创新发展做好铺垫，更好地发挥科技创新推动经济发展及促进社会公平的作用。

## 9.2 缩小居民收入差距的税收政策的建议

税收收入是政府支出的重要来源之一。充分发挥税收筹集资金的作用，促进税收收入分配正向效应的发挥，改善社会收入差距需要从以下几方面着手。

### 9.2.1 优化税制结构

#### 9.2.1.1 降低流转税比重

降低流转税比重，是目前税制改革、改善居民收入水平的关键。目前，我国以流转税为主体的税制结构，虽然在筹集财政收入方面发挥了重要作用，但是流转税的累退性以及税负易于转嫁的特点，导致税收的收入调节功能弱，不利于社会公平以及居民收入水平的提高。在收入差距逐步扩大、经济发展趋于稳定的情况下，应建立流转与所得双主体的税制体系，适当降低流转税比重，逐步增加所得税比重，提高对财产税的重视程度，提高税收的累进性，充分发挥税收的收入分配调节功能，以缩小居民收入差距。

### 9.2.1.2　提高个人所得税比重

提高个人所得税比重，更好地发挥税收的收入分配调节功能，并改善居民收入水平。个人所得税在收入再分配环节有着举足轻重的地位，因此，增加个人所得税收入，提高个人所得税在总税收收入中的比重是我国未来进行税制改革、缩小居民收入差距的重要手段。一方面，需要提高我国个人税源监控的能力，减少个人所得税偷税漏税的情况。另一方面，减少个人所得税税收优惠，如取消股息利息所得"部分计征"制。

### 9.2.1.3　健全财产税体系

健全财产税体系、逐步壮大财产税，是调节居民收入分配，实现社会公平和谐，改善居民收入水平的必然要求。财产税属于直接税，可有效调节财产存量，提高税收的累进性，促进税收对收入分配的调节。在目前财产税体系税种单一、房产税调节乏力、遗产税空白的情况下，为响应党的十九大缩小居民收入差距，促进社会公平正义的收入分配新目标，需要从以下两个方面着手。

第一，逐步完善房产税制度。目前，房产税的扩征处于试点阶段，应逐步完善房产税制度，对存量及增量房产在住房保有环节征税。进一步实现房产税"劫富济贫"的作用，使更多的拥有大量房产的富人贡献更多的税收收入，以此帮助更多贫困的弱势群体，加强住房保障，促进社会公平。值得注意的是，任何税种的征收都需依法，故应充分征求群众意见，加快房产税的立法进程；设置合理的税率，可依据各地房价的现实情况，给予地方政府更多的权限，设置不同的税率。

第二，设计开征遗产税和赠与税。遗产税和赠与税一般共同设置，在财产的代际转移环节配套征收，起到改善收入分配状况、促进公益事业发展以及实现社会先富共富目标等作用。遗产税与赠与税的征收对税务部门的税源监控能力提出了较高要求，需要完善个人财产评估与财产实名制登记制度。因此，在遗产税与赠与税的设置环节，需要不断完善税收部门税源监控体系，同时加快我国个人财产评估行业的发展，尽快落实个人财产实名登记制度。

## 9.2.2　推进结构性降负

推进企业所得税改革，结构性降负，降低各部门税费负担，提高居民收入水平。缩小社会收入差距，需要经济发展及资本作为支撑，必须为企业降负。当前，结构性降负可以从两个方面着手：第一，完善税制结构，切实提高直接税，尤其是个人所得税在整个税种收入中的比重。以直接税为主体的税收制度有着较强的弹性，当企业利润减少时，自动减少税收收入降低企业负担，可以起到自动稳定器的作用。第二，制定更多针对中小企业的税收优惠政策。一方面，目前中小企业普遍面临融资难、融资贵问题，需要完善促进中小企业融资的税收政策，规范金融机构的管理，为中小企业创造良好的融资环境。另一方面，可考虑扩大小微企业相关税收优惠的范围，使更多中小企业享受到税收优惠政策，切实降低中小企业税收负担。通过上述政策，为我国企业，尤其是小微企业创造良好的营商环境，促进我国企业发展，为改善我国居民收入水平提供良好的经济基础。

### 9.2.3 改进个人所得税

#### 9.2.3.1 调整个人所得税抵扣标准

第一，制定地区差异化的房贷利息扣除标准。由于我国各地区经济发展水平不同，房价和房贷存在一定的差异性。目前，为更好地发挥个人所得税收入分配调节功能，建议由国家制定扣除标准的最高和最低限额，由各级地方政府根据本地的房价及房贷水平、房租水平、经济发展水平，制定地区房贷利息扣除标准，以保证个税政策的统一，并充分体现个税的灵活性和公平性。此外，由于每年的租金水平、房价等都会变动，可由地方政府根据实际情况做动态调整，使个人所得税专项扣除更加人性化，促进税收的收入分配效应的发挥和居民收入水平的提高。

第二，调整子女养育扣除标准。首先，可以考虑对子女处于不同教育阶段的纳税人设置不同的扣除标准。处于义务教育阶段与处于非义务教育阶段的教育费用差别较大，建议对子女处于义务教育阶段与非义务教育阶段的纳税人设置两档不同的税率，以体现个人所得税的公平性原则。其次，扩大子女养育扣除范围。鉴于3岁以下婴幼儿抚养费费用较高，建议将3岁以下婴幼儿抚养费纳入扣除范围内，在鼓励国民生育的情况下，促进个人所得税调节收入分配，提高税收的收入分配正效应。

第三，制定灵活化的赡养老人扣除标准。一方面，可考虑根据老人自身的情况，对子女设置不同的赡养老人抵扣标准，对于有养老保险、退休金的纳税人设置较低的扣除标准，对于赡养无退休金及养老保险的老人的纳税人设置稍高的抵扣标准。另一方面，考虑到赡养老人的边际成本递减，可对赡养不同数量的老人设置累进的扣除标准，如赡养一位老人每月可抵扣 2000元，赡养两位老人每月可抵扣 3000 元。通过上述措施使个人所得税扣除标准更为科学合理，促进收入公平。

#### 9.2.3.2　完善捐赠税收优惠制度

完善捐赠税收优惠制度，促进我国慈善体系的完善，提高我国社会收入水平。扩展捐赠税收优惠制度，一方面，有必要让更多的慈善机构能够加入慈善竞争体系，为我国贫困地区及受灾地区贡献力量，促进我国慈善体系的发展。另一方面，放松对捐赠税前抵扣的限制，简化捐赠流程，加快捐赠审批，使捐赠简单化、方便化，提高居民捐赠的积极性，进一步缩小收入差距，改善贫困及受灾地区居民的生活水平，促进社会公平。

### 9.2.4　完善企业所得税

#### 9.2.4.1　适当降低企业所得税税率

适当降低企业所得税税率，增加劳动要素供给，提高低收入群体收入，改善居民收入水平。随着美国减税计划的实施，世界各国相继减税，如柬埔寨已将企业所得税税率降至 20%，英国将企业所得税税率降至 19%。在全球性的减税冲击下，我国如果不能减税，则会降低我国对资本的吸引力，削弱我国企业在全球的竞争力。因此，我国也应找准时机，在保证财政收入不受严重影响的前提下，适当降低企业所得税税率。既能保证我国对资本的吸引力，又能增加劳动要素的供给，提高低收入群体的收入水平，最终缩小我国居民整体的收入差距。

#### 9.2.4.2　完善促进弱势群体就业的税收优惠政策

完善促进弱势群体就业的税收优惠政策，帮助弱势群体创业就业走出困境。首先，完善鼓励残疾人就业税收优惠政策，如针对残疾人伤残等级，设置不同的企业所得税加计扣除标准。其次，扩大促进弱势群体就业的税收优惠政策覆盖面，如将失地农民、未在社会保障部门登记的失业人员、技校毕业生等群体纳入促进就业优惠政策范围内。最后，建立促进弱势群体就业税收优惠政策长效机制，从长远发展角度，制定促进上述群体就业的优惠政策，并根据政策的实施情况以及弱势群体就业的现实状况，及时调整优惠政策标准。通过完善促进弱势群体就业的税收优惠政策，切实帮助更多人创业就业，提高居民收入水平，缩小居民收入差距。

### 9.2.5　优化消费税

#### 9.2.5.1　完善消费税征税范围

完善消费税征税范围，进一步发挥消费税调节收入分配及改善居民收入水平的作用。目前，全世界已有超过 80% 的国家对奢侈品征收消费税，如印度尼西亚对皮革服饰和古董征收消费税，越南对飞机及高档迪厅、赌场、按摩场所征收高档服务消费税。在我国消费税征税范围调整过程中，一方面，可考虑将如高档包、高档皮革服饰、私人飞机等高档奢侈消费品以及如高档酒吧、高档 SPA、高档洗浴、高档会所等高档场所消费行为纳入消费税征税范围。另一方面，可考虑取消对如小汽车、摩托车以及金银首饰等普通消费品的消费税。根据我国市场消费现实情况，及时调整消费税的征税范围，以更好地发挥消费税对收入的调节作用，进一步缩小社会收入差距。

#### 9.2.5.2　调整部分商品消费税税率

调整部分商品消费税税率，进一步促进消费税调节收入分配，调整居民收入结构。首先，可考虑提高游艇、高尔夫球及球具的税率，如提高至 20%，更有效地限制对此类高档消费品的消费。其次，可提高实木地板以及木质一次性筷子的消费税税率，如提高至 15%，在进一步提高居民保护环境资源意识的同时，提高消费税收入分配调节功能，筹集更多的税收收入，保障社会公平正义。

#### 9.2.5.3　将消费税改为价外税

将消费税由价内改为价外征收，强化消费税对消费及收入分配的调节作用，缩小居民收入差距。由于消费税为间接税，在价内征收的情况下，更易发生税负转嫁。将消费税改为价外征收，借鉴西方国家如美国的经验，在消费者的账单上将价款和税款分别列明，提高消费税的透明度，提高消费者的"税感"，增强国民纳税意识，在充分发挥消费税引导消费的基础上，促进消费税对收入分配的调节。

### 9.2.6　调整增值税

#### 9.2.6.1　降低增值税占比

降低增值税在税收体系中的占比，构建流转税、所得税双主体的税制体系，更有效地调节居民收入差距。因增值税具有收入分配负效应，且不利于社会收入水平提高，借鉴发达国家经验，降低增值税等流转税在税收总收入的比重，逐步提高直接税尤其是个人所得税在税制体系中的比重，构建流转税、所得税双主体的税制体系，是当前进行税制改革，以有效扭转居民收入差距逐渐扩大的局面，促进我国居民收入差距缩小的关键。

#### 9.2.6.2　下调生活必需品税率

进一步下调生活必需品增值税优惠税率，减弱增值税的收入分配负效应，促进我国社会公平及低收入居民收入水平的提高。降低价格弹性较低生活必需品的增值税优惠税率，进一步扩大与价格弹性较高的商品间的税率差异，可有效降低低收入群体的税收负担，更好地发挥税收对居民收入差距的调节作用，尽快实现新时代社会公平目标，缩小我国居民收入差距。

# 附　录

附录1

## 1990～2017 年城镇居民收入分组情况

| 年份 | 最低收入户<br>（元） | 低收入户<br>（元） | 中等偏下户<br>（元） | 中等收入户<br>（元） | 中等偏上户<br>（元） | 高收入户<br>（元） | 最高收入户<br>（元） | 收入比① |
|---|---|---|---|---|---|---|---|---|
| 1990 | 859.9 | 1077.1 | 1266.6 | 1489.1 | 1756.6 | 2071.9 | 2675.6 | 3.11 |
| 1991 | 1006.5 | 1239.7 | 1439.1 | 1671.4 | 1951.3 | 2283.1 | 2956.8 | 2.94 |
| 1992 | 1127.0 | 1409.0 | 1665.0 | 1977.0 | 2330.0 | 2767.0 | 3663.0 | 3.25 |
| 1993 | 1359.9 | 1718.6 | 2041.7 | 2453.9 | 2985.9 | 3626.7 | 4905.8 | 3.61 |
| 1994 | 1734.6 | 2238.4 | 2721.2 | 3303.7 | 4079.1 | 5007.2 | 6837.8 | 3.94 |
| 1995 | 2169.8 | 2774.9 | 3359.8 | 4068.7 | 4954.5 | 6031.6 | 8221.9 | 3.79 |
| 1996 | 2444.9 | 3145.3 | 3775.6 | 4575.6 | 5595.4 | 6819.9 | 9235.5 | 3.78 |
| 1997 | 2430.2 | 3223.4 | 3966.2 | 4894.7 | 6045.3 | 7460.7 | 10250.9 | 4.22 |
| 1998 | 2476.8 | 3303.2 | 4107.3 | 5119.0 | 6370.6 | 7877.7 | 10962.2 | 4.43 |
| 1999 | 2617.8 | 3492.3 | 4363.8 | 5512.1 | 6908.0 | 8631.9 | 12083.8 | 4.62 |
| 2000 | 2653.0 | 3633.5 | 4623.5 | 5897.9 | 7487.4 | 9434.2 | 13311.0 | 5.02 |
| 2001 | 2802.8 | 3856.5 | 4946.6 | 6366.2 | 8164.2 | 10374.9 | 15114.9 | 5.39 |
| 2002 | 2408.6 | 3649.2 | 4932.0 | 6656.8 | 8869.5 | 11772.8 | 18995.9 | 7.89 |
| 2003 | 2590.2 | 3970.0 | 5377.3 | 7278.8 | 9763.4 | 13123.1 | 21837.2 | 8.43 |
| 2004 | 2862.4 | 4429.1 | 6024.1 | 8166.5 | 11050.9 | 14970.9 | 25377.2 | 8.87 |
| 2005 | 3134.9 | 4885.3 | 6710.6 | 9190.1 | 12603.4 | 17202.9 | 28773.1 | 9.18 |
| 2006 | 3568.7 | 5540.7 | 7554.2 | 10269.7 | 14049.2 | 19069.0 | 31967.3 | 8.96 |
| 2007 | 4210.1 | 6504.6 | 8900.5 | 12042.3 | 16385.8 | 22233.6 | 36784.5 | 8.74 |
| 2008 | 4753.6 | 7363.3 | 10195.6 | 13984.2 | 19254.1 | 26250.1 | 43613.8 | 9.17 |
| 2009 | 5253.2 | 8162.1 | 11243.6 | 15399.9 | 21018.0 | 28386.5 | 46826.1 | 8.91 |
| 2010 | 5948.1 | 9285.3 | 12702.1 | 17224.0 | 23188.9 | 31044.0 | 51431.6 | 8.65 |
| 2011 | 6876.1 | 10672 | 14498.3 | 19544.9 | 26420.0 | 35579.2 | 58841.9 | 8.56 |
| 2012 | 8215.1 | 12488 | 16761.4 | 22419.1 | 29813.7 | 39605.2 | 63824.2 | 7.77 |

---

①　收入比，在城乡住户调查一体化改革前为最高、最低收入组收入比（以最低收入组收入为1）；改革后，为高、低收入组收入比（以低收入组收入为1）。

续表

| 年份 | 最低收入户（元） | 低收入户（元） | 中等偏下户（元） | 中等收入户（元） | 中等偏上户（元） | 高收入户（元） | 最高收入户（元） | 收入比① |
|---|---|---|---|---|---|---|---|---|
| 2013 | | 9895 | 17628.1 | 24172.9 | 32613.8 | 57762.1 | | 5.84 |
| 2014 | | 11219 | 19650.5 | 26650.6 | 35631.2 | 61615.0 | | 5.49 |
| 2015 | | 12230 | 21446.2 | 29105.2 | 38572.4 | 65082.2 | | 5.32 |
| 2016 | | 13004 | 23054.9 | 31521.8 | 41805.6 | 70347.8 | | 5.41 |
| 2017 | | 13723 | 24550.1 | 33781.3 | 45163.4 | 77097.2 | | 5.62 |

资料来源：历年《中国统计年鉴》。

附录2

## 2002～2017 年农村居民收入分组情况

| 年份 | 低收入户（元） | 中等偏下户（元） | 中等收入户（元） | 中等偏上户（元） | 高收入户（元） | 收入比① |
|---|---|---|---|---|---|---|
| 2002 | 857.13 | 1547.53 | 2164.11 | 3030.45 | 5895.63 | 6.878 |
| 2003 | 865.9 | 1606.53 | 2273.13 | 3206.79 | 6346.86 | 7.330 |
| 2004 | 1006.87 | 1841.99 | 2578.49 | 3607.67 | 6930.65 | 6.883 |
| 2005 | 1067.22 | 2018.31 | 2850.95 | 4003.33 | 7747.35 | 7.259 |
| 2006 | 1182.46 | 2222.03 | 3148.5 | 4446.59 | 8474.79 | 7.167 |
| 2007 | 1346.89 | 2581.75 | 3658.83 | 5129.78 | 9790.68 | 7.269 |
| 2008 | 1499.81 | 2934.99 | 4203.12 | 5928.6 | 11290.2 | 7.528 |
| 2009 | 1549.3 | 3110.1 | 4502.08 | 6467.56 | 12319.05 | 7.951 |
| 2010 | 1869.8 | 3621.23 | 5221.66 | 7440.56 | 14049.69 | 7.514 |
| 2011 | 2000.51 | 4255.75 | 6207.68 | 8893.59 | 16783.06 | 8.389 |
| 2012 | 2316.21 | 4807.47 | 7041.03 | 10142.08 | 19008.89 | 8.207 |
| 2013 | 2877.9 | 5965.6 | 8438.3 | 11816 | 21323.7 | 7.409 |
| 2014 | 2768.1 | 6604.4 | 9503.9 | 13449.2 | 23947.4 | 8.651 |
| 2015 | 3085.6 | 7220.9 | 10310.6 | 14537.3 | 26013.9 | 8.431 |
| 2016 | 3006.5 | 7827.7 | 11159.1 | 15727.4 | 28448 | 9.462 |
| 2017 | 3301.9 | 8348.6 | 11978 | 16943.6 | 31299.3 | 9.479 |

资料来源：历年《中国统计年鉴》。

---

① 收入比，为高、低收入组收入比（以低收入组收入为1）。

# 参考文献

［1］安体富，任强．税收在收入分配中的功能与机制研究［J］．税务研究，2007（10）：22－27．

［2］白李．我国个人所得税的税源分析［D］．东北财经大学，2005．

［3］毕洪．个人所得税起征点现状及上调效应分析［J］．商业经济，2016（09）：108－110，113．

［4］庇古．福利经济学［J］．社会福利（理论版），2015（06）：2．

［5］蔡建明．产业结构调整：财政支出政策的效应分析［J］．财政研究，2006（12）：37－39．

［6］蔡萌，岳希明．中国社会保障支出的收入分配效应研究［J］．经济社会体制比较（双月刊），2018（01）：36－44．

［7］柴武常．价格机制与税收机制联动问题的探讨［J］．税务研究，1986（10）：10－14．

［8］常晓素．税收政策对劳动要素收入分配份额的影响——基于省级面板数据的实证分析［J］．税务研究，2017（07）：107－112．

［9］陈工，何鹏飞．民生财政支出分权与中国城乡收入差距［J］．财贸研究，2016，27（02）：95－103．

［10］陈贺鸿．我国个人所得税课税模式研究［J］．财会学习，2018（21）：146－148．

［11］陈建东，孙克雅，马骁，冯瑛，成树磊．直接税和间接税对城乡居民收入差距的影响分析［J］．税务研究，2015（07）：43－53．

［12］陈旭东．国际比较视角下中国宏观税负水平客观分析［J］．现代财经（天津财经大学学报），2012，32（03）：28－34．

［13］陈卓珺．浅析企业所得税调整对外资企业的影响［J］．中国外资，2012（10）：85．

［14］成新轩，裴朝阳．从"谁负"看税负痛苦指数［J］．中国财政，2012（13）：72 – 73.

［15］程开明，李金昌．城市偏向、城市化与城乡收入差距的作用机制及动态分析［J］．数量经济技术经济研究，2007（07）：116 – 125.

［16］程莉.1978 – 2011 年中国产业结构变迁对城乡收入差距的影响研究［D］．西南财经大学，2014.

［17］程岩，管泽锋，石泽龙．税负痛感指数的影响因素及对策研究——基于省级面板数据的实证检验［J］．南华大学学报（社会科学版），2018，19（02）：76 – 84.

［18］程智勇，王钲翔．个人所得税引入分类征收制的分析［J］．现代经济信息，2018（08）：180 – 181.

［19］储德银，闫伟．财政支出的民生化进程与城乡居民消费——基于1995～2007 年省级面板数据的经验分析［J］．山西财经大学学报，2010，32（01）：10 – 16.

［20］储德银．财政政策促进居民消费的作用机理与影响效应研究［D］．东北财经大学，2011.

［21］褚睿刚．环境创新税收政策解构与重构：由单一工具转向组合工具［J］．科技进步与对策，2018（10）：107 – 114.

［22］戴悦，朱为群．G20 代表性国家提升企业所得税制竞争力的改革及对我国的政策启示［J］．财政研究，2018（04）：108 – 118.

［23］邓力平，王智烜．增值税的效应理论及实证研究：前沿与启示［J］．税务研究，2013（10）：3 – 8.

［24］董黎明，满清龙．地方财政支出对城乡收入差距的影响效应研究［J］．财政研究，2017（08）：43 – 55.

［25］付晓枫，李峰．财政支出对我国城乡居民收入调节作用分析——基于收入弹性的视角［J］．财政研究，2014（10）：42 – 45.

［26］高鸿业．西方经济学［M］．北京：中国人民大学出版社，2007.

［27］高金平．资本个税税率有待提高［J］．新理财，2018（08）：19.

［28］谷成．从理论研究到制度优化：现实约束下的中国个人所得税改革［J］．经济社会体制比较，2014（01）：16 – 23.

［29］郭明丽．缩小我国居民收入差距的税收政策探究［J］．纳税，2018，12（24）：38.

［30］何代欣.“营改增”的政府间收入分配效应——基于税收收入弹性变动的测算与评估［J］.经济社会体制比较，2016（03）：84 - 93.

［31］何富彩，李怀.城市化背景下财政支出结构对城乡居民收入差距的影响［J］.上海经济研究，2016（12）：80 - 88.

［32］何辉，樊丽卓.房产税的收入再分配效应研究［J］.税务研究，2016（12）：48 - 52.

［33］何宗樾，宋旭光.公共教育投入如何促进包容性增长［J］.河海大学学报（哲学社会科学版），2018，20（05）：42 - 49，91.

［34］贺俊，王戴伟.最优宏观税负、政府支出结构和消费增长——基于内生增长模型的分析［J］.天津大学学报（社会科学版），2018，20（02）：105 - 109.

［35］洪源，肖海翔.收入差异、消费特征与税收政策的有机匹配［J］.改革，2009（10）：73 - 79.

［36］洪源，杨司键，秦玉奇.民生财政能否有效缩小城乡居民收入差距［J］.数量经济技术经济研究，2014（07）：3 - 20.

［37］胡芳.我国个人所得税改革对其收入分配效应的影响分析［J］.会计之友，2019（05）：65 - 69.

［38］胡华.个人所得税四要素与收入差距关系研究［J］.中央财经大学学报，2015（08）：3 - 11.

［39］胡世文.缓解居民收入差距与税制累进性升级［J］.税务研究，2012（08）：58 - 60.

［40］胡文骏.中国个人所得税逆向调节收入分配的 PVAR 分析［J］.山西财经大学学报，2017，39（01）：15 - 27.

［41］胡文骏.逆向财政机制：城乡收入差距的重要诱因［J］.山西财经大学学报，2018，40（03）：1 - 10.

［42］胡怡建.市场机制对资源配置起决定作用下如何更好发挥税收作用的思考［J］.税务研究，2018（07）：3 - 8.

［43］黄桂兰.税收制度调节收入分配差距的效果研究——基于中国数据的理论与经验［J］.税收经济研究，2013，18（06）：77 - 86.

［44］黄琳.促进我国居民收入分配公平的税收政策分析［J］.中国商论，2016（09）：173 - 176.

［45］黄潇.房产税调节收入分配的机理、条件与改革方向［J］.西部

论坛，2014，24（01）：38-45.

[46] 黄秀女，郭圣莉. 城乡差异视角下医疗保险的隐性福利估值及机制研究——基于 CGSS 主观幸福感数据的实证分析 [J]. 华中农业大学学报（社会科学版），2018（06）：93-103，156.

[47] 黄迎. 个人所得税对于收入分配差异程度的影响——基于个税改革并以基尼系数为度量 [J]. 全国流通经济，2018（31）：127-128.

[48] 计金标，庞淑芬. 关于发挥税收促进社会公平功能的思考 [J]. 税务研究，2017（04）：3-8.

[49] 贾康. 合理促进消费的财税政策与机制创新 [J]. 税务研究，2010（01）：32-35.

[50] 贾康. 政府应加大国民收入分配调整力度 [J]. 群言，2010（09）：8-10.

[51] 贾康. 中国供给侧结构性改革中创新制度供给的思考 [J]. 区域经济评论，2016（03）：5-7.

[52] 贾康，刘微. 提高国民收入分配"两个比重"遏制收入差距扩大的财税思考与建议 [J]. 财政研究，2010（12）：2-18.

[53] 贾康，张晓云. 中国消费税的三大功能：效果评价与政策调整 [J]. 当代财经，2014（04）：24-34.

[54] 蒋晓蕙，张京萍. 论税收制度对收入分配调节的效应 [J]. 税务研究，2006（09）：8-12.

[55] 蒋震，安体富，杨金亮. 从经济增长阶段性看收入分配和税收调控的关系 [J]. 税务研究，2016（04）：14-19.

[56] 揭莹，肖梅峻，李亚斌. 关于税收对要素收入分配的影响研究 [J]. 现代国企研究，2017（02）：156.

[57] 靳东升. 中国40年税制改革基本经验的思考 [N]. 中国经济时报，2018-12-14（005）.

[58] 孔甜. 财政民生支出与收入分配差距探究——基于我国省级面板数据的实证分析 [J]. 中外企业家，2015（04）：120-122，163.

[59] 雷根强，蔡翔. 初次分配扭曲、财政支出城市偏向与城乡收入差距——来自中国省级面板数据的经验证据 [J]. 数量经济技术经济研究，2012，29（03）：76-89.

[60] 李彪. 试论价格机制与税收机制的关系 [J]. 内蒙古大学学报

（哲学社会科学版），1993（02）：95－98.

[61] 李娇，向为民. 房产税收入分配效应的实证检验——基于结构和整体的视角 [J]. 当代财经，2013（12）：28－35.

[62] 李娟. 统一内外资所得税率对我国企业所得税收入的影响 [J]. 经济问题，2013（04）：43－47.

[63] 李兰云，张亮，曹志鹏. 我国个人所得税调节的区域化差异研究 [J]. 会计之友，2018（10）：140－145.

[64] 李绍荣，耿莹. 中国的税收结构、经济增长与收入分配 [J]. 经济研究，2005（05）：118－126.

[65] 李士梅，李安. 我国个人所得税收入分配调节效应分析 [J]. 税务与经济，2017（05）：92－99.

[66] 李文婧，孔庆. 我国公民个人税负不公平的问题分析 [J]. 商，2016（28）：180.

[67] 李香菊，贺娜. 跨越"中等收入陷阱"的税制研究——基于扩大中等收入群体比重的视角 [J]. 华东经济管理，2019（03）：1－9.

[68] 李英伟. 构建有利于调节居民收入分配的间接税体系 [J]. 地方治理研究，2018（03）：42－51.

[69] 李颖. 中国农村居民收入差距及其影响因素分析 [D]. 中国农业大学，2004.

[70] 李真男. 政府支出结构与税收分配比例的经济增长效应研究——财政分权体制下政府最大化社会福利机制推演 [J]. 财经研究，2009，35（09）：14－25.

[71] 廉超. 财政支出结构对中国城乡收入差距的影响研究 [J]. 改革与战略，2017，33（05）：56－60.

[72] 廖信林. 财政支出、城市化对城乡收入差距的作用机理及动态分析 [J]. 软科学，2012，26（04）：33－38.

[73] 刘成龙，王周飞. 基于收入分配效应视角的税制结构优化研究 [J]. 税务研究，2014（06）：15－22.

[74] 刘建民，毛军，吴金光. 我国税收政策对居民消费的非线性效应——基于城乡收入差距视角的实证分析 [J]. 税务研究，2016（12）：76－79.

[75] 刘乐山. 基于财政视角的中国收入分配差距调节研究 [D]. 西北大学，2006.

[76] 刘怡，聂海峰. 间接税负担对收入分配的影响分析 [J]. 经济研究，2004（05）：22 – 30.

[77] 刘怡，聂海峰. 增值税和营业税对收入分配的不同影响研究 [J]. 财贸经济，2009（06）：63 – 68.

[78] 刘元生，陈凌霜，刘蓉，王文甫. 增值税抵扣链条扩大对税收中性和经济增长的冲击效应研究 [J]. 财政研究，2018（02）：107 – 120.

[79] 刘佐. 中国直接税与间接税比重变化趋势研究 [J]. 财贸经济，2010（07）：40 – 43，137.

[80] 陆铭，陈钊. 城市化、城市倾向的经济政策与城乡收入差距 [J]. 经济研究，2004（06）：50 – 58.

[81] 罗涛. 公平正义视阈下税收调节居民收入分配机制探析 [J]. 税务研究，2010（03）：96 – 97.

[82] 吕凯波，刘小兵. 公众收入再分配偏好及其影响因素分析——基于世界价值观调查的数据 [J]. 财政研究，2017（01）：49 – 63.

[83] 马德. 中国城镇养老保险制度的收入分配效应研究 [D]. 西北大学，2014.

[84] 马国强，王椿元. 收入再分配与税收调节 [J]. 税务研究，2002（02）：7 – 11.

[85] 马万里. 个人所得税为何不能调节中国收入分配差距？ [J]. 理论学刊，2017（04）：67 – 75.

[86] 马旭东. 幸福感、收入分配差距与税收社会福利——基于行为经济学的探讨 [J]. 税务与经济，2015（05）：70 – 77.

[87] 马永斌，闫佳. 不同收入分配层次的税收调节机制 [J]. 税务与经济，2017（02）：64 – 69.

[88] 孟范昆，刘东皇. 收入分配调整、公共支出转型与经济发展方式转变 [J]. 商业时代，2011（36）：6 – 9.

[89] 孟莹莹. 消费税收入再分配效应的实证分析 [J]. 统计与决策，2014（08）：95 – 98.

[90] 莫亚琳，张志超. 城市化进程、公共财政支出与社会收入分配——基于城乡二元结构模型与面板数据计量的分析 [J]. 数量经济技术经济研究，2011，28（03）：79 – 89.

[91] 聂芬. 我国财政转移性支出的结构分析及其对城乡居民收入分配差

异的影响 [J]. 中国国际财经（中英文），2016（24）：188－192.

[92] 聂海峰，岳希明. 间接税归宿对城乡居民收入分配影响研究 [J].
经济学（季刊），2013，12（01）：287－312.

[93] 潘常刚. 营改增的居民福利和公平效应研究——基于可计算一般均
衡模型的实证分析 [J]. 税务研究，2018（03）：51－57.

[94] 潘文轩. 直接税对居民收入分配影响的实证分析 [J]. 技术经济
与管理研究，2015（03）：60－63.

[95] 潘文轩. 税收如何影响了中国的国民收入分配格局？——基于资金
流量表的实证研究 [J]. 财政研究，2018（11）：84－95.

[96] 庞军，高笑默，石媛昌. 能源资源税改革对我国城镇居民的收入分
配效应——基于投入产出模型的分析 [J]. 中国环境科学，2019，39（01）：
402－411.

[97] 彭妮娅. 居民收入差距的测度、影响因素及经济效应研究 [D].
湖南大学，2013.

[98] 钱金保，常汝用. "死亡税率"还是言过其实——中国企业微观税
负测度 [J]. 地方财政研究，2018（01）：62－70，81.

[99] 沈娅莉，李小梦，杨国军. 税制结构研究演进脉络及对我国税制结
构改革的启示 [J]. 税务研究，2018（10）：97－101.

[100] 宋冬林，姜扬，郑国强. 民生财政支出的幸福评价——基于 CGSS
（2012）调查数据的实证研究 [J]. 吉林大学社会科学学报，2016，56
（06）：96－104，189－190.

[101] 宋丽萍，王建聪. 财政支出、税收收入与收入分配——基于 1991～
2015 年数据的格兰杰因果关系检验 [J]. 现代经济信息，2018（06）：3－4.

[102] 宋英杰，曲静雅. 财政职业教育支出对城乡收入差距的影响 [J]. 公
共财政研究，2018（03）：27－38.

[103] 孙钢. 试析税收对我国收入分配的调节 [J]. 税务研究，2011
（03）：8－14.

[104] 孙明华. 我国内外资企业所得税合并研究分析 [J]. 中国外资，
2011（13）：133.

[105] 孙思燕. 个人所得税最高边际税率应降至 35% [N]. 财会信报，
2018－07－09（B02）.

[106] 孙文基，李建强. 财政性社会保障支出、收入分配与经济增长的

实证检验［J］．统计与决策，2011（02）：112－115.

［107］孙文祥，张志超．财政支出结构对经济增长与社会公平的影响［J］．上海财经大学学报，2004（06）：3－9.

［108］孙亦军，梁云凤．我国个人所得税改革效果评析及对策建议［J］．中央财经大学学报，2013（01）：13－19.

［109］孙玉栋，庞伟．分类个人所得税对收入分配的影响效应［J］．税务研究，2017（07）：47－53.

［110］孙正．地方政府财政支出结构与规模对收入分配及经济增长的影响［J］．财经科学，2014（07）：122－130.

［111］唐文倩．完善税收体制机制，促进优化国民收入分配格局［J］．中国财政，2016（13）：44－46.

［112］田志伟．企业所得税税负归宿与收入分配［J］．财经论丛，2018（07）：27－36.

［113］田志伟．中国增值税与营业税对城镇居民收入分配影响演变的分析［A］．中国财政学会．中国财政学会2015年年会暨第二十次全国财政理论讨论会交流材料汇编之二［C］．中国财政学会：中国财政学会，2015：9.

［114］童锦治，苏国灿，刘欣陶．我国消费税的收入再分配效应分析［J］．税务研究，2017（01）：15－21.

［115］万海远．强化再分配政策对收入差距的调节功能［J］．中国党政干部论坛，2019（02）：42－44.

［116］万莹．个人所得税对收入分配的影响：由税收累进性和平均税率观察［J］．改革，2011（03）：53－59.

［117］万莹．我国流转税收入分配效应的实证分析［J］．当代财经，2012（07）：21－30.

［118］汪昊，娄峰．中国间接税归宿：作用机制与税负测算［J］．世界经济，2017，40（09）：123－146.

［119］王春林，刘昶，陆逸超．基于调节收入分配视角的房产税改革方案构想与数据检验——以江苏省为例［J］．金融纵横，2018（05）：19－28.

［120］王德祥，赵婷．我国间接税对城乡居民收入分配的效应分析［J］．审计与经济研究，2016，31（02）：100－110.

［121］王芳瑜．从税收公平原则解读我国《个人所得税法》中以工薪阶层为主要纳税主体的不足［J］．赤峰学院学报（科学教育版），2011，3

（07）：11 - 12.

　　[122] 王金兰. 促进收入分配公平的个税改革路径选择 [J]. 会计之友，2015（18）：78 - 82.

　　[123] 王丽芝. 如何看待税收对收入分配的调控作用 [J]. 中小企业管理与科技（中旬刊），2018（08）：55 - 56.

　　[124] 王茂福，谢勇才. 关于我国社会保障对收入分配存在逆调节的研究 [J]. 毛泽东邓小平理论研究，2012（06）：46 - 50，103.

　　[125] 王乔，汪柱旺. 我国现行税制结构影响居民收入分配差距的实证分析 [J]. 当代财经，2008（02）：37 - 38，125.

　　[126] 王俭. 以家庭为申报单位的个人所得税改革研究 [J]. 特区经济，2018（07）：50 - 51.

　　[127] 王韬，吕碧君. 从税收公平角度看纳税人的"税负痛苦" [J]. 财会通讯，2018（29）：119 - 122.

　　[128] 王小鲁，樊纲. 中国收入差距的走势和影响因素分析 [J]. 经济研究，2005（10）：24 - 36.

　　[129] 王延中，龙玉其，江翠萍，徐强. 中国社会保障收入再分配效应研究——以社会保险为例 [J]. 经济研究，2016（02）：4 - 15.

　　[130] 王禹力. 税收不公正对于收入分配效应的影响 [J]. 新经济，2015（35）：71.

　　[131] 王志刚. 中国税制的累进性分析 [J]. 税务研究，2008（09）：16 - 20.

　　[132] 温桂荣. 税收制度影响城乡收入差距的实证研究 [J]. 商学研究，2017，24（04）：94 - 103.

　　[133] 乌力吉图，张凤滢. 燃油税改革：环境、经济、社会的影响 [J]. 中国人口·资源与环境，2015（25）：508 - 510.

　　[134] 武亚琳. 财政支出结构对城乡居民收入差距的影响分析 [J]. 现代营销（下旬刊），2018（06）：232 - 233.

　　[135] 徐建炜，马光荣，李实. 个人所得税改善中国收入分配了吗——基于对 1997—2011 年微观数据的动态评估 [J]. 中国社会科学，2013（06）：53 - 71，205.

　　[136] 徐倩，李放. 财政社会保障支出与中国城乡收入差距——理论分析与计量检验 [J]. 上海经济研究，2012，24（11）：81 - 88，111.

[137] 徐润，陈斌开．个人所得税改革可以刺激居民消费吗？——来自 2011 年所得税改革的证据 [J]．金融研究，2015（11）：80－97．

[138] 闫晶晶，易宇，王伟尧．税收与转移支付的再分配效应分析——基于欧元区国家和中国的经验证据 [J]．投资研究，2018，37（04）：20－37．

[139] 闫坤，程瑜．我国收入分配差距现状及财政政策选择 [J]．地方财政研究，2010（06）：8－12，30．

[140] 杨默如，黄婷婷．我国上市公司现金股利政策个人所得税效应研究及其启示 [J]．东南学术，2018（06）：137－149．

[141] 杨森平，刘树鑫．间接税对我国城乡居民收入的调节："正向"还是"逆向"？[J]．财政研究，2019（01）：116－129．

[142] 杨森平，周敏．调节城乡收入差距的税收政策研究—基于我国间接税视角 [J]．财政研究，2001（07）：72－74．

[143] 蚁佳纯．OECD 降税改革与中国制造业企业所得税税率结构的完善 [J]．华南师范大学学报（社会科学版），2018（01）：155－160，192．

[144] 尹音频，闫胜利．我国间接税的归宿与收入再分配效应 [J]．税务研究，2017（04）：20－26．

[145] 余菊，刘新．城市化、社会保障支出与城乡收入差距——来自中国省级面板数据的经验证据 [J]．经济地理，2014，34（03）：79－84，120．

[146] 余菊．政府民生支出对城乡收入差距的动态影响 [J]．统计与决策，2015（05）：143－146．

[147] 俞杰．税制累进设计与收入分配调节 [J]．税务与经济，2019（02）：70－76．

[148] 袁晓宁．关于我国个人所得税税制改革的思考——以按家庭为单位征收个人所得税为视角 [J]．法制博览，2016（19）：299．

[149] 袁迎．基于我国企业所得税改革方向的探析 [J]．现代商业，2018（24）：140－141．

[150] 岳希明，徐静，刘谦等．2011 年个人所得税改革的收入再分配效应 [J]．经济研究，2012（09）：113－124．

[151] 岳希明，张斌，徐静．中国税制的收入分配效应测度 [J]．中国社会科学，2014（06）：96－117，208．

[152] 查显友，丁守海．低收费政策能改善教育公平和社会福利

吗？——兼论高等教育不同收费政策的效应［J］．清华大学教育研究，2006（01）：65-70．

［153］詹鹏，李实．我国居民房产税与收入不平等［J］．经济学动态，2015（07）：14-24．

［154］张斌．经济转型背景下提高直接税比重的必然性与策略［J］．河北大学学报（哲学社会科学版），2019，44（01）：16-25．

［155］张海煜．房产税的财富公平效应分析［J］．山西财政税务专科学校学报，2015，17（04）：27-31．

［156］张岽，王青，乔东艳．财政政策对经济增长和收入分配的长期影响效应分析［J］．经济与管理，2010，24（02）：22-25．

［157］张楠，邹甘娜．个人所得税的累进性与再分配效应测算——基于微观数据的分析［J］．税务研究，2018（01）：53-58．

［158］张晓旭．税制结构对城乡居民收入差距的影响研究［J］．金融经济，2019（02）：119-120．

［159］张奕．家庭征收模式个税改革中家庭结构的设计研究［J］．商业会计，2017（06）：102-105．

［160］赵艾凤，马骁．消费税对城镇居民收入差距的调节效果分析［J］．税务研究，2017（05）：23-28．

［161］赵桂芝，郭丽英．中国财政转移支付福利效应评估与改进对策分析——基于农村居民收入分配福利的视角［J］．经济经纬，2018，35（05）：158-164．

［162］赵桂芝．中国税收对居民收入分配调控研究［D］．辽宁大学，2006．

［163］赵海利．公共财政视角下政府在学前教育中的责任［J］．教育发展研究，2012，32（20）：12-17．

［164］赵人伟，李实．中国居民收入差距的扩大及其原因［J］．经济研究，1997（09）：10．

［165］赵为民，蒋长流．公共支出受益归宿与收入再分配效应研究动态［J］．财政研究，2018（06）：89-100．

［166］赵昕东，汪勇．食品价格上涨对不同收入等级城镇居民消费行为与福利的影响——基于QUAIDS模型的研究［J］．中国软科学，2013（08）：154-162．

[167] 郑宝红，张兆国. 企业所得税率降低会影响全要素生产率吗？——来自我国上市公司的经验证据 [J]. 会计研究，2018（05）：13－20.

[168] 郑尚植. 中国式财政分权、公共支出结构与收入分配 [J]. 财经问题研究，2016（04）：76－82.

[169] 周春艳. 缩小山西省居民收入分配差距的税收政策探析 [J]. 山西财税，2017（04）：13－16.

[170] 周克清，毛锐. 税制结构对收入分配的影响机制研究 [J]. 税务研究，2014（07）：24－29.

[171] 周强. 新税负痛苦指数分析及启示——基于中国宏观税负加权 [J]. 人民论坛，2015（05）：82－85.

[172] 周艳. 税收促进贫困地区发展的作用机理及建议 [J]. 税务研究，2018（03）：96－98.

[173] 朱为群，陆施予. 我国奢侈品消费税改革探讨 [J]. 税务研究，2018（07）：28－34.

[174] 朱迎春. 我国财政农林水资金的收入分配效应研究 [J]. 当代财经，2013（09）：39－48.

[175] Aaberge R. , Colombino U. & Strom S. Labor Supply Responses and Welfare Effects from Replacing Current Tax Rules by a Flat Tax: Empirical Evidence from Italy, Norway and Sweden [J]. Journal of Population Economics, 2000, 13 (04): 595－621.

[176] Adam A. , Kammas P. & Lapatinas A. Income Inequality and the Tax Structure: Evidence from Developed and Developing Countries [J]. Journal of Comparative Economics, 2014, 43 (01): 138－154.

[177] Andersson R. & Soderberg B. Financing Roads and Railways with Decentralized Real Estate Taxes: The Case of Sweden [J]. Annals of Regional Science, 2012, 48 (03): 839－853.

[178] Bejakovic Predrag & Mrnjavac Zeljko. The Role of the Tax System and Social Security Transfers in Reducing Income Inequality: The Case of the Republic of Croatia [J]. Ekonomski Pregled, 2016, 67 (05): 399－417.

[179] Buettner T. & Erbe K. Revenue and Welfare Effects of Financial Sector VAT Exemption [J]. International Tax and Public Finance, 2014, 21 (06): 1028－1050.

［180］Caminada K. et al. Has the Redistributive Effect of Social Transfers and Taxes Changed over Time Across Countries? ［J］. International Social Security Review, 2019, 72（01）: 3 - 31.

［181］Chen Dihong, Xiao Chunv, Zang Jiaheng & Liu Zilan. Old-Age Social Insurance and Household Consumption: Evidence from China ［J］. Emerging Markets Finance and Trade, 2018, 54（13）: 2948 - 2964.

［182］Choi K. & Lee S. K. Tax-Welfare Churning and Its Reduction ［J］. Korean Journal of Public Finance, 2011（04）: 67 - 109.

［183］Cok M., Urban I. & Verbic M. Income Redistribution through Taxes and Social Benefits: The Case of Slovenia and Croatia ［J］. Panoeconomicus, 2013, 60（05）: 667 - 686.

［184］Cold Ronald B. Fiscal Capacities and Welfare Expenditures of States ［J］. National Tax Journal, 1969, 22（04）: 496 - 505.

［185］Cremer H. & Thisse J. F. On the Taxation of Polluting Products in a Differentiated Industry ［J］. European Economic Review, 1999, 43（03）: 575 - 594.

［186］Dagsvik J. K., Locatelli M. & Strom S. Tax Reform, Sector-Specific Labor Supply and Welfare Effects ［J］. Scandinavian Journal of Economics, 2009, 111（02）: 299 - 321.

［187］De Jager N. E. M., Graafland J. J. & Gelauff G. M. M. A Negative Income Tax in a Mini-Welfare State: A Simulation Exercise with MIMIC ［J］. Journal of Policy Modeling, 1996, 18（02）: 223 - 231.

［188］Decoster A. & Haan P. Welfare Effects of a Shift of Joint to Individual Taxation in the German Personal Income Tax ［J］. FinanzArchiv, 2014, 70（04）: 599 - 624.

［189］Defina R. & Thanawala K. International Evidence on the Impact of Transfers and Taxeson Alternative Poverty Measures. Luxembourg Income Study ［R］. Working Paper, 2002.

［190］Devereux M. B. & Love D. R. F. The Effects of Factor Taxation in a Wwo-Sector Model of Endogenous Growth ［J］. Canadian Journal of Economics, 1994, 27（03）: 509 - 536.

［191］Díaz Caro C. & Crespo Cebada E. Taxation of Capital Gains and Lock-in Effect in the Spanish Dual Income Tax ［J］. European Journal of Management &

Business Economics, 2016, 25 (01): 15 – 21.

[192] Duncan D. & Peter K. S. Unequal Inequalities: Do Progressive Taxes Reduce Income Inequality? [J] . International Tax and Public Finance, 2016, 23 (04): 762 – 783.

[193] Fitzroy Felix & Nolan Michael. Welfare Policies, Relative Income and Majority Choice [J] . Manchester School, 2016, 84 (01): 81 – 94.

[194] Fos Elmer B. , Thompson Michael E. , Elnitsky Christine A. & Platonova Elena A. Community Benefit Spending among North Carolina's Tax-Exempt Hospitals after Performing Community Health Needs Assessments [J] . Journal of Public Health Management and Practice, 2019 (18): 124 – 153.

[195] Freire Tiago. Wage Subsidies and the Labor Supply of Older People: Evidence from Singapore's Workfare Income Supplement Scheme [J] . Singapore Economic Review, 2018, 63 (05): 1101 – 1139.

[196] Funke M. & Strulik H. Taxation, Growth and Welfare: Dynamic Effects of Estonia's 2000 Income Tax Act [J] . Finnish Economic Papers, 2006, 19 (01): 25 – 38.

[197] Gene P. & Eisaku I. The Tax-Welfare Mix: Explaining Japan's Weak Extractive Capacity [J] . The Pacific Review, 2014, 27 (05): 675 – 702.

[198] George V. & Page R. M . Modern Thinkers on Welfare [M] . Prentice Hall, 1995.

[199] Gobetti S. W & Orair R. O. Taxation and Distribution of Income in Brazil: New Evidence from Personal Income Tax Data [J] . Revista de Economia Política, 2017, 37 (02): 267 – 286.

[200] Greenstein Anat, Burman Erica, Kalambouka Afroditi & Sapin Kate. Construction and Deconstruction of 'Family' by the Bedroom Tax [J] . British Politics, 2016 (11): 508 – 525.

[201] Guzzetta C. The Social Work Dictionary (2nd Edition) [M] . Social Work, 1993.

[202] Handel G. Social Welfare in Western Society [M] . Social Welfare in Western Society, 1982.

[203] Harkanen T. et al. The Welfare Effects of Health-Based Food Tax Policy [J] . Food Policy, 2014 (49): 196 – 206.

［204］ Hener Timo. Unconditional Child Benefits, Mothers' Labor Supply, and Family Well-Being: Evidence from a Policy Reform ［J］. Cesifo Economic Studies, 2016, 62 (04): 624 - 649.

［205］ Hoynes H. W. & Patel A. J. Effective Policy for Reducing Poverty and Inequality? The Earned Income Tax Credit and the Distribution of Income ［J］. Journal of Human Resources, 2018, 53 (04): 859 - 890.

［206］ Jiao Y. The Impacts of the Earned Income Tax Credit and Welfare Reform on the Low-Skilled Labor Market ［D］. University of Illinois, Chicago, 2017.

［207］ Joumard I. , Pisu M. & Bloch D. Tackling Income Inequality: The Role of Taxes and Transfers ［J］. OECD Journal: Economic Studies, 2012 (01): 37 - 70.

［208］ Koskela E. & Ollikainen M. A Behavioral and Welfare Analysis of Progressive Forest Taxation ［J］. Canadian Journal of Forest Research, 2003, 33 (12): 2352 - 2361.

［209］ Li Shuai, Cai Jiannan, Feng Zhuo, Xu Yifang & Cai Hubo. Government Contracting with Monopoly in Infrastructure Provision: Regulation or Deregulation? ［J］. Transportation Research Part E-logistics and Transportation, 2019 (122): 506 - 523.

［210］ Liu, Liqun, Rettenmaier, Andrew J. , Saving & Thomas R. International Journal of Health Care Finance and Economics ［J］. Dordrecht, 2011 (11): 101 - 113.

［211］ Llamas L. , Araar A. & Huesca L. Income Redistribution and Inequality in the Mexican Tax-Benefit System ［J］. Cuadernos de Economia (National University of Colombia), 2017, 36 (72): 301 - 325.

［212］ Lombardini-Riipinen C. Optimal Tax Policy under Environmental Quality Competition ［J］. Environmental and Resource Economics, 2005, 32 (03): 317 - 336.

［213］ Lustig N. , Pessino C. & Scott J. The Impact of Taxes and Social Spending on Inequality and Poverty in Argentina, Bolivia, Brazil, Mexico, Peru, and Uruguay: Introduction to the Special Issue ［J］. Public Finance Review, 2014, 42 (03): 287 - 303.

［214］ Matsukawa I. The Welfare Effects of Environmental Taxation on a

Green Market Where Consumers Emit a Pollutant [J]. Environmental and Resource Economics, 2012, 52 (01): 87 –107.

[215] Mattos E. & Politi R. Pro-poor Tax Policy and Yardstick Competition: A Spatial Investigation for VAT Relief on Food in Brazil [J]. Annals of Regional Science, 2014, 52 (01): 279 –307.

[216] Michael Keen. Welfare Effects of Commodity Tax Harmonization [J]. Journal of Public Economics, 1987 (33): 107 –114.

[217] Miguel Ferguson, Jessica Ritter, Diana M. DiNitto, Jinseok Kim A. & James Schwab. Mentoring as a Strategy for Welfare Reform [J]. Journal of Human Behavior in the Social Environment, 2005 (12): 2 –3.

[218] Morley B. & Perdikis N. Trade Liberalisation, Government Expenditure and Economic Growth in Egypt [J]. The Journal of Development Studies, 2000, 36 (04): 38 –54.

[219] Muennig Peter A., Mohit Babak, Wu Jinjing, Jia Haomiao & Rosen Zohn. Cost Effectiveness of the Earned Income Tax Credit as a Health Policy Investment [J]. American Journal of Preventive Medicine, 2016, 51 (06): 874 –881.

[220] Mwamba S. Behavioral Responses to Taxation and Welfare Effects of Tax [D]. University of Nebraska, 2017.

[221] Ng Y. K. Environmentally Responsible Happy Nation Index: Towards an Internationally Acceptable National Success Indicator [J]. Social Indicators Research, 2008, 85 (03): 425 –446.

[222] Ochmann R. Distributional and Welfare Effects of Germany's Year 2000 Tax Reform: The Context of Savings and Portfolio Choice [J]. Empirical Economics, 2016, 51 (01): 93 –123.

[223] Ram R. Government Size and Economic Growth: A New Framework and Some Evidence from Cross-Section and Time-Series Data [J]. The American Economic Review, 1986 (128): 191 –203.

[224] Saez E. & Stantcheva S. Generalized Social Marginal Welfare Weights for Optimal Tax Theory [J]. American Economic Review, 2016, 106 (01): 24 –45.

[225] Sajal Lahiri, Pascalis Raimondos-Møller. Public Good Provision and the Welfare Effects of Indirect Tax Harmonization [J]. Journal of Public Economics, 1998 (67): 253 –267.

［226］Schmeiser M. D. Expanding New York State's Earned Income Tax Credit Programme: The Effect on Work, Income and Poverty ［J］. Applied Economics, 2012, 44 (16 – 18): 2035 – 2050.

［227］Schmitt N., Tuinstra J. & Westerhoff F. Stability and Welfare Effects of Profit Taxes within an Evolutionary Market Interaction Model ［J］. Review of International Economics, 2018, 26 (03): 691 – 708.

［228］Schofield D. et al. Economic Costs of Informal Care for People with Chronic Diseases in the Community: Lost Income, Extra Welfare Payments, and Reduced Taxes in Australia in 2015 – 2030 ［J］. Health & Social Care in the Community, 2019, 27 (02): 493 – 501.

［229］Sen A. Informational Bases of Alternative Welfare Approaches: Aggregation and Income Distribution ［J］. Journal of Public Economics, 1974, 3 (04): 387 – 403.

［230］Shan P. & Liutang G. The Welfare Cost of Fiscal Policy in China: A Quantitative Analysis in a Two-Sector Structural Change Model. (In Chinese With English Summary) ［J］. Jingji Yanjiu/Economic Research Journal, 2015, 50 (09): 44 – 57.

［231］Sharma Rishi R. Taxing and Subsidizing Foreign Investors ［J］. Finanzarchiv, 2017, 73 (04): 402 – 423.

［232］Skinner J. S. Taxation and Output Growth: Evidence from African Countries ［R］. 1987.

［233］Tan J., Xiao J. & Zhou X. Market Equilibrium and Welfare Effects of a Fuel Tax in China: The Impact of Consumers' Response through Driving Patterns ［J］. Journal of Environmental Economics and Management, 2019 (93): 20 – 43.

［234］Thomas Piketty & Emmanuel Saez. How Progressive is the U. S. Federal Tax System? A Historical and International Persepetive ［J］. Journal of Economic Perspectives, 2007, 21 (01): 3 – 24.

［235］Tiezzi S. The Welfare Effects and the Distributive Impact of Carbon Taxation on Italian Households ［J］. Energy Policy, 2005, 33 (12): 1597 – 1612.

［236］Urban I. Impact of Taxes and Benefits on Inequality among Groups of Income Units ［J］. Review of Income and Wealth, 2016, 62 (01): 120 – 144.

［237］Van Baalen Brigitte & Mueller Tobias. Social Welfare Effects of Tax-

Benefit Reform under Endogenous Participation and Unemployment: An Ordinal Approach [J]. International Tax and Public Finance, 2014, 21 (02): 198 – 227.

[238] Vasilev A. Welfare Effect of Flat Income Tax Reform: The Case of Bulgaria [J]. Eastern European Economics, 2015, 53 (03): 205 – 220.

[239] Wilson Shaun. The Limits of Low-Tax Social Democracy? Welfare, Tax and Fiscal Dilemmas for Labor in Government [J]. Australian Journal of Political Science, 2013, 48 (03): 286 – 306.

# 致　谢

　　历时近两年的研究，本书撰写终于完成。回首这两年的写作历程，此时此刻，我想对本书撰写期间所有关心、支持和帮助过我的学校领导、同事、学生、家人表达最为诚挚的感谢。

　　非常感谢首都经济贸易大学财税学院领导。感谢学院领导为我提供这次出书的机会，并给予经费上的支持。在本书撰写过程中，学院领导不仅为我出书提供了物质帮助，领导无微不至的关心更是为我出书提供了强大的精神支持。在此，向学院领导表示深深的谢意。

　　感谢财税学院的同事。财税学院是我"第二个家"，在财税学院这个大家庭中，我深受各位同事严谨治学态度的熏陶，是你们一丝不苟认真工作的精神态度激励着我在学术道路上继续前行，与你们的深入讨论让我对此书的思考也更加全面。此外，感谢你们对我教学工作的支持与理解，使我能协调好工作时间，为本书的撰写提供了时间保证。

　　感谢我的研究生。感谢王杰杰、熊鑫、丁志伟、李威、刘聪、张鹏、罗天宸、彭雪峰、谭志伟、李东翰对我的协助，感谢你们帮我查资料，并撰写相关内容。感谢刘世伟、高天雄、张杏会、石佳慧、王佩颖，是你们后期的校对让本书的格式更加工整。

　　感谢我的家人。感谢爱人张清对我工作的大力支持，感谢岳父岳母对家庭的照顾，使我能够有充裕的时间和精力专注于本书撰写。感谢我两个可爱的儿子，在工作之余给我增添了很多乐趣。感谢父母给予我精神上的支持。

　　非常感谢本书所参考和引用的文献作者们、提供给我思想和启迪的学者们，以及所有帮助过我的人，你们前期的研究成果为本书撰写奠定了数据基础。感谢你们辛勤的付出。

何辉

2019 年 8 月